中央民族大学 2016 年度"建设世界一流大学（学科）和特色发展引导专项资金"之民族学学科经费资助
中央民族大学东北亚民族文化研究所 连续出版物

Northeast Asia National
Culture Review

祁进玉　孙春日　主编

东北亚民族文化评论

第5辑

学苑出版社

图书在版编目（CIP）数据

东北亚民族文化评论. 第5辑/祁进玉，孙春日主编. —北京：学苑出版社，2018.4
ISBN 978-7-5077-5476-6

Ⅰ.①东… Ⅱ.①祁… ②孙… Ⅲ.①民族文化-东北亚-国际学术会议-文集 Ⅳ.①K310.03-53

中国版本图书馆CIP数据核字（2018）第094435号

出 版 人：	孟 白
责任编辑：	洪文雄
编　　辑：	张佳乐
编辑助理：	郭 跃
封面设计：	徐道会
出版发行：	学苑出版社
社　　址：	北京市丰台区南方庄2号院1号楼
邮政编码：	100079
网　　址：	www.book001.com
电子邮箱：	xueyuanpress@163.com
销售电话：	010-67601101（营销部）67603091（总编室）
印 刷 厂：	北京虎彩文化传播有限公司
开本尺寸：	787×1092　1/16
印　　张：	21
字　　数：	470千字
版　　次：	2018年4月北京第1版
印　　次：	2018年4月北京第1次印刷
定　　价：	68.00元

学术编辑委员会

(按姓氏笔画为序)

丁　宏　　　　中央民族大学（中国）
山下晋司　　　日本东京大学（日本）
尹大奎　　　　韩国庆南大学（韩国）
朴光星　　　　中央民族大学（中国）
达奇升·弗拉基米尔·格里戈里耶维奇
　　　　　　　俄罗斯克拉斯诺亚尔斯克国立师范大学（俄罗斯）
伊藤亚人　　　日本早稻田大学（日本）
色　音　　　　中国社会科学院（中国）
祁进玉　　　　中央民族大学（中国）
孙春日　　　　延边大学（中国）
苏发祥　　　　中央民族大学（中国）
李　文　　　　中国社会科学院（中国）
李晟文　　　　拉瓦尔大学（加拿大）
李稚田　　　　北京师范大学（中国）
杨圣敏　　　　中央民族大学（中国）
佐佐木史郎　　日本国立民族学博物馆（日本）
宋成有　　　　北京大学（中国）
张　娜　　　　中央民族大学（中国）
张　曦　　　　中央民族大学（中国）
金永洵　　　　韩国仁荷大学（韩国）
金泰虎　　　　甲南大学（日本）
周　星　　　　日本爱知大学（日本）
波波科夫　　　俄罗斯西伯利亚科学院（俄罗斯）
宝木奥其尔　　蒙古国立大学（蒙古国）

须藤健一　　日本国立民族学博物馆（日本）
麻国庆　　　中央民族大学（中国）
韩道铉　　　韩国韩国学中央研究院（韩国）
韩湘震　　　韩国首尔国立大学（韩国）
朝　克　　　中国社会科学院（中国）

编 者 序

鼎力打造东北亚研究学术共同体，
推动东北亚区域的文化交流、对话与合作

"全球化"如同人类历史发展长河中其他历史发展阶段一样，具有自己典型的时代特征和基本内涵，世界经济的一体化、国际政治的多元化、文化全球化和世界公民身份认同等便是其显著的特点。从文化发生学的角度而言，东北亚共同体的各国彼此之间有着千丝万缕的历史联系，人类种群的密切关系以及民族互动、文化彼此接触与有效交流的历史，自然拉近了区域内各国间的文化、经济以及人员的频繁交流。在全球化的背景下充分发挥东北亚地区丰富的文化资源和文化历史传统的作用，增进区域内族群/民族间彼此的接触和交流，增强跨国文化认同的感召力，则构建东北亚"文化经济共同体"就有着十分重要的理论和现实意义。

东北亚地区位于欧亚战略中轴线的东部，是世界主要大国美、中、日、俄势力并存与矛盾交汇的地区，在国际关系的历史上，东北亚局势的任何变动往往都影响整个亚太地区，触及大国敏感的利益神经，从而牵动整个世界。正因如此，在欧洲、东南亚以 OSCE（欧洲安全与合作委员会）和 ARF（东盟地区论坛）为推动的地区一体化机制日趋成熟且渐收成效的今天，东北亚地区仍然无法完全走出冷战阴影，而呈现出合作与冲突并存、缓和与对抗同在的特点。为此，研究区域内国家间关系的现状、分析其发展的动态、预测其战略的走势、重构地区秩序、建立有利于持久发展的新机制，不但对域内各国是必要的，而且对全球性新秩序的探索也富有深远的影响。

"东北亚共同体"的构建，是东北亚区域民族国家之间因资源的竞争和博弈的结果，是追求一种区域内结构性均衡的体系，如果不考虑该区域民族文化多样性的事实与族际、区域性的差异，有时会对国家造成一种危机或面临解构的威胁。所以，尝试将传统的民族学研究对象纳入政治学的视野，探讨民族这一客观现象在国家政治系统中的结构与功能，以及通过何种政治途径消弭族际间的利益冲突、观念分歧，进而达成国家共同体的持久聚合。从文化发生学的角度而言，东北亚"文化经济共同体"的各国有着千丝万缕的历史联系，人类种群的密切关系以及民族互动、文化彼此接触与有效交流的历史，自然拉近了区域内各国间的文化、经济以及人员的频繁交流。所以，用"文化"这一较为温和型的概念作为构建东北亚共同体的理论基础是颇有说服力的，也符合东北亚共同体各参与国的长远发展目标和利益诉求。

全球化的今天，可以说"区域互助、全球协作"已经成为政治家、学术界公认的准则。从这个角度而言，充分发挥东北亚地区丰富的文化资源和文化历史传统的作用，增进区域内族群/民族间彼此的接触和交流，增强跨国文化认同的感召力，构建"东北亚共同体"则有着十分重要的理论和现实意义。因此，如何合理引导该区域众多跨国民族的民族认同与国家认同，建立超越民族国家的跨国文化认同就成为重要而紧迫的研究课题。

20世纪末，随着全球化和区域化两股浪潮的盛行，以及东北亚地区的经济迅速发展，人们逐渐把东北亚作为一个区域看待。这是基于如下几方面的因素：首先，自冷战结束以来，东北亚地区国家间的关系有所缓和、改善，来自政治和安全方面的压力大大减轻，各国间的经济、文化和人员交流逐渐频繁，客观上刺激了区域内各国间的文化和经济交流。其次，区域的政治、经济、安全以及文化交流等现实政策的需要，也是促进国家间交流和贸易往来的主导因素。尤其是中日韩各国经济发展需要各国的通力合作，有助于促进区域合作的构想与模式的出台，如图们江共同开发计划、环渤海黄海经济圈、东北亚经济圈设想等区域合作模式相继推出。此外，东北亚地区敏感的政治问题和战略位置，也是促进区域各国密切加强交流与合作的推进剂，如朝鲜半岛问题、核危机以及石油战略等国际政治经济格局当中的敏感话题，无疑增加了区域交流与合作的频率。

我们从事民族学人类学研究的学者，往往仅限于了解本学科研究领域的学术研究进展，根本不去关注其他学科的学者们在做什么、想什么。我们意识不到，这种学科区隔和学科本位意识，在一定程度上严重削弱了学科发展的生命力。所以，在很多的学术研讨会上，很难撞出学术争鸣的"火花"，每次研讨会都平淡无奇，主要原因在于学者们彼此相互不了解，学科区隔成为中国社会一个严重的痼疾。除却这种学科本位和学科区隔的二元划分带来的危害之外，我们往往画地为牢，人为设立诸多的边界。这些人为的边界，有的属于民族范畴，有的属于意识形态范畴，有的属于地域范畴，还有的属于宗教范畴，等等，不一而足。

我们对于东北亚区域的各国民族文化的研究缺乏比较研究和人类学的田野

研究，也缺乏基于实证研究基础上的民族志文本，所以，我们很少知道东北亚共同体内部的各国民众真实的想法和对彼此的看法，甚至，我们根本就不关心他们想什么，毫不在乎彼此的看法，我们只是我行我素，我们只对我们自己的想法感兴趣；换而言之，我们只有自我，没有他者；我们只有民族和国家的共同体，没有区域的共同体，更谈不上共享的价值和观念，有的只是误解与相互拆台、相互防范、相互谩骂、相互推诿。基于如上的缘由，我们特意联合中国和韩国的相关学术研究机构，共同举办"东北亚民族文化论坛"学术研讨会，并将论坛的会议论文集结集为《东北亚民族文化评论》系列出版物，正是基于如下的考虑：通过搭建"东北亚民族文化论坛"这个学术交流平台，进一步加强中国与我们近邻的韩国、日本、俄罗斯、朝鲜、蒙古国等国家的学术界的学术交流与文化互动，从学术交流构建一个东北亚区域各国知识精英广泛参与的"学术共同体"，初步在学术界达成共识，对一些存有较大争议的议题开展学术对话与讨论，可以避免造成较大范围的政治争端，用学术议题尽量避免引发政治与军事冲突。知识精英们参与讨论后达成的初步共识，可以援引成为各国政府资政的智库资源之一，同时，精英们的想法总会对普通民众产生较大影响，反过来又会对政治产生副作用。所以，首先，有必要构建一个致力于东北亚共同体研究的"学术共同体"，这个共同体的作用从长远看来一定能够发挥非常重要的作用。

构建东北亚文化经济共同体也远非我们所想象的那么简单，它所需要的历程也并非我们所能想到的那么触手可及，这是一条漫长的充满坎坷的道路，然而它并非遥不可及，也不尽是我们的想象。目前最紧迫的是，如何构建一个有助于推动东北亚民族文化交流与合作的平台，促进东北亚各国的学术精英们对话与交流。最有效的途径应该是，首先构建一个充满生机和活力的东北亚"学术共同体"，致力于共同推动东北亚民族文化研究与交流对话。也即需要一批著名华裔学者杜维明（《儒家传统与文明对话》，2010年）所谓的"公共知识分子"，意指对于政治有强烈的关切、对于社会有参与感、对于文化有研究和发展意愿的知识人。这种知识分子不仅在学术界，同时在政府、媒体、企业，在各种不同的社会组织和社会运动中，也都发挥积极的作用。通过各种类型的公共知识分子的共同努力，把人类文明、现代世界文明所碰到的重大议题提到公共领域，让大家一起讨论、共同协商，这就是公共知识分子的角色和作用。

其次，在搭建东北亚"学术共同体"这样一个对话与交流平台的同时，积极探讨多种模式的民间合作研究机制，这对于推动东北亚研究和达成共同体的终极目的极为关键。在目前的情况下，首先开展多边合作研究存在一定的困难，但是我们可以尝试进行双边合作研究，如中韩、中日、中俄、韩日、中蒙、中朝、俄韩、俄日等国之间的双边合作学术研究和对话就有一定的可能性和较强的操作性，同时也有很强的示范效应。在此基础上，在恰当的时机和条件成熟时，有必要逐步推动三边或多边合作研究。

正如杜维明所希望看到的，我们希望从事人文学研究的学者能够共同努力，让东亚的地方知识、我们的特殊经验，譬如文学艺术的、音乐的、哲学的、历史的知识能够不仅有我们自己传统中的本土意义，而且也具有全球意义。今天，我们来自东北亚的一些学者们在"东北亚民族文化论坛"这个国际学术交流与对话的平台上对相关重大议题进行深度探讨，致力于共同探讨东北亚区域民族文化的共同性和差异性，也致力于找寻如何从学术共同体达成一个真正意义上的地域共同体，并找到共同体内部共享的价值观和道德伦理，从而将这种来自东北亚的区域性本土性知识推及全人类共享的全球伦理和普世的价值观，这才是东北亚"学术共同体"以及全体"公共知识分子"的共同使命。

由中央民族大学"985"工程中国当代民族问题战略研究哲学社会科学创新基地之民族发展与民族关系问题研究中心、中央民族大学东北亚民族文化研究所、延边大学民族研究院、（韩国）仁荷大学、庆南大学极东问题研究所、韩国学中央研究院等相关学术研究机构联合举办"东北亚民族文化论坛"国际学术研讨会有着重要的现实意义，也符合本论坛的主旨与长远发展目标：加强与东北亚地区各国的睦邻友好关系，发展平等互利的经济合作，维护地区的和平与稳定，促进地区的经济发展与繁荣，为实现东北亚共同体的发展战略创造良好的地缘政治环境和人文社会环境。

我们于2015年6月份，在中央民族大学召开了"第六届东北亚民族文化论坛"国际学术研讨会之后编辑出版会议论文集《东北亚民族文化评论（第5辑）》"Northeast Asia National Culture Review, Volume 5"，由学苑出版社（北京）出版刊行，为长效出版物，致力于打造有关东北亚研究领域的一流出版物。

编　者
2016/6/18

目 录

· 东北亚共同体研究 ·

The Museum Activities in Recovery from Disaster, The Great East Japan Earthquake
………………………………………………………………（日本）须藤健一/3
梅棹忠夫及其著作《蒙古研究》………………………………………苏日娜/12
以黄帝、檀君神话母题为例试析中韩传统文化的共性…………………王宪昭/18
韩国巫教（萨满教）对韩国基督教的影响………………………（韩国）金秀敬/24
论蒙古族萨满文化的传承与保护……………………………………………色音/31
萨满教研究报纸文章的文献计量学分析……………………………乌云格日勒/44

· 公民社会与族群关系研究 ·

非洲特色民族治理模式个案研究——"多维度"视域下的埃塞俄比亚民族联邦制
………………………………………………………………………………施琳/59
海外华人的身份与文化认同——以首尔、仁川华人群体为例………郭昭君 祁进玉/71
中外学者的埃文基民族文化研究………………………………张娜 王雪梅/79
满族习俗文化的多元化功能阐释…………………………………………刘明新/89

· 全球化、地方性与跨文化交流 ·

影视"韩流"盛行于东亚还是全世界？……………………………………张祖群/101
年糕在韩国社会中的意义……………………………………（韩国）裴恩皓/110
多元文化背景下民族高校维稳工作研究——以延边大学为例………郑光日/120
新巴尔虎蒙古人的服饰……………………………………………………苏布德/127

· 非物质文化遗产保护 ·

吉林省满族非物质文化遗产传承人研究——以关云德为个案………夏婉秋 李梅花/133
人类学视阈下非物质文化遗产名录制度的反思……………………………陈心林/143
非物质文化遗产学视角下的"春捂秋冻"………………………………包艳杰 张浩/150
基于行动者网络的非物质文化遗产传承与创新研究…………谢芳 刘云 刘蒙蒙/157
论辽宁地区民间美术遗产的传承与保护…………………………………张景明/166
从仪式角度论非物质文化遗产的现代传承——以查干苏鲁克大祭为例………高学博/174

1

"申遗"背后的故事——以锦州非物质文化遗产工艺彩绘鸭蛋为例 …………… 张喜中/182
河北满族忠义村"摆字龙"文化遗产的现状调查 ……………………………… 祁慧军/188
近十年我国非物质文化遗产教育研究进展 …………………………… 贺能坤 王莉/196
西藏手工技艺类非物质文化遗产的创意性重构——以易贡藏刀为例 ………… 马宁/202
对"手工艺"传承方式多样化的思考 ………………………………………… 王晓珍/210
提高非物质文化遗产保护和传承效果——从利益相关者角度看非物质文化遗产保护
　　 ………………………………………………………………………………… 谭宏/218
北京优秀传统文化传承创新与文化走出去问题研究——以北京非物质文化遗产为考察
　　对象 ……………………………………………………………………… 韩丽雯/227
新型城镇化背景下的非物质文化遗产保护对策 ……………………………… 钱永平/235
文化多样性保护理念下的少数民族服饰文化研究——以中央民族大学民族博物
　　馆展品为例 ……………………………………………………………… 郑喜淑/244
非物质文化遗产保护与文化生态保护的思考 ………………………………… 陈耕/251
非遗依赖型大学生旅游创业模型探究 ……………………… 刘蒙蒙 谢芳 谭程/257
2015年湖南湘西土家族苗族自治州龙山县舍巴日调查报告 ………………… 李芳/265
许昌北关村婚礼习俗调查报告 ………………………………………………… 李芳/279

· 文化专题论坛 ·

青海德都蒙古的民族关系 ………………………………………（蒙古国）宝木奥其尔/303
欧亚大陆多样一体概念：西伯利亚人的想法 …………………（俄罗斯）波波科夫/307
乡村品牌建设中的民族文化研究 ……………………………………………… 李稚田/309

· 会议简讯 ·

第六届"东北亚民族文化论坛"国际学术研讨会成功举办 ………………………… 313
稿约 …………………………………………………………………………………… 315

·东北亚共同体研究·

The Museum Activities in Recovery from Disaster, The Great East Japan Earthquake

Kenichi Sudo National Museum of Ethnology, Japan
（日本）须藤健一　　国立民族学博物馆

National Museum of Ethnology or Minpaku, Japan, was established in 1974 as an inter – university cooperative research institute, according to the Japanese government higher research and education policy. The exhibitions were opened to the public in 1977.

Our fifty three researchers have conducted fieldwork on societies cultures and socio – cultural changes brought by globalization at locations worldwide. We also organize many kinds of research projects, international symposia, and other academic meetings. Each year we receive more than one thousand foreign and domestic researchers to join these activities.

To pursue deeper understanding of cultures and values, our staff also collect and preserve artifacts, audio – visual and documentary materials. Minpaku has collected upwards of half a million artifacts and audio – visual materials. These and our research efforts contribute to new types of exhibition and publication. Our permanent and temporary exhibitions receive over two hundred thousand visitors each year.

Today I want to introduce the main activities of the Museum:

Exhibitions, The Role of Museums in Recovery from Disaster, and Info – Forum Museum for Cultural Resources of the World.

Ⅰ. Exhibitions

Minpaku exhibitions are designed to present recent achievements in anthropology, ethnology and related research to the public, and employ a variety of media. The Museum aims to enhance public awareness of different cultures around the world and to foster greater cross – cultural understanding.

The exhibitions consist of the Permanent Exhibitions and Temporary Exhibitions. Permanent Exhibitions are designed to deepen understanding among visitors of cultural diversity and commonality. The Temporary Exhibitions highlight specific topics and are held several times annually for limited periods. While planning exhibitions, we also attempt to develop new exhibition methods and actively gather feedback from visitors in order to learn what works and what designs.

1. Permanent exhibitions

The permanent exhibitions are located in nine regional galleries covering every part of the world and two cross – cultural galleries for music and language. The regional exhibitions cover Oceania, Americas, Europe, Africa, West Asia, South Asia, Southeast Asia, Central – North Asia and East Asia including China, Korea, Japan and Ainu. At present, we are exhibiting 11,000 objects in 10,000m^2 with a total area of galleries.

In designing the exhibitions, Minpaku has adhered to the notion that all human cultures around the world have equal value. As much as possible, we also give visitors the opportunity to touch objects in order to give a sense of real on personal contact.

The exhibitions are therefore designed to help visitors respect cultural differences among peoples and by the rich diversity of human lifestyles. These exhibition also emphasize basic elements of everyday life such as clothing, food and housing of the world (Fig. 1).

Figure 1 Permanent Exhibition, China

There have been substantial changes in the social and cultural situation of the world since Minpaku's opening, over 38 years ago. The Museum began renovating its exhibitions in 2008 and will finish this process next March, 2016.

The basic renewal strategy can be summarized in five points.

Our aim has been to:

(1) Rethink each exhibitions area through the insights of researchers from inside and outside Japan.

(2) Develop exhibitions as forums for promoting mutual exchange and understanding among all three groups involved in an exhibition: researchers, culture bearers who are the subject of the ex-

hibition, and visitors.

(3) Innovate with the concept of "glocal exhibitions," which illustrate change in historical or modern times, and the linkages between local areas, Japan, and the world.

(4) Provide advanced and integrated systems for access to information.

(5) Accommodate diverse requests from our museum visitors.

2. Videotheque

Minpaku also encourages the introduction of multi – media methods in its exhibitions. The Videotheque was the world's first on – demand video library of its kind, developed by the Minpaku in 1977, and upgraded at various times since then. Visitors can select video programs from the Museum's collection of about 700 titles. These allow visitors to see and hear living cultures of the world and learn how many of the artifacts shown in the permanent exhibitions are actually used (Fig. 2).

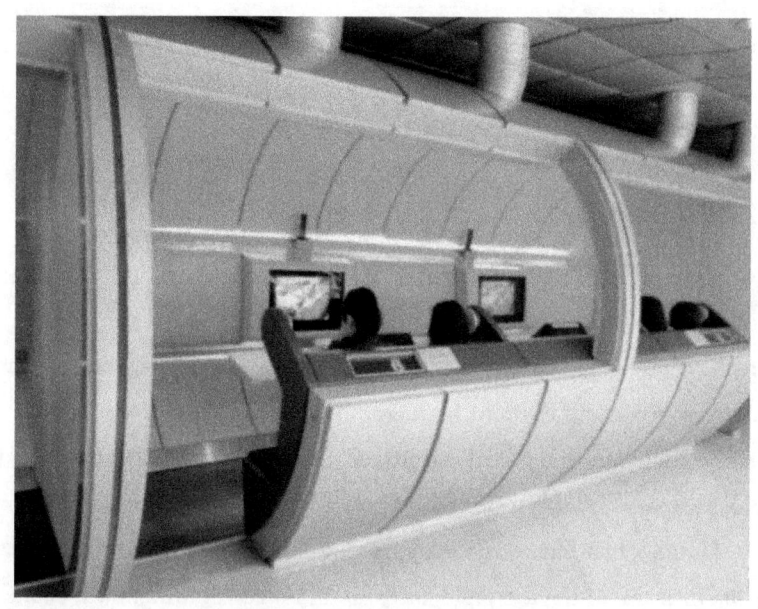

Figure 2 Videotheqe Booth

3. Temporary Exhibitions

The temporary exhibitions are large – scale events introducing specific themes in a multifaceted and systematic manner. Last year, the "Power of Images: The National Museum of Ethnology Collection" exhibition was mounted to commemorate the 40th anniversary of the founding of Minpaku. The Exhibition ran and exhibited 600 objects, including masks, figures and paintings, at the National Art Center Tokyo in Spring and in Autumn at Minpaku.

The purpose of that exhibition was to erase the barriers between conventional categories such as art museum and the ethnological museum, art and artifact, art history and cultural anthropology, Europe and Non – Europe. It was designed to let visitors experience the great diversity of fascinating forms and images in our collections as well as similarities in modes of representation and shared aspects of beauty (Fig. 3).

Figure 3　Special Exhibition: Power of Images (NME)

The exhibition revealed a previously unknown but profound world of beauty transcending time, space, and individual cultures. All who saw it experienced a valuable opportunity to reappraise basic questions like "What is art?" and to reassess their own ways of seeing and their ideas of beauty.

Ⅱ. The Role of Museums in Recovery from Disaster

It is generally accepted that museums should be guardians of material culture that preserve and protect cultural resources and cultural heritage. But we can do more than this. The Great East Japan Earthquake and Tsunami that struck on March 11, 2011 was an unprecedented disaster.

Responding to an appeal by the Agency for Cultural Affairs, many organizations joined together in early April to form a Committee for Salvaging Cultural Properties. They began salvage activities requested by the disaster – affected prefectures in mid – April. Minpaku responded immediately by forming a Disaster Relief Committee composed of eight researchers.

I want to report briefly three case studies:

1. Cultural Asset Salvage

Two Minpaku conservation scientists supported for salvaging ethnological materials from local museums and archives that had been damaged, primarily in Iwate and Miyagi prefectures. They helped to arrange temporary storage, set up emergency processing facilities, and then organize and record the materials salvaged (Table 1).

Most of the salvaged materials were stored temporarily in the empty classrooms of local schools. For desalination or other treatment materials were sent to Minpaku, where an emergency facility was established. Because Japan is particularly prone to natural disasters, Minpaku is now developing permanent facilities for the salvage, emergency handling and storage of damaged mate-

Table 1 Main Steps of the Rescue Activities

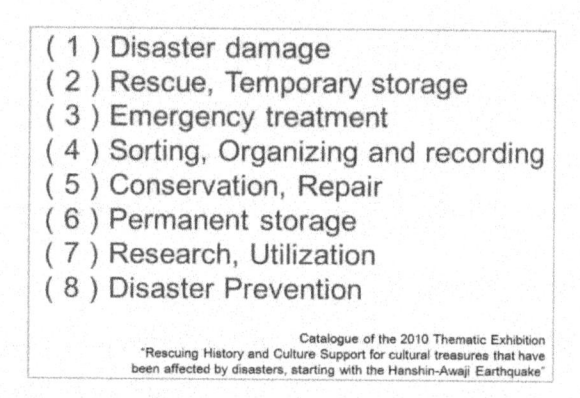

```
( 1 ) Disaster damage
( 2 ) Rescue, Temporary storage
( 3 ) Emergency treatment
( 4 ) Sorting, Organizing and recording
( 5 ) Conservation, Repair
( 6 ) Permanent storage
( 7 ) Research, Utilization
( 8 ) Disaster Prevention
```
Catalogue of the 2010 Thematic Exhibition "Rescuing History and Culture Support for cultural treasures that have been affected by disasters, starting with the Hanshin-Awaji Earthquake"

rials, as preparation for future disasters.

2. Cultural Heritage Restoration

A mudstone lion's head from Kamaishi City, in Iwate Prefecture, was damaged during the earthquake and tsunami (Fig. 4). In October 2011, it was brought to Minpaku for restoration. This lion's head is believed locally for protecting the community and its members from evil spirits, and helping to ensure peace and prosperity for households. The restored head was displayed at Minpaku during a temporary exhibition that began in September 2012.

Figure 4 Map of the disaster – affected cities in Northeast Japan

To thank Minpaku for the restoration, a troupe from Kamaishi City came to Minpaku in November 2012 and presented an elegant performance of the highly regarded Grand *Kagura*, a sacred music and dance. Expressing Kamaishi City's gratitude for the restoration, the director of the troupe said "that so many people gathered together to restore a lost tradition brings unity to our community; we take pride in the *kagura*, which keeps our hometown alive in our hearts."

The lion's head that protects people's lives and the *kagura* sacred dance have become moorings that help people to revive the region and livelihoods.

3. Revival of Traditional Performing Arts

There were 5,300 households in Ofunato – city, Iwate Prefecture, before the earthquake and tsunami. In May 2015, there remained just 3,500; the other 1,800 in sea side had been swept away or were left uninhabitable. The dead or missing numbered 155.

In the Sasazaki District of Ofunato-city, 220 households in the fishing and agrarian village had always performed the *Shishiodori*(Deer Dance) at the Kamo Shrine, as part of a festival held in April every five years. Although 2011 should have been such a year, the festival could not be carried out. Because all the costumes, drums and other equipment required for the traditional performance had been swept away.

When Minpaku research team visited Sasazaki in May 2011, a leader of the Deer Dance Preservation Society told them, "we want to continue the festival and performance, but we have lost everything."Minpaku was requested to secure deer antlers required for the headdresses used during the dance, so we launched the "Love Deer Project" to provide them.

Minpaku struggled to find suitable pairs of antlers, each with four branches and of sufficient length for the headdresses. By October forty-six pairs had been secured with the assistance of various social groups in the Kansai Region in Japan. Members of the Sasazaki Deer Dance Preservation Society began making the new headdresses in November. Women began making the accompanying costumes. By May 2012, ten sets of headdresses and costumes were complete.

It was decided that the first performance of the revived dance would be held in June at Minpaku, as an expression of gratitude for providing the antlers. On June 9 in 2012 the Deer Dance was performed in Minpaku's Hall, in front of 450 guests. On the following day, this soul stirring dance was performed in front of an audience of 3,000 in Kobe, to raise the spirits of the victims of the 1995 Kobe-Awaji Earthquake and comfort the souls of those who had died in it.

A month later, the Deer Dance was performed in Sasazaki, its hometown. It was performed at a gymnasium, in front of an audience of 250 villagers, some still living in their homes, others dwelling in temporary housing, and others who had evacuated elsewhere. The local people were crying tears of joy as they said, "there is no way to thank you enough for helping to bring back this dance that was swept away."

The Sasazaki Deer Dance is an example of a folk performance to exorcise evil spirits, pray for the repose of the souls of the dead and comfort the souls of the ancestors. One community elder said, "holding a festival was our last chance to reconnect to a lost region; we had to perform the Deer Dance, no matter what." A performer who had danced on July 8, 2012 said "as we danced we wept; this was the first step to revival."

This events spoke eloquently to the need for residents to have opportunities to express hope and determination for restoring their communities. For victims of the massive disaster, the traditional performing arts clearly revived their sense of agency and had great significance for them as they went about rebuilding their lives.

Since 2012, we have invited another troupes from an affected area to present a traditional performance in Osaka every year. By organizing events that feature performances from affected areas, we are confident that we can give hope to people who have become scattered and who so far have seen little progress in rebuilding their homes and communities. We can help create opportunities for them to renew the solidarity of scattered communities. At the same time, we can spread knowledge of the extraordinary quality of these performances, especially among people living in Osaka and the Kansai region generally, where we suffered after the Kobe Awaji Earthquake in 1995.

Looking to the future, each year we will continue to organize temporary exhibition titled "Memories of Disaster" and to invite troupes from the affected areas to perform at Minpaku.

In May, 2015, the Kamo Shrine of Ofunato – city re – launched a traditional festival at the newly re – built fish market. Fifteen dance groups from different districts performed their own dances. The Tiger Dance, Sword Dance, Deer Dance, Seven Deities Dance and others were performed and included a prays to the ocean for a big catch by fishing boat. The dances have been recovered by peoples of each district. Several thousand audiences enjoyed the performances.

At Sasazaki District in Ofunato, the Deer Dance team went door to door to pray and perform memorial rites for ancestors according to local custom. Around eighty households asked the Deer Dance Preservation Association to pray for their ancestors 2nd and 3rd of May. This had not been done since 2007 before the earthquake.

The leader of the Association said "although one third of people are still living in other places, we have reached the next stage by recovering the custom of praying door to door."

Festivals and performing arts are usually thought of as activities that should be restarted after livelihoods and communities have recovered. However, it is important to understand that only when these performances are carried out can we say that a local society really exists. In other words, the performing arts are indispensable elements for the recovery process. They help to weave people together through new strands of tradition and culture. They are vital for restoring local pride.

So the role of museums is not only to function as a guardian of material culture. We must also provide support for creative individuals in the affected areas. They are the people who carry the main burden of restoring precious intangible culture and providing spiritual leadership.

Ⅲ. An Info – Forum Museum for Cultural Resources of the World

Recently Minpaku and many other ethnological museums have received requests from source communities for better access to collections and collection data. For example, the director of the Zuni Museum, New Mexico, USA, has visited Minpaku several times for collection review. After the review, he could point out misrepresentations in the catalog description and instructed proper conservation in accordance with the Zuni cultural context.

Inspired by this kind of direct request from a source community, Minpaku started the "Info – Forum Museum Project for Cultural Resources of the World" in June 2014. The purpose is to collaboratively promote interactive and reciprocal utilization of the ethnographic materials among people of source communities, local holding museums, and Minpaku.

1. What is the Info – Forum Museum?

The Info – Forum Museum (hereafter termed "Info Forum") is a database of cultural information that will be shared with Minpaku by people, source community, universities, research institutes, and museums around the world. Through the internet and other means, the Info – Forum database will be accessible to culture – bearers, researchers, media, teachers, students, and the general public. We wish to encourage new commentary and the free exchange of ideas, and thus generate information. These are functions of the forum. Our effort is part of wider international efforts in this direction.

To create the Info – Forum, in conjunction with Japanese and international collaborating institutions and local people, Minpaku will conduct five four – year collaborative research projects related to the cultural resources of specific regions. The projects will create content through sharing the cultural resources and information managed by individual partner institutions, and collaborative research. Designated project leaders will coordinate/manage each project. One project started in fiscal year 2014, is titled"Documenting and Sharing Information on Ethnological Materials: Working with Native American Tribes."

Four more projects, "Building a Database for the Information Heritage of Formosan Aborigines and Okinawans"to be launched in this year, "Building a Database for Cultural Heritage of the Ainu", "International Collaboration with African Museums for projects on Cultural Resources" and "Building a Database for South and Southeast Asia" to be launched from fiscal year 2016 to 2020.

2. Prospects and challenges

At least three important benefits are expected from establishment and operation of the Info – Forum Museum.

First, the Info – Forum will make "global – scale"sharing of research on cultural resources possible. Once launched, collecting and comparing global information on masks, including shapes, materials, production methods, functions, and social meanings, for example, will be possible with few spatial/temporal constraints. By implication, this will broaden the horizon of research on culture, including research on "things". It is highly likely that the Info – Forum will generate new frontiers for research on cultural resources.

Second, the Info – Forum will encourage more interactive anthropological studies and better interactions. Discussion and exchange of ideas on specific topics or cultural resources by researchers, source communities, and other users, will drive these studies. The interactive nature of these discussions will be a major advance over the generation of knowledge solely by researchers. We imagine that the involvement of diverse people will facilitate creation of new types of knowledge.

Third, the Info – Forum will have an impact on society. All stakeholders will have better access to reliable and useful information. Those facing the problem of finding successors to maintain traditional knowledge, in particular, will benefit from obtaining information on the creation and continuation of their own and other cultures' resources. Bearers of culture can use the information to promote the creation of "things," the intergenerational succession of intangible cultural assets, and the creation of new culture.

There are many procedural and technical issues to be resolved. Minpaku is committed to advancing the project, for at least the next eight years.

Concluding Remarks

In the four decades since its founding, Minpaku has supported research on peoples and cultures all around the world, and it has accumulated a very diverse store of materials, and information related to those peoples and cultures.

We hope to share the tangible and intangible materials as "cultural resources of the world" with others of our time and future generations. To realize this goal, we are pursuing international collaborative research with universities, museums, and local societies.

In pursuing this goal, we wish to emphasize exchange not only among researchers but also with the source communities that have created cultural resources and other sectors including the general public (Fig. 5).

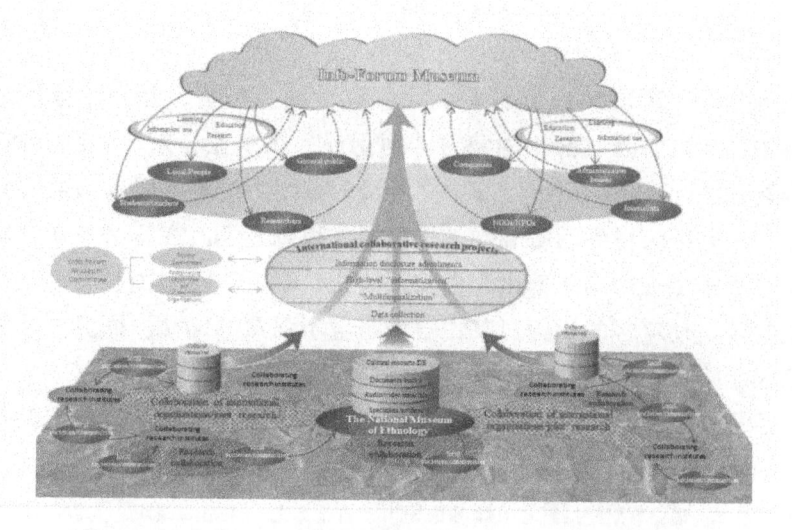

Figure 5　A Conceptual Diagram of the Info – Forum Museum

梅棹忠夫及其著作《蒙古研究》

苏日娜　　中央民族大学

梅棹忠夫撰写的《蒙古研究》一书，1990年由日本中央公论社初次发行。2002年3月被色音、乌云格日勒等翻译成蒙古文，由内蒙古人民出版社出版。书中收录了日本蒙古善邻协会西北研究所[①]特别研究员梅棹忠夫在对当时的内蒙古地区进行田野调查的基础上撰写的学术成果。这次被称之为《草原行》的田野调查是1944年9月初至1945年2月末由所长今西锦司带队的一行五人，从太仆寺左旗的草原地带进入浑善达克沙漠，从东南向西北横断，运用文化人类学和生态学的研究方法对蒙古游牧生活、游牧生态体系进行的田野调查。梅棹忠夫是日本著名的民族学家和人类学家，在为期六个月的调查中，他搜集记录了丰富的资料，后来从中整理出2张地图、100幅素描、近50本调查笔记、5000多张罗马字卡片、各类稿件1000多页。这些资料如今被完好的保存在日本国立民族学博物馆梅棹忠夫资料室。《蒙古研究》一书成为记录20世纪40年代内蒙古游牧生活方式的珍贵史料，据有较高的研究价值。

一、关于作者

梅棹忠夫（1920～2010年）是日本文化人类学的开拓者、蒙古学家。他从小热衷于探险，先后到中国大兴安岭北部、内蒙古、阿富汗、东南亚、东非、欧洲等地探险调查，由动物生态学转向文化人类学研究。高中三年级时曾因为探险而险些放弃学业，连续留级两年直至退学。后来因为得到后辈和同学的声援才得以复学。在京都帝国大学理学部动物学科学习期间，参加了在中国北部由今西锦司团长，森下正明副团长带队的大兴安岭探险队。那一次的探险，使年轻的梅棹对蒙古草原产生了强烈的向往。回到日本后，他开始学习蒙古语，直至1944年来到内蒙古进行田野调查。

提到梅棹忠夫在学界声名大噪著作《文明的生态史观》，就不得不说起他在内蒙古做

---

① 善邻协会是日本侵华战争期间活跃在日本和中国内蒙古地区的一个重要组织。它以财团法人的身份，打着"善邻友好、文化向上"的旗号，以蒙古族、回族、汉族为对象，在内蒙古西部地区，开展了大量诊疗、教育、畜产指导、调查等方面的活动。善邻协会当时在内蒙古的活动是文化侵略活动，为殖民占领统治提供政策理论依据服务的。1944年春在伪蒙疆政权首府张家口设立的西北研究所，先后进行了蒙疆地区内回民现状、蒙古草原生态和游牧关系调查，虽然客观上保留了不少当地史料，但不能忽略其是为日本军部的政策立案、宣抚、制定经济掠夺计划服务的性质。望读者鉴察。

的田野调查。该书是他在蒙古游牧民和家畜的研究基础上，从生物地理学的历史观发表的，为认识和研究人类文明的演进，特别是现代化的进程，提供了一个新的视角。日本学者加藤九祚曾说"蒙古的研究是他开始学术生涯的起点，对于任何一个学者来说，年轻时所研究的课题即使后来研究方向有所改变也是有重要意义的。换言之，一个学者最初所研究的课题对其学术见解，甚至对其形成世界观的过程都会产生重要的影响。任何一位学者都对自己最初所做的研究有着浓厚的感情，因此才几十年如一日的进行相关的研究。这也正是梅棹忠夫的学术研究中，蒙古研究占有较大比例的原因。"[①] 梅棹先生也曾在自己的回忆录中提到"这些资料，是我在蒙古做的所有工作，蒙古的研究倾注了我年轻时的所有心血"[②]。那么这样一部著作到底涵盖了蒙古游牧文化的哪些方面，又提出了怎样的观点呢？下面笔者将逐一介绍这部著作的主要内容。

二、《蒙古研究》的主要内容

1944年春为在内蒙古地区进行民族调查研究，日本在前述张家口蒙古善邻协会调查部的基础上，成立了西北研究所，属"大东亚省"张家口大使馆事务所管辖，所长为日本京都大学讲师今西锦司。该研究所成立后，进行了为期半年的蒙古草原生态和游牧关系的调查。[③] 当时梅棹忠夫撰写的调查报告以及一些相关的论文被收录在日本中央公论社出版的《梅棹忠夫著作集》第二册《蒙古研究》中。

《蒙古研究》主要由五个章节组成。第一章《回想的蒙古》记录了梅棹先生从战前开始从事蒙古学研究到战后发表当时撰写的部分文章为止的经历。也可以说是他关于蒙古研究始末的记录，是整理文集过程中回忆的新感想。第二章《蒙古的自然》是梅棹忠夫初到内蒙古时撰写的两篇生态学方面的论文，即《以直翅目为指标的内蒙古生态学的地域区分》《关于内蒙古的狍子和羚羊》。第三章《蒙古牧畜研究》是该书的主要部分。第四章《蒙古游牧图谱》收录了《骆驼的花木》《牛笼锁》《内蒙古游牧图谱》等三篇文章，将蒙古地区使用的器物进行解说并配有素描。第五章《再访蒙古》是1981年再访内蒙古写的游记，"虽非常简短，却是我思念着蒙古的心情。"[④]

下面来主要介绍关于蒙古游牧文化的学术论文部分，即第三章《蒙古牧畜研究》的内容。"蒙古族游牧经济主要是由牧民、草场、牲畜以及所需要的生产工具等因素组成的。"[⑤] 梅棹忠夫亦认为，"从生态学的角度对内蒙古的牧业经济进行研究，离不开草植、动物、人类这三点。牧业经济以草原为平台，牲畜为主要对象，牧民为经营主体，形成了

[①] 梅棹忠夫：《梅棹忠夫著作集第2卷》，载《蒙古研究》，1992年，第660页。
[②] 梅棹忠夫：《梅棹忠夫著作集第2卷》，载《蒙古研究》，1992年，第61页。
[③] 梅棹忠夫：《日本早期在满通古斯与蒙古研究方面的情况》，载《蒙古学信息》，1993年第4期，第79页。
[④] 梅棹忠夫：《梅棹忠夫著作集第2卷》，载《蒙古研究》，1992年，第3页。
[⑤] 乌日陶克套胡：《论蒙古族游牧经济的特征》，载《中央民族大学（哲学社会科学版）》，2005年第2期，第32页。

牧业经济生态学"①。他主要的研究也是从这三方面展开的。

第一节《西北研究所内蒙古调查报告》，首先对日本学术界关于内蒙古畜牧业处于一、原始阶段二、高度发展阶段的观点进行批驳。认为内蒙古的畜牧业从技术、经济规模上看，处于略高于原始畜牧业的自然畜牧状态。游牧起源于狩猎，是将草原集群蹄类动物整群家畜化的结果。今西锦司教授赞同梅棹的观点，在其著作《游牧论及其他》中也曾论述过，后来却被学界称之为《今西的观点》②。其次，对当时的察哈尔盟③与锡林郭勒盟④畜牧业进行比较研究，认为汉人的迁入带来了操场狭小化的问题，同时导致牧民定居化（没有足够的草场游牧），在家畜管理上，实行舍饲、储存干草、添加精饲料等。定居使得牲畜的死亡率相应降低，并出现了从事商业的蒙古人，可以说察哈尔盟从各个方面都比锡林郭勒盟先进，正向近代畜牧业迈进。就蒙古民族的近代化问题，梅棹忠夫指出"汉人的植入，对蒙古人而言风俗和习惯的汉化成为最大的问题，一部分蒙古人开始失去主体性被同化。但最重要的是蒙古人开始接触到新的文化，有利于社会发展。这是世界的各个地方共通的现象，对蒙古来说，是必然的结果"。⑤ 第二节《内蒙古牧畜调查批判》，是1945年春作者结束调查回到张家口后，查阅1938~1941年满铁调查部与日本兴亚院有关内蒙古牧畜产业调查的调查报告后，认为这些报告大多大同小异，调查地点、时间、方法如出一辙，缺乏科学探索精神以及对事物认识的综合性和多面性。

在《与乳相关的蒙古生态》系列中有三篇关于奶畜以及奶制品加工方式的论文，即第三节《与乳有关的蒙古生态Ⅰ——绪论与奶畜的种类》、第四节《与乳有关的蒙古生态Ⅱ——挤奶方式与放牧的关系》、第五节《与乳有关的蒙古生态Ⅲ——蒙古乳制品及其制作方法》。《与乳相关的蒙古生态——绪论与奶畜的种类》着重将蒙古与日本的牧业生产相比较，认为日本的牧业生产目的非常明确，例如为得到更多的奶以及奶制品饲养奶牛，为了得到丰富的肉饲养肉牛，而日本的奶畜有奶牛，至多算上山羊。而在蒙古人们认为五畜的奶汁是上天的恩赐，没有细致的将其分为奶畜和肉畜。产奶量决定牲畜的重要性，从多到少依次为：牛、绵羊、山羊、骆驼、马。第二篇《与乳相关的蒙古生态——挤奶与放牧的关系》通过观察发现蒙古人获取牲畜奶汁的基本方式是将母畜和仔畜分离，利用牲畜

---

① 梅棹忠夫：《梅棹忠夫著作集第2卷》，载《蒙古研究》，1992年，第130页。
② 梅棹忠夫：《梅棹忠夫著作集第2卷》，载《蒙古研究》，1992年，第50页。
③ 内蒙古旧盟名。原察哈尔部。地处今内蒙古自治区锡林郭勒盟南部地区和河北省西北部地区。1914年设特别区，1928年改省，1936年改为盟。下辖正蓝、正白、镶黄、镶白、太仆寺右旗、左旗、上都、明安等八旗和多伦、德化、康保、崇礼、张北、沽源、商都、尚义等八县。1958年撤销，其大部分旗县并入内蒙古自治区锡林郭勒盟，一部分划归河北省。
④ 清内蒙古六盟之一。后金崇德至清康熙年间，先后将归附的蒙古乌珠穆沁部、浩齐特部、苏尼特部、阿巴噶部、阿巴哈纳尔部编为十旗，共为一盟。会盟地定于阿巴哈纳尔左旗境内的锡林郭勒，故名。隶理藩院，并受察哈尔都统节制。盟境东与东南接索伦、哲里木盟、昭乌达盟界，西接乌兰察布盟界，南接察哈尔界，北接外蒙古车臣汗部、土谢图汗部界，有今内蒙古锡林郭勒盟大部。1914年划属察哈尔特别区，1928年隶察哈尔省。1946年成立盟政府，驻贝子庙（今锡林浩特市）。1947年隶内蒙古自治政府（1950年改内蒙古自治区）。1958年察哈尔省撤消，所辖多伦、化德二县及正蓝旗、商都镶黄旗、正镶白旗、太仆寺旗划属锡林郭勒盟。
⑤ 梅棹忠夫：《梅棹忠夫著作集第2卷》，载《蒙古研究》，1992年，第156页。

的生理规律，这也决定了蒙古人挤奶的时间。第三篇《与乳相关的蒙古生态——蒙古人的白食及其制作方法》中记录了三十余种白食的名称、外形、特点以及制作方法。

第六节《关于蒙古人的饮品》中也讨论了蒙古人的乳制饮品，是一篇非常有趣的文章。文章首先提出"蒙古人是否饮用动物的乳汁？"这个看似"幼稚"的问题，许多人会不假思索地回答"当然"，就连我这个生活在现代的蒙古年轻人给出的答案也是相同的。而通过梅棹先生观察得到的结论却恰恰相反，"蒙古人从不直接饮用动物的奶汁，除没有母乳的婴儿外"。原因是："产奶的主要季节是夏季，秋季会明显减少，到了冬季完全不产奶的情况也非常普遍。因此在产奶量高的季节制作可以长期保存的奶制品，来应对食物短缺的季节。因此，制作各种奶制品的原料——动物的乳汁怎么可以轻易浪费呢？乳汁的作用不是非常大吗？饮用动物乳汁与否并不是一个简单的议题，而是关系蒙古人整个饮食结构以及生活方方面面的大问题。"如果现在再做一次相同的调查结果会大不相同，这看似普通的"乳"字中，浓缩了蒙古人几十年生活变迁的百种滋味。

对于牲畜与草场的关系，第七节《大牲畜与平均劳动质——对草原生态的部分理解》、第八节《内蒙古牧民的草场经营》在蒙古畜牧业是处于自然畜牧状态这一观点的基础上，指出蒙古人虽然对草原合理利用和经营技术有所欠缺，但草原尚未引起荒漠化的主要原因是其载畜量远远不及其上限。而今，与梅棹先生调查结果相比，草原荒漠化已是世界性的问题，严重影响着人们的生活，究其原因，难道是蒙古人没有相应的合理利用草场和经营技术，导致草原载畜量饱和而造成的吗？这是值得我们深入去调查研究的重要课题。

《打草的蒙古人》（第九节）一文将蒙古人的打草方式分为：扇刀型、镰刀型、不打草等三个种类。因为使用不同的打草工具形成了两种不同的技术体系，即扇刀型和镰刀型。这两种形式的区别较大，扇刀型对牧草的长势要求较高，需要勒勒车等来运输，有专门的储藏场地和工具，用于冬季饲养仔畜和坐骑。镰刀型与之相反，不需要有固定的草场，打草的量小，无需运输、储藏，仅用于冬季补给仔畜的营养。苏尼特北部至今不打草，冬季为仔畜挖一些干草食用，这也是一种利用干草的技术。扇刀型主要分布在察哈尔全境以及苏尼特南部，镰刀型则是扇刀型与不打草的区域中间的过渡。形成这种分布的主要原因是草甸草原和草地草原的不同分布。冬季，扇刀型的地区有饲料补给坐骑因而骑马，镰刀型的区域则骑骆驼，形成了蒙古民族内部两种不同的传统文化，这是蒙古牧民适应不同自然环境的必然结果，是游牧体系内部形成发展的两种文化。

蒙古语中关于牧畜名称的词汇非常丰富，《蒙古人的牧畜名称体系》（第十节）一文，运用辞典学的方法，将蒙古牧畜的名称非为四个基本型，这四类互相有差别又有联系的词汇形成了蒙古的畜牧名称体系。

综上所述，梅棹以科学的态度从牧畜、草场、奶制品等方面对内蒙古进行了翔实可信的调查，在此基础上，对日本学术界关于内蒙古畜牧业处于原始阶段或高度发展阶段的观点进行批驳。提出内蒙古的畜牧业从技术、经济规模上看，处于略高于原始畜牧业的自然畜牧状态，改变了学术界固有的习惯性看法。

三、《蒙古研究》在蒙古游牧文化领域的研究价值及其意义

不难看出《蒙古研究》是一部从文化人类学和生态学的角度，对蒙古游牧生活进行了综合性阐述，内容丰富的著作。日本学者小长谷有纪教授在《作为起点的蒙古大地》一文中写到："（1944年前）当时的蒙古学研究主要集中在语言和历史方面，梅棹从生态学的角度对蒙古生态体系进行调查研究，结合文化人类学和生态学的研究方法，对蒙古文化进行了综合性的研究，具有跨时代的意义。蒙古学研究因梅棹这位生态学者而有了跨时代的著作，梅棹因蒙古学而改变了自己未来的学术道路。对他而言，蒙古学是其一生从事科研的真正起点。"[①]

日本在蒙古游牧文化方面的研究开展的比较早，首先应该提到的是鸟居龙藏、鸟居君子夫妇对蒙古的考察。1907年，他们先抵达外蒙古，沿途做了种种调查，17个月后返回北京，鸟居龙藏致力于考古学调查，而君子夫人则主要进行民族学资料的搜集，发表了题为《从土俗学看蒙古》的巨著。这是日本人早起在蒙古民俗研究方面取得的卓越成果。

1937年日本学者松本寿男在《蒙古学》杂志上发表了《蒙古游牧民机器历史作用》一文。他认为游牧民族的牲畜牧养技术对游牧社会内部的变迁只会产生微小的影响，而大的社会变迁只能依靠游牧以外的经济要因才能发生。他认为掠夺和贸易可以推进游牧经济向商品经济转换的进程，增强国家的经济实力。

1930年前后，日本东亚考古学会开始进行预备调查，作为派往内蒙古调查小组队员的江上波夫发表了题为《蒙古高原横断记》的调查报告，是日本人在蒙古研究方面早期的光辉记录。此外1940年前后，有数支调查队出访内蒙古。这些调查大多时间过短，且是反复劳动，并非学术调查。[②]

梅棹忠夫所参加的《草原行》调查为了避免重蹈上述调查的覆辙，确定了几点调查的方针：即不使用高速交通工具，用骆驼和马，尽量多的采访牧民；将观察的详细记录整理成册，共整理出了49本；论文中所使用的皆是这些记录中记载的真实时间，严格甄别观察的真实事件及其解释。避免随意猜测，使其经得住批评考证；首先要求对资料眼见为实，其次无法观察到的尽量详细的询问牧民；如果也无法按以上两种方法确认，必须明确注明。实例要求注明时间地点，调查记录要附带牧民的姓名、出身、年龄等等，因而调查的结果详尽可靠，成为日本蒙古学界跨时代的著作。

2002年色音、乌云格日勒等将《蒙古研究》翻译成蒙古文，书名为《蒙古游牧文化的生态人类学研究》，由内蒙古人民出版社出版，但并未对其进行学术研究。

蒙古民族的游牧文化一直以来受到国内学者的关注。中国本土学者通过一些典型案例进行了分析研究。1984年，费孝通在考察了内蒙古赤峰和包头之后，指出牧业一直以来都是该地区的主要经济基础。在对其生产方式、人口结构、民俗生活进行全面考察的基础

---

① 梅棹忠夫：《梅棹忠夫著作集第2卷》，载《蒙古研究》，1992年，第654页。
② 梅棹忠夫：《梅棹忠夫著作集第2卷》，载《蒙古研究》，1992年，第78页。

上，他分析了不同地区的趣味特征，总结了社会经济发展的模式和存在的问题，为后来学者的研究提供了宝贵的经验，具有世纪的社会效益。

1995 年，中央民族大学邢莉教授出版了《游牧文化》一书，从经济习俗、物质习俗、行为模式、仪式风习、语言风俗、宗教信仰等方面对游牧文化进行了深度解读，构建了游牧文化的整体框架。她对草原游牧文化的特征进行了分析总结，认为草原民族的生活不仅具有流动性，且游牧经济本身的依赖性和脆弱性导致了其自身有爆发力和不稳定的特质。

色音在《内蒙古牧区蒙古族生产与生活方式的变迁》中指出："从纯游牧到定居放牧的经济生活变迁带来了与此相应的文化变迁，这种文化变迁是经济变迁的必然结果。因为定居放牧的生产方式和原来的纯游牧生产方式不同，必然导致生活方式的变迁和对应的文化调整，使社会重新走向整合和均衡。"①

上述研究成果为我们今后的研究提供了重要的借鉴和思考，但就具体田野调查的个案，特别是以前人的田野调查为一个点对蒙古游牧文化进行比较分析的研究仍然较少。《蒙古研究》一书成为记录 20 世纪 40 年代内蒙古游牧生活方式的珍贵史料，引起了我们对今日这一地区经历几十年的风霜后游牧文化变迁的一些思考，从传统游牧文化的变迁和延续性的角度考察内蒙古游牧文化的近代性有较为重要的研究价值。

首先，在世界史上，游牧文化与农业文明的互动影响着整个世界历史的政治格局以及文明的衰落与兴起。在我国历史上，游牧文化与农耕文化的冲突与融合一直是我国历史的重要部分，北方游牧民族与中原农耕民族的关系也始终占据了中国历史篇章的重要地位，中国北方游牧文化是中华文化的重要组成部分，对于中华文化的形成和发展，有着特殊的重要性，对中国北方草原地带游牧文化的研究，不仅有助于我们更深入地认识游牧文化，也有助于进一步探讨中华文明的形成。

其次，《蒙古研究》是在当地牧民中实地调查的基础上形成的关于蒙古游牧文化的第一手资料，从人类学、民族学、民俗学等多种学术视角对蒙古文化进行了分析，对当时日本学术界关于内蒙古畜牧业处于原始阶段或高度发展阶段等观点进行了批判，认为其处于略高于原始畜牧业的自然畜牧状态，通过比较分析提出察哈尔盟从各个方面都领先于锡林郭勒盟，正向近代畜牧业迈进。时至今日，当年田野调查的察哈尔盟和锡林郭勒盟等地区的生产生活方式发生了巨大的变化，且这种变化会一直持续下去。在其他生产生活方式及文化的影响下，蒙古族传统的畜牧业得到进一步发展，与此同时，畜牧文化也悄然发生着变化，研究这种变化，对更加清楚地认识未来的发展趋势有积极的现实意义。

---

① 色音：《内蒙古牧区蒙古族生产与生活方式的变迁》，载于《中国民族社区发展研究》，北京：北京大学出版社，2001 年，第 31 页。

以黄帝、檀君神话母题为例试析中韩传统文化的共性

王宪昭　　中国社会科学院

有些神话在漫长的民间传说中，会逐渐积淀为一个民族的文化传统。特别是那些与民族或国家起源有关的神话，往往会逐渐衍生为带有更高文化意义的祖先信仰。那么，作为中华民族典型文化始祖代表的黄帝神话与被韩国、朝鲜和中国朝鲜族所尊崇的始祖檀君神话，就具有本质上的可比性。本文主要通过分析神话母题，试图考察不同民族或国家之间传统文化中同类型叙事的共性。

一、黄帝神话与檀君神话的神话母题数据

所谓"黄帝神话"并不是一个可以明确界定的概念，黄帝作为古华夏部落联盟首领，也是中国远古时代华夏民族的共主，被誉为"中华人文初祖"，人们一般将"炎帝"与"黄帝"作为中华民族的重要文化始祖并称，其实黄帝作为史前文明时期部落首领的代名词，同时具有独立性的神话叙事。这些叙事不仅古代文献中有丰富的记载，而且在民间口头传承中也有大量的故事。"檀君神话"又称"坛君"，文献的主要来源是成书于13世纪的朝鲜古籍《三国遗事》和成书于1360年的庆州刻本《帝王韵记》。其中《三国遗事》引用了《魏书》（不详）中的相关记载。从目前见到的关于黄帝神话的母题构成较为复杂，而檀君神话的母题则相对简单和明晰。在此，以二者较有代表性的神话文本为例，对涉及相关同类型母题做出大致比较。见附表：

黄帝神话与檀君神话中出现的相同母题示例

主要母题类型	黄帝神话	檀君神话
出生与天神和熊有关	黄帝是女子感闪电与北斗星所生 黄帝是女子感雷生所生 少典与附宝婚生黄帝 黄帝的父亲是有熊氏	檀君是天神桓雄之子 檀君是释帝之孙 女子与檀树神交媾生檀君 天神之子与熊女婚生檀君
神的身份	黄帝是中央神 黄帝是雷雨神	檀君成为山神

续表

主要母题类型	黄帝神话	檀君神话
姓氏名号	黄帝轩辕氏 黄帝有熊氏 黄帝帝鸿氏	号坛君王俭
居所	黄帝居住昆仑山	檀君立都阿斯达（白岳山）
功绩	黄帝建都有熊	檀君立都平壤城 檀君开国号朝鲜
治理国家	黄帝传世 1520 年	檀君统治 1500 年
寿命	黄帝 1520 岁	檀君寿命 1908 岁
与黄帝、檀君相关的神	风伯（风后）、雨师、云师、旱魃	风伯、雨师、云师
与黄帝、檀君相关的动物	熊、虎、龙等	熊、虎
与黄帝、檀君相关的发明	黄帝历	檀君历
其他交集的母题	尧是黄帝的后裔	坛君与唐尧同时代

上表列举的黄帝、檀君神话中的一些同类母题，只是在目前见到的神话中选择的一些代表性实例。如在表现黄帝的亲属方面还有"黄帝炎帝是亲兄弟""黄帝和玉帝是亲兄弟""黄帝娶雷祖为妻""嫘祖是黄帝的妻子""黄帝娶丑女为妻""黄帝有众多子孙"等等。其中，"黄帝有众多子孙"又可以进一步细分为"黄帝有 25 个儿子""颛顼是黄帝之孙""黄帝的后裔尧舜禹"等等。但关于黄帝的神话母题，文献之间、文献与民间传说之间存在严重的差异。如《史记·五帝本纪》："黄帝者，少典之子"。《史记·秦本纪》又记载："大业取少典之子，曰女华，女华生大费"。在《国语·晋语四》注释中则增加了少典的妻子，云"昔少典娶于有蟜氏，生黄帝、炎帝，曾祖母华胥氏"。不一而论，因黄帝产生年代的久远且没有明确记载载体，就会使当后世的史书试图把黄帝解释清楚时出现不同理解与歧义。当然，关于黄帝的来历及其相关的事迹，在民间传说中还有许多具有创造性的叙事，如有的说黄帝是有熊氏部落的首领，有的则说黄帝是夏部落的首领；壮族神话说一对兄妹结婚生育了黄帝，苗族神话把黄帝说成是黄龙的化身等等。从这个角度说，由于神话文本的复杂性以及神话资料的限制，关于黄帝、檀君的神话母题在民间的实际流传中都会相对更丰富一些。

二、黄帝神话与檀君神话同质性的表现与特征

通过上面图表，值得肯定的是，无论是"黄帝"还是"檀君"，其出生都非同凡人，其身份都具有神性，他们都具有作为特定族体首领的名号，都属于高寿并且治理国家的时间较长，特别是他们具有祖先的优秀品质，有重大发明，与之发生关联的人物一般也都是神或神性人物等等。这种现象表现出文化始祖神话在创作与传播方面的某些同质性。

1. 黄帝与檀君都是历史记忆中积淀形成的始祖文化符号。任何一个国家与民族的传统文化中都非常关注始祖文化信仰，这是一个不争的事实。文化始祖的塑造既是社会个体心理归属感的自然诉求，也是社会群体组织与治理的重要文化手段。如果一个国家或民族要把特定的历史人物或神话人物塑造成为文化始祖，其中行之有效的方法之一就是借助于神话思维将不同历史人物的事迹叠加在一个或几个传说的人物身上，使其逐渐成为一个具有经典意义的文化符号。这方面黄帝神话与檀君神话具有共同特征。如为了表现始祖的来历不凡，黄帝与檀君的出生都与"神"的作用有关，这样就很好地解释了他们为什么是天降大任的"天子"，是为人之首的"帝君"。且不说民间对文化始祖出生和业绩的近乎荒诞的描述，即使以写史的笔法描述他们，也常常会蒙上一层神秘的面纱，如被称为"史家之绝唱，无韵之离骚"的司马迁的《史记》，在《五帝本纪》中也将黄帝叙述为："黄帝者，少典之子，姓公孙，名曰轩辕。生而神灵，弱而能言，幼而徇齐，长而敦敏，成而聪明。"尽管强调的是黄帝的人的特征，但仍然要通过"生而神灵"表现出他的"特立神质"。

事实上，人类的祖先只能是"人"而不是"神"，那么我们会发现一个奇怪的现象，即人们往往既相信书中记载的历史，同时也信仰口头流传的神话。从关于黄帝、檀君的相应神话叙事看，无论是黄帝的"帝"，还是檀君的"君"，说到底从名称的本身而论，就不是一个具体的人的名称。因为在他们所处的原始社会时期，作为家庭组织的姓氏制度尚不完善，当时也不会有什么"帝"和"君"，只有"首领（酋长）、巫师、歌手"三位一体的族群领导者，更何况给一个具体的人起的名字更是难以考究，所以神话叙事包括一些进入史书的关于文化始祖的称呼往往会同时使用或代用的情况。如"黄帝"与"轩辕""公孙""有熊"等，这些与身份、官职或地名有关的不同的姓氏名号可以相互代用。由此可见，黄帝和檀君所处的时代都是人类史前文明的"神话时代"，而神话时代的"时间"与"空间"并不是一个确定的概念，这种神话思维的共性为始祖符号的产生奠定了基础。因此，"黄帝""檀君"作为特定的名称并不是一个人的专指，特别是在民间口头神话传统中会不断地将一个群体的事迹归结到文化始祖身上，使之在不同时代的流传中逐渐形成一个特定的文化始祖的符号。

2. 黄帝与檀君神话核心母题方面的共性。从神话创作而言，黄帝神话与檀君神话都运用的较为稳定的神话母题，其中"神生始祖""始祖建功立业""始祖建国""始祖成为神"等母题是核心母题，这些核心母题在生成方面存在一定的逻辑关系。以这些母题为核心，应用其他相关母题就会生发出意义更为丰富的母题链，形成关于文化始祖的立体的或多方位的叙事，从而推进着文化始祖形象的不断丰富与长期传承。如为了实现表现"始祖是神"这一核心母题，一般要运用"始祖感天而生""始祖创造文明""始祖寿命超人"等相关母题。在民间神话传承中还会对这些母题做出一些概念化或生活化的阐释，如有的黄帝神话把"黄帝"解释为与"黄色""黄龙""黄土"有关，有的檀君神话则把"檀君"与"祭坛""檀树"联系起来。再如以黄帝的寿命为例，较早的史书《竹书纪年》中记载"黄帝轩辕氏在位一百年地裂"，提出黄帝年龄为百岁左右，但在神话传统中的黄帝的寿命则必须要远远高于平常人，《帝王世纪辑存》中记载："黄帝在位百年而崩，年百一十岁矣。或传以为仙，或言寿三百岁。"《纬书集成·易纬稽览图》则有"黄帝一千五百二十年"的说法,当然,在历史上可能出现用黄帝作为纪年方法,但民间神话传承中的母题则会把黄帝的寿命说成是1520岁。这与研究者对中国的"黄帝、颛顼、帝喾、尧、舜"五帝时期的年代划分大致框定在"约公元前30世纪初到约公元前21世纪初"[①]跨度为1000年左右的时间范围较为吻合。如此看来,黄帝神话和檀君神话在塑造文化始祖这一象征性符号时,所应用的核心母题是大致相同的。

3. 黄帝与檀君神话中"熊"形象的相似文化内涵。黄帝神话和檀君神话都出现了"熊"母题。虽然我们不能据此判断出两类神话中的"熊"是否具有同源性,但不能否认的是,在人类早期社会中以"熊"为族体标志的情形相当普遍。黄帝的活动主要在沿黄河一带,最后与炎帝共同统一了中原地区,从黄帝战蚩尤的记载看,黄帝应该是部落联盟的大首领,统领着以熊、罴、貔、貅、䝙、虎为图腾的六个部落。其中"熊"具有重要地位,而且某种条件下会成为黄帝族的代表性图腾。如黄帝的父亲少典也称"有熊氏",黄帝作为古老"有熊"部落的首领,作为黄帝后裔的鲧,死后回归图腾化为黄熊,而鲧的定九州的儿子大禹在治水时也是化身为熊开山运石疏浚河道,显然这不仅是民间叙事的艺术创造,也是源于历史真实的"返祖现象"。神话学家叶舒宪认为:"一度有人认为中华文化的图腾祖先是狼,但我国北方的考古学发现表明,熊作为崇拜偶像出现在5500年前牛河梁女神庙之中,而且,与神话传说中的华夏始祖黄帝直接有关联的,看来也是熊。再参照北方萨满教传承中的有关熊的仪式、信仰和观念,结合上古时期楚国君王姓熊的事实,可以知道,龙的传人之中当有重要一部分为熊的传人。"[②] 中国北方许多民族的神话传说都毫无疑问地展现了熊图腾这种历史文化记忆的事实,如鄂温克族、鄂伦春族、满族等都流传着猎人与母熊婚生的后代繁衍本民族的神话,赫哲族、达斡尔族、蒙古族、维吾尔族等虽然这类的神话不多,但在有关史料或民俗中仍有明显的痕迹。无独有偶,在中国的南方民族中,傈僳族、珞巴族、仫佬族、怒族等神话传说中也同样有女子直接与"熊"结婚而繁衍熊氏族的母题。尽管檀君神话中的描述是把"熊"变成女子之后方与天神之子桓雄婚配,与其他民族神话相比增加了一个"熊的变形"母题,但神话中的"熊"与"虎"明显代表的是两个氏族、部落或族群,只不过以"熊"为标记和名称的部族最终取得统治地位而已。

三、中韩文化始祖塑造的同质性的几点原因

1. 地理因素与文化交流。由于中国与朝鲜半岛地理相连的便利,中韩文化的交流自古以来就没有间断过,形成了诸多文化的相似性,正如朝鲜李朝时期文学评论家、诗人徐居正(1420~1488年)在其《笔苑杂记》中明确写道:"吾东方历年之数,大概与中国相

[①] 中国社会科学院语言研究所词典编辑室编:《现代汉语词典》(第5版)附录,北京:商务印书馆,第1838页。

[②] 叶舒宪:《狼图腾,还是熊图腾——关于中华祖先图腾的辨析与反思》,载《长江大学学报》(社科版),2006年第4期。

同：帝尧做而檀君兴，周王立而箕子封，汉定天下卫满来平壤，宋高祖将兴而高丽太祖已起，我太祖开国，亦与（明）太祖高皇帝同时。"① 特别是韩国历史上对汉文化的广泛应用，使某些传统文化及其习俗产生过深入交流，如李氏朝鲜时代，汉字的认识被视为知识分子与普通人的重要标准，有学者认为："韩国古辰韩居民是楚国的罗氏、卢戎之后裔，他们是在秦朝末年跟随着方士韩终到的韩国。檀君神话是在新罗统一朝鲜半岛后出现的，韩终可能就是檀君神话中桓雄的原型。新罗以熟练使用汉字的优势，创造并记录下来了开国神话，神话中融进了大量中国楚文化的色彩。事实说明，韩国文化主流与中国楚文化有着深厚的渊源关系。"② 这种说法的真实性搁置不论，但在一定程度上证明了中韩神话在传承以及理解方面存在某些相似性。

2. 黄帝神话与檀君神话都体现了民族信仰建构的文化需求。今天看来，关于文化始祖的神话虽然内容荒诞，但事实上正是这些看似荒诞的内容和表现形式，才造就了真正意义上的始祖神话。其道理非常简单，如果把祖先写得如同正常人，后代很难对他产生崇拜、自豪和记忆，即使当今的优秀文学艺术创作，也同样是通过不同凡响的人物形象去感染人、影响人和教育人。无论是黄帝还是檀君，与之相关的神话传说，虽然从叙事上看显得荒诞不经，但这正是人类塑造远古文化始祖的行之有效的文化再创，人类在历史发展进程中需要通过神化的祖先信仰增强族体的凝聚力和自豪感，特别是在人类早期，只有把祖先描绘成无所不能的"神"，才能有效激发族体的认同感，因此与之相关的神话都会在一定程度上保存早期社会的生活痕迹，成为我们在当今背景下反思人类自身发展规律的重要借鉴。这也是神话之所以作为"神圣叙事"并成为人类世代相传的重要文化遗产的根本原因之一。

特别是关于建国神话对历史的追思，往往会具有相应的政治目的或直接的社会功利性。如现在看到的檀君神话主要见于1284年至1289年僧人一然撰写的《三国遗事》，僧人一然为什么在这一时期要重申这个关于祖先的神话，翻开历史就会发现，在1206年铁木真建国称汗之后，1231年至1259年不到30年的时间，蒙古大军先后六次侵袭高丽并变成蒙古的附庸，不但派员到高丽做监国，而且高丽王室被迫与蒙古联姻，高丽每年均需要向元进贡大批金银童女。元军1274和1281年两次征讨日本时，高丽也承担重负。这种背景下，僧人一然通过民间稗史重新演绎追思檀君神话，极可能具有凭借文化始祖呼唤民族精神和国家独立的意图。从这个方面讲，文化始祖塑造实际上体现了某个群体或民族信仰建构的文化共性。

3. 神话艺术再创造的审美共性的影响。在不同国家或民族中之所以出现始祖神话相同或相似的母题的另一个重要原因就是神话艺术再创造的审美共性。正如我们平时所知，关于"始祖"的叙事进入书写系统时较为常见的是"神话的历史化"，而"始祖"故事在民间则会更多表现为"历史的神话化"，无论哪一种情况都毫无疑问地存在神话的艺术再创

---

① 徐居正：《笔苑杂记》，见［韩］《大东野乘》卷三，转引自刘顺利：《中国与朝韩五千年交流年历——以黄帝历、檀君历为参照》，北京：学苑出版社，2011年，第1页。
② 杨万娟：《韩国文化与中国楚文化渊源初探》，载《中南民族大学学报》（人文社会科学版），2005年第1期。

造情形。为增强始祖信仰的说服力，在神话对生活的艺术再创造中，往往会编制始祖的族谱，如黄帝族谱中比较定型的说法是"华胥氏→伏羲→少典→黄帝→少昊"等，《大戴礼记》还有"黄帝产昌意，昌意产高阳，是为帝颛顼。颛顼产穷蝉，穷蝉产敬康，敬康产句芒，句芒产蹻牛，蹻牛产瞽叟，瞽叟产重华，是为帝舜，及产象、敖。颛顼产鲧，鲧产文命，是为禹"之类谱系的延续。其后代中的许多人物也有相应的神话传说。同时，为了把文化始祖再创造成为一个无所不能的创造者，许多神话还会把始祖描述成一位发明家，如黄帝发明历法、黄帝造船、黄帝制衣裳、黄帝发明医药、黄帝战胜妖魔等不同的叙事，大概都是采取移花接木的方式，进而表达出黄帝作为文化始祖的重要作用。

文化始祖神话的艺术再创造一般具有如下几点共性特点：一是为彰显文化始祖不同凡响的身份地位，采用幻想的艺术形式，将祖先的出生与神或神性人物联系起来，并努力渲染祖先身体特征方面的神性；二是为表现文化始祖恩泽后世的丰功伟绩，采用夸张的表现手法，有意夸大祖先的处世本领，往往把争战立国、重要发明等与人类生存发展有关的事迹叠加在祖先身上；三是为强调文化始祖的现实意义，采用荒诞与现实相结合的创作路径，叙事中通过将"神化"的祖先、具有"历史感"的祖先与后世人们"理想化"祖先、"可感知"祖先有机关联，实现受众对本族祖先的普遍认同，进而上升为推进族体凝聚力的精神力量。

韩国巫教（萨满教）对韩国基督教的影响[①]

（韩国）金秀敬　中央民族大学

数千年来韩国民族的意识和信仰模式不是佛教或是儒教，而是无人格信仰或被称为巫教的萨满教，即满—通古斯民族普遍信仰的萨满教。韩国巫教既不是已经衰退的信仰形态，也不是韩民族历史中的单纯原始宗教，而是从韩国悠久古代文化衍生出来的传统信仰。巫教的信仰形态是深深扎根于韩国人心里，超越时间和空间渗透着韩民族的精神信仰。在历史上，韩国巫教并不排斥或逼迫其他宗教，反倒因为其包容性，积极吸收其他宗教中一切有利其自身成长的东西，因而具备非常强大的生命力。

基督教在19世纪后半期传入朝鲜半岛，很快在朝鲜半岛扎根并迅速发展起来，逐渐成为韩国最具影响力的宗教。目前韩国新教信徒人数达900多万，其信众几乎占到韩国总人口的1/5，如果加上天主教徒，信徒人数可以占到韩国人口的1/3。基督教这一外来信仰在韩国快速增长让全世界为之赞叹。东亚文化与西方的基督教文化是完全相异的，在东亚文化圈的中国和日本，基督教的发展都遭遇到了顽强的抵抗，但基督教在韩国的遭遇却跟别的国家不同，原因在于朝鲜末期陷入国运倾危的绝望中，朝鲜人民渴望新的精神支柱，主动寻求和接受来自西方的基督教。早在西方传教士正式入韩之前，韩国已经有朝鲜文版的圣经和一批虔诚的朝鲜族信徒，到了基督教宣教初期，已经有了完全由朝鲜族自己建立的教会。日本帝国主义侵略期间，韩国民众渴望独立和寻求安慰，使得基督教在韩国快速传播。朝鲜战争后，韩国国民经济重建与快速产业化等意念和盼望，推动了基督教在韩国快速发展。在当时朝鲜半岛特殊的政治文化背景下，基督教是由于朝鲜族的强烈需求而被接纳的，并且开始与朝鲜本土文化产生的巫教，还有由来已久的佛教、儒教等多种传统宗教相互作用中发展。其中最值得关注的是，基督教在韩国的成长和发展受到了本土巫教的影响是最深刻和最广泛的，甚至其负面影响导致了基督教的本质在一定程度上被改变。当然目前韩国基督教世俗化和韩国教会现实问题的主要原因在于韩国基督教会本身，但仍需探讨在韩国基督教发展过程中，韩国巫教对其产生的影响及其后果。

虽然对于韩国而言，基督教不是传统宗教而是外来的新宗教，但是韩国基督教的成长和复兴受世界瞩目。当今基督教在韩国社会内受到不少的批评而面临许多的困境。基督教在韩国本土化的过程中，与韩国根深蒂固的民间宗教即韩国巫教相互碰撞并受到很大的影响。巫教为基督教教徒数量上的增长做出了不少的贡献，但是基督教在现实上也深刻受到

[①] 基督教本来都包括天主教（旧教）和新教，但是在韩国一般来说新教称为基督教。

韩国巫教的负面影响。本文阐述了韩国巫教的概况和特性以及它对韩国基督教的影响。

一、韩国巫教的概况

巫教不仅仅是韩国最古老的原始宗教，也是世界各地最为普遍的信仰形态。巫教广泛存在于西伯利亚和中亚地区，以西伯利亚为中心，包括蒙古，中国东北地区，韩国和日本等中亚地区。巫教原来是不具备系统或组织的万物有灵论（animism）的原始宗教，自朝鲜民族开端即已存在。尽管无人知道其创始者，也没有经典和教理，但是巫教对韩民族的影响却是深远而广泛的。巫教从远古至今一直给人们提供一套行为准则，通过祈祷和献祭，一方面对邪恶神灵的诅咒和控制来避免灾祸的发生，另一方面祈求良善神灵赐下世俗性祝福来获取平安和幸福。巫教是韩国传统宗教文化的核心，是韩国人精神深处基本的信仰观念，不仅深刻影响着韩国人的心态和行为，对诸宗教也有很大影响，因此在韩国基督教的本土化过程中，巫教的影响是不可避免的。

（一）神观和灵魂观

巫教没有具体的教理思维体系。以神观为中心来看，巫教是属于多灵信仰（Poly－demonism）或多神论（Poly－theism）的原始宗教。韩国巫教的神具有自然神和人神两个层面，金泰坤教授调查了在韩国的巫俗信仰所崇拜的对象，总共有273种，按照系统分类自然神有22个系统，人神有11个系统。他们崇拜的神不是通过理性启示引导人，而是通过惩罚来传达神的意思，所以信仰神不是跟从神，前提反而是受惩罚的恐惧感。因为巫教是多神论，虽然具有控制全灵界的最高神的概念，但却是很模糊的。巫教中的神没有明显的超越性，人格性也模糊。巫教没有神与人之间的关系以及人向神表达忠诚的信仰决志，神在巫教中只是解决现实困难和问题的工具而已。

巫教将人视为身体和灵魂的双重联合体，相信灵魂是常存在身体的原动力。灵魂是以无形的精气成为人类生命的根源。在巫教中灵魂没有高尚性和理想性，灵魂跟活人同样具有人格，包括了善灵和恶灵。如果一个人一生生活富裕，死后他的灵魂会成为善灵。相反一个人一生饱受冤屈和苦痛，或者是意外死亡或者夭折，死后的灵魂也会成为恶灵。在巫教关于灵魂的基本观念中，善灵和恶灵的分界线是不清晰的，有时善灵也会变成恶灵的性格。由此对死亡的恐惧感也总是挥之不去，带来忌讳灵魂的结果。

（二）来世观

在韩国巫教也能找到来世形态，简单地表现为今生是此生，来世是黄泉。这表现不像基督教言及的天国和佛教的极乐天堂。他们认为人死后该去黄泉，那里有跟此生不一样的生活开始。黄泉是没有界限的，如天上与地上之分。人死后通过的是黄泉路，茫然地走在地面上，没有方向，不知道终点。此生和黄泉之区分描述就如人行走在路上的交叉口而已。

巫教来世观的另一个特点是来世救赎的观念。基督教和其他传统宗教通过信仰得到来世的救赎，但巫教并非如此。巫教不必通过信仰的道路，只需要按照自然的规律即可到达黄泉。巫教的来世观也不包括特别的奖励和惩罚以及救赎的概念，没有审判或类似的教理，因此关于罪恶的观念和道德伦理的体系没有发展起来。

（三）忘我状态（Ecstasy）和跳神

巫教是忘我状态的宗教。巫师的忘我状态经验是一个突出的宗教体验。忘我状态是跟神接触和沟通的唯一的道路，巫师可以自由自在地进入忘我状态，在忘我状态中跟神见面和沟通。这种忘我状态有时候可以治病，并行使预言的力量。因此巫师的忘我状态是被认可的权威标识，没有忘我状态经验或没有忘我技术的巫师都被认为是假巫师。

跳神是巫教的崇拜仪式。跳神的大部分目的是祈福、治病、招魂、镇灵、驱鬼。巫师是跳神的中心，委托跳神人把自己的一切甚至包括人格都交托给巫师，期待巫师安抚他的灵魂和赶走邪神。巫师一般要求发挥以下四个功能来满足人们的需要：第一，司祭的功能，即充当神和人之间的传达者，把神的指示告知于人，也把人的愿望传达给神。巫师主管各种跳神、祈雨祭、龙王祭等。第二，治病的功能。这是巫师的代表性功能。一般人治病的期望很高，治病能力强的巫师被人尊重，没有治病能力的巫师被认为是假巫师。第三，预言的功能。这是占卜和传递神的话语的功能。但这并不意味着就能阻止灾难和厄运发生，能改变人的命运。第四，游戏和娱乐的功能。韩国的巫师跟灵的交通方式是招呼神灵降到，但在中通古斯（Tungus）族的巫师是要飞到他界。在鼓声和铃铛声中巫师一边跳舞，一边喃喃自语某种魅力（Charismatic）的语言和表现出丰富的面部表情，这样的巫师舞往往给人们一种释放和净化（Catharsis）日常压力的效果。

二、影响韩国基督教的韩国巫教的因素

（一）包容力与顽强的生命力

韩国的巫教在佛教传入韩国之前数千年就已经存在，极大地影响了朝鲜民族的思考方式和信仰观念。从古至今，巫教都是韩国文化中的普遍宗教现象。因此关于巫教的研究是理解韩国人的意识构造和信仰体系最重要的基础。

中国的佛教、儒教、道教等大宗教传到朝鲜半岛后都复兴了，但没有任何一家宗教可以完全胜过巫教。高丽时代的佛教、朝鲜时代的儒教主要是属于上层阶级的宗教，而不是老百姓心理扎根的民俗宗教。相反，外来的宗教在韩国本土化的过程中吸收了很多巫教的要素，巫教也不排斥和逼迫外来宗教，反而接纳吸收外来宗教的许多东西，因而外来宗教受到巫教的影响往往更大，但巫教没有因外来宗教的影响而导致自身本质的变化。可见巫教有着顽强的生命力和包容力。笔者认为，巫教是在朝鲜民族数千年艰苦历史中，解决老百姓最实际的生死祸福问题的最直接方法，这就是巫教生命力的根源。

（二）祈福信仰

祈福是祈求幸运或福气的意思。巫俗信仰的特征核心是求福气、长寿和平安的信仰。福气通常是指摆脱三灾八难，享受五福。巫教认为人的生与死、兴亡与祸福、疾病、命运等都是遵从神的旨意，神灵给祝福，也降下灾祸。巫教的巫师可以得到神灵的帮助，借"跳神"的祭仪寻求福气，除去所有疾病和灾难，得到安然的生活。任何宗教都有现实的祈福信仰，尤其在巫教里祈福信仰更加明显。但是韩国巫教彻底地追求现实主义，例如，所有的巫教都举办为死者的慰灵祭，而每个慰灵祭强调的东西都不一样。通古斯族巫教仪式的中心是为死者的灵魂献牺牲祭，日本巫教仪式的中心是传播死者灵魂的交托。韩国巫教仪式的中心就是通过安慰死者的灵魂，医治活人的疾病或脱离厄运。韩国巫教这些彻底的现实主义跟韩国人内心的世俗观念是一致的，只关心如何按照祭物和至诚追求现实的安宁和祝福。因此，韩国巫教的祈福信仰可表现为功利主义特征的现实主义。

（三）伦理意识和历史意识的缺乏

韩国巫教有单纯的劝善惩恶观念。比如人们看到巫师惧怕灵魂的态度，可以得到绝对不可冤枉杀人的教训。但严格地说，巫教并没有道德标准和伦理规范。巫教只是自然宗教形态的，没有具备人为的宗教体系和组织化的宗教教义，遇到现实问题时依赖超越的神力。按照巫教的神观，善神给人带来福气，恶神给人造成灾难。但如果对善神招待得不好，也可带来灾难，如果对恶神招待得好也可带来福气。如此善神和恶神的划分变得非常模糊。从而在善和罪恶之间没有明确界限，良心的罪恶感或道德伦理的是非观就不容易发生。

其次，巫教解决问题的方法从来看不到自己的责任。所有的问题都被看作是外在的超自然的原因或鬼怪的原因，由此巫教缺乏责任意识，产生出为了个人利益跟神灵做交易，神灵为个人私利所用的咒术性宗教。可见，巫教存在的环境不讲究个人伦理和道义社会，个人和社会的责任意识也就发展不起来。

再次，巫教没有历史意识。世上一切事情都是按照神灵的旨意进行的，人们只能避免灾祸或享受今生的福气，如此巫教关心的仅仅是个人或家属群体的幸福，没有达到他人或社会范围。用跳神祈愿就能得到丰盛和平安的生活，跳神不能改变人格，更不能推动社会进步和发展。巫教以自己为中心的特性和为现实祈福的信仰导致其历史意识弱化。人们会反思过去的历史以及考虑未来，但巫教没有这种历史意识，因此对于巫教而言，历史的方向、目的、意义都不存在，历史只是循环反复而非进步。

三、韩国巫教对基督教的影响

基督教的耶和华跟巫教的上帝是同一个词翻译成的，因为朝鲜民族几千年前以宇宙为最高神。那么，韩国人的上帝与基督教的上帝之间的关系就成了值得思考的问题。巫教关于上帝的思维方式给基督教造成的影响是深远的。

首先是人和神之间的关系有本质区别。在其他的宗教信仰里都是人主动去寻找神，但基督教认为人之所以认识神是因为上帝的救恩与预定拣选，若不是神的恩典，人不可能认识神。再说，按照神的旨意，神主动地寻找人。在基督教里上帝与人之间的关系好比父母跟孩子的关系，神对人充满无限的爱，而人要绝对的相信和依靠神。基督教中的神愿意与人沟通和交际。但巫教的上帝只是为人实现愿望的工具，与人没有个别的关系和沟通。与道德上的决志和顺服神没有关系，人奉献祭物期待神帮助他们解决问题，是极其功利的关系。巫教神观影响了所有外来宗教的本质，同样，韩国基督教也变得非常现实主义，成为除灾祸、招福气的祈福宗教。

其次，基督教的神是圣父、圣子、圣灵的三位一体，但在韩国，信教者却过于片面强调圣灵的作用，而偏离了上帝是三位一体有位格的神。笔者认为这与巫教强调圣灵的核心地位有密切关系。圣灵在巫教中的核心体现就是降神体验与忘我状态，直接影响了韩国基督教透过圣灵强调神秘体验。金泰坤教授认为，从基督教的被圣灵感动和巫教的降神现象相比较来看，圣灵体验者几乎都有圣灵体验的证据，即摇手指、说方言、感受火气在体内、经验幻想和幻听等，跟巫教的体验很相似，都是外形的证据。其实在基督教里圣灵感动不仅是外在的，更是人内心的变化，引导人们在日常生活中活出神的旨意。被圣灵感动就是绝对服从神的话语，从人的行为的变化和成全来证明人的生命被改变，结出了圣灵的果子。在巫教里，神降临的证据，与神沟通的证据都是通过忘我状态表现出来的。但大部分的韩国基督徒混淆了关于圣灵的工作和圣灵的洗礼。虽然这种强调外在证据的现象在韩国基督教里已经改善了很多，但神还是成为满足人的欲望的工具，追求金钱、地位、权力、健康等偏重现实的需求，不太关心人格上的真正改变和成熟，给他人和社会做出贡献。原来基督教的本质衍生出公义和博爱的伦理实践，在韩国基督教会就不太容易看到，这是基督教世俗化的具体表现。

再次，巫教没有救赎观念和审判思想，不存在按照人的信仰和行为决定的来世。黄泉的概念是"任何地方"的拐角处都可以到达的，任何人都可以自然地进入来世，既不用放弃和改变自己生活的态度，也不用反省自己和关心别人。缺乏重视来世的意识导致巫教没有建立起伦理和信仰的虔诚。巫教的跳神主体是巫师，巫师以外的人都是观众，跳神结束后，对个人的生命没有任何改变又恢复原来的生活样式。基督教教义的根本是"因信称义"，韩国基督徒对"因信称义"简化理解为"一旦相信就可以得救且永远得救"，大大降低了持守信仰道路的难度，迎合了韩国人的心态。韩国人在参加礼拜和复兴会上以激烈得声音说"我相信！"是经常听到的，如同跟"跳神"一样参观教会礼拜后，信徒就自己的信心如何联系信仰，思考"什么是信心""自己到底信什么""相信后要改变什么"等问题都缺乏自我反省、认罪的过程。所以韩国基督教徒对救赎观念理解得太简单，以至于缺乏信仰引导出来的实践意识和责任意识。

韩国基督徒过分期待牧师有治病和祈福的能力，甚至专门要求牧师为信徒治病。为了满足教会信徒的欲求，教会常发生对按手祷告的效果和治病过分宣传的事情。按手祷告祈求病得到医治的正确态度应该是交托给神等待结果，基督徒要求具备谦卑顺服的态度，而不是要求上帝施行奇迹发生，这种以个人意志愿望凌驾在上帝之上的态度与巫教的降神相似。比如高考祷告会、千日祷告会等把礼拜和祷告变相使用成为了实现人的迫切愿望的手段，这是极其危险的错误。一部分基督教信徒在礼拜仪式上没有按照圣经的话语和福音为中心，仅仅追求情绪的宣泄、同声祷告、聚会的氛围过度狂热，他们认为这样才是得到了圣灵的带领。这样的聚会不是因神的话语改变人内在生命的能力而得到的满足和喜悦，而是在一种狂热、激情的喧闹氛围中期待一种巫教的净化（Catharsis）以使人觉得内心得到释放。

最后值得关注的是：基督教教义其实很强调个人与神的关系，如同是父与子关系一样要求互相沟通和爱护。但是韩国基督教特别地强调牧师的地位和权威。这里有儒教的家长主义和权威主义的影响，但也不能否定与巫教巫师的权威和功能是相关联的，因为巫教的巫师是与神沟通的唯一方法。强调牧师的权威和地位容易使教会事务上专横一切，比如教会的财务问题，最典型的表现在大型教会的世袭现象上。

结　　语

涂尔干认为，宗教对社会提供社会的价值和规范，因此宗教构成有秩序和安定的道德共同体，实现对社会整合的功能。在日本帝国主义时期，很多韩国基督教教职人员积极地参加独立活动，在韩国独立运动上教会起了很大的作用，并且在韩国近代化过程中对韩国社会各个部门也产生了极大的影响，因而无法否定基督教传入韩国后发挥出的重要作用。战后韩国面临着贫穷、苦难等实际的问题，基督教确实成为韩国人最大的精神安慰，为民众提供了希望和艰苦坚持下去的勇气，使民族国家齐心度过极其艰难的时期。特别在20世纪七八十年代，韩国经济产业的飞速发展与基督教会的复兴一起令全世界瞩目。但是韩国基督教没有真正地成熟起来，在信徒数量突然迅速增长过后，2000年以后教会的世俗化引发许多的问题，使得社会公众对教会批评声音日益增多。原因是韩国战争后所有人热切地追求物质上的祝福，基督徒把巫教信仰形态代替基督教。基督教会的领导们也顺应信徒的要求，不知不觉借用韩国宗教文化根深蒂固的巫教信仰形态，以祈福信仰为基础的宗教热情使得韩国基督教迅速传播，导致各个教会数量上猛增，但同时也强迫参加各种各样的礼拜，甚至强调各种奉献，跟巫师要求的献祭差不多。基督徒相信按照奉献的数量比例可以得到神的祝福，这种偏向现实性、外表性的祝福，不强调具备伦理意识和历史意识的内在成熟以及在社会实现神的教导的观念蔓延在韩国教会。过度物质化和数量化的韩国基督教跟基督教本质逐渐疏离。基督教世俗化的原因不仅仅来自巫教，美国的教会成长主义也很偏重数量的成长。但在韩国人的认识上，基督教在样式和形态上大部分接近于巫教。韩国基督教为了无条件的快速成长，有意无意中引入了巫教的因素导致韩国基督教的本质变化。

韦伯认为宗教是人间在自然、社会、经济和政治环境上适应的手段。基督教的本质是耶稣基督为了拯救人类而牺牲自己，不但在现实中实践博爱和公义，还追求和期待来世的永生，因此可以引起个人和社会的改变。韩国宗教文化中巫教是最根深蒂固的，在与本土巫教互相作用的过程中，基督教受到影响是必然的。韩国基督教世俗化的问题不仅仅受到巫教的影响，甚至其本质也发生了改变。韩国基督教在过去过于偏重外在的成长，忽视维护基督教的本质和它的社会功能，今天韩国基督教只有认识自己的现状、社会功能和责任感，才能进而充实实行高等宗教的角色，即如涂尔干所说，为社会提供共同价值和道德的义务感，可以贡献社会的整合和进步。因此可以说韩民族悠久的民间信仰巫教摆脱是促使基督教世俗化的元凶。在新教改革五百年后，本文简述当今韩国基督教的现况。

参考文献

[1] [韩]金泰坤. 韩国巫俗研究［M］. 首尔：集文堂，1981.
[2] [韩]刘东植. 韩国巫教的历史和构造［M］. 首尔：延世大学校出版部，1975.
[3] [韩]尹成法. 基督教与韩国思想［M］. 首尔：大韩基督教书会，1964.
[4] [韩]郑镇弘. 基督教与他宗教的对话［M］. 首尔：展望社，1980.
[5] [韩]李桂太. 韩国人的意识构造［M］. 首尔：文理社，1981.
[6] [韩]崔俊植. 以文化，读取韩国宗教［M］. 首尔：四季节出版社，1998.
[7] [英]菲奥纳·鲍伊. 宗教人类学导论［M］. 金泽、何其敏，译. 北京：中国人民大学出版社，2004.
[8] [韩]李园奎. 宗教社会学的理解［M］. 京畿道：拿南新书，1997.

论蒙古族萨满文化的传承与保护[①]

色音　　中国社会科学院

蒙古族萨满教信仰历史悠久。古代社会生产力水平低下，人们对天、地、日、月、星辰、山川、湖泊等自然物和风、雨、雷、电等自然现象缺乏科学的理解和解释，认为这些物体和现象都是由某种神秘力量在暗中主宰，因而对它们产生了崇拜。

一、蒙古族萨满教中的崇拜体系

萨满教是基于万物有灵论基础上的一种自然宗教形态。信仰萨满教的民族之观念，认为宇宙万物、人世祸福都是由鬼神来主宰的。自然界并不是一个客观的、自在的体系，而是由某种超自然的东西在支配，它是神灵的创造物，依神灵的主观意志而发展变化，自然的每个部分都是由特定的神灵所管理的。

在蒙古族萨满教的天体崇拜中，天地和日月崇拜是较重要的内容。天地滋养着万物，日月温暖着世界，这种自然的伟大而神秘的力量往往被人们神化，变成人们信奉、崇拜的对象。首先被称为"万物之父"的"天"得到了特殊的意义和地位。因为不管是对农业民族，或者游牧狩猎民族，"天"是"具有最巨大的生产意义的自然因素"[②]。在蒙古族生活的草原地带，一旦下大雪或刮大风，牧民的牲畜会大量死去，帐房会被刮走。因此，"天"在蒙古族的萨满教信仰中成为诸神中之第一位神。古老的蒙古民族，"最敬天地，每事必称天"[③]，"有拜天之礼"[④]。据《黑鞑事略》载，古代蒙古人，每年"正月一日必拜天，重午亦然，……无一事不归之于天。凡饮酒先酹之。其俗最敬天地。每事必称天。闻雷声则恐惧不敢行师。曰天叫也"，天可以主宰人的一切命运，所以"其所战宜极寒，无雪则磨石而祷天"[⑤]，希望天神给下大雪。天可以赐予幸福和胜利。据文献记载："成吉思汗出征金国阿勒坦汗时，依俗登一高山，解带至项后，敞襟跪祷曰：'长生之天有灵，阿勒坦汗挑起纷争，他无故辱杀我父弟兄斡勒巴尔合黑和我曾祖弟兄俺巴孩罕……我欲复

[①] 国家社科基金重大项目"内蒙古蒙古族非物质文化遗产跨学科调查研究"（12&ZD131）阶段性成果。
[②] 柯斯文：《原始文化史纲》，张锡丹译，北京：人民出版社，1955年，第177页。
[③] 《蒙鞑备录》。
[④] 《元史》，卷一二三，《祭祀一》。
[⑤] 《黑鞑事略》，第27页。

仇讨还血债。天若许我，请以臂助，并命上天诸神及下界人类辅我成功'"①。蒙古语称"天"为"腾格里"，蒙古萨满教认为腾格里天神有九十九个，西方的五十五个天是善的"天"，东方的四十四个天是恶的"天"。这表明蒙古萨满教是从明显的功利目的出发去解释"天"的，因而给它涂上了一层伦理的色彩，把它分成以善恶为代表的两个互相敌对的阵营。几乎在所有民族的萨满教观念中，天神都是居于首要地位。在赫哲族萨满巫俗中，萨满所领诸神约有几十种，有鸟类、兽类、人形偶像、爬虫、器物、鱼类等。普通人家供奉许多神像。其中赫哲人最崇敬的神，为"伏尤亥玛法"（意即天神），供在大树上。大树如被雷劈或被风刮断，都被认为是有天神栖附其上，加以崇拜。赫哲人认为遇有灾难得保平安、患病得愈、渔猎业得丰收等，都是天神的保佑，因此，常许愿祭天神。祭祀之日，宰牛、猪、羊、鸡等做祭品，主持人率领全屯的男人为陪祭者；在"神树"前集合，焚"僧其勒"香草，由"弗力兰"祷告，参加者叩头、并献供物②。

萨满教所理解的天从某种意义上来说已经失去了它的物质性，变成一种代表神灵的精神实体。作为物质体的同一个天在萨满教观念中分化成不同的天神，为了管理不同事物的需要，天神内部也产生了不同的分工，其结果塑造出许多性格不同、千差万别的天神形象。

土地神是各民族萨满教所信奉的主要对象之一。对于信仰萨满教的大多数游牧民族来说，土地的重要性相较农业民族要弱一些，但在逐水草放牧畜群时，选一个好的地方放牧也是一件很幸运的事情，因此土地神在以游牧民族为中心的萨满文化圈中也占有一席之地。据旅行家马哥波罗记载，古代蒙古人信奉一种叫"纳蒂盖"的土地神。《马哥波罗游记》载："他们还信奉一种名叫纳蒂盖的神，它的神像用毡子或其他布匹盖着，家家户户都供奉这种神。他们还替这种神塑造妻儿子女，左边摆妻子，前边摆儿女，俨如一家"。

在蒙古族萨满教的观念中除了自然界的事物之外，一些自然现象如风、雨、雷、火等也被神化了，每种现象几乎都有各自的神灵。《多桑蒙古史》载，蒙古人"尊敬和崇拜太阳、月亮、火、水和土地"，他们不仅把太阳、月亮等自然事物当作神灵来加以崇拜，还把"火"这一自然现象也当作崇拜的对象。火的使用是人类进化过程中最重要的一环，对于生活在高寒地带的蒙古人来说，火尤其重要，他们用火来驱赶猛兽、烤吃生肉、烧火取暖等等。正因为火对古代蒙古族生活的巨大作用，因而人们特别敬奉它，甚至把它看作美的化身，是一种神圣不可侵犯的东西。火"具有清楚肉体和精神上一切恶习的本性"，一切祸根都可以用它消灭，一切污垢都可以用它净化。班札洛夫在《黑教或称蒙古人的萨满教》一文中指出："蒙古人虽然认为女神斡惕（意为火）是幸福和财富的赐予者，但它的特点是纯洁，它具有使一切东西纯洁的能力，它具有把自己的纯洁传给别的东西的能力"③。古代蒙古人送到宫廷里的一切东西，事先都要通过两堆火净化以后才能送到可汗手里，火几乎变成了无所不能的神灵。我们可以从下面一段祭火祝词了解火在蒙古族原始

---

① ［波斯］拉施特著《史集》第一卷，第二册，北京：商务印书馆，1983年，第263页。
② 刘忠波著：《赫哲人》，北京：民族出版社，1981年，第57~60页。
③ 道尔吉·班札罗夫：《黑教或称蒙古人的萨满教》，载《蒙古史研究参考资料》，第17辑，第13页。

信仰中占有的重要地位："火神米荣扎啊！用神仙法术脱生，你性格磊落光明。火神米荣扎呀！把坚硬化为松软，把黑暗变为光明。祈求你赐予最大的福分，让我们在这幸福中永生！"

蒙古人为了得到火的帮助，往往"把高山一样多的食物，把大海一样多的饮料，祭献给威严的火汗"①。布里亚特蒙古萨满神歌中，火神的形象往往被描写成红老人或穿红衣的老人。类似这种拟人化的火神形象在其他民族的萨满巫俗中也较常见。如，果尔德人的观念中，火神是穿红外套的老太婆。萨摩亚人的传说中火神也是红色的，或穿红衣的。而雅库特人的火神则是灰色的②。在鄂伦春族的萨满巫仪中，火是比较神圣的东西，火神被叫做"透欧博如坎"。每当腊月二十三送火神上天时，人们需向它供祭一次，春节早晨还要供祭一次。禁止在火上倒水，或用刀子、木棍在火中乱捣，认为这样会触怒火神③。萨满跳神时必须有一人拿一团烧红的火炭在萨满前边引路，否则萨满的神灵不能附体。赫哲族萨满巫俗中，称"佛架玛法"为火神爷爷。对火有许多禁忌：不能跨过火堆；在用水灭火时，要说："请火神爷爷把脚挪一挪"；烧草做饭时，要从草梢顺着烧到草根，不能乱七八糟地烧；熄灭灶火时，不能敲打或脚踏；女人不能向灶门蹲着架火；猎人见到火堆要叩头④。对火的禁忌是萨满教火神信仰的主要表现形式之一。如，古代蒙古族的萨满巫俗中，拿小刀插入火中，或甚至拿小刀以任何方式去接触火，或用小刀到大锅里取肉，或在火旁拿斧子砍东西，这些都认为是罪恶。据旅行家鲁布鲁克报道，"他们相信如果做了上述事情，火就会被砍头，并且禁止从火上跨越"。鄂温克族对火的信仰更是出于虔诚。中华人民共和国成立前，有些鄂温克人对火的崇拜非常认真，在吃饭和饮酒的时候，常常举行简单的祭火仪式，把一些饭菜酒肉投入火中，然后进餐。他们在搬家时也不敢扑灭火种，甚至对危害性很大的山林野火也不敢扑灭，因为他们认为那里是由火神放的，是火神在驱除恶魔⑤。

打雷被认为是天在叫。《黑鞑事略》记载：古代蒙古人"每闻雷声，必掩耳，屈身至地，若躲避状"。杜尔伯特蒙古族认为龙生气后发出巨声，从而引起雷鸣。这一古老信仰在近代科尔沁萨满的祭雷活动中仍然存在。科尔沁有些地区，遇有雷击人畜或蒙古包，便请萨满来禳除。到了雷击处，萨满拿出蓝色旗供上，然后念咒祭旗，使那个地方"清洁起来"。当地人认为，一经萨满念经祭雷，就可免遭雷击。祭雷活动在古代就有之。

蒙古族对神山和山神的崇拜古来有之。《蒙古秘史》载，三篾儿乞惕部落来侵击时，铁木真向不而罕山去躲避。三篾儿乞惕走后，成吉思汗对着不而罕合勒敦山感谢道："于合勒敦不而罕上，遮护我如蚁之命矣。我惊惧极矣。将不而罕合勒敦山，每朝其祭之，每日其祷之，我子孙之子孙其宜省之。言讫，向日，挂其带于颈，悬其冠于腕，以乎椎鹰，

---

① 莫力根葛根：《火的祝词》（手抄本）。
② Ｕ·哈儒瓦：《萨满教－阿尔泰系诸民族的世界相》，第223页。
③ 秋浦著：《鄂伦春社会的发展》，上海：上海人民出版社，1980年，第160页。
④ 刘忠波：《赫哲人》，北京：民族出版社，1981年，第60页。
⑤ 引自朱天顺《原始宗教》，上海：上海人民出版社，1964年，第26页。

对日九跪，洒奠而祷祝焉"①。这种爬上山顶祷告的信仰习俗在古代蒙古族中间流行较普遍。据波斯史学家拉施特的《史集》记载，当花剌子模王杀死成吉思汗派去的商人时，成吉思汗得知后"愤怒地独自上山头，将腰带搭在脖子上，光着头将脸贴到地上，祈祷三天三夜"②。蒙古族自古以来把蒙古地方的宇格多山、查苏凸海日罕、杭爱山等山脉当作神山来崇拜并祭祀过，尤其不而罕合勒敦山是蒙古族祖祖辈辈祭奠下来的神山。据策·达赖博士的《蒙古萨满教简史》载，位于蒙古国霍布图艾玛克的查苏凸海日罕山被当地的扎卡沁氏族人当作救命恩神来祭祀。祭祀时山的两侧设敖包进行大规模的祭典活动。另外，位于蒙古国库布斯库勒艾玛克的名叫"达岩多日黑"的山洞也被当作神灵所居的地方来崇拜过。这一山洞里有一块像乳房一样的石头，当地萨满把这一块石头当作"萨满之母"来祭祀。

　　蒙古族萨满教中具有图腾崇拜的痕迹。原始时代的人没有把人类自身从动物界划分出来，在他们心目中，人与动物之间还没有明显的界限。在这种观念的前提下，先民们以为本氏族的祖先是某种动物的化身或转世，从而把相应的动物当作自己的同胞兄弟，或认为本氏族与该动物之间存在着联盟关系。于是，这一氏族对相应的动物进行崇拜，这一动物则成了该氏族的"图腾"。

　　值得提出的是，并非所有的动植物信仰现象都是图腾崇拜。萨满教研究专家科索克夫在其《萨满教研究》一文中指出，动物崇拜主要基于两个原理：一是为了防止有害的凶猛动物（如熊、鲸、蛇、狼等）的侵犯，二是基于死者或死去的祖先萨满的灵魂变成某种动物的观念。而图腾的主要特点是相信某个人间群体同其他的动植物或无机物有着某种血缘联系。图腾动物要保护该群体的全体人员，而单纯的动物崇拜就没有这一特征③。在我们的观察中，萨满巫仪中并非所有的动物都是作为图腾动物出现的，有些动物在萨满巫仪中只是扮演着辅助灵的角色，不能把这种动物同图腾动物混为一谈，必须要认真辨别之后才确定是否图腾崇拜。辅助灵和萨满之间的关系只是保护和被保护以及合作的关系，并没有血缘关系。辅助灵不是作为萨满的祖先而出现，而只是以萨满的伙伴或合作者的身份出现。并且辅助灵越多，萨满的法力也越强。辅助灵除了保护萨满，还可以帮助萨满飞上天上界或降入地下界。通古斯萨满的辅助灵往往是一条蛇，所以巫仪过程中经常出现模仿爬行动物的动作，也有模仿动物声音的怪声，这种模仿行为都是获得辅助灵之援助的一种方式，并且萨满为了和辅助灵合一或达到和谐，往往通过戴动物面具或披动物皮等来表示自己已经变成动物。埃利亚德认为"辅助灵是萨满的第二个自我"④。

　　图腾崇拜的对象不是指某一个体，而是该物类的全体，也就是"类动物"或"类植物"。以熊图腾为例，它指的是所有的熊类，而不是个别的熊。在世界各民族的萨满教、特别是在阿尔泰-西伯利亚系萨满巫仪中，动物常常作为萨满的补助灵而出现。作为萨满

---

① 道润梯步：《新译简注〈蒙古秘史〉》，呼和浩特：内蒙古人民出版社，1979年，第59页。
② ［波斯］拉施特著：《史集》，北京：商务印书馆1983年版，第一卷第二分册，第189页。
③ 《蒙古》（日文），昭和17年1月号，第9卷第1号。
④ 埃利亚德：《萨满教-古老的昏迷方术》（日文），冬树社，1974年，第112页。

之补助灵（或救助灵）的动物各种各样，有熊、狼、雄鹿、野兔等四肢动物，也有各种鸟类以及爬行动物。这些救助灵在萨满遇到困难时帮助萨满渡过难关。据《蒙古秘史》记载，铁木真九岁时，其父也速该把阿秃儿领他去到舅家聘女，途中遇见翁吉剌部落的德薛禅，德薛禅语曰："……我今夜得一梦，梦白海青握日、月二者飞来落我手上矣。我将此梦语人曰：日月乃仰望之者也。今此海青握来落我手上矣。正意白海青之落，主何祯祥？也速该亲家，我此梦，却主汝之携子而来乎！梦得好梦，所以有些梦者，盖汝乞牙惕百姓之神灵来告之也"①。

蒙古族对树木的崇拜可能是基于对其生命力的崇拜。据拉施特《史集》记载，有一次成吉思汗出去打猎，有个地方长着一颗孤树。他在树下下了马，在那里心情异常喜悦。他遂说道："这个地方做我的墓地倒挺合适！"就这样，成吉思死后，把他的灵柩埋葬在那里②。这可能跟萨满教对活树之生命力的崇拜有关。另据旅行者普兰尼·加尔宾的记载："窝阔台汗遗留下一片小树林，让它生长，为他的灵魂祝福，他命令说，任何人不得在那里砍伐树木"③。这也同样表明，古代蒙古族崇拜活树的生命力，它往往成为死者灵魂栖息之处。蒙古族对活树的信仰具有很古老的传统。据《蒙古秘史》载："全蒙古，泰亦赤兀惕聚会于斡难之豁儿豁纳黑川，立忽图剌为合罕焉。蒙古之庆典，则舞蹈筵宴之庆也，即举忽图剌为合罕，于豁儿豁纳黑川，绕蓬松茂树而舞蹈，直踏出没肋之奚，没膝之尘矣"④。那棵蓬松茂树就是古代蒙古所崇拜的神树。在后来的萨满教唱词或一些酒祭仪式诗文中则提到："但愿它繁殖的能够布满迭里温字勒答黑，但愿它繁殖的像蓬松树那样繁茂……"。

这种崇拜和供祭独棵树或"萨满树"的观念与中亚地区蒙古各部族认为自己祖先诞生于树木的神话观念有着密切联系。据《卫拉特史》记载，卡尔梅克蒙古人中的绰罗斯部族认为，他们的祖先是一个"以玲珑树做父亲、以猫头鹰做母亲的柳树宝东（大力士）太师"。卡尔梅克蒙古史诗《那仁汗胡勃棍》中也把主人公说成是诞生于树木的人。在布里亚特蒙古神话中，不但有许多类似树木崇拜的描述，而且在布里亚特萨满唱词中还常常提到"柳树母亲"⑤。

蒙古族萨满教中的祖先崇拜传统有着悠久的历史。忽必烈汗建立元朝，登基皇位后，在大都（北京）举行大规模祭祀祖先的盛典。《元史》卷七十七载，元朝每年8月28日在大都（北京）举行祭典，跪拜呼唤成吉思汗名。祭祖活动是蒙古萨满教祭祀仪式的重要内容。据古代文献记载，祭祖"由珊蛮（即萨满）一人面向北大声呼成吉思汗及诸故汗名，洒马乳于地以祭"。这一古老的信仰习俗，在今天的内蒙古地区祖先崇拜活动中仍有遗踪可寻。传至今天的蒙古族祭祖活动中，成吉思汗祭典是比较完整地保存古老传统的祭祖形态。成吉思汗祭典的成例，自窝阔台汗时代即已开始。到了忽必烈建立元朝，登基继

---

① 道润梯步：《新译简注〈蒙古秘史〉》，呼和浩特：内蒙古人民出版社，1979年，第30页。
② [波斯] 拉施特：《史集》，第一卷第二分册，北京：商务印书馆，1983年，第189页。
③ [英] 道森编：《出使蒙古记》，吕浦译，北京：中国社会科学出版社，1983年，第13页。
④ 道润梯步：《新译简注〈蒙古秘史〉》，呼和浩特：内蒙古人民出版社，1979年，第27页。
⑤ 仁钦道尔吉、郎樱编：《叙事文学与萨满文化》，呼和浩特：内蒙古大学出版社，1990年，第127页。

承皇位以后，在大都（今北京）举行大规模的祭祀祖先盛典，并规定了祭祀成吉思汗的"四时大祭"。《元史》等古代文献中都记有成吉思汗祭典的内容。成吉思汗祭典包括平时的瞻仰性祭祀，每月的礼祭、正月（春节）大祭以及四季祭典等祭祀仪式。举行祭典的主要场所是成吉思汗陵。成吉思汗陵位于内蒙古伊克昭盟（今鄂尔多斯市）伊金霍洛旗阿拉腾甘德尔地方。除了成吉思汗祭典之外，内蒙古西部地区的祭祖活动还有托雷祭典。托雷是成吉思汗第四子，以前在内蒙古杭锦和鄂托克两旗之间的道伦湖都克地方长期祭祀着托雷的像，1955年把它搬到新建的成吉思汗陵，从此就和成吉思汗陵的其他祭典合在一起来祭祀。据考察，托雷祭典中出现的祭苏勒德仪式属较晚期。托雷的朝木朝克宫最初是双的，后来逐渐变成单朝木朝克。托雷祭典有月祭和季祭两种形式，月祭一般每月初三举行。萨满教以各种形式渗透到蒙古族的社会与文化，如今已成为内蒙古的重要文化遗产。

二、蒙古族萨满教的变容与发展

蒙古族的萨满教信仰已进入了衰落的阶段，但衰落并非意味着很快就要消亡。蒙古族萨满教面对外来宗教的冲击以及社会历史变动的影响，在由盛变衰的过程中采取了一些灵活多样的生存策略，以改头换面的变异形态延续至今。我们可以把蒙古族萨满教的历史变容归纳为以下四点：

（一）复合化变容：萨满教以与其他宗教相复合的方式存续了下来。藏传佛教传入蒙古地区之后，蒙古族萨满教发生了较大的变化。首先，萨满队伍发生分化，分成了亲佛派和排佛派。亲佛派蒙古语称"查干主根博"（意为白萨满），排佛派称"哈日主根博"（意为黑萨满）。亲佛派萨满主动吸收了很多藏传佛教的因素，而排佛派萨满则顽固地保留了萨满教的古老传统。亲佛派萨满的法服法器、祷词神歌以及仪式活动等都明显地受到了藏传佛教的影响。如藏传佛教传入蒙古地区后，在蒙古族萨满的唱词中渗透了不少歌颂喇嘛教、向佛祖祈祷的内容，甚至有些蒙古萨满还穿上喇嘛服、改用喇嘛所用的法器。

（二）科学化变容：萨满教在发展演变的过程中吸收了一些科学因素，使萨满医术得到了充实和完善。以科尔沁蒙古族的整骨医术为例，来源于萨满医术的"蒙医整骨学"现已成为中国医学宝库中的独立的一门科学。现任内蒙古哲盟（今通辽市）蒙医整骨医院党支部书记兼副院长、蒙医骨伤科主任医师的包金山就是清代著名女萨满娜仁·阿柏的曾孙。娜仁·阿柏，别号"神医太太"，内蒙古哲盟（今通辽市）科左后旗人，1790年出生，卒于1875年，享年85岁。相传，娜仁·阿柏是成吉思汗时代阔阔出萨满的后代的徒弟，科尔沁萨满首领郝伯格泰的后裔，是整骨术的"巫都干"（蒙古语称女萨满为"巫都干"）。她是科尔沁近代蒙医整骨史上最早的继承者和发展者。包金山在继承娜仁·阿柏萨满医术的基础上，结合多年的临床实践写出了《包氏祖传蒙医整骨学》《中国蒙医整骨学》等医学专著，使其更加完善和科学化。他的整骨医术虽然从萨满医术分离出来，成为纯粹的医学技术，但仍然保留了一些萨满医术的神秘色彩。他在一份工作汇报中写道："1990年，首届中医骨伤学国际学术研讨会在深圳召开，来自澳大利亚、日本、新加坡等10多个国家和地区，以及国内20多个省市区的各路高手纷纷登台表演整骨绝技。作为一名在草原上土生土长的医生，而且在国内外医学界没有任何头衔，我非常激动能参加这样的盛会。一个个登台的表演者展示技艺，没有什么惊人的场面和激动人心的时刻，只有几分得意和遗憾。当被大厅里的英语和汉语广播点到时，我非常自信地登上了表演台。我面对的是一个左肱骨髁上骨折的患者，当我的第一口白酒随着功力的喷出，一声尖利的啸响后，大厅里像开了锅一样，人们好像嘲弄般地笑了。这时有几个外国人抢先拍照、录像，在他们眼里，我似乎根本不是个医生，而是一个玩幽默的滑稽演员，或许有一天他们又要展示一下中国医生的洋相。我用祖传蒙医正骨手法，经过9分钟治疗，这个12岁的少女康复如初，从表演台上下来，自如地在大厅前走了起来，寂静的大厅顿时爆发出了长久的掌声，人们离开了座位拥了上来，一睹这神奇的医术"。

类似包金山一样从萨满医术中吸收合理因素，通过更加科学化的方式继承传统的蒙古整骨医师为数不少，如今他们仍然活跃在农村或城市。

（三）艺术化变容：一些民族的萨满教音乐、舞蹈、神话传说等，经过艺术化的过程变成了民间文学和民间艺术，以民间艺术作品的形式流传于后世。以蒙古族萨满的"安代"音乐为例，它现在已成为一种民间歌舞形式。"安代"最早是萨满治病的跳神仪式之一，几经变迁虽游离于宗教音乐之外，成为独立的音乐形式，但它与萨满音乐仍有着不可分割的渊源和联系。有人认为"安代"作为民间歌舞，其音乐、舞蹈及演唱形式都与古代狩猎歌舞有许多相似之处，而萨满音乐的最初来源就是狩猎音乐。由此可见，古代歌舞艺术被萨满吸收并保存下来，之后又送还于民间，"安代"就是一证。

（四）民俗化变容：萨满教的部分禁忌、祭祀、仪式等渗透到民俗生活中，成为民俗文化的有机组成部分。在信仰萨满教的民族中，通过民俗化的途径保留下来的萨满教遗俗并不罕见，如蒙古族的祭敖包习俗就是从萨满教的祭祀山神、地神的自然崇拜传统演变过来的。笔者于1999年8月5日晚在蒙古国首都乌兰巴托郊外，观看了一次由萨满主持的祭敖包仪式，该仪式尽管被称作"札林敖包祭"（意为男萨满的敖包祭），但参加仪式的大多数都是普通市民和牧民。可见该宗教仪式已带有明显的民俗仪式特征。

总之，古老的萨满教信仰通过复合化变容、科学化变容、艺术化变容、民俗化变容等改头换面的形式延续至今，并成为蒙古族传统文化的有机组成部分。所以我们必须认真地对待它，不能够简单地把它当作宗教迷信消灭掉。

在我国，经历了几次政治运动之后，人们几乎在萨满教和迷信之间划上了等号。不仅在一般民众的观念中是这样，政界官员甚至一些老一辈学者也把萨满教看作是一种愚昧、落后、需要破除的迷信。然而，根据我们调查研究的结果，萨满教和蒙古族的文化艺术、道德法律、政治哲学、民俗风情、医药卫生之关系很密切。甚至蒙古族的一些文化传统就建立在萨满教宇宙观和哲学观念基础之上。如果将萨满教定位于需要破除的封建迷信，那么我们有可能将蒙古民族代代传承的传统文化通通看作封建迷信来消除掉。

蒙古族的萨满教哲学，是在少数民族先民们认识自然、改造自然、适应自然的生活实践中自发产生的带有直观性、混沌性、类比性等特征的综合思维体系。正是在这一点上，萨满教哲学有别于佛教等高级形态的宗教哲学。然而作为一种萌芽状态的哲学形态，萨满教哲学自有它的文化意义和思想价值。正如黑格尔在《哲学史讲演录》中所讲的："在文明初启的时代，我们更常会碰见哲学与一般文化生活混杂在一起的情形。但是一个民族会进入一个时代，在这时精神指向着普遍的对象，用普遍的理智概念去理解自然事物，譬如说，去要求认识事物的原因。于是我们可以说，这个民族开始作哲学思考了。"① 由于萨满教综合体系中"哲学与一般文化生活混杂在一起"，所以我们要研究萨满教与蒙古族民族文化间的关系时，必须以对其哲学思想的探讨作为切入口或敲门砖。这正是笔者在绪论中用相当长的篇幅"大谈"萨满教哲学问题的本意所在。

有人曾提出："在宗教意识控制人们思想和行为的时代，文化的综合凝聚体是宗教。人类的一切文化表现，如社会组织、生活方式、艺术、世界观、观察自然现象的眼光，力图征服环境的巫术活动等，都与宗教意识，宗教活动发生有机联系"②。在萨满教得以产生的历史时代，信仰萨满教的民族集团的思维模式和世界观遵循着宗教和神话合二为一的规则。在这种世界中，自然知识、宗教观、艺术形象、道德法律规范、民俗惯制、文学创作、政治理想以及医学知识的萌芽以奇特的方式交织在一起。它建立在对世界感性的、形象的认识基础上，建立在把人和社会关系的特性挪用到自然界、把人本身与自然事物相类比的基础上。它是人对周围世界关系的前理论形式。如果没有这种文化内核和哲学探求精神，萨满教不会在历史上发挥如此巨大的作用，也不会那样深刻地影响如此众多的民族。哲学是萨满教的重要基础，萨满教也可以说是一种独特的哲学思想体系，是对宇宙人生所持的一种独特态度和观念。在萨满教哲学世界观的意识形态背景下，信仰萨满教的各少数民族都创造出一整套与其生存环境相适应的物质和精神文化体系，并从中细分出文学、艺术、医学等具体的文化形态。由于萨满教的综合思想体系中隐藏着生命力较强的一套哲学思想，所以它和信仰该宗教的各少数民族的政治、经济、文化等各种社会文化体系发生了紧密的联系。

日本著名学者大间知笃三先生针对达斡尔族萨满的传承问题曾指出："一提到巫教，人们马上只想到迷信、邪教，一提起巫人们马上想起弄作诈骗术、说谎言的卑贱之徒……我认为，在民族固有传承中发现将来应该发展的诸种要素的态度是可行的。当然在治病巫中有许多迷信，这是应该纠正的。作为弊害需要清除的东西也不少。就治病巫术而言，这是朴素的，使宗教、文学、音乐、舞蹈融为一体的综合体。各种氏族祭祀是包含优秀而美丽的艺术的宗教仪礼。如果达斡尔族将来发展其固有文化，要忽视这些要素，到哪里去寻找其发展的基础呢？"③

我们研究萨满教必须要一分为二地看待它，否则很容易得出一些极端片面的结论。萨满教中既有封建迷信的糟粕，又有民族文化，甚至民间科学的精华。取其精华、去其糟粕才是我们对待萨满教的正确态度。在萨满教的庞杂体系中确实蕴含着不少值得挖掘的民间民俗文化财富。

---

① [德] 黑格尔著：《哲学史讲演录》，第三卷，北京：商务印书馆，1981年版，第258页。
② 谢选骏：《神话与民族精神》，济南：山东文艺出版社，1986年，第350页。
③ 大间知笃三：《达斡尔族巫考》，见《建国大学研究院学报》第41卷，1944年。

三、蒙古族萨满教的保护

目前，非物质文化遗产分为民间文学、民间音乐、民间舞蹈、传统戏剧、曲艺、杂技与竞技、民间美术、传统手工技艺、传统医药、民俗等十个部分。在民俗一项中必然要包括一些信仰民俗。大凡民间习俗无不有信仰的成分，因此信仰民俗可算一个大类。但这里所说的信仰民俗，是侧重于具有信仰观念且有崇拜心理和祭祀活动的部分民俗。信仰民俗是"在长期的历史发展过程中，在民众中自发产生的一套神灵崇拜观念、行为习惯和相应的仪式制度"[①]。原始信仰与崇拜密切联系着，原始阶段的人类信仰很广，他们信仰各种天神、社稷神，信仰图腾，信仰山川日月风雨雷电，信仰各种精灵、鬼魂，并且加以崇拜。后世信仰的佛教、道教、城隍土地神、门神、灶神、财神、喜神、龙王、马王、药王、关帝、鲁班、河神、海神、窑神等也都属信仰民俗，它们的形成历史很复杂。这些信仰民俗贯穿在各种民俗活动中，有的是全民信仰，有的局限于某一地区某一民族，还有的局限于某一种行业和集团。此外，崇信巫鬼、迷信前兆以及在婚丧礼俗中的命相、风水、择吉、祭魂、驱煞、禁忌、烧纸、诵经及相信天堂、地狱等也都是信仰民俗之表现。

信仰民俗属于心理民俗，是以信仰为核心的反映在心理上的习俗[②]。信仰民俗是在民众中自发产生并始终保持着自然形态的神灵崇拜。它没有完整、系统的哲学、伦理体系，但却有着与民众世俗生活联系密切的形形色色的信仰观念，这些信仰观念往往借助于神话、传说、故事、史诗、谚语以及习俗等而得以世代传承；它没有系统的神灵谱系，但却有着涉及天地万物、宽广无边的崇拜对象，如自然神、图腾、祖先神、行业神以及万物之灵等；它没有严格的教规教仪，但却有着与崇拜对象相配套的民俗行为与仪式制度。每一种信仰民俗都有其特定的信仰对象，亦有信仰该对象的相对固定的群体。钟敬文先生在《民俗学概论》中指出，精神民俗是指在物质文化与制度文化基础上形成的有关意识形态方面的民俗，它是人类在认识和改造自然与社会过程中形成的心理经验，这种经验一旦成为集体的心理习惯，并表现为特定的行为方式并世代传承，就成为精神民俗。[③]

原始时期，万物有灵观念成为各种信仰和崇拜的思想基础。除了崇拜天神之外，具体的则多表现为自然崇拜、图腾崇拜、动物崇拜、祖先崇拜等。所崇拜的对象，有的是想象物，有的是实有的自然物、动植物，有的是人类的先祖和神话传说中的祖先。祖先崇拜常与仪礼结合，人们相信通过各种祭祀手段，祖先的灵魂可以保护他的族系，维护族内的团结和利益。祖先崇拜，在氏族社会末期已经出现，主要是崇拜氏族或部落的头领、酋长等共同的祖先或古史传说中的始祖神。在家庭分立之后，则崇拜与奉祀各自家庭、家族的祖先。家庭体制的确立使祖先崇拜分化为许多小的个体，国家有宗庙，民间各有祖先堂，通过祭祖，强化族权的统治。

---

① 见钟敬文主编《民俗学概论》，上海：上海文艺出版社，1998年，第187页。
② 张紫晨著《中国民俗与民俗学》，杭州：浙江人民出版社，1990年，第123页。
③ 钟敬文《民俗学概论》，上海：上海文艺出版社，2005年，第5页。

在信仰民俗中，萨满教是一种具有原始宗教性的信仰，它曾盛行于我国北方鄂温克族、鄂伦春族、达斡尔族、蒙古族以至满族中，它是以万物有灵观念为基础的，并与狩猎、捕鱼经济的巫术活动相结合，它的发生、发展和消亡与原始公社向阶级社会过渡的经济基础的变化息息相关。这种意识形态在旧石器时代中晚期和新石器时代北方各部落中产生和变化着，它是母权制氏族公社形成和发展起来的一种原始宗教。各族早期的巫师萨满多为妇女，最典型的例子是陈巴尔虎旗的鄂温克人，萨满以妇女为主，只传女儿和妹妹。古代每个母系氏族都要有一名自己的女萨满。由于女萨满在生产、生活中占据重要地位，实际上就成为母权制氏族社会的酋长，到父系氏族社会以后，萨满转为男性，但也是萨满与酋长的合一体①。萨满在后世，既是医生，又是巫师。徐梦莘所著的《三朝北盟会编》载："珊蛮（萨满）者，女真语，巫妪也。"后世萨满的宇宙观，把宇宙分为上中下三界。上界为天堂，诸神所在；中界为净地，是人类繁殖之地；下界为地狱，是恶鬼的住所。萨满立于三者之间，通过他们的宗教祭式与巫术，向神祈祝，为人"消灾求福"。萨满为了得到"神灵的告示"，必须举行巫祭，先迎主神及诸灵，次奏诉愿望，"并乞求神灵对此下宣托命令，最后对神谢恩，进行防鬼、退鬼及各种符咒巫术祈禳活动。萨满要穿上沉重的神衣，手执神鼓（单鼓）；祭神堂后，击鼓拜四方，然后点香，诵咒语，坐屋内中央板凳上，上身左右摇摆，击神鼓十数遍后，将神鼓抱于肋下，开始摇晃身体，颤动双腿，如神附体，呈现异常状态。突然猛击神鼓，站起身进行舞蹈，旋转，神衣上的神镜碰击，神铃抖响。这个过程均有助巫（东北称助巫为二神，主巫为大神）帮助配合。神衣为野牛皮制成，挂有神镜，铜铃各六十个，还有许多贝壳、飘带，神帽前面还有金属的鹿角形物。这是达斡尔族的萨满跳神的情景。满族的萨满教与此又有些不同。其神具、跳神法都各有所异，入关后逐渐淡漠。蒙古族的萨满教信仰具有悠久的历史，成吉思汗祭奠就是在萨满教灵魂信仰和祖灵观念基础上产生的信仰民俗。

我们对传统文化的保护与继承的意识，体现了我们对传统文化的重视程度，但是对传统文化的保护不应该只局限于保护历史文物等有形文化遗产及一些精英的文化，对于各种民间文化及无形的非物质文化遗产也应给予关注与保护。2005年3月，国务院办公厅公布的《国家级非物质文化遗产代表作申报评定暂行办法》中，界定非物质文化遗产是"指各族人民世代相承担、与群众生活密切相关的各种传统文化表现形式（如民俗活动、表演艺术、传统知识和技能，以及与之相关的器具、实物、手工制品等）和文化空间。"②蒙古族萨满文化作为人类文明进程中的一种精神文化表现形式，它不仅反映着人们对客观物质世界的认识，它还反映着人们早期时代的审美意识和审美追求，是我们探索蒙古族先民及后代审美心理和艺术特征的线索之一。

在信仰民俗中，萨满教是一种具有原始宗教性的信仰，它曾盛行于我国北方鄂温克、鄂伦春、达斡尔、蒙古以至满族中，它是以万物有灵观念为基础的，并与狩猎、捕鱼经济的巫术活动相结合，它的发生发展和消亡与原始公社向阶级社会过渡的经济基础的变化息

---

① 张紫晨著《中国民俗与民俗学》，杭州：浙江人民出版社，1990年，第125页。
② 王文章主编《非物质文化遗产概论》，北京：文化艺术出版社，2006年，第10~11页。

息相关。蒙古族的萨满教信仰具有悠久的历史，成吉思汗祭奠就是在萨满教灵魂信仰和祖灵观念基础上产生的信仰民俗。祭祀成吉思汗的活动，表达了"蒙古民族的一种寄托、希望和祈求的心理，最具民族个性。"萨满教和成吉思汗祭奠是蒙古民族非物质文化遗产的重要载体，是蒙古民族传统信仰民俗的集中体现。建立在萨满教观念基础上的成吉思汗祭奠，已登上第一批国家级非物质文化遗产名录。

任何民族对待自己传统文化和文化遗产的态度往往是较复杂的。既想保存又想发展，是各民族中普遍存在的矛盾心理。然而所谓的"传统"都是在社会历史发展的过程中逐渐形成的，都是在不断创新的过程中逐步地累积而形成的。把传统文化看作停止不前、一成不变的观念本身是错误的，在文化遗产保护的实践中应不断克服这种牢固观念，用发展的观念来对待"活态文化遗产"，不能够以"保存""保护"的名义来阻挡或阻碍一些民族和相关族群的传统文化的合理发展。所以在今后的"活态文化遗产"保护工作中，各地各级政府以及有关部门应根据不同的情况和条件，采取灵活多样的方式和政策，将传统和新型的保存方式有机结合，并在运作过程和工作实践中根据具体情况不断地调整和改进保存方式和保护模式，这样才能够达到既要保存和保护，又要开发和发展的"一举多得"的最终目的。

蒙古族萨满文化的保护方面我们可以考虑以下几个方面的措施：

（一）萨满文化实物保护

建立蒙古族萨满文化博物馆，收集、抢救、保存萨满鼓、萨满服饰、萨满法器、萨满神偶等与蒙古族萨满文化有关的民间民俗文物。与萨满文化实物保护同等重要的是对传统制作工艺的保护。

（二）萨满文化传承机制的保护

传承是民俗文化遗产保护中的一个非常重要问题。民俗文化是人们在长期的社会生活中逐渐积累起来的文化，经历了世代的传承和发展才具有了我们今天所看到的形态，而这一过程又是通过人们口头的、行为的方式来进行的。因此，这种以人为主体的世代传承的机制就成了民俗文化生存和发展的内在动力。一旦民俗文化离开了这一传承机制，它也就丧失了继续存在下去的力量。文化遗产保护专员杜晓帆在《无形的根枝——文化多样性与无形文化遗产的保护与传承》一文中指出："由于口头和无形文化遗产的特殊性，我们必须注意，有形文化遗产的保护方法不能用于无形文化遗产的保护。对这些特殊的人类文化遗产的保护来说，我们所能做的就是，第一，通过声像媒体或文字把它们的当前状态记录下来；第二，通过对传统艺人的帮助，把技艺传给后代，使遗产得以存活。"[1] 从长远意义上来说，后者对于民俗文化遗产的保护更为重要。

---

[1] 杜晓帆《无形的根枝——文化多样性与无形文化遗产的保护和传承》，《北京国际博物馆馆长论坛论文集》，2004年。

1. 家族传承

家族传承，就是指在一个具有血缘关系的家族内部进行传承的方式。这是中国传统的民俗文化传承机制中最为原始，也是最典型的传承方式。

2. 行业传承

行业传承就是指在一个行业内部进行民俗文化传承的方式，最主要的表现形式就是师徒制，即由掌握一定技艺的师傅通过选拔和考验招收学徒，向徒弟传授知识和技艺，若干年后徒弟学满出师，继续招收下一代的徒弟。这在传统社会中是和家族传承同样普遍的传承方式。传统社会中，行业之间甚至行业内部都是存在激烈竞争的，因此，行业传承是有很多的规矩的，涵盖了师徒传承从收徒到出师的方方面面，无论是师傅还是徒弟都要严格的遵守。

3. 社会传承

社会传承主要是通过学校、培训机构等，向社会公开招收学员，系统地介绍相关知识，传授技艺，达到民俗文化技艺的传承和延续。社会式传承是近年来才出现的新型的民俗文化传承模式，比家族传承和行业传承更加广泛，它打破家族传承和行业传承的局限性，扩大了传承人的选择对象，也让更多的人能有机会了解传统的民俗文化。

（三）创新性保护

萨满信仰是蒙古族文化意识的载体，反映了不同历史时期的社会政治、经济、文化、风俗状况，是研究蒙古族历史和社会文化的有重要价值的第一手民间文化资料。记录、收集和整理工作，对各种民间文化的保护来说，是最基本的也是必要的保护方式，但是从严格意义上来说，这也是一种最被动、最初级的保护方式。它的主要缺陷在于：第一，保护形式单一；第二，保护手段落后，主要还是依靠传统的文字记录作为其工作的手段；第三，保护理念滞后，在社会飞速发展的今天，传统的民间文化如何适应时代继续生存，需要的不仅仅是记录式的保护，而是一种与现代文化和谐发展的创新性保护。

（四）影视纪录与数字化保护

在晚近的发展过程中，人类学的民族志记述方法除传统的文字记录方式之外，还采取了录音记录、影视记录等方式。这对一些民族的"活态人文遗产"的记录、保存和保护方面起到了积极的作用。20世纪50年代，中国境内进行了大规模的少数民族社会历史调查，当时在云南做田野工作的学者看到独龙族、怒族、佤族、景颇族、傈僳族等民族中保留和遗存的种种"原始社会文化现象"，于是呼吁用影视的手段及时记录，遂得到文化部批准以及政府在财力、设备和人员上的支持。到1965年以前，仅以云南民族为题，共拍摄专题纪录片20余部。当时并无国外民族志电影理论的信息，然而我国学者和电影工作者良好地合作摸索，确定了"如实记录"的基本拍摄原则，并将这类影片称作"少数民族社会历史科学纪录片"。

我们应充分利用摄影、录像、电影等影视人类学技术和手段，全面、系统地记录整理和保存各个民族的具有较高历史学、美学、人类学以及民俗学价值的民俗、民间文化遗产，是目前抢救和保存民族文化遗产的很好的方式之一。尤其，对于防止由于工艺技术和民间文学保持者的死亡而有可能失传的一些无形文化遗产的保存来说，这一手段是目前较理想的方法。目前，中国社会科学院民族学与人类学研究所影视人类学室、云南大学东亚影视人类学研究所等科研机构已经着手这类工作，但由于经费、人才等方面的原因发展较缓慢，有关部门应关注和支持这类工作，并投入相应的人力和物力来加快用影视人类学手段记录和保存民族文化遗产的工作。

萨满教研究报纸文章的文献计量学分析[①]

乌云格日勒　　中国社会科学院

报纸不仅作为一种信息载体发挥着巨大的作用，同时作为一种文献类型，其学术研究价值也不容忽视。报纸学术版通过学术宣传来活跃学术研究、繁荣学术事业、推动学术发展。不同的报纸在各个学科领域发挥着不同的作用。

报纸有着不可替代的比较优势，即报业高度的专业水准以及深度解读信息的能力和社会影响力。报纸因其独有的特点，不仅以做好媒体宣传思想工作和把握舆论导向为主要责任，更起着引导人们全面客观认识当代中国、看待外部世界、传承文化的使命，报刊文章的学术研究价值和社会影响力不容忽视。本文采用文献计量学分析方法，以有关萨满教研究报纸文章为例，对萨满教研究文献进行统计分析，为进一步研究萨满教奠定学术史基础。

一、相关研究的年代统计分析

据不完全统计，从《满洲之跳神（清事拾零）怀旧》（1927 年 7 月 20 日《世界日报》）开始，截至 2013 年底，在 30 种报纸上共发表有关萨满教研究文章 119 篇。详细情况如下图所示。

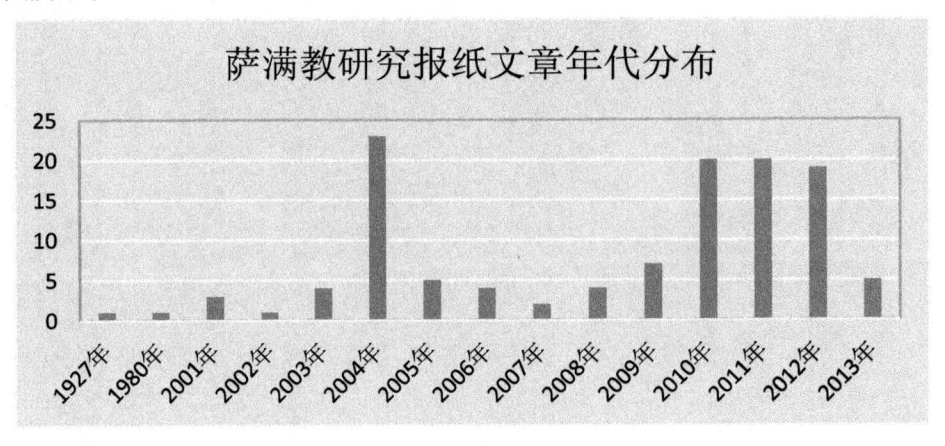

萨满教研究报纸文章年代分布

[①] 国家社科基金重大项目"内蒙古蒙古族非物质文化遗产跨学科调查研究"（12&ZD131）阶段性成果。

从上图可以了解到，有关萨满教研究报纸文章总量不多，而且年代分布很不均匀，1927年1篇，从1928年之1979年没有发现有关萨满教研究报纸文章；1980年只有1篇；1981年至2000年又没有查到有关萨满教研究报纸文章；从2001年开始每年都有不少有关萨满教研究的报刊文章。其中2004年、2011年和2012年成就比较突出，三年的总量达82篇，占总量的68.91%。

上图说明，一方面有关萨满教研究学者不够关注报纸类学术平台，另一方面相关报纸不够重视萨满教方面的文章，没有专设有关萨满文化的栏目。

因此，相关报纸在做好媒体宣传思想工作和把握舆论导向为主要责任的同时，不应忽视引导人们全面客观地认识当代中国、看待外部世界、传承多元文化的使命。

二、相关研究的文章出处统计分析

通过统计和分析可以了解哪些报纸比较关注萨满教研究，哪些报纸设有专栏，给萨满教研究学者多提供一种学术平台。

据不完全统计，共有《中国民族报》《吉林日报》《中国社会科学报》《长春日报》《中国文化报》等30种报纸刊登有关萨满文化的文章。详细数据请见下表。

表1 有关萨满教研究报纸文章出处统计

序号	报纸名称	发文量（119篇）	百分比例（%）
1	中国民族报	34	28.57%
2	吉林日报	19	15.97%
3	中国社会科学报	13	10.92%
4	长春日报	7	5.89%
5	中国文化报	7	5.89%
6	黑龙江日报	5	4.20%
7	四平日报	4	3.36%
8	光明日报	3	2.52%
9	佳木斯日报	3	2.52%
10	牡丹江日报	2	1.68%
11	人民日报	2	1.68%
12	人民政协报	2	1.68%
13	大庆日报	1	0.84%
14	丹东日报	1	0.84%
15	东北网－鹤城晚报	1	0.84%
16	广西政协报	1	0.84%

续表

序号	报纸名称	发文量（119 篇）	百分比例（%）
17	哈尔滨日报	1	0.84%
18	内蒙古日报社数字报刊	1	0.84%
19	齐齐哈尔日报	1	0.84%
20	社会科学报	1	0.84%
21	沈阳日报	1	0.84%
22	世界日报	1	0.84%
23	通辽日报	1	0.84%
24	文艺报	1	0.84%
25	乌鲁木齐晚报	1	0.84%
26	新华每日电讯	1	0.84%
27	新疆都市报	1	0.84%
28	新民晚报	1	0.84%
29	中国食品安全报	1	0.84%
30	中国中医药报	1	0.84%

从上述表格可以看出，关注或支持萨满教研究领域的报纸仍然偏少，在全国 361 种人文社会科学类或综合类报纸中只有 30 种报纸上发表有关萨满教研究文章，在 30 种报纸中发文量分布也非常不均匀，有的还是介绍性文章。另一方面也可看出，有关民族类、文化类、地方类，尤其是北方或东北地区的地方报纸比较关注或支持萨满教研究事业。其中《中国民族报》的发文量最大，有关萨满教研究文章共有 34 篇，占总量的 28.57%。

《中国民族报》是一份面向全国各民族读者及宗教界人士的中央级综合性报纸，全面展示丰富多彩的民族文化。《中国民族报》融新闻性、学术性、知识性、趣味性和服务性于一体，全方位追踪民族宗教热点新闻、深度报道民族宗教亮点事件、倾情推介民族宗教精英人物、如实反映民族宗教工作成就、生动讲解民族宗教典型事例、全面传播民族宗教多元文化、努力探索民族宗教前沿理论，多视角、多维度、多层面地为广大读者报道民族新闻并展示 56 个民族的独特魅力与多姿多彩的文化内涵。《中国民族报》辟有《宗教周刊》和《文化周刊》等，共推出 100 多个特色精品栏目。《宗教周刊》共 4 个版块，分别是"新闻""理论""圣迹""文化"。该周刊以佛教、道教、伊斯兰教、基督教、天主教等五大宗教及民间信仰为报道对象，追踪境内外宗教重大事件及重大活动，透视当代宗教学术领域的理论热点，揭示宗教教义、宗教礼仪、宗教习俗、宗教节日、宗教音乐、宗教建筑等知识背景，解析各大宗教的伦理道德价值观及丰富的文化内涵。《文化周刊》共 4 个版块，分别是"文化""关注""品味""视野"。该周刊以民族文化为切入点，紧紧围绕少数民族及民族地区的物质文化遗产和非物质文化遗产两大主轴，以少数民族文化传承及文化历史轨迹为经线，以少数民族民间文学、民俗风情、民间习俗、民间音乐、民间歌舞、民间服饰、民间节日、民间建筑、民间艺人及民族地区的地域风貌等为纬线，全面展示各个民族的文化特色与时代风貌。该报关注民族文化、地方文化，为弘扬和支持地方民族文化的宣传、传承、保护、开发利用起到明显作用。

《吉林日报》《长春日报》《黑龙江日报》《四平日报》上有关萨满教研究文章的刊登率也较高。《吉林日报》是全国省委机关报中创刊较早的一家报纸。作为吉林省委机关报，及时、迅速反映广大人民群众的生活和呼声，努力做到"三贴近"，即贴近群众、贴近基层、贴近生活。同时贴近民族文化，地方文化，关注和支持地方民族文化的宣传、传承、保护、开发利用起到一定的作用。在《吉林日报》上有关萨满教研究文章共发表 19 篇，占总量的 15.97%。

《长春日报》作为当地重要报纸，在一定范围和一定程度上关注和支持地方民族文化的宣传和发展。在《长春日报》上有关萨满教研究文章共发表 7 篇，占总量的 5.89%。

《黑龙江日报》是中共黑龙江省委机关报，是国内创立最早的省级党报之一（创刊于 1945 年 12 月 1 日），在一定范围和一定程度上关注和支持地方民族文化的宣传和发展。在《黑龙江日报》上有关萨满教研究文章共发表 5 篇，占总量的 4.20%。

《四平日报》是四平市唯一面向国内公开发行的综合性报纸。作为地方综合性报纸，它在一定范围和一定程度上给地方民族文化研究者提供平台。在《四平日报》上有关萨满教研究文章共发表 4 篇，占总量的 3.36%。

另外，值得一提的是《中国社会科学报》和《中国文化报》。

《中国社会科学报》是由中国社会科学院主管主办，面向全国理论界、学术界的大型理论、学术报纸，是中华人民共和国成立 60 年来第一份全国性的理论、学术专业报纸。《中国社会科学报》不愧是政治性、思想性、学术性、国际性、悦读性有机统一的学术专业型报纸，它涉及社会科学方方面面的内容，其中非常关注有关萨满文化方面，给萨满教研究学者提供了稳定的平台。在《中国社会科学报》上有关萨满教研究文章共发表 13 篇，占总量的 10.92%。

《中国文化报》是中华人民共和国文化部主管的权威性文化艺术类报纸。《中国文化报》以继承、弘扬中华民族文化传统，繁荣、发展文化事业和文化产业，促进中外文化交流为宗旨，权威发布国家文化政策，快速报道全球文化动态，大力推介优秀文化作品，理性评说社会文化热点，客观反映和科学探究文化领域的管理之策、经营之道和消费之势，是文化管理者适读、文化经营者适读、文化消费者适读的报纸。《中国文化报》作为权威性文化艺术类报纸，在民族文化、艺术研究领域中给有关学者提供较稳定的平台。在《中国文化报》上有关萨满教研究文章共发表 7 篇，占总量的 5.89%，但是比重不算高。

有关文化类、民族类、地方民族类、社会科学类报纸在一定范围和一定程度上关注和支持萨满教研究事业，给有关萨满教研究领域的学者提供着多一种平台。但遗憾地是，目前为止没有一份是侧重民族文化遗产方面或有关萨满教研究方面的报纸。

三、相关研究的涉及民族分布统计分析

通过统计和分析萨满教研究报纸文章的民族分布，在一定程度上可以了解萨满教研究的热点问题。据不完全统计，中国萨满教研究报纸文章涉及8个少数民族，有关萨满教研究报纸文章的涉及民族分布情况详见下表。

表2 有关萨满教研究报纸文章的民族别分布统计

序号	民族名称	发文量（31篇）	百分比例（%）
1	综合性	75	63.03%
2	赫哲族	17	14.29%
3	满族	10	8.40%
4	蒙古族	5	4.20%
5	达斡尔族	4	3.36%
6	锡伯族	3	2.52%
7	鄂伦春族	2	1.68%
8	鄂温克族	2	1.68%
9	彝族	1	0.84%

从上表可以看出，涉及民族有赫哲族、满族、蒙古族、达斡尔族、锡伯族、鄂伦春族、鄂温克族和彝族。据了解，信奉萨满教的少数民族有十几个，但是从报纸有关萨满教研究文章上看，涉及的民族不多。除了南方少数民族之一的彝族以外，其他几乎都是北方少数民族，其中东北地区少数民族占的比例更高，西北少数民族占一小部分。

其中，赫哲族有关满族萨满文化的内容最多，共有17篇，占总量的14.29%；其次是满族，共有10篇，占总量的8.40%；再次是蒙古族，共有5篇，占总量的4.20%；达斡尔族有4篇，占总量的3.36%；锡伯族3篇，占总量的2.52%；鄂伦春族和鄂温克族各有2篇，各占总量的1.68%；有关彝族萨满教研究论文在报纸上只有1篇，占总数的0.84%。

虽然在萨满教研究领域的广义界定上，北方萨满教和南方巫术都被认可，但是狭义界定上只认可北方少数民族的萨满教，而不认可南方少数民族的巫术。正因为有这样的学术背景，有关南方少数民族的巫术研究不被列入萨满教研究范围。本文把彝族的苏尼列入为萨满教领域。

四、相关研究的文章主题统计分析

通过统计和分析萨满教研究报纸文章主题，可以了解萨满教研究的焦点问题。据不完

全统计，在萨满教研究报纸文章中，涉及萨满文化、萨满、萨满艺术、萨满教、萨满舞、萨满教研讨会、萨满教研究者、文化产业、研究中心机构基地、萨满仪式、萨满神具、萨满剪纸、萨满祭祀、研究综述、文化遗产、萨满音乐、萨满医药、萨满信仰、萨满文学、萨满图腾、萨满神话、萨满神、萨满歌、萨满服饰、萨满风情等比较丰富的内容，有关萨满教研究报纸文章主题统计情况详见下表。

表3 有关萨满教研究报纸文章主题统计

序号	主题名称	篇数（共119篇）	百分比例（%）
1	萨满文化	22	18.49%
2	萨满	21	17.65%
3	萨满艺术	13	10.92%
4	萨满教	13	10.92%
5	萨满舞	8	6.72%
6	萨满教研讨会	7	5.90%
7	萨满教研究者	5	4.20%
8	文化产业	5	4.20%
9	研究中心机构、基地	3	2.52%
10	萨满仪式	3	2.52%
11	萨满神具	3	2.52%
12	萨满剪纸	2	1.68%
13	萨满祭祀	2	1.68%
14	研究综述	1	0.84%
15	文化遗产	1	0.84%
16	萨满音乐	1	0.84%
17	萨满医药	1	0.84%
18	萨满信仰	1	0.84%
19	萨满文学	1	0.84%
20	萨满图腾	1	0.84%
21	萨满神话	1	0.84%
22	萨满神	1	0.84%
23	萨满歌	1	0.84%
24	萨满服饰	1	0.84%
25	萨满风情	1	0.84%

从上表可知，在报纸平台上，有关萨满教研究主要焦点是有关萨满文化、萨满其人、萨满艺术、萨满教、萨满舞、萨满教研讨会、萨满教研究者等。有关文化产业、研究中心机构基地、萨满仪式、萨满神具、萨满剪纸、萨满祭祀等内容比较少。尤其是有关研究综述、文化遗产、萨满音乐、萨满医药、萨满信仰、萨满文学、萨满图腾、萨满神话、萨满神、萨满歌、萨满服饰、萨满风情等方面的文章更是凤毛麟角。

五、相关研究的刊登的栏目统计分析

通过统计和分析有关萨满教研究报纸文章的栏目，可以了解哪种报纸有哪些民俗文化专栏，并可以为相关学科研究学者投稿提供栏目信息。有关萨满教研究文章刊登的栏目情况详见下表。

表 4 萨满教研究文章刊登的栏目统计

序号	栏目名称	发文量（共119篇）	百分比例（%）
1	宗教	16	13.45%
2	专栏	13	10.92%
3	独家报道	6	5.04%
4	宗教周刊·文化	6	5.04%
5	文体大观	5	4.21%
6	专版	4	3.37%
7	宗教周刊·论坛	4	3.37%
8	东北风周刊	3	2.52%
9	多元多彩共融共享	2	1.68%
10	国内新闻	2	1.68%
11	吉林城市群	2	1.68%
12	民族工作	2	1.68%
13	评论	2	1.68%
14	区域	2	1.68%
15	社会新闻	2	1.68%
16	特别报道	2	1.68%
17	相约长春倾情绽放	2	1.68%
18	专刊	2	1.68%
19	宗教学	2	1.68%
20	综合新闻	2	1.68%
21	东北风东北大地	1	0.84%

续表

序号	栏目名称	发文量（共119篇）	百分比例（%）
22	角色	1	0.84%
23	教科文新闻	1	0.84%
24	锦绣中华	1	0.84%
25	理论周刊·前沿	1	0.84%
26	两会特刊·议政现场	1	0.84%
27	旅途	1	0.84%
28	民族服饰周刊	1	0.84%
29	民族苑	1	0.84%
30	民族宗教·专刊	1	0.84%
31	品牌管理	1	0.84%
32	人文地理	1	0.84%
33	少数民族文艺	1	0.84%
34	特别关注	1	0.84%
35	通化周刊	1	0.84%
36	文化·传承	1	0.84%
37	文化·新闻	1	0.84%
38	文化江湖	1	0.84%
39	文化遗产	1	0.84%
40	文化周刊	1	0.84%
41	文化周刊·视角	1	0.84%
42	文荟	1	0.84%
43	文体新闻	1	0.84%
44	文艺观察	1	0.84%
45	我们在长春相遇	1	0.84%
46	学术探讨	1	0.84%
47	要闻·地方新闻	1	0.84%
48	要闻链接	1	0.84%
49	艺园百花	1	0.84%
50	域外	1	0.84%
51	长春新闻	1	0.84%
52	政协新闻	1	0.84%
53	中医文化	1	0.84%

续表

序号	栏目名称	发文量（共119篇）	百分比例（%）
54	专刊·理论	1	0.84%
55	专题	1	0.84%
56	资讯	1	0.84%
57	宗教周刊	1	0.84%
58	综合	1	0.84%

从上表可知，其中《中国民族报》的相关栏目较多，如有理论周刊·前沿、民族服饰周刊、民族工作、文化周刊、文化周刊·视角、专版、宗教周刊、宗教周刊·论坛、宗教周刊·文化、宗教等栏目，其中宗教周刊·文化、宗教等三种栏目登刊有关萨满教研究文章最多；其次是《吉林日报》的相关栏目较多，如有文体大观、东北风周刊、多元多彩共融共享、相约长春 倾情绽放、东北风东北大地、角色、锦绣中华、通化周刊、专版、要闻链接、艺园百花等，其中文体大观、东北风周刊栏目中出现相关研究文章较多；再次是《中国社会科学报》的相关栏目较多，如有宗教学、独家报道、区域、资讯、域外、人文地理、品牌管理等栏目，其中宗教学、独家报道等三种栏目中出现相关研究文章较多；《长春日报》的相关栏目有专刊、专版、吉林城市群、我们在长春相遇、吉林城市群、两会特刊·议政现场、长春新闻等；《中国文化报》的相关栏目有文化遗产、综合新闻、专题、专版、特别关注、评论等；《四平日报》的相关栏目有专刊、专版、专刊·理论等；其他报纸的栏目不固定，甚至只有一次刊登有关萨满教研究文章。

总而言之，不管是哪个报纸，有关宗教类专栏的萨满教研究文章发文量最多，其次是民族文化类栏目。遗憾的是共有30种报纸的58种栏目中没有一种专门萨满教方面的栏目，只有《中国文化报》设有"文化遗产"栏目，但是就一篇有关萨满教文章。希望民族文化类或其他人文社会科学类报纸专设萨满文化栏目，为萨满文化领域的学者、爱好者提供投稿和阅读的平台。

六、相关研究的作者分析

据不完全统计，萨满教研究报纸文章的完成形式有独著、合著、单位署名等三种形式，作者总共141人次。单独著作者有96篇，占总数的68.06%，合著作者有22位，占总数的15.60%，单位署名有1篇，占总数的0.7%。有关萨满教研究报纸文章的绝大部分是独著，合著比例不高，单位署名极少，这也是报纸平台的转载或文摘等特殊性所决定的。

据不完全统计，119篇萨满教研究报纸文章由104位作者完成。完成2篇或2篇以上作者有孟慧英、张春海、高菲、孟凌云、董云平、吕萍、张洪江、季眸、解克兢、色音、史春媛、王新丽、张建友、张守智、周磊等14位。其中孟慧英是高产作者，一个人完成相关文章15篇，占总数的14.42%，其余的90位作者各有1篇论文，具体数据见下表。

表5 萨满教研究报纸文章的核心作者统计

序号	作者名	人次（141）	百分比例（%）
1	孟慧英	15	10.64%
2	张春海	5	3.55%
3	高菲	4	2.84%
4	孟凌云	4	2.84%
5	董云平	3	2.13%
6	吕萍	3	2.13%
7	张洪江	3	2.13%
8	季晔	2	1.42%
9	解克兢	2	1.42%
10	色音	2	1.42%
11	史春媛	2	1.42%
12	王新丽	2	1.42%
13	张建友	2	1.42%
14	张守智	2	1.42%
15	周磊	2	1.42%

从上表来看，少数学者经常利用报纸这个媒体平台，大部分学者则偶尔利用报纸平台。

结　论

以1914至2012年公开发表的有关萨满教研究中文期刊论文为数据源，据不完全统计，共有关于萨满教研究的期刊论文1603篇（其中41篇是年鉴论文）在中国386种期刊上发表。尤其2000年至2010年的10年间，共有717篇有关萨满教研究期刊论文在全国各地的学术杂志上发表，这表明萨满教研究进入空前活跃的崭新阶段。2010年至2012年，共201篇关于萨满教研究期刊论文在各学术期刊上发表，有关萨满教研究综述等纵横研究类型较多。在有关萨满教研究的学术论文中，博士、硕士学位论文占一定比例，共有37

所高校的 116 名博士、硕士完成 116 篇学位论文①。从 2000 年至 2012 年，研究萨满教的学位论文具有逐年上升的态势②。期刊文献的数量在很大程度上反映该学科领域的研究水平和发展程度。

本文通过对 1927 年至 2013 年，在 30 种报纸上发表的 119 篇有关萨满教研究文章的文献计量学统计，得出有关萨满教研究文章的总量不太多，而且年代分布很不均匀的结论。这说明，一方面有关萨满教研究学者不够关注报纸类媒体平台，另一方面相关报纸不够重视有关萨满文化方面的文章，没有专设萨满文化栏目。

从萨满教研究报纸文章出处统计分析看，关注或支持萨满教研究领域的报纸非常少，在 361 种有关人文社会科学类或综合类报纸中只有 30 种报纸上发表有关萨满教研究文章，有的甚至还是介绍性的文章。在 30 种报纸中发文量分布非常不均匀。其中，有关文化类、民族类、地方民族类、社会科学类报纸在一定范围和一定程度上关注和支持萨满教研究事业，给有关萨满教研究领域的学者提供着多一种平台。但是遗憾的是目前为止没有一份是侧重民族文化遗产方面或有关萨满教方面的报纸。

中国萨满教研究报纸文章涉及的民族有赫哲族、满族、蒙古族、达斡尔族、锡伯族、鄂伦春族、鄂温克族、彝族等 8 个少数民族，除了南方少数民族之一的彝族以外，其他几乎是北方少数民族，其中东北地区少数民族占比例更大，西北地区少数民族占一小部分。

从有关萨满教研究报纸文章主题统计看，在报纸平台上，有关萨满教研究主要热点是有关萨满文化、萨满、萨满艺术、萨满教、萨满舞、萨满教研讨会、萨满教研究者等。

从有关报纸栏目统计看，共有 58 种栏目，其中《中国民族报》《吉林日报》《中国社会科学报》《长春日报》《中国文化报》《四平日报》有关宗教类栏目较多。尤其是《中国民族报》的文化周刊、文化周刊·视角、专版、宗教周刊、宗教周刊·论坛、宗教周刊比较稳定，遗憾的是共有 30 种报纸 58 种栏目中没有一种专门萨满教方面的栏目，只有《中国文化报》设有"文化遗产"栏目，但是就一篇有关萨满教文章。希望民族文化类或民族地方类或社会科学类报纸专设一种萨满文化栏目，为萨满文化领域的学者、爱好者提供属于自己的平台。

萨满教研究报纸文章的完成形式有独著、合著、单位署名等三种形式，作者总共 141 人次。独著作者有 96 篇，占总数的 68.06%，合著作者有 22 位，占总数的 15.60%，单位署名有 1 篇，占总数的 0.7%。有关萨满教研究报纸文章的绝大部分是独著，合著比例不高，单位署名极少。

119 篇萨满教研究报纸文章由 104 位作者完成。完成 2 篇或 2 篇以上作者有孟慧英、张春海、高菲、孟凌云、董云平、吕萍、张洪江、季晔、解克兢、色音、史春媛、王新丽、张建友、张守智、周磊等 14 位。其中孟慧英是高产作者，一个人完成相关论文 15 篇，占总数的 14.42%；其余的 90 位作者各 1 篇相关论文。以上萨满教研究报纸文章作者

---

① 乌云格日勒：《中国萨满教文献信息计量分析》，中国社会科学院民族学与人类学研究所重点课题结项报告，2013 年 12 月。
② 色音、乌云格日勒：《中国萨满教研究百年回眸》，《世界宗教文化》，2016 年第 1 期。

统计和分布证明，少数学者是经常利用报纸这个媒体平台，大部分学者偶尔利用报纸平台。

参考文献

［1］文干．关于召开学术会议和出版论文集的意义和作用（纲要）［G］//海洋船舶安全理论与实践论文集．北京：中国航海学会，2008.

［2］张靖安，雷跻华．网络论文的现状、问题及对策［J］．图书馆学研究，2001（6）.

［3］苏新宁．构建人文社会科学学术期刊评价体系［J］．东岳论丛，2008（1）.

［4］王惠翔．我国社会科学核心期刊分布分析解读［J］．社会科学管理与评论，2009（4）.

［5］刘厚生．清代宫廷萨满祭祀研究［M］．长春：吉林文史出版社，1992.

［6］郭淑云，富育光．萨满文化论［M］．台北：学生书局，2005.

［7］色音．萨满教研究综述［J］．社会科学战线，1994（3）.

［8］郭淑云．中国萨满教若干问题研究述评［J］．民族研究，2011（3）.

［9］郭淑云．中国萨满教研究特点与展望［J］．西域研究，2012（2）.

［10］许震．拨开重雾方见日——自20世纪30年代起赫哲族萨满教研究综述［J］．南方论刊，2011（11）.

［11］赵志忠．萨满教研究评述．满族研究［J］，2001（3）.

［12］汤惠生．关于萨满教和萨满教研究的思考［J］．青海社会科学，1997（2）.

·公民社会与族群关系研究·

非洲特色民族治理模式个案研究
——"多维度"视域下的埃塞俄比亚民族联邦制

施琳　中央民族大学

全球范围的绝大多数（90%以上）国家都是多民族、多语言、多宗教和多元文化的国度，民族异质性（Ethnic Heterogeneity）是世界范围的普遍性特点。因此，以何种民族治理模式应对"民族多样性"挑战，成为各国极为关注的重大课题。非洲大陆是人类起源地，种族、民族数量繁多，其民族现象的复杂性、变化性、差异性、特殊性和尖锐性异常突出。由于复杂的民族结构和殖民统治等社会历史原因，非洲各国逐渐形成了多种特色鲜明的民族治理模式。

非洲各国民族治理模式在指导思想、内涵、特点方面差异显著，而且有的"有效"，有的"失效"；有的起到了缓和民族矛盾、稳定国内局势的积极作用，有的不仅不能缓和民族关系，反而"火上添油"，不断激化和恶化民族矛盾，引发一系列动荡与冲突。对非洲特色民族治理模式开展典型案例研究，具有突出的现实意义和理论价值——有助于我们准确了解非洲国家应对多民族国情的多样化思路，客观分析与吸纳其经验教训，从而为我国民族政策的制定与实施提供有益的非洲经验参考；不仅如此，以异常丰富的非洲民族现象为"他者"，亦有助于大大拓宽我国民族学、人类学的传统研究视野，扩展与深化国内学术界关于民族概念、民族类型、民族发展阶段与民族治理模式的理解和阐释，促进中国民族学派"走出去"的进程。

在非洲特色民族治理模式中，有一种重要类型是（国家）明确"承认"（recognize）民族多样性的现实，并主张通过'联邦制'政治架构让民族多样性特点有可行的表达途径，当前埃塞俄比亚（以下简称"埃塞"）所实施的"民族联邦制"即为其中典型代表。本文拟对埃塞民族治理模式展开新型"多维度"研究，将重点论述下述问题：为什么埃塞民族治理成为国际学界所关注的热点"话题"？国际学术界研究埃塞民族治理有什么重要进展？为什么埃塞民族治理模式具有"多面性"？以及研究埃塞民族治理模式的特点分析与方法论思考。

一、为什么埃塞民族治理成为国际学界所关注的"话题"？

2011年和2013年暑期，笔者曾经两次赴埃塞开展田野调查和学术交流活动。尤其是第2次调查，获得了中非联合研究交流计划的支持，得以在埃塞著名高校——亚的斯亚贝巴大学、贡德尔大学开展了多场次座谈和专业研讨，直接接触埃塞本土的社会历史学家、民族学家和人类学家,重点了解了埃塞民族问题和民族研究的发展历程与近期成果,并且到埃塞文明发源地——北部的阿姆哈拉州(巴哈达尔—贡德尔—拉里贝拉等地)开展实地调查,进入埃塞城市和农村社会的市场、社区等地,进行了参与观察和入户访谈。这2次埃塞田野调查的经历,对于笔者的触动很大——不仅收获了一些宝贵的(在我国国内难觅踪迹)的埃塞民族研究历史文献,而且最重要的是有机会直接接触、访谈了埃塞各阶层和各行业人士,参与观察了埃塞普通民众的日常生活,了解其对各民族关系的真实看法,并切身体验了各地丰富多样的民族文化,从而对埃塞民族研究有了全新的理解。

在田野中,笔者逐渐关注到埃塞民族问题的"显性"与"隐性"特点:所谓"显性"表象与特征,指的是在笔者调查所到的亚的斯亚贝巴、阿姆哈拉州等地的城市社区,埃塞民族关系较为平稳,普通民众的民族意识似乎趋于"淡漠",各民族之间交错居住、互动交往、通婚等现象很常见,普通市民受访者在回答关于民族关系问题时,多强调"我们都是埃塞人""我们之间(文化和习俗)有区别,但是差别不太大,相处与交往没什么大问题。"[①] 社区直接观察和访谈材料显示,在当前埃塞市民日常生活中,"民族因素"仿佛已经不是一般人所特别关心的热点问题;但是,当调查扩展到农村区域,笔者也接触到更多历史资料,以及访谈官员、历史学者、人类学者和青年学生等各类专业人士时,笔者却注意到一些微妙的、比较容易被忽略的"隐性"表象与特点。例如,农村区域的民众对于民族属性更为重视,而不同职业和专业背景的人士对某一具体民族历史事件、国家民族政策、民族关系现状的评价所持态度迥异,其具体的评价与解释也差别显著,特别是访谈中受访人出现"欲言又止""左顾言他",或者委婉地表示自己不清楚,不愿直接回答问题的表现,"隐晦"地揭示了埃塞民族问题敏感、复杂和尖锐的一角。

两次埃塞田野调查,令笔者对埃塞独特的民族治理模式产生了浓厚兴趣,进而"发现"其实该领域的研究早已成为国际学术界关注已久的重要"话题"。

埃塞位于非洲东北部,面积110.4万平方公里,人口8432万[②],仅次于尼日利亚,为非洲第二人口大国。埃塞还是非洲罕见的未受西方殖民统治的国家,以及非洲统一组织(目前的非盟总部)所在地,在非洲具有相当的指标意义和较大政治影响。埃塞有着3000多年的文明史,自古以来就是多民族、多语言、多宗教信仰和多元文化的国家,素有"民族博物馆"之称,目前获得官方识别和承认的民族达85个,其中,奥罗莫族、阿姆哈拉族为人口最多的两大民族,二者合计超过全国人口的61%;索马里族、提格雷族、锡达莫族、古拉格族、阿法尔族和加莫族等为人口较多的地方性大民族;还有阿挂阿威、阿拉巴、本赤、孔塔等数目众多的人口不足1%的小民族;以及一些数量很少、地位待定的未识别民族。可参见下表:

---

① 引自2013年笔者在埃塞的田野调查笔记。
② 埃塞俄比亚每10年举行一次全国人口普查,时间最近的一次是2007年,其统计数据公认为较权威。此外,由于埃塞人口增速较快,根据2007年公布的年平均增长率测算目前人口约9600多万。

表1　埃塞民族构成简表①

民族	人口数量（万）	占国内人口比率（%）
奥罗莫族	2548.9	34.49%
阿姆哈拉族	1987	26.89%
索马里族	458.1	6.2%
提格雷族	448.3	6.07%
锡达莫族	296.6	4.01%
古拉格族	186.7	2.53%
沃莱塔族	170.7	2.31%
哈迪耶族	128.4	1.74%
阿法尔族	127.6	1.73%
加莫族	110.7	1.5%
卡费科族	87	1.18%
其他（74个民族）	927.5	11%

上表显示，埃塞是名副其实的"少数民族国度"，民族多样性极为突出——没有一个民族的人口数量占绝对多数，人口最多的奥罗莫族人口占34.49%，第二大民族阿姆哈拉族占26.89%，排名全国第10的加莫族人口仅占1.5%，全国有几十个"小少"民族，这些小民族的人口数量很多都在全国人口的0.01%~0.5%区间内，所以会出现70多个民族人口总和占全国人口11%的情况。

此外，埃塞历史悠久，自古以来各民族既有自己传统聚居地，也有混合居住的区域，民族关系复杂，民族矛盾冲突频发。不同历史时期的埃塞统治者采取过多种民族治理模式，包括帝制时代的"专制同化"、军政府时期的"民族识别""民族区域自治"和埃革阵②上台以来的"民族联邦制"等。20世纪90年代中期，埃塞根据全国民族人口分布情况，将全国政区重新划分为奥罗莫州、阿姆哈拉州、索马里州、提格雷州、阿法尔州、南方州、甘贝拉州、哈拉尔州和贝尼山古尔-古木兹州等9个民族自治州，以及亚的斯亚贝巴和迪雷达瓦2个特别自治市。埃塞是非洲国家中罕见的、客观认识与承认其民族多样性国情，并且以法律和行政区划的方式，明确推行和保护"民族区域自治"。

自1994年梅莱斯政府主导实行"民族联邦制"以来的20多年间，埃塞相当成功地协调了国内错综复杂的民族关系，一定程度弱化或消弭了曾经相当尖锐的民族矛盾，整体上维持了国内政局与社会稳定，实现经济持续发展，与周边其他非洲国家，如索马里、苏丹等出现的"民族乱局（战局）"形成强烈反差，而且埃塞民族治理模式，既借鉴了他国经

---

① 根据2007年埃塞俄比亚人口普查统计数据整理。
② 埃塞俄比亚人民革命民主阵线（The Ethiopian People's Revolutionary Democratic Front）：简称埃革阵，是埃塞俄比亚联邦民主共和国的执政党。

验，主要是苏联和中国的社会主义民族治理经验，又结合了本土自创，在理念和制度设计方面特点鲜明，区别于南非、尼日利亚等非洲大国的民族治理思路而自成一体。

作为非洲第二人口大国，埃塞的民族多样性十分典型和突出，历史上民族关系错综复杂，民族矛盾尖锐，民族冲突频发，历史上民族治理思路发生多次改变，现阶段则探索实施了"联邦制架构下的民族区域自治"并取得良好成效。正因如此，埃塞现行的"民族联邦制"被视为非洲特色鲜明的、较为成功的民族治理模式之一，引起了国际学术界的广泛关注与热烈探讨。

二、埃塞民族治理国际研究综览：多元化学科视角

我国学者吴金光、钟伟云等在1998年较早地阐述过埃塞民族问题与民族政策问题，文章从介绍埃塞几个主要民族的基本情况谈起，简要回顾了埃塞民族问题产生的历史根源，特别是阿比西尼亚文明对南方民族的征服与遭遇反抗的过程，概括介绍了埃塞90年代开始实施的新民族政策的主要内容：民族平等原则、包括分离权在内的民族自治权、国家三权分立制等。[1] 2002年，王铁志、沙伯力主编的《国际视野中的民族区域自治》，专门收录了埃塞学者阿斯纳克·柯法勒的论文，阐述了1991年后，埃塞为什么会选择以联邦制架构推行民族自治，以及实施过程遭遇的诸多问题。[2] 2006钟伟云编著了《列国志：埃塞俄比亚、厄立特里亚》，书中概要涉猎了埃塞1994年宪法与民族自治制度。2008年张湘东曾撰文对埃塞索马里族问题的历史背景、带来的后果与埃塞政府的应对措施等进行了系统阐述[3]。2012年他出版了《埃塞俄比亚联邦制：1950-2010》，较详细地论述了埃塞选择建立联邦制的原因与历史过程，特别是其实施效果与局限性等。[4] 2013年，施琳、牛忠光发表论文探讨埃塞民族关系和民族治理问题，文章回溯了埃塞民族关系发展的历史轨迹及其民族治理思路的演进，重点思考了影响埃塞民族关系未来发展趋势的一些复杂变因。[5]

从20世纪90年代中期至今，国际学术界持续性关注埃塞民族治理问题，并从历史学、政治学、人类学和民族学等多学科视角进行了相当深入的研究。例如，历史学家巴鲁·赞得（Bahru Zewde）曾详细论述过19世纪中期至20世纪90年代埃塞民族关系的发展变化[6]；政治学研究者萨拉·沃恩（Sarah Vaughan）阐释过1991年埃塞过渡政府为什么会将民族作为联邦州的划分依据，以及推行民族联邦制的前后，埃塞各民族认同呈现出的不

---

[1] 吴金光、钟伟云、方卉：《埃塞俄比亚的民族问题与民族政策》，载《世界民族》，1998年第3期，第52-56页。
[2] 阿斯纳克·柯法勒：《埃塞俄比亚1991年以来的联邦制选择与民族自治》，载《国际视野中的民族区域自治》，王铁志、沙伯力主编，北京：民族出版社，2002年。
[3] 张湘东：《埃塞俄比亚境内的索马里族问题》，载《西亚非洲》，2008年第1期，第48-54页。
[4] 张湘东：《埃塞俄比亚联邦制：1950-2010》，北京：中国经济出版社，2012年。
[5] 施琳、牛忠光：《埃塞俄比亚民族关系与民族治理研究》，载《西亚非洲》，2013年第4期，第24-29页。
[6] Bahru Zewde. *A History of Modern Ethiopia 1855–1991*. Rochester：James Currey. 2001.

同政治表现①；人类学者迪娜·弗里曼（Dena freeman）等曾经调查过埃塞南方州内部聚居的边缘少数民族手工艺人和猎人群体，并以民族志形式阐述了这些弱势边缘民族的变迁与发展②。

近年来，国际学术界对于埃塞民族治理模式研究逐渐转入了较深层次的理论探讨。例如，阿荣·塔斯法耶（Aaron Tesfaye）没有止步于详细记述1991年后埃塞政治转型的历史过程，而是从事实材料深入下去，进一步分析了政治权利的"中心化"与"去中心化"的不同趋势，以及埃塞政治生活中的"国家主义"与"地方主义"的深层互动关系问题③；路维斯·阿伦（Lovise Aalen）在阐述1991年以来埃塞独特的民族治理体系的基础上，近距离细察和论述了联邦制与以民族认同为基础的政治动员之间的关系，并认为埃塞基于多民族国情的政治"试验"对于很多非洲国家具有普遍意义④。尤那坦·塔斯法耶·费沙（Yonatan Tesfaye Fessha）则从广义视角出发，思考在世界多民族国家中，"联邦制"发挥民族承认与民族包容作用的重要问题，书中尝试提炼了多民族国家如何将民族承认、民族自治与共治等原则变为制度现实的理论模型，并以南非、埃塞两个迥然不同的案例来分析建设民族包容国家的路径⑤。西玛哈根·伽殊·阿贝贝（Semahagn Gashu Abebe）的研究另辟蹊径，立足于埃塞执政党——埃塞俄比亚人民民主革命阵线的理念、原则和政策，着重分析了该党社会主义思想理论对于埃塞民主化、法律实践和制度建设的一系列深刻影响，从全新视角阐释了埃塞民族联邦制的结构与功能⑥。

综览国内外埃塞民族研究的重要成果，不难发现，近年来埃塞民族治理研究出现了值得注意的新趋势——即逐渐从历史学、政治学和民族志等单一学科视角出发，以叙述和讨论具体事实材料为主的"老派"研究，迈向研究视角更加综合与交叉，着重开展深层次理论概括、模式总结和比较分析的"新派"研究，后者恰恰是目前国内埃塞民族研究领域仍较为欠缺的。本文正是尝试在这一领域做出拓展：拟从"多维度"理论视角出发，对埃塞民族治理进行"全景呈现"与"近景细察"，既整体上概要阐释其历史背景、指导思想、法律基础与制度设计，又举例分析不同民族实施民族自治与分权后的具体变化，最后尝试概括埃塞民族治理模式的基本特点和"多维度"研究路径的初步思考。

三、埃塞民族治理模式的"多维度"观察

（一）纵向"历时"观察：埃塞民族治理的历史变迁

在19世纪之前的漫长历史时期里，埃塞境内小王国林立，并不存在现代意义上的民

---

① Sarah Vaughan, "Ethnicity and Power in Ethiopia", PhD dissertation, Edinburgh: University of Edinburgh, 2003.
② Dena freeman&Alula Pankhurst, *Living on the Edge: Marginalized Minorities of Craftworkers and Hunters in Southern Ethiopia*, Addis Ababa: Addis Ababa University Press, 2001.
③ Aaron Tesfaye, *Political Power And Ethnic Federalism*, The Rowman & Littlefield Publishing Group Inc, 2002.
④ Lovise Aalen, *The Politics of Ethnicity in Ethiopia*, Publisher: Brill, 2011.
⑤ Yonatan Tesfaye Fessha, *Ethnic Diversity and Federalism*, Publisher: Ashgate, 2013.
⑥ Semahagn Gashu Abebe, *The Last Post – Cold War Socialist Federation*, 2014.

族治理与民族自治。直到 19 世纪末期孟尼利克二世皇帝通过征讨大大拓展了版图,使得埃塞由过去以阿姆哈拉族为主的国家真正转变为包括多民族、多语言和多宗教信仰的国家。这一时期,阿姆哈拉统治集团为了处理被征服地区复杂、尖锐的民族矛盾,推行了"专制同化"的民族治理政策。具体措施包括:所有学校必须用阿姆哈拉语教学;东正教(Orthodox Christianity)定为国教(压制其他民族的宗教信仰,特别是伊斯兰教);强调(统治者必须具有)所罗门王朝血统,以排除其他民族的成员进入国家领导层的机会[①]。实施"专制同化"的民族治理政策,虽然一定程度对于维持国家疆域范围有所帮助,并催生了埃塞现代国家意识;但另一方面,由于统治者完全无视和压制民族多样性,试图将阿姆哈拉民族认同强行上升为埃塞国家认同,引发了埃塞其他民族的强烈反感和持续反抗,最终导致了"阿比西尼亚"帝国的覆灭。

1974 年,门格斯图军政权一举推翻封建皇权并创建了埃塞人民民主共和国。军政权对马克思列宁主义思想抱有好感,尝试在各个方面向社会主义国家苏联和中国学习。在民族治理方面,军政府借鉴了苏联的民族理论,成立了由执政党埃塞工人党直接领导的"埃塞民族研究所"(the Institute for the Study of Ethiopian Nationalities),依据"共同语言、共同文化和历史共同体、共同区域和有限的经济自治"4 个方面的标准,在非洲第一次开展了全国范围的"民族识别",并且着手划立民族区域,实行民族区域自治(regional autonomy)。在 1987 年推出的埃塞《宪法》中,更首次明确规定了埃塞自古以来就是一个多民族统一国家,各民族一律平等,反对民族沙文主义和狭隘的地方民族主义,鼓励各民族发展自己的文化和使用自己的语言等内容。另外,军政府也招收一些非阿姆哈拉族的人士进入政府部门工作,以缓和各民族关系。

客观地说,军政府借鉴社会主义国家的民族经验,在民族治理理念和政策方面做出了进步性的改变。但是,由于这一时期,在实行民族区域自治过程中出现了各种问题——如军政府在土地改革中采取激烈措施强行搬迁农民,将不同民族地区的土地国有化,引发新的民族矛盾与摩擦;又如,在消除文盲运动和学校教育中实际上并没有使用各地民族语言,而依旧一律采用阿姆哈拉语。[②] 这些举动与军政府口头宣扬的民族平等政策是背道而驰的。因此,埃塞的民族矛盾不仅无法根除,反而因为 20 世纪 80 年的严重大饥荒和与厄立特里亚民族独立武装之间的内战愈演愈烈,最终导致国内多民族武装联合推翻了军政府统治。

1991 年,埃塞人民革命民主阵线(简称"埃革阵")武装夺取了政权并且成立过渡政府。埃革阵是由提格雷族、阿姆哈拉族、奥罗莫族以及南方少数民族等 24 个民族的政治力量共同构成的,其领导者梅莱斯也出身于提格雷少数民族,面对国内各民族高涨的民族

---

① 有许多著作阐述了埃塞帝制时期的民族治理政策,涉及当时东正教的超然地位和对其他宗教的压制,如 Patrick Desplat, "The Articulation of Religious Identities and Their Boundaries in Ethiopia: Labeling Difference and Processes Of contextualization In Islam", Journal of Religion in Africa, Vol. 35, No. 4, p. 486.;或者阿姆哈拉统治者强调埃塞领导者必须具有所罗门王的血统,如 Solomon Gashaw, Nationalism and Ethnic Conflicts in Ethiopia, The Rising Tide of Cultural Pluralism, University of Wisconsin Press, 1993. p. 142.

② 参见阿德朱莫比著、董小川译:前引书,第 150、54~56 页。

意识与争取民族平等权益的呼声,埃塞民族治理的变革再次被提上日程。

(二) 宏观"全景"观察:埃塞"民族联邦制"概貌

现行的埃塞"民族联邦制"在政党指导思想、宪法和法律制定、民族自治制度设计方面都独具特色:

首先,"民族联邦制"富于浓厚的埃革阵政党色彩。

宣称秉持社会主义思想理念的埃革阵,执政以后并没有全盘否定军政府时期的民族治理思路,而是吸纳了其许多重要的思路与做法:一是,没有终止军政府时期开始进行的民族识别工作,而是继续按斯大林民族定义中的标准来区分国内不同民族;二是,坚持向社会主义大国"取经"的做法,"自1991年起,埃塞驻华使馆曾多次派人了解中国的民族政策,尤其是民族区域自治政策。"① 三是,决定继续坚持民族区域自治。经过四年的过渡期,埃革阵稳固了统治基础,根据淡化民族意识、平衡各族权益的现实需要制定了新时期民族治理思路,即以法律明确规定和保护各民族的平等地位与权利,按民族聚居实际情况,重新划分国内民族区域范围,建立全面的联邦制架构下的民族区域自治。

为了实现国家"稳定、发展和民族团结"的三大目标,埃革阵提出了社会主义指导思想下的执政纲领——主张维护占全国人口绝大多数的农民、工人和中产阶级的利益,实行建立在土地公有和市场经济基础之上的联邦制与多党民主制。在民族治理方面则秉持民族平等原则,保障各民族使用民族语言、发展民族文化,管理自己的事务以及平等参与国家事务等权利。② 正是在这样的指导思想下绘就了"民族联邦制"的蓝图。

其次,"民族联邦制"具有坚实的宪法和相关法律基础。

埃革阵通过制定1991年《过渡宪章》与1994年新《宪法》,奠定了现行"民族联邦制"的法律基础。1991年,埃革阵上台伊始,为了平衡各民族在权利分配中的利益、最大限度团结各民族解放组织和稳定局势,倡议通过了《过渡宪章》。在这份相当于临时宪法的文件中,日后埃塞民族自治的所有基本原则已现雏形,包括联邦制、中央和地区两级政府制、重划民族区域、保障各民族自我管理的权利等。③ 正是在上述原则基础上,埃塞在1994年新《宪法》中确立了新的民族自治制度,规定各民族州有建立自治政府的权利,拥有联邦中央政府保有权力以外的其他一切权力,包括立法、行政、司法、(民族)语言权、文化自主权和分离权等。此外,埃塞根据"聚落类型、语言、认同感及相关民族的同意"等条件重新划分了国内民族区域——将14个民族地区调整为11个,包括9个民族州和2个特别市。埃塞的民族州也情况各异,既有奥罗莫州、阿姆哈拉州和阿尔法州等主体聚居民族占主导地位的"单一民族州",也有南方州、哈拉尔州、甘贝拉州等多民族交错居住的典型情况。埃塞的民族州可以自行选择工作语言,还可以有自己的旗帜、徽章和州

---

① 引自《埃塞俄比亚的民族问题与民族政策》,吴金光、钟伟云、方卉著,载《世界民族》,1998年第3期,第53页。
② 2001年,埃革阵"四大"通过了新党章和党纲,进一步明确了"革命民主"(保障各民族平等参与国家事务)和"资本主义自由市场经济"的政治经济发展方向。
③ 钟伟云:《列国志.埃塞俄比亚.厄立特里亚》,北京:社科文献出版社,2006年,第106页。

歌。埃塞政府希望通过实行这种保障各民族平等地位和权益的民族区域自治，能逐渐消弭历史上因民族压迫和流血冲突带来的创伤，缓和民族关系，使各民族对国家增强向心力，自觉维护国家统一。

第三，"民族联邦制"的制度设计，既强调联邦制架构，又强调保障各民族州拥有"自治最大化"的权利，将"统合"与"分权"，"主导"与"制衡"有机地结合起来。

埃塞建立的是联邦制国家，实行三权分立和议会制，议会是国家最高立法机构，由人民代表院和联邦院组成。人民代表院的议员主要通过5年一度的普选选出，不少于550名，规定其中少数民族代表不少于20名；联邦院议员则主要根据民族身份选举，埃塞各个民族在联邦院中至少有一名代表，人口众多的大民族按每100万人增加1个议员席位计算，各个民族州议会可以自行决定如何选举自己的议员代表。人民代表院具有议会中的主要权利，包括拥有制定民事、刑事法律的立法权，决定关于国防、警察部队的事务与调查与其行为的权利，有权宣布国家进入紧急状态、对外宣战、征税、批准任命法官、政府官员和质询政府等；同时，联邦院具有对一些问题的关键权利，如有权解释宪法和组织宪法咨询委员会，有权根据宪法处理各个民族州自决权的事务，有权决定联邦政府与民族州之间的税收分配比率和财政补贴的金额等。[①]

埃塞通过人民代表院和联邦院的两院制设计，在国家议会中实现了一种"横向"分权：由于议员产生办法不同，人民代表院议员大多数来自人口众多的大民族，他们在国家各项重要事务决策，特别是资源分配中拥有较大话语权，由各个民族代表组成的联邦院，则是小民族发声的有效平台，一定程度上可以制衡被大民族代表掌控的人民代表院的庞大权利。

事实上，埃塞一直试图寻找一个平衡点：既考虑到维护联邦政府的权威与全盘"控制力"，也能有效保障民族区域的自治地位及其对国家管控的"制约力"。正是在这种思路下，埃塞对联邦政府与民族自治州之间的权力分配也进行了划分：联邦政府拥有在全国范围起效的外交、国防、公共安全、税收、金融与交通等重大权力，而且宪法还赋予联邦政府处理跨州问题、平衡各民族州关系的权力；埃塞民族州则"享有包括分离权在内的民族自决权"，可以制定实施州宪法和州法律、社会经济发展战略、管理土地与自然资源、征收州税、制定与管理州预算等一系列自治权力。

埃塞被认为非常"大胆地"将民族分离权明确纳入民族自治权的范畴，1994年，厄立特里亚也经过全民公决，成功脱离埃塞成为一个独立的国家。[②] 但是，客观地说，厄立特里亚"脱离"埃塞的案例具有十分特殊的社会历史背景，不能简单地在埃塞各民族州中进行推演。事实上，埃塞对于民族分离权的使用有非常严格和细致的规定：包括（试图分离出埃塞的）民族州议会必须有2/3以上代表投赞成票，然后须由联邦政府在收到州决议的3年内举办该州全民公投。此外，因为国家宪法明确规定埃塞是由所有民族州共同组

---

① 孙谦、韩大元主编：《世界各国宪法．非洲卷．埃塞俄比亚》，北京：中国检察出版社，2012年。
② 参见张湘东著，《浅析埃塞俄比亚联邦制宪法对民族分离权的规定》，载《非洲研究》，2011年第1卷，北京：中国社会科学出版社，2012年，第77页。

成，所以，当一个民族州试图脱离，就必须要经过修改国家宪法的步骤，而修宪又需要征得所有民族州的多数同意，更是"难上加难"。所以，单是从程序上讲，民族州真正实现所谓"脱离"会是一个异常复杂、困难和漫长的过程。

（三）中观"近景"细察：地域、小民族视野中的民族联邦制

如前所述，埃塞民族联邦制引起了国际学术界的浓厚兴趣，大多数的研究都是从国家整体视角出发，属于一种自上而下的、宏观的"全景观察"，探讨埃塞政权（从门格斯图军政权到梅莱斯主政时期）为什么会选择以"民族自决权"为基础的民族区域自治？埃塞1994年新《宪法》的条款如何具体规定民族自治制度？埃塞民族治理的制度设计问题，包括议会的两院制（特别是联邦院对人民代表院的制衡作用）、联邦政府与民族州政府的纵向分权，以及实施民族联邦制所带来的影响等问题。在2000年前后，一些学者开始尝试从民族州和小民族的视角出发，通过人类学田野调查和民族志记述等方式，呈现埃塞民族联邦制在各地区、各民族生活场景中的真实侧面。如艾彬克（John Abbink）曾撰文记述了实施民族联邦制以后，埃塞南部地区所出现的一些民族冲突案例；特彤（David Turton）也曾从人类学视角描述过在埃塞西南部民族冲突频发区的生活。[①]

具有人类学思路且关注民族区域视角的学者们把目光投射到埃塞南部地区是有原因的——南部是埃塞民族情况最为多样化的地区，尤其是南方诸民族州（简称南方州，SNNP）面积11万平方公里，人口约1493万，有超过56个（被国家正式识别的）民族，根据民族和语言认同原则，南方州内部设立了13个"民族区"（再被细分为126个民族县）和8个特别民族县[②]，民族关系错综复杂，是埃塞民族冲突最多发的地区。在这片田野上观察实施民族联邦制以后，埃塞各少数民族遇到的各种问题及其回应、民族传统生活与观念的改变、各民族内部和民族间关系的互动与竞争等，无疑是最具典型意义的。

例如，西达玛族（Sidama）是南方州人口第一大民族，约占全州人口的19.4%，沃莱塔族（Wolayta）是人口第二大民族，约占10.6%，[③] 这两大民族的聚居区相互毗邻，在政治上相互竞争，从1991年以来一直轮流掌控着南方州的自治权力。

早在9世纪时，西达玛族就建立了由松散的小王国组成的行政统治体系，并一直保持着自己的语言和宗教，直到19世纪80年代被孟尼利克二世所征服。在军政府统治时期归属于西达莫省，1991年过渡政府时期，西达玛地区的城市阿瓦萨（Awasa）成为南方州的首府，西达玛族和另外两个民族一起被划入当时新成立的南方州的一个民族区，但是，这种（民族区）划分的方案并没有征询西达玛等民族的意见，因而引起了很多不满和纷争，1992年西达玛族实现了"单独划区"（Sidama Zone）。实行民族联邦制对西达玛族内部影响巨大——许多"亚群体"（subgroups）兴起并提出自己的政治要求，西达玛解放运动

---

① John Abbink, "New Configurations of Ethiopian Ethnicity: The Challenge of the South", African Studies 5, No. 1, 1998, pp 59–81. 以及 David Turton, "The Polician, The Priest and the Anthropologist: Living beyond Conflicts in Southwestern Ethiopia", Ethnos 68, No, 1, pp 5–26. 2003.
② 埃塞南方州的民族构成详细信息与区域地图可参见其官方网页，http://www.snnprs.gov.et/about.html.
③ 2007年埃塞人口普查数据。

(Sidama Liberation Movement) 就有多个不同派别。① 2002 年，联邦政府又希望把南方州首府从阿瓦萨移走并将其变为一个特别市，为了维护西达玛民族区的独立地位和对阿瓦萨市的控制权，西达玛族走上街头抗议，与军警爆发流血冲突。②

沃莱塔族历史悠久，在上千年的时间里拥有自己的王国和君主体制，王国版图曾经包括埃塞南部、东南部、西南部和部分中部的广大地区。19 世纪末，孟尼利克二世试图武力征服沃莱塔王国，结果遭遇了"在整个扩张过程中最为血腥的抵抗"③。在付出了十几万勇士的生命之后，1896 年，沃莱塔王国覆灭，被并入埃塞俄比亚帝国，但是，强悍的民族性与不屈抵抗，为他们赢得了尊重与某种形式的自治地位（a form of self-administrative status），该地区统治者直接对埃塞皇帝汇报和负责④。1974 年以后，门格斯图军政权把沃莱塔地区划入西达莫省。1991 年过渡政府则把沃莱塔族和其他一些语言近似的民族划归新成立的南方州的赛门奥莫区（Semien Omo Zone）。然而，沃莱塔族领袖提出自己的民族有独特的语言和文化，要求独立划区，区内其他小民族也有很多不满，他们常常指责在本地区占优势的沃莱塔族是"民族沙文主义"。1998 年，当南方州政府试图在沃莱塔地区推行一种新的语言代替沃莱塔语，用于当地的行政办公和学校教育时，导火索被点燃了，这一地区爆发了激烈抗争，最终迫使州政府收回语言推广计划和赛门奥莫民族区走向解体。2011 年 11 月，赛门奥莫区"一分为五"——成立了沃莱塔、加莫构法和道若 3 个民族区以及 2 个民族县。⑤

实施民族联邦制，逐渐使得南方州诸民族发生了深刻变化——传统上由多个氏族组成松散联盟的西达玛族，其内部分化出更多的分支与派别，分别提出各自的政治要求；而在历史上就具有"中央集权"传统的沃莱塔族，其民族认同和凝聚力则出现了强化趋势。因此，南方州案例的启示是：即使是面对同一政治框架（如联邦制），不同民族的"反应"与"变化"也可能是多样化的——他们的民族认同与民族凝聚力可能出现弱化或者强化的不同趋势，也可能形成差别显著的以民族为号召的政治动员模式⑥。

四、埃塞"民族联邦制"研究引发的思考

两次次埃塞田野调查经历，使得笔者开始注意到埃塞民族问题的"显性"与"隐性"特点，并且对独特的、取得了相当成效的埃塞"民族联邦制"产生了浓厚兴趣。随着田野和文献资料的积累，以及尝试开展"多维度"视角下的观察与分析，一些新的认识逐渐"浮出水面"。

第一，埃塞"民族联邦制"个案的典型性与代表性问题。

---

① 可参见维基百科关于 Sidama Zone 和 Sidama People 等词条，https://en.wikipedia.org/wiki/Sidama_Zone。
② 可参见《阿第斯论坛报》(The Addis Tribune) 相关新闻报道，2002 年 5 月 31 日。
③ 埃塞俄比亚著名历史学家巴鲁·泽德 (Bahru Zewde) 语。
④ 详细历史可以参见维基百科关于埃塞沃莱塔民族的词条，https://en.wikipedia.org/wiki/Wolayita_Zone。
⑤ Sarah Vaughan, "Ethnicity and Power in Ethiopia", University of Edinburgh: Ph. D. Thesis, 2003, pp. 251 - 260.
⑥ Lovise Aalen, *The Politics of Ethnicity in Ethiopia*, Publisher: Brill, 2011, p10.

如前所述，非洲国家种族、民族众多，语言、文化、宗教多元，民族关系的层次、类别十分复杂，既包括一国之内主体（大）民族与少数民族的关系，也包括小民族之间的关系，还有普遍存在的跨境民族问题，以及一个民族内部不同语言分支群体或者众多部落之间的互动关系等，因此，非洲民族问题的多样性、尖锐性和变化性世界罕见。埃塞的民族多样性在非洲国家中极具代表性——她是一个典型的"少数民族国度"，获得官方识别和承认的民族达85个，没有一个民族的人口占绝对多数，仅南方州一地就聚集着56个民族。在漫长的历史进程中，埃塞各民族逐渐形成了单一民族聚居区和多民族交错居住的区域，各民族间既相互交往学习、和谐共处，又存在着征服与掠夺、同化与争斗现象，民族关系异常复杂且持续变动。民族因素已经渗透到埃塞社会经济的各个层面，发挥着广泛而深刻的影响。在不同历史时期，埃塞政府（统治者）处理国内复杂、尖锐的民族矛盾和冲突的政策措施也不尽相同，特别是当前的"民族联邦制"被认为是非洲国家中勇于承认和保护民族多样性，主张在联邦制架构下实现"自治最大化"的一种民族治理模式。可以说，埃塞的民族多样性国情、民族治理思路的历史变迁过程，以及当前民族联邦制的理念、制度设计与良好效果等，使其成为非洲特色民族治理经验中最具分析价值和启发意义的典型个案之一。

第二，埃塞"民族联邦制"的特点概括与比较参照性问题。

笔者认为，要想准确理解一种民族治理模式，首先要弄清楚该模式的"设计师"与"执行者"是谁？以及他们在何种指导思想下进行设计和实施的。埃塞"民族联邦制"的设计与实施者是埃革阵。而埃革阵是倾向于社会主义意识形态的政党，宣称要以"革命民主"和"自由市场经济"为导向建设国家的政治经济，其民族治理的核心理念是"民族自决权"，主张反思历史上因为民族压迫与民族摩擦带来的损失与创伤，客观承认民族多样性国情，坚持民族一律平等原则，实行民族自治制度，以保障各民族能够自我治理和从国家资源分配中获得相应权益的机会。因此，埃塞"民族联邦制"首先是一种凸显政党色彩和社会主义理念的民族治理思路；其二，作为探索建设现代化、法制化国家进程的重要组成部分，埃塞民族联邦制无疑是以宪法和法律建设为基础的一种民族治理思路；其三，埃塞"民族联邦制"是在制度设计方面独具匠心、强调"制衡"与"分权"的一种民族治理模式。埃塞精心设计了以民族为依据的政治分权体系，包括国家议会中的横向分权、国家与地方州之间的纵向分权；其四，埃塞"民族联邦制"实施20多年来起效显著，虽然也曾出现过大选时的民族流血冲突、局部地区的民族摩擦和利益纷争、阿姆哈拉语的强势地位与多民族语言保护之间的矛盾，以及反复发作的跨界民族问题等，但是，客观地说，总体上逐渐缓和了曾经尖锐的民族矛盾，维护了国家统一和社会稳定、促进了经济发展，在非洲国家中交出了一张"亮眼"的民族治理成绩单。

不仅如此，埃塞的"民族联邦制"还是借鉴外国民族治理经验与本土自创相结合的典范。埃革阵吸收借鉴了社会主义国家苏联和中国的民族理论、民族识别和民族区域自治等治理模式，又结合本国国情与发展思路，形成了联邦制架构下的、具有法律基础和"分权"制度安排的埃塞民族治理模式。正因为埃塞"民族联邦制"当中富含社会主义民族治理思想和中国民族治理经验，并且在非洲本土进行了创新性实践，取得了良好效果，所以，在众多非洲特色民族治理模式之中，埃塞"民族联邦制"对于中国民族治理模式研究具有特殊的比较参照价值。

第三，埃塞"民族联邦制"个案研究的方法论启示。

近年来埃塞民族治理问题已经引起国内外学术界的广泛关注与热议，包括历史学、政治学、法学、民族学、人类学等多学科领域的学者们，从各自不同学科视角出发、运用多种研究方法展开研究，逐渐呈现出埃塞民族联邦制的不同侧面。然而，埃塞"民族联邦制"自身具有突出的复杂性、交叉性和变化性，仅从单一学科视角出发的确难以达至全面、准确和深入的阐释。基于埃塞田野调查和对"民族联邦制"开展系统研究，笔者认为，在非洲特色民族治理模式研究领域，探索一种新的"多维度"理论分析路径可能是一种有益的选择。

概括而言，所谓"多维度"研究是尝试全面、立体地观察和分析非洲民族治理模式——即立足开展非洲人类学、民族学田野调查，收集最新民族基本信息，了解该国（或该地区）民族构成现状并且参与观察其民族关系实况，结合梳理其民族关系的历史脉络，开展"（整体）全景维度"与"（局部）近景维度"相结合、"（纵向）历时维度"与"（横向）共时维度"相结合、民族志事实描述与抽象理论模型概括相结合的"多维度"系统研究，从而能够较为准确地掌握非洲国家民族治理模式的概貌与细节、存在问题，进而尝试概括其基本特点和进行模式（概念）的提炼，并预判其未来发展趋向。

海外华人的身份与文化认同

——以首尔、仁川华人群体为例①

郭昭君　祁进玉　中央民族大学

全球化进程的加快，国际移民的盛行，极大促进了不同文化之间的互动。来自不同的国家、民族、地域的个体，历经文化的"无意识的传承"，必然带有自己群体的文化特征，当跨入一个新的国家开始新的生活，会在不同的时空背景下进行"有意识的创造"。从"无意识的传承"到"有意识的创造"，国际移民利用固有的文化资源进行文化再生产，不仅强化了族群认同和地方社会认同，也会发生全新的身份认同与跨国的文化认同。韩国社会正从单一民族向多元文化迈进，华人认同的过程和状况必然关系到他们的生活利益、文化适应、情感归属、社会互动等生活现状。

自古以来，中韩两国人民友好相处、往来不断、互通有无。历史上，中韩人民相互迁徙十分频繁，随着世界经济一体化，加之双边关系日益密切，两国人民相互移居的现象仍将继续。韩国华人作为赴韩发展的中国移民群体，在中韩两国的文化互动中发挥了重大的作用。异国他乡的生活经历，强化了韩国华人的群体凝聚力，也激发了他们的跨国文化认同，加之韩国华人特有的群体特征，这种文化认同呈现出特殊性和复杂性。研究韩国华人的文化认同结构，对于韩国华人更好地适应和融入韩国社会、韩国社会的多元文化构建和增强中韩之间的文化互动具有积极意义。

一、韩国华人的群体特征

传统意义上，韩国是由韩民族构成的相对单一的民族社会。如今，随着外国移民的涌入，韩国日益关注多元文化社会的构建。在韩国，首尔和仁川的公共交通网络业已连为一体，甚至首尔的国际机场也被设在仁川。根据韩国人口普查的最新数据，2010 年韩国人口总数为 47,990,761 人，其中首尔 9,631,482 人，仁川 2,632,035 人，首尔和仁川的人口总数约占韩国人口总数的 25.55%。从人口构成上而言，首尔作为韩国的首都，仁川作为韩国的第二大海港、第三大城市，无疑充分体现了人口多元性的特征（表1）。

---

① ［基金项目］2017 年度国家社科基金重大项目："一带一路"沿线各国民族志研究及数据库建设（项目编号：17ZDA155）；2017 年度国家民委教改项目：《世界民族志》教材与系列教学资源库建设（项目编号：17003）

表1 2010年韩国各地人口分布情况①

行政区划	人口（名）	行政区划	人口（名）
全国	47,990,761	蔚山广域市	1,071,673
镇	4,149,215	京畿道	11,196,053
面（乡）	4,478,173	江原道	1,463,650
洞	39,363,373	忠清北道	1,495,984
首尔特别市	9,631,482	忠清南道	2,000,473
釜山特别市	3,393,191	全罗北道	1,766,044
大邱广域市	2,431,774	全罗南道	1,728,749
仁川广域市	2,632,035	庆尚北道	2,575,370
光州广域市	1,466,143	庆尚南道	3,119,571
大田广域市	1,490,158	济州岛	528,411

在韩国，华人可以被划分为三个群体：中韩建交前从台湾地区来韩的"老华侨"；中韩建交后持中国护照来韩的"新移民"；享受韩国"在外同胞"政策的"朝鲜族"。"老华侨"是中韩建交之前从中国山东省来到韩国的中国移民，由于近距离的地理位置和频繁的贸易往来而定居韩国，并在仁川形成了韩国历史上年代最久、规模最大的"中华街"。当时韩国政府仍与中国台湾保持"外交关系"，因此这些祖籍山东的华人至今仍持有中国台湾签发的证件，韩国政府赋予在韩长期居留的这部分华人以永居签证（F-5）。但矛盾的是，持这种证件前往台湾时，需要事先申请"回国签证"。"新移民"是1992年中韩正式建交之后来到韩国并且在韩国长期居住的中国人，他们持有的签证类型是多种多样的，其中比较常见的是结婚移民签证、留学签证、工作签证。"朝鲜族"被韩国视为"海外同胞"，他们多来自吉林省延边朝鲜族自治州，可以获得在外同胞签证（F-4），也易于获得永居签证，享受韩国政府的特殊优惠政策。②

从韩国境内长期滞留的外国人数量来看，华人俨然成为韩国多元文化社会的重要组成部分。根据韩国法务部的统计，从2003年到2014年，华人数量一直持续增长，尤为明显的是新移民群体和朝鲜族群体的增长趋势。截至2014年6月30日，在韩外国人总计1,039,987人，其中朝鲜族363,296人，新移民161,968人，老华侨21,139人，目前华

---

① 数据出处：2010年韩国统计局人口普查 http://kosis.kr/statHtml/statHtml.do?orgId=101&tblId=DT_1IN0001_ENG&conn_path=I3.
② 签证类型：外交（A-1）；公务（A-2）；协定（A-3）；免签（B-1）；观光通过（B-2）；临时访问（C-1）；短期就业（C-4）；文化艺术（D-1）；留学（D-2）；技术研修（D-3）；一般研修（D-4）；访问（D-5）；宗教（D-6）；外驻（D-7）；企业投资（D-8）；贸易经营（D-9）；求职（D-10）；教授（E-1）；绘画指导（E-2）；研究（E-3）；技术指导（E-4）；专门就业（E-5）；艺术演出（E-6）；特定活动（E-7）；非专门就业（E-9）；成员就业（E-10）；访问同居（F-1）；居住（F-2）；同伴（F-3）；在外同胞（F-4）；永居（F-5）；结婚移民（F-6）；其他（G-1）；观光就业（H-1）；访问就业（H-2）。（出处：Be an Incheoner. 仁川国家交流财团. 2013.9. P34）

人数量已达在韩外国人总数的 52.54%。（表 2）

表 2　在韩华人中中国台湾、大陆、中国朝鲜族人口年度情况表（2003 – 2014）

年度	类别	人员	年度	类别	人员
2003	中国台湾	22, 585	2009	中国台湾	21, 698
	大陆	77, 202		大陆	125, 564
	中国朝鲜族	108, 283		中国朝鲜族	363, 087
2004	中国台湾	22, 285	2010	中国台湾	21, 490
	大陆	80, 036		大陆	139, 261
	中国朝鲜族	128, 287		中国朝鲜族	366, 154
2005	中国台湾	22, 178	2011	中国台湾	21, 381
	大陆	70, 654		大陆	147, 301
	中国朝鲜族	146, 338		中国朝鲜族	389, 398
2006	中国台湾	22, 118	2012	中国台湾	21, 176
	大陆	90, 298		大陆	151, 945
	中国朝鲜族	221, 525		中国朝鲜族	322, 861
2007	中国台湾	22, 047	2013	中国台湾	21, 187
	大陆	111, 008		大陆	161, 098
	中国朝鲜族	310, 485		中国朝鲜族	329, 835
2008	中国台湾	21, 789	2014	中国台湾	21, 139
	大陆	121, 754		大陆	161, 968
	中国朝鲜族	362, 920		中国朝鲜族	363, 296

出处：参考法务部出入境外国人政策本部，出入境管理统计年报，2003 – 2014。

二、文化认同的分析视角：韩国华人的身份认同分析

认同问题是文化研究所关注的核心议题之一，也是华人进入新的社会生活中所面临的困境之一。移民的跨文化适应是其认同变化的必经过程。跨文化适应是两种或者多种文化接触时，相应的文化群体与其中的个体在文化和心理上发生的双重过程（Berry，2005）。[①]与此双重过程相对应，Giddens 将认同划分为自我认同和社会认同，认为前者是个体发展的轨迹，是自传式的一致性感受，而后者全然是社会和文化的，是社会化和文化适应中的社会归属感。Phinney 则提出了族群认同理论的双向模型，主张移民群体的认同要讲究兼

---

① John W Berry. Acculturation: Living successfully in two cultures. International Journal of Intercultural Relations. 29 (2005) 697 – 712. www.elsevier.com/locate/ijintrel.

容，寻求文化保护与文化适应之间的平衡。他认为，认同实质上就是移民关于自己的各种归属关系的认识，如民族、国家、文化、阶级、地域群体、职业群体等，人们在一般情况下认为哪一种群体是自己的群体，或自己属于哪一种群体，这就是文化认同（Phinney，1990）。[1]

斯图尔特·霍尔（Stuart Hall）在《文化认同与族裔散居》中指出：个体是变化的、碎片化的、多重的认同的主体。认同是一致性和差异性的统一，个体性和社会性的统一，涉及多种表述形式。他认为，文化认同至少包括两个思考维度：其一是一种集体性的"真正的自我"，是拥有共同历史和祖先的人们共享的某种文化；其二是认识到在构建"我们真正是什么"或"我们将会成为谁"的过程中，同样存在深刻而重要的关键的差异点。[2] 可以说，在霍尔的文化认同理论中，文化认同的定义，首先是表层的、相似的、历史的、传统的，其次是深层的、相异的、当下的、口述的。

目前国内的华人华侨研究已成为跨学科、跨地区的国际性热点课题，主要涉及华人迁移史、华人教育、华人政策、华人组织等内容。相较而言，中国学术界对韩国华人的研究较少，对韩国华人认同问题的关注不够。国内代表性的著作有：陆益龙的《嵌入性适应模式：韩国华侨文化与生活方式的变迁》（2006），王淑玲的《韩国华侨的历史与现状研究》（2013）。当然，其中不乏朝鲜族学者对朝鲜族认同问题的关注，主要文献有全信子的《论跨国民族认同的场景与差异——以中国朝鲜族婚姻移民女性为例》，朴光星的《赴韩朝鲜族劳工群体的国家、民族、族群认同》等。韩国学界对华侨的研究多关注来自台湾的华侨，研究者也多为这一群体，聚焦于"老华侨"群体的居住格局、法律地位、生存策略、华文教育等。主要著作有：진유광（秦裕光）저，이용재 역．『중국인디아스포라：한국화교이야기』（2012）；완언메이（王恩美）저，송승석 역．『한국화교』（2013）等韩国华人学者的研究。

本文采用个案研究方法，针对韩国华人的三个群体开展深度访谈，试图从文化身份认同、文化传统认同、文化价值认同三个层面，对访谈对象的口述材料进行文本分析。文化身份认同涉及语言使用、饮食偏好、服饰偏好、信息渠道等方面反映的自我认同；文化传统认同主要是故土记忆、教育背景、传统习俗等方面体现的国家认同和民族认同；文化价值认同包括工作环境、家庭背景、宗教信仰、人际网络、社会参与、文化适应等方面彰显的群体认同、职业认同、宗教认同等认同单元。相比浅层次的文化身份认同，文化传统认同和文化价值认同是深层次的认同结构，其中文化传统认同是关于祖国（中国）的传统的文化记忆，文化价值认同是关于东道国（韩国）的文化认识。

---

[1] Phinney J S, Horenczyk G, Liebkind K, et al. Ethnic identity, immigration, and well-being: An interactional perspective [J]. *Journal of social issues*, 2001, 57 (3). pp. 493–510.

[2] Hall Stuart. Cultural identity and Diaspora, 1990, pp. 222–237.

个案研究访谈对象统计

组别	受访者	滞留年限	性别	民族	迁出地	签证	职业
老华侨	杜	40多年	女	汉族	中国台湾	F5	个体户
	孙	50多年	男	汉族	中国台湾	F5	个体户
	唐	40多年	男	汉族	中国台湾	F5	厨师
朝鲜族	李	5年	女	朝鲜族	中国大陆	F4	学生
	朴	7年	女	朝鲜族	中国大陆	H2–F4	保姆
	全	4年	男	朝鲜族	中国大陆	F5	企业职员
新移民	韩	5年	女	汉族	中国大陆	F1	个体户
	霍	13年	女	汉族	中国大陆	F6	无
	林	8年	男	汉族	中国大陆	D2	学生

访谈大纲的结构设计参照了科琳·沃德《文化适应的21个指标》(1999)。沃德结合贝利关于文化适应策略的观念分析框架，提出了21项跨文化适应的衡量指标：服饰；生活节奏；常识；饮食；宗教信仰；物质舒适度；娱乐活动；自我认同；家庭生活；居住；价值观；人际交往；沟通方式；文化活动；语言；就业渠道；对侨民的看法；对东道国的看法；意识形态；世界观；社会习俗。[①]

（一）文化身份认同

老华侨倾向于移植中国传统文化，他们自称"华侨"，而不是"中国人""韩国人"或护照上所谓的"台湾人"。语言上，他们形成了汉语、台湾腔、韩语杂糅的独特口音；饮食上，他们的工作场所多为中式餐馆，结合韩国人的口味对中餐进行了再开发，形成了以"韩式炸酱面"为代表的特色食品。

> 杜女士：我们是华人嘛，现在会讲中国话，上哪个国家都能够沟通。平时吃饭韩食和中餐一半一半吧，一般中午是韩食，晚上是中餐，过节吃的是中餐。穿衣服不怎么讲究，什么便宜就买什么，韩国产的也买，中国产的也买。

朝鲜族倾向于靠拢韩国现代文化，他们被韩国称为"海外同胞"，但自称"中国朝鲜族"。语言上，他们的母语是朝鲜语，容易适应韩国的语言环境，但发音上与韩国人有所不同；饮食上，他们的饮食习惯与韩国基本一致，只是韩国口味偏甜一些；服饰上，朝鲜族年轻人紧随韩流，穿衣打扮的风格很接近韩国人，购物方面倾向于韩国制造。

---

① Ward Colleen, Rana-Deuba Arzu. "Acculturation and adaptation revisited"[J]. *Journal of cross-cultural psychology*, 1999, 30 (4) pp. 422–442.

李同学：我用了一个月左右，感觉自己适应了韩国的说话方式，发音也跟着改变了。延边的饮食和韩国的差不多，延边是韩食也有中餐也有，两种口味结合的也有，我个人不太喜欢韩国饮食，菜的种类也很少，太甜了，味精也加得多。我跟韩国人的穿衣打扮没什么区别，但我觉得韩国人太重视外表。

新移民倾向于兼容中韩文化，他们自称"新移民""中国人"，主要包括留学生和婚姻移民等。语言方面，他们积极学习韩语和韩国文化，通过语言研修参加韩语等级考试；饮食方面，他们努力适应韩国的饮食习惯和用餐礼仪，但还是很怀念中国风味；服饰方面，尽管受到韩流的影响，但他们跟韩国人的穿衣打扮存在较大差异。

   韩小姐：我觉得韩国的衣服搭配得特别随意，看着特别舒服，穿起来比较简单，天天在韩国待着，穿出来跟中国风格一样的话，出去一看就是中国人，我不是特别在意别人知道我是中国人会看不起我，但我就是不想跟别人搞另类。

（二）文化传统认同

老华侨的"中华民族传统文化认同"突显，他们有着根在中国的文化记忆。尽管长期远离中国大陆，但仁川老华侨清楚地知道自己的父辈来自山东烟台的牟平区，由于与韩国贸易往来频繁，逐渐定居在韩国。时至今日，他们逢年过节仍然保留着中华民族的传统习俗。

   孙先生：我们现在过年还是保持中国的传统样式，过节也是过中国的节日，因为始终觉得中国人不论走到哪里根还是不能忘的，人不能忘本。
   唐先生：亲戚韩国也有，在台湾的多一些，一个哥哥一个妹妹都在台湾，大陆还是有亲戚的，但是没有联系。现在我一个人在韩国，但现在还是很怀念那个感觉（还是很怀念过中国传统节日的感觉）。韩国人过中秋节不吃粽子，但是华人都吃。

朝鲜族的"少数民族传统文化认同"突显，他们处于在韩寻根的族群定位中。来韩国之前，他们认为自己与韩国人血脉相连，朝鲜半岛是朝鲜族的根基，来韩国之后，他们更清楚地认识到自己是中国朝鲜族，是中国人。在传统文化方面，他们有着不同于主体民族（汉族）的独特的朝鲜族文化，这种文化是对朝鲜半岛文化的移植，也已适应了中国文化的土壤，属于中华民族文化的一部分。

   李同学：我觉得我对中国历史文化的了解大概有三成到四成，来韩国之后也还差不多。回家时候我会看很多中国新闻、中国文化方面的节目。我们一家来韩国好几年了，还是过中国的传统节日，而且跟在中国过节的时候的习俗都是一样的，过节也都会主动跟中国的亲戚联系。

新移民的"中国传统文化认同"突显，他们漂在韩国，开始反观中国。中韩建交之后，随着两国的密切接触和频繁交流，他们开始在中韩之间寻找自己的位置。相比老华侨，他们在受教育阶段系统地学习过中国历史，对中国的传统文化和现代文化都更为了解；相比朝鲜族，他们没有天然的语言优势，也没有特殊的政策支持，从零开始学习韩国文化，在此过程中重新认识中国文化。

> 韩小姐：韩国的礼仪，我觉得是中国缺乏的。过节的话，中国和韩国的风俗一半一半吧。我要是跟现在的男朋友结婚的话，肯定要按中式风格来进行。
> 林先生：我觉得来韩国后，对中国传统文化的了解比在国内的时候更深入了，有所长进。因为来了之后，别人知道你是中国人，会时不时地问你一些东西，然后我发现从来没有注意过这些东西，结束之后回去我就会查一下，所以很多在中国不了解的东西来了韩国反而通过文化差异更了解了中国文化。

（三）文化价值认同

老华侨的国家认同较为混乱，但民族文化认同较为明确。老华侨祖籍位于中国的山东省，却持中国台湾签发的证件生活在韩国，这种特殊处境使他们在国家身份上认同不清。他们白手起家，自食其力，较少受到来自任何政府的支援，可谓在夹缝中谋求生存和发展。与此相对，他们在民族文化认同上概念清晰，尤其在归属感上更依赖于对中华民族的认同。

> 杜女士：我们华人能靠的只有自己，在进棺材之前都要干活，因为要生存。我是从中国台湾来的，但是现在回韩国和去台湾都很不方便。以前（在韩国）受的委屈也有很多嘛，现在韩国人对华人的态度好了很多。
> 唐先生：（我）有想过去中国，我这个年纪不能想着玩儿了，要想办法赚钱。去中国的话，语言通嘛，所以考虑去中国开个店当老板，如果当员工人家还不一定会用我。

朝鲜族则经历了从对民族寻根的期冀，到无法真正民族融入的失意，在韩国的生活过程中，民族身份认同产生自我质疑，在务实的趋利下，反倒来韩后希望再有机会回到中国发展，形成了明确的"我是中国人"的国家身份认同。在中国，他们是中华民族中的少数民族；来到韩国，他们同样是朝韩民族中的少数族裔。可以说，这种国家身份和民族身份的叠加，使他们游走在中韩之间，利用政策优势和语言优势寻找自身的定位。朝鲜族赴韩的经历，使其对中国的国家认同逐渐强烈，作为少数民族的族群文化认同逐渐清晰。

> 李同学：我觉得韩国人普遍对中国人的看法不好，对朝鲜族的看法更不好。朝鲜

族以前来韩国打工的人都是没上过学,在这儿犯罪的也很多,怎么说呢,我也能理解韩国人为什么对朝鲜族有看法。朝鲜族既受不到和中国人同等的待遇,也受不到和韩国人平等的待遇,这一点就是朝鲜族的尴尬和无奈。来韩国这几年,我觉得我的目标变大了,以前就想进个企业,但现在想当学校老师。如果我能回中国发展,我想去上海、杭州、苏州或者是深圳这四个地方发展。

全先生:相同工作来说的话,还是韩国挣的比较多。来了这儿之后会经常回忆在中国的时候,还是觉得中国更好。有的韩国人还是可以,但有的韩国人比较瞧不起中国人,觉得中国人都是在中国吃不起饭才会来韩国打工,我们虽然是同一个民族,但他们好像并不这么想。我跟我老婆想等到一定年龄了就回到中国,毕竟来到这只是暂时的,儿子现在还在这边读研,他应该也是想回国发展。

新移民没有过多身份重合的困扰,他们具有较为明确的国家认同和文化认同,拥有较为清晰的相对文化价值观念。他们是当今中韩两国关系的见证者和亲历者,如果说老华侨多是因为地理距离近而选择来韩国,朝鲜族多是因为心理距离近而来韩国,那么新移民,无疑在来韩国的过程中经历了更多的选择和坎坷。异域的生活使其对国家身份的概念更趋清晰,他们将在韩中国人的就业领域向更宽泛的方向拓展,能明确感受两国文化习俗的区别,区分两国文化价值的差异,懂得在文化上兼收并举。

霍女士:虽然韩国是发达国家,但是我觉得韩国过得挺累的,不像中国那么轻松。我觉得现在中国的发展比较快,生活水平比较高,但是中国人做什么事都很简单,不像韩国人那样态度和服务特别好。我身边的韩国人就是社区一些认识的人,或者教会认识的,也不是说关系特别好。我看中韩关系挺好的,我希望中国能允许双国籍。

林先生:如果韩国可以的话我想留在韩国,第一就是比较适应,第二点就是竞争环境相对公平,但韩国也还是很讲人情的,第三点就是作为外国人还是会有一些优势的。我当然也有回中国发展的想法。来韩国之后,我对中国的了解更加深入了,我觉得我两方面融合的还是不错的。出国的经历教会了我以一个更广泛的视野去看待问题,相对会全面一点。韩国人真心交一个无话不谈的朋友是很难的,中国人对朋友的定义很广泛,认识了就算朋友了,但是韩国人对认识的人和朋友区分很明显。

基于中韩交往的历史和现实,韩国华人的文化认同呈现出了相当的特殊性和复杂性。他们在夹缝中寻找机会,在奋斗中寻求认同,他们渴望融入韩国社会,却相对封闭在自己的圈子当中。斯图尔特·霍尔认为,个体认同涉及变动的、碎片化的和多重的认同,散居族裔的文化认同体现了他们"双重边缘化"的境遇。的确,韩国华人处于中韩两国的边缘,他们的认同和诉求,反映出华人群体的生活幸福感和社会满意度,而在韩国多文化社会的发展进程中,只有倾听他们的声音,才能帮助他们更好地进行文化适应和社会融入。

中外学者的埃文基民族文化研究[①]

张娜 王雪梅 中央民族大学

在俄罗斯天寒地冻的北极地区、广袤无垠的西伯利亚和远东地区生活着一些人口极少、文化独具特色的小民族。在十月革命之前，严酷的自然环境、与外界的隔绝导致这些小民族的物质生活匮乏、经济发展极其缓慢，然而独一无二的文化却因此得以保存。十月革命后，这些北方小民族开始逐步参与到苏联的现代化建设浪潮之中。苏联政府积极扶持其经济、文化的发展，对传统的生产和生活方式进行改造。苏联解体后，在日益加速的全球化进程中，小民族传统文化的保护与传承面临巨大危机：一方面小民族文化受到来自主体民族——俄罗斯族文化和国外发达国家文化的影响，在夹缝中生存，出现了文化危机；另一方面由于传统生产、生活方式改变导致的人口骤减、失业、酗酒等社会问题直接导致传统文化面临后继无人的危险。

埃文基族（эвенки）是俄罗斯北方小民族中的典型代表，1931年以前，族人被称为通古斯人（тунгусы），人口较少，但分布广泛。根据2010年全俄罗斯人口普查数据，埃文基族共有37843人，主要分布在雅库特共和国（Республика Якутия）、克拉斯诺亚尔斯克边疆区（Красноярский край）、哈巴罗夫斯克边疆区（Хабаровский край）、布里亚特共和国（Республика Брятия）、阿穆尔州（Амурская область）、后贝加尔边疆区（Забайкальский край）、伊尔库茨克州（Иркутская область）、萨哈林州（Сахалинская область）、托木斯克州（Томская область）、秋明州（Тюменская область），涵盖了自北冰洋至阿穆尔河、自叶尼塞河至鄂霍次克海的广阔区域，与俄罗斯族（русские）、雅库特族（якуты）、布里亚特族（буряты）等其他民族混居。

俄罗斯埃文基人与中国鄂温克人在语言、文化、风俗习惯、宗教信仰等方面都有相同或相似之处，被称为跨界民族。"所谓跨界民族，是指由于长期的历史发展而形成的，分别在两个或多个现代国家中居住的同一民族"[②]。"界"是指国界，即国家疆界。各国之间通过疆界区分，划定各国的主权范围，因而也使"跨界民族"与一般的民族概念有所区别。关于埃文基人（鄂温克人）的民族起源问题，长期以来，中外学者说法不一。"由于17世纪前后，埃文基人（鄂温克人）是分布在北方贝加尔湖地区和黑龙江上中游一带，

[①] ［基金项目］2017年度国家社科基金重大项目："一带一路"沿线各国民族志研究及数据库建设（项目编号：17ZDA155）；2017年度国家民委教改项目：《世界民族志》教材与系列教学资源库建设（项目编号：17003）

[②] 金春子，王建民：《中国跨界民族》，北京：民族出版社，1994年，第11页。

因此学者们争论的关键点是，埃文基人到底是源于南方还是源于当地的附近。主张来源于南方的说法，在早期盛极一时。其中以维也纳民族学家卡尔·耶特马尔（Jettmar）以及菲歇尔（Ficher），卡斯特伦，希什基等人为代表，认为埃文基人（鄂温克人）来源于我国的东北是由南向北迁移的结果"[1]。随后，俄国民族学家和人类学家 С. М. 希罗科戈洛夫（С. М. Широкогоров，即史禄国，1887－1939）提出了埃文基人（鄂温克人）—满人的祖先最初住在黄河流域下游和长江下游之间的地方。他认为在公元前3000年，也可能更早些时候，在从河南、陕西向黄河下游推进的汉人压力之下，迫使"原通古斯人"放弃他们的故土，大部往北和东北迁移[2]。后根据考古学和语言学、古人类学、民族学的研究，证明史禄国的"黄河流域说"是有相当道理的。中国学者吕光天提出，到了8世纪，分布在今贝加尔湖东北和黑龙江上、中游地区的埃文基族祖先分别被称为"鞠"和"北山室韦"等几个部落，他们是埃文基人（鄂温克人）各支祖先，"鞠"部落称为后来元朝的"兀良哈"，明朝的"北山野人"，清代称之为使鹿的"喀木尼堪""索伦别部"。而"北山室韦"的几个部落则成为"索伦部"，后被清朝统一。17世纪中叶后，沙俄侵略贝加尔湖地区和黑龙江流域，直至中俄《尼布楚条约》签订，本为同一民族的埃文基人（鄂温克人）开始分居异国[3]。此外，俄罗斯学者 Д. П. 鲍罗金（Д. П. Болотин）的观点与中国学者乌云达赉和干志耿、孙秀仁的研究大体一致，即埃文基（鄂温克）的祖先是靺鞨人，他们从中国的松花江、乌苏里江、黑龙江以东的广大地区迁徙到西伯利亚。乌云达赉以古地名考证为突破口，从语言学上对"拉玛湖"一词进行了考证，认为"拉玛湖"指的是乌苏里江源头的兴凯湖。此外他还根据《萨满神歌》《三国史记·高句丽本纪》《后汉书·东夷列传》《新唐书·黑水靺鞨传》等文献资料相互佐证，进一步推断埃文基人（鄂温克人）从3世纪到17世纪共七次分别向西、向北、向东迁徙，西至大兴安岭、呼伦贝尔草原，北至北极地区和北冰洋岸边，东至日本的九州岛、北海道[4]。17世纪清政府同沙俄政府签订《尼布楚条约》后，埃文基（鄂温克）中俄跨界民族形成。由此可见，虽然中外学者对于埃文基人（鄂温克人）的民族起源、迁徙路线说法不一，但对其成为跨界民族的原因及过程看法基本一致。分居异国后，两部分人分别在所在国进行民族识别时确定为"埃文基"和"鄂温克"两个名称。值得指出的是，根据学术界相关田野调查显示，虽然分居异国的两部分人在语言、文化、风俗习惯、宗教信仰等方面分别受到当地其他民族的影响而有所改变，但其物质文化、精神文化等方面至今仍保持极高的相似度。

另一方面中国的鄂伦春和鄂温克这两个民族在地理位置、民族称谓、经济生活、语言文学、文化艺术、宗教信仰和风俗习惯等方面基本相同，有些中国学者认为这两个民族为同源民族。乌力吉图认为，鄂伦春人和鄂温克人是肃慎的后裔、挹娄的遗部、靺鞨的近

---

[1] 吕光天：《北方民族原始社会形态研究》，北京：人民出版社，1981年，第405页。
[2] 史禄国：《北方通古斯的社会组织》，吴有刚、赵复兴、孟克译，呼和浩特：内蒙古人民出版社，1985年。
[3] 吕光天：《北方民族原始社会形态研究》，北京：人民出版社，1981年，第428~429页。
[4] 侯儒：《俄罗斯埃文基人与中国鄂温克族民族起源探讨》，载《世纪桥》，2015年第2期，第83页。

亲、女真的旁支①。吕光天认为，内蒙古自治区和东北地区的鄂温克族和鄂伦春族，在语言学的分类上同属于阿尔泰语系通古斯满语族的北语支，他们的语言在基本词汇和语法结构上完全相同，这是他们同源关系的基础。他认为，鄂温克族和鄂伦春族是17世纪前古鄂温克部落的两个分支，它们同源于古鄂温克部落，只是到了17世纪以后才逐渐形成两个民族②。尽管有关这三个民族的族源问题说法不一，但多少可以说明现代埃文基人、鄂温克人、鄂伦春人之间有着历史渊源。

埃文基民族这种散居于不同国家，但仍然保持本民族文化特色的现象引起了中外学者的关注，不少中外学者对其民族文化进行了研究，并取得丰硕成果。接下来笔者将对这些研究进行梳理。

一、中国学者对埃文基族的研究

中国学者对埃文基族的研究可以追溯到明清时期，但研究成果多是服务于国家的政治统治。清朝灭亡后，由于战争、国际形势等原因，中国学者对埃文基族的研究滞后于俄国学者。进入21世纪，中国学者对包括埃文基族在内的北方小民族的考察研究进一步深入，取得了具有一定学术价值的研究成果。根据史料记载，17世纪以前，中国鄂温克人、鄂伦春人主要活动于贝加尔湖以东、黑龙江以北的广大区域内，即现今隶属于俄罗斯的领土范围内。因而，在查阅中国对俄罗斯埃文基人的研究情况时，也应该关注中国学者有关鄂温克人和鄂伦春人的考察研究。

（一）对埃文基族的民族学研究

清代有关鄂温克、鄂伦春民族的记述和研究主要有两类文献：一是官方的文献和档案，二是文人的笔记和游记。官方的文献主要包括《清实录》③以及相关衙门的档案；文人的笔记和游记主要有何秋涛的《朔方备乘》④、曹延杰的《西伯利东偏纪要》⑤、西清的《黑龙江外记》⑥等。

中国学者对俄罗斯埃文基族的研究曾一度相当滞后，自19世纪80年代，学术界对埃文基族的民族学研究兴起，主要研究成果有《俄罗斯的满通古斯民族源流简考》⑦《俄罗斯远东土著民族与跨界民族研究》⑧《论萨满文化现象—"萨满教"非教刍议》⑨《埃文基

---

① 乌力吉图：《鄂伦春族源考略》，载《内蒙古社会科学》，1984年第5期，第84~86页；乌力吉图：《鄂温克族族源略议》，载《内蒙古社会科学》，1985年第4期，第60~63页。
② 吕光天：《北方民族原始社会形态研究》，北京：人民出版社，1981年，第430页。
③ 《清实录》，北京：中华书局，2008年。
④ 何秋涛：《朔方备乘》，畿辅志局，1881年。
⑤ 曹延杰：《西伯利东偏纪要》，台北：文海出版社，1978年。
⑥ 西清：《黑龙江外记》，哈尔滨：黑龙江人民出版社，1984年。
⑦ 王国庆：《俄罗斯满通古斯民族源流简考》，载《长春教育学院学报》，2015年第9期。
⑧ 刘晓春：《俄罗斯远东土著民族与跨界民族研究》，载《黑龙江民族丛刊》，2015年第6期。
⑨ 徐昌翰：《论萨满文化现象——"萨满教"非教刍议》，载《学习与探索》，1987年第5期。

人的民间知识》①《埃文基人的亲属制度》②《赫哲人与埃文基人的原始宗教信仰》③《黑龙江流域的通古斯人及其传统文化》④《俄罗斯埃文基人萨满教研究》⑤。

(二) 对埃文基族的语言学研究

国内学者对埃文基语的研究开始较晚，值得关注的研究成果有《关于俄罗斯的涅吉达尔语、埃文语与埃文基语》⑥《俄罗斯境内满—通古斯民族及其语言现状》⑦《试论埃文基语与俄语构词法之异同》⑧《阿穆尔州腾达区埃文基地名探析》⑨。

(三) 对埃文基族的实地考察研究

进入21世纪，国内学者开始对埃文基族进行实地考察，对埃文基族有了更深刻的认识。主要学术成果是《俄罗斯埃文基人聚居区社会调查》⑩。

(四) 有关埃文基族的译文

自19世纪80年代起，国内学者开始对埃文基族的权威研究成果进行编译，主要译文有：《古今西伯利亚民族概述》⑪《阿穆尔河下游和萨哈林岛各民族的经济共同特征》⑫《苏联远东民族精神文化的某些成份》⑬《十月革命前远东各民族的社会制度和社会组织》⑭《阿穆尔河下游及萨哈林岛各民族传统的冬季交通工具》⑮《下阿穆尔及萨哈林岛各民族的夏季交通工具》⑯《黑龙江沿岸、滨海地区和库页岛居民的民族成份和民族历史》⑰。

不难看出，中国学者对埃文基族的民族学、语言学研究已有不少成就，但实地考察较少，尚有很大的研究空间。

---

① 张嘉宾：《埃文基人的民间知识》，载《黑龙江民族丛刊》，1995年第4期。
② 张嘉宾：《埃文基人的亲属制度》，载《黑龙江民族丛刊》，1995年第2期。
③ 张嘉宾：《赫哲人与埃文基人的原始宗教信仰》，载《黑龙江民族丛刊》，1998年第3期。
④ 张嘉宾：《黑龙江流域的通古斯人及其传统文化》，载《黑龙江民族丛刊》，2003年第2期。
⑤ 侯儒：《俄罗斯埃文基人萨满教研究》，中央民族大学学位论文，2012年。
⑥ 朝克：《关于俄罗斯的涅吉达尔语、埃文语与埃文基语》，载《满语研究》，2000年第2期。
⑦ 杨衍春：《. 俄罗斯境内满—通古斯民族及其语言现状》，载《满语研究》，2008年第1期。
⑧ 杨立华，T. E 安德烈耶娃，K. H. 斯特鲁奇科夫：《试论埃文基语与俄语构词法之异同》，载《满语研究》，2014年第1期。
⑨ 杨立华，Г. B. 贝科娃：《阿穆尔州腾达区埃文基地名探析》，载《黑河学院学报》，2015年第2期。
⑩ 杨春河，杨立华：《俄罗斯埃文基人聚居区社会调查》，载《满语研究》，2013年第2期。
⑪ A. П. 奥克拉德尼科夫著，姚凤译：《古今西伯利亚民族概述》，载《黑河学刊》，1985年第3期。
⑫ A. B. 斯莫良科著，冯维钦译：《阿穆尔河下游和萨哈林岛各民族的经济共同特征》，载《黑河学刊》，1986年第4期。
⑬ 杨茂盛译：《十月革命前远东各民族的社会制度和社会组织》，载《北方文物》，1990年第2期。
⑭ 林树山编译：《苏联远东民族精神文化的某些成份》，载《黑龙江民族丛刊》，1986年第4期。
⑮ A. B. 斯莫里亚克著，冯季昌译：《阿穆尔河下游及萨哈林岛各民族传统的冬季交通工具》，载《黑龙江民族丛刊》，1987年第4期。
⑯ A. B. 斯莫里亚克著，冯季昌译：《下阿穆尔及萨哈林岛各民族的夏季交通工具》，载《黑龙江民族丛刊》，1988年第2期。
⑰ 杨茂盛译：《黑龙江沿岸、滨海地区和库页岛居民的民族成份和民族历史》，载《黑河学刊》，1990年第1期。

二、俄国学者对埃文基族的研究

俄国学者对埃文基民族文化的研究起步较早,成果丰硕,本部分内容主要从民族学、语言学、实地考察三个方面进行介绍。需要提前指出的是,本部分参考了笔者《俄国学者的埃文基民族文化研究述评》(《河西学院学报》,2016年第1期)中的部分内容。

(一)对埃文基族的民族学研究

自17世纪起,沙皇俄国开始将注意力转向遥远的东方领土,展开了对埃文基族的民族学研究。俄国驻华使者 И. 伊杰斯(И. Идес)根据自俄国前往中国上任途中的所见所闻,写成著作《从莫斯科到中国的三年旅行》①,对安加拉、耶拉文、涅尔琴斯克(今尼布楚)和额尔古纳地区的埃文基人进行了详细的记录,可以说这是对埃文基人的第一次民族学记述。接下来,笔者将从物质文化、精神文化和制度文化研究三个方面对埃文基族的民族学研究成果进行介绍。

1. 物质文化的研究

梅谢尔施密特(Д. Г. Мессершмидт)、斯特拉连别尔格(Ф. Страленберг)、格奥尔吉(Георги)、С. 格梅林(С. Гмелин)、Г. Ф. 米列尔(Г. Ф. Миллер)、利恩杰那乌(Линденау)对白令堪察加地区的生产文化、礼俗习惯等曾进行了详细的民族学研究。斯特拉连别尔格根据不同地区埃文基人选用不同种类动物(马、鹿、狗)作为交通工具的特点,对埃文基人进行了分类,即将马作为交通工具的埃文基人为马上通古斯人(家畜通古斯人或游牧通古斯人)、鹿 – 使鹿通古斯人或游牧通古斯人、狗 – 步行通古斯人。格奥尔吉在其著作《对俄罗斯各民族生活礼俗、习惯、住房、服饰、禁忌、宗教、名胜的记述》②中对埃文基人的物质文化、精神文化进行了记述,而米列尔的《西伯利亚历史》③则对西伯利亚各民族进行了详细介绍。Л. 什连科(Л. Шренк)在《关于阿穆尔边疆区的异族人》④中揭示了阿穆尔各民族的地理分布和不同历史时期的变化。P. 马阿克(P. Маак)在著作《阿穆尔、东西伯利亚之旅》⑤中对阿穆尔河上中游的埃文基人进行了记录。奥尔洛夫(Орлов)在《巴温特和安加拉的游牧通古斯人》⑥中详细记录了巴温特 – 维季姆地区(Баунт – витим)埃文基人的年生活周期。М. Ф. 克里沃尚金在《叶尼塞边疆区及其生活》⑦中对埃文基人的狩猎和捕鱼活动进行了详细的描述,遗憾的是他并未

---

① Ysbrands Ides. *Three Years Travels from Moscow over Land to China*. London,1706.
② Георги И. Г. *Описание всех в Российском государстве обитающих народов,также их житейских обрядов,обыкновений,жилищ,одежд,упр]жнений,забав,вероисповеданий и других достопримечательностей*. СПб.,1775 – 1779.
③ Миллер Г. Ф. *История Сибири*. Л.,1941.
④ Шренк Л. *Об инородцах Амурского края*. СПб.,т. I,1883;т. II,1899;т. III,1903.
⑤ Р. Маак. *Путешествие по Амуру и Восточной Сибири*. СПб.,1868.
⑥ Орлов. *Баунтовские и ангарские бродячие тунгусы*. ВРГО,1857.
⑦ Кривошанкин М. Ф. *Енисейский округ и его жизнь*. ЗРГО,1865.

指出各部族的名称，也未详细说明所使用的狩猎工具。

2. 精神文化研究

波波夫（Попов）对乔纳河（Чона）－下通古斯河（Нижняя Тугунска）－依林沛亚河（Илимпея）的叶尔柏格琴（Ербогочен）的埃文基人生活习俗进行了描述，并首次对萨满仪式进行了记述。Н. 格里戈洛夫斯基（Н. Григоровский）在《安加拉河上游之行》① 中记录下了贝加尔北部埃文基人的一些传说、埃文基人与首次迁徙过来的俄罗斯族移民发生冲突的历史故事等。此外，还有一些研究值得关注，В. Е. 多科列夫（В. Е. Доколев）的《埃文基人民间故事》②、Г. М. 瓦西列维奇（Г. М. Василевич）的《埃文基人》③、В. С. 叶夫多基莫夫（В. С. Евдокимов）《阿穆尔埃文基人》④ 等。

3. 制度文化研究

Г. И. 斯帕斯基（Г. И. Спасский）在《对西伯利亚通古斯人的整体介绍及对后贝加尔通古斯人的详细介绍》⑤ 和《后贝加尔通古斯人》⑥ 中，对马背上的通古斯人，即涅尔琴斯克地区埃文基人的日常习惯、历史、社会制度、家庭关系等进行了详细记述。И. Д. 切尔斯基（И. Д. Черский）在《下通古斯自伊尔库茨克至普列奥博拉任卡村沿途的自然历史观察和记录》⑦ 中对叶尔柏格琴地区埃文基人与俄罗斯商人之间的相互关系进行了记录。К. Н. 达杰什克利安伊（К. Н. Дадешкелиани）在《阿穆尔州布列亚、阿木古尼两河间的考察记录》⑧ 中记录了当地埃文基人的氏族制度、家庭关系、埃文基人与雅库特人及中国人之间的贸易往来。С. 帕特卡诺夫（С. Патканов）根据1897年的人口普查对埃文基人口普查结果进行了详细的整理，揭示了埃文基人的迁徙和族源问题。此外，希罗科戈洛夫的《北方通古斯的社会组织》⑨ 对后贝加尔和中国东北地区埃文基人的氏族组织和家庭组织进行了详尽地描述，细致地研究了北方通古斯的社会组织及其发展状况。除前述作品之外，Г. М. 瓦西列维奇对埃文基族的学术研究尤其值得关注。瓦西列维奇是语言学家、民族学家，她一生对埃文基人进行了11次学术考察，研究成果涉及埃文基人的语言、民间文化、社会制度、萨满教等方面。她的学术人生分为两个阶段，第一个阶段主要是进行埃文基语的语言学研究；第二阶段瓦西列维奇主要从事对埃文基人的民族学研究工作，《埃文基人》是迄今为止对埃文基民族文化最为全面、系统的介绍性著作，内容涵盖了埃文基人的民族过程、物质文化、精神文化和社会关系等各方面。笔者在查阅18世纪到20世纪初俄国学者对埃文基民族文化的研究状况时，此书发挥了重要的指导作用。除民族学

---

① Григоровский Н. *Поездка на верхнюю Ангару.* ИВСОРГО, 1890.
② Доколев В. Е., Федоров А. А. *Северные рассказы.* Улан-удэ, 1962.
③ Василевич Г. М. *Эвенки.* Ленинград, 1969.
④ Евдокимов В. С. *Амурские эвенки.* Благовещенск, 1967.
⑤ Спасский Г. *Исторические сведения о сибирских тунгусах вообще и о забайкальских в особенности.* СВ, 1822.
⑥ Спасский Г. *Забайкальские тунгусы.* СВ, 1822.
⑦ Черский И. Д. *Естественноисторические наблюдения и заметки, деланные на пути от Иркутска до с. Преображенки на Нижней Тунгуске.* ИВСОРГО, 1885.
⑧ Дадешкелиани К. Н. *Описание Амурской области между рр. Буреей и Амгунью.* СГТСМА, 1888.
⑨ Shirokogoroff S. M. *Social organization of the northern tungus.* Shanghai, 1929.

的研究之外，部分俄国学者还对埃文基人语言进行了研究。

（二）语言学研究

18 世纪，因沙皇俄国政治、经济发展的需要，彼得大帝下令对西伯利亚进行大规模开垦，而对埃文基族的语言学研究也随之展开。1721 年，Д. Г. 梅谢尔施密特（Д. Г. Мессершмидт）奉彼得一世命令，前往西伯利亚对当地各民族及其语言进行考察。19 世纪初，克拉普罗特（Клапрот）利用梅谢尔施密特在下通古斯地区对埃文基人的考察日记及部分语料，对埃文基语进行了比较 – 语言学研究。М. А. 卡斯特连（М. А. Кастрен）于 1845 – 1849 年对后贝加尔和叶尼塞地区的埃文基人进行了考察。值得指出的是，卡斯特连是仅有的对西伯利亚多个民族及其语言进行了研究的学者，他在确定了芬兰 – 乌戈尔人和萨摩耶人、芬兰 – 乌戈尔人和突厥人的同源关系后，通过萨摩耶人发现了芬兰人与通古斯人的联系。Р. 马阿克（Р. Маак）对生活在维柳伊河流域（Вилюй）的埃文基人进行了详细考察，并记录了 800 个埃文基单词、一些埃文基歌曲和一些当地方言句子，这些语言学资料具有珍贵的科研价值。此外，还有一些语言学研究值得关注，В. 普季岑（В. Птицын）的《通古斯语》①、波尔德列夫（Болдырев Б. В）的《埃文基语词法》② 等。

（三）实地调查

俄国学者自 18 世纪至今对埃文基人生活的广阔区域进行了多次细致深入的实地考察，这些调查几乎涵盖了埃文基人生活的全部区域。

18 世纪主要有四次官方科学考察，涵盖了贝加尔地区、白领堪察加地区、叶尼塞地区、雅库特和鄂霍次克海沿岸的埃文基人生活区域；1828 年，俄罗斯外交部委托东西伯利亚管理局收集与阿穆尔相关的数据和民族学资料；1846 年，俄美公司派出船只对鄂霍茨克海南岸进行考察，随后商业考察队自阿扬出发沿陆路进行考察，从而对鄂霍次克海南岸土著居民的情况有了详细的了解。这次考察在 П. 季赫梅涅夫（П. Тихменев）发表的著作《对俄美公司成立的历史评论》③ 中有较为详细记录；19 世纪中叶，А. Ф. 密德坚多尔夫（А. Ф. Миддендорф）对泰梅尔（Таймыр）、依林沛亚（Илимпея）、阿尔丹（Алдан）、结雅（Зея）等地区的埃文基人进行了首次考察记录，包括对埃文基语的语料采集，对埃文基人狩猎、养鹿、捕鱼方法的记录，对服装、交通工具、生活器物、道路标识等的详细描述；1851 年，伊尔库茨克成立了俄罗斯地理协会西伯利亚分会，进行了多次田野调查，搜集了大量的民族学和词汇学资料，从而使对埃文基民族中各个小氏族进行研究成为可能，各氏族之间的相互关系也得到更为全面的分析；1855 至 1856 年，马阿克应邀参加考察阿穆尔，在《阿穆尔、东西伯利亚之旅》④ 中对阿穆尔河上中游的埃文基人进行了记

---

① Птицин В. *Очерки тунгусского языка*. СПб., 1903.
② Болдырев Б. В. *Морфология эвенкийского языка*. Новосибирск, 2007.
③ Тихменев П. *Историческое обозрение образования Российско – Американской компании*. СПб., 1863.
④ Р. Маак. *Путешествие по Амуру и Восточной Сибири*. СПб., 1868.

录；在1855至1862年展开的西伯利亚科学考察中，Г. 拉德达（Г. Радде）在近贝加尔北部和东部进行了考察，并在《东南西伯利亚之旅》①中对玛涅克尔和毕拉尔人进行了记述；А. Ф. 乌索利采夫（А. Ф. Усольцев）沿结雅河的右支流进行考察，在《1856年夏天维留伊河、结雅河之旅》②中介绍了阿穆尔－结雅地区的埃文基人；在同一时期，П. 克拉尔克（П. Кларк）考察了列拿河上游的埃文基人，Н. 克斯特洛夫（Н. Костров）、А. 莫尔德维诺夫（А. Мордвинов）、М. Ф. 克里沃尚金（М. Ф. Кривощанкин）对图鲁汉斯克边疆区进行了多次考察；1870年，地理协会对满洲进行了考古研究和民族学考察，帕尔拉季（Палладий）在《1870年自北京经满洲到布拉戈维申斯克的旅途记录》③中对埃文基－索伦人和满人进行了详细记录；1894至1896年，地理协会西伯利亚分会组织进行了雅库特民族学考察，研究了北方各民族的生活习惯，并试图找出某些习俗消失的原因，揭示俄罗斯族移民和俄罗斯工业对土著民族的影响等，这次考察的主要成果为《关于雅库特边疆区通古斯人的一些数据》④《近阿扬地区的通古斯人》⑤《对雅库特州居民的历史民族学记录》⑥等著述；1944年，在莫斯科开设苏联社会科学院民族学研究所，在副所长М. Г. 列文（М. Г. Левин）的倡议下，北方科考队成立，随后对西伯利亚、远东展开大量的科学考察。

总之，十月革命的胜利为埃文基民族文化的发展带来了新契机，自1919至1934年，苏维埃政府共组织了90多次对北方小民族的考察；1931至1932年则帮助包括埃文基人在内的16个小民族创建了文字。频繁且深入的学术考察使得俄国学者对埃文基人的民族文化研究达到了世界领先地位，并为后继学者的研究奠定了坚实的基础。

三、其他国家学者的研究

相较于俄国学者，其他国家的学者对埃文基人的研究相对较少，此处仅对日本学者和欧美学者的部分研究成果进行介绍。

（一）日本学者的研究

19世纪末，日本学者开始对埃文基人进行相关研究，代表学者有民族学家鸟居龙藏。他一生多次到黑龙江流域进行考察，写有大量民族学论著，多涉及埃文基人（鄂温克人、鄂伦春人）。宫林藏曾到库页岛和黑龙江流域进行考察，写有《东鞑纪行》⑦一书。此外，还有一些学者曾多次到中国东北进行民族学实地调查，主要成果有秋叶隆的《大兴安岭东

---

① Радде Г. *Путешествие в Юго－Восточную Сибирь*. ЗРГО, 1861.
② Усольцев А. Ф. *Путешествие к вершине Гилюя и на Зею летом 1856г*. ВРГО, 1858.
③ Палладий А. *Дорожные заметки на пути от Пекина до Благовещенска через Маньчжурию в 1870 году*. ЗРГО, 1871.
④ Майнов И. И. *Некоторые данные о тунгусах Якутского края*. ТВСОРГО, 1898.
⑤ Пекарский Э. К., В. П. Цветков. *Очерки быта приаянских тунгусов*. СМАЭ, 1913.
⑥ Иохельсон В. *Заметки о населении Якутской области в историко－этнографическом отношении*. ЖС, 1895.
⑦ 间宫林藏：《东鞑纪行》，北京：商务印书馆，1974年。

北部鄂伦春族调查报告（一）》①、《鄂伦春族萨满教－大兴安岭东北部鄂伦春族调查报告（二）》②、泉靖一的《大兴安岭东南部鄂伦春族调查报告》③、浅川田郎的《兴安岭之王》④等。

（二）欧美学者的研究

苏联时期，外国学者很难进入苏联境内进行实地考察，加之美苏争霸形成的冷战格局，因此，欧美学者对埃文基族的研究多集中于后苏联时期。这些研究主要是对苏联民族政策及其影响、当代俄罗斯民族政策及其影响的分析以及对萨满教的研究。

Alexia Bloch 在《渴望集体主义：在中西伯利亚的性别、权利和寄宿学校》⑤一文中就苏联解体后，埃文基人的国家认同进行了调查研究，作者通过 1992 至 1998 年的田野调查发现，后苏联时代的埃文基人对苏联充满强烈的怀恋情感，甚至因自己曾是苏联一员而骄傲、因苏联解体而忧伤。文章同时对苏联时期的寄宿学校进行了详细地记述，并分析了其对埃文基人国家认同的影响。Sven Gunnar Simonsen 曾对苏联时期的民族政策进行了深入研究，在《继承苏联政策：俄罗斯在民族识别问题上遭遇困境》⑥中，就苏联时期的"第五点"（写在苏联身份证件上的姓，名，父称、出生年月后的第五项内容－民族）和苏联使用两套护照的现象（在国内使用用于证明公民身份的护照和在国外使用用于境外活动的护照）进行了探讨，透过这两项内容，可以看到苏联政策背后对包括埃文基人在内的小民族的同化作用，而这些政策又对当今俄罗斯的民族问题产生了重大影响。Brian D. Silver 在《苏联教育中少数民族语言的地位：对当代变化的评价》⑦一文中指出，有相当部分学者强调苏联时期对各民族的政治、文化限制，而忽略了苏联时期的语言政策。作者指出正是因为苏联时期实行民族语言教学，使得小民族文化得以保存。Victor A. Shhnirelman 对后苏联时期的政治、经济形态对世居小民族生活方式、文化等方面的影响进行了研究，在《现代猎人和采集者》⑧中作者分析了当代俄罗斯对包括埃文基人在内的北方小民族产生的不良影响。

Larry G. Peters, Douglass Price. Williams 对埃文基族的萨满教进行了研究，在《对萨

---

① 秋叶隆：《大兴安岭东北部鄂伦春族调查报告（一）》，载《京城帝国大学成立 10 周年纪念论文集（哲学编）》，屋号书店，1936 年。
② 秋叶隆：《鄂伦春族萨满教—大兴安岭东北部鄂伦春族调查报告（二）》，载《民族学研究》第 2 卷第 4 号，1936 年。
③ 泉靖一：《大兴安岭东南部鄂伦春族调查报告》，载《民族学研究》第 3 卷第 1 号，1937 年。
④ 浅川田郎：《兴安岭之王》，呼和浩特：内蒙古文化出版社，1999 年。
⑤ Alexia Bloch. Longing for the Kollektiv: Gender, Power, and Residential Schools in Central Siberia. Cultural Anthropology, Vol. 20, No. 4 (Nov., 2005), pp. 534 – 569.
⑥ Sven Gunnar Simonsen. Inheriting the Soviet Poliy Toolbox: Russia's Dilemma Over Ascriptive Nationality. Europe – Asia Studies, Vol. 51, No. 6 (Sep., 1999), pp: 1069 – 1087.
⑦ Brain D. Silver. The Status of Natioanl Minority Languages in Soviet Education: An Assessment of Recent Changes. Soviet Studies, Vol. 26, No. 1 (Jan., 1974), pp. 28 – 40.
⑧ Victor A. Shnirelman. Hunters and Gatherers in the Modern Context. Current Anthropology. Vol. 35, No. 3 (Jun., 1994), pp. 298 – 301.

满教的体验分析》①一文中，对萨满仪式进行过程中萨满意识状态的变化进行了研究。Michael James Winkelman 在《萨满和其他借助宗教和魔力进行治病的术士－对他们的起源、本质和社会转型的跨文化研究》②一文中，作者对萨满及其他借助宗教和魔力进行治病的术士进行了分类，描述了其特点。值得指出的是，法国人类学家 Alexandra Lavrillier 多次对埃文基人聚居区进行田野考察，并筹集资金在阿穆尔州建立了第一所游牧学校，在《西伯利亚驯鹿人的游牧学校》③一文中，她详细介绍了存在于西伯利亚的游牧学校，这可以说是揭开游牧学校神秘面纱的寥寥几篇文章中的精品。

结　　语

总而言之，中国学者的研究虽然起步较晚，但在民族学、语言学方面取得了不少成果，不过，实地考察较少，尚有很大的研究空间。俄国学者的研究则涵盖了埃文基民族文化的方方面面，成果丰硕。从实地考察区域来看，几乎涵盖了埃文基人生活的全部区域，其中对叶尼塞地区、后贝加尔地区、阿穆尔地区、雅库特地区的埃文基人有了系统全面的研究，对涅尔琴斯克－赤塔地区、鄂霍茨克地区、结雅地区也有了大量研究，但对于石通古斯河、下通古斯河及两河流域间生活的埃文基人还待进一步深入考察研究。从研究深度来看，截至苏联成立，民族学领域的研究几乎只触及文化的表面现象，此后，才有了更深入的研究，不过语言学领域的研究因部分方言的消失、埃文基语掌握人数的减少而显得更加严峻和急迫。日本学者的研究多集中于清朝时期对中国东北地区的研究，并且服务于日本政府的扩张意图。而欧美学者则因美苏对抗而鲜有机会对埃文基人生活区域进行实地考察，所以研究成果屈指可数。

---

① Henry Field, Eugene Prostov. *Results of Soviet Investigations in Siberia*, 1940 – 1941. *Amerian Anthropologist*, Vol. 44, No. 3, pp. 388 – 406.
② Michael James Winkelman. *Shamans and Other "Magico – Religious" Healers: A Cross – Cultural Study of Their Origins, Nature, and Social Transformation*. *Ethos*, Vol. 18, No. 3 (Sep., 1990), pp. 308 – 352.
③ Alexandra Lavrillier. *A Nomadic school in Siberia among Evenk reindeer herders. Keeping languages alive: documentation, pedagogy and revitalization*. Cambridge: New York: Cambridge University Press, 2013, pp. 140 – 154.

满族习俗文化的多元化功能阐释

刘明新　　中央民族大学

满族是一个具有悠久历史和文化传统的少数民族，也是一个对中国历史的发展做出重要贡献的少数民族，她在自身发展繁荣的过程中创造了绚丽多彩的民族文化。千百年来留存并传承于满族及其先民共同体中的物质财富、社会财富和精神财富浩瀚博大，异彩纷呈。

一、满族习俗文化的多元化功能

满族习俗文化是指满族及其先民在民族发展过程中所创造、享用和传承的生产生活文化，是满族及其先世与周边各民族文化反复浸润、覆盖和融合的结果，其中既有对传统的先世习俗文化的扬弃，又有对其他民族习俗文化的吸收，还有在特定环境下习俗文化的独创（如八旗组织），源流汇一，构成满族习俗文化体系。作为满族文化系统的重要组成部分，满族习俗从产生之日起便深深植根于满族的社会生活土壤，并在传承流变的过程中体现着自身独特的价值和功用，主要表现在宣泄和平衡、娱乐和审美、教化和标识、规范和维系以及文艺体育等五个方面。

（一）宣泄和平衡功能

满族习俗中的某些文化事象是人们身心的一种宣泄，其结果有益于参加者的生理健康和心理的欢悦平衡。我们知道，社会生活总是先于个人而存在，作为社会成员的个人，其行为举止必然要受到社会和文化的制约。虽然人类作为一个群体已经高度社会化了，但就个体而言，某些深掩其中的生物性本能却没有完全文明化。如此，当个体的某些本能需求和情感遭到社会规范的控制和群体习惯的压抑时，如果不在某种程度上得到宣泄和调节，就会形成紊乱的心理能量，不利于个体的身心健康。[①] 满族及其先世的某些习俗事象便应此种需要而产生。如女真人以正月十六为"纵偷日"，"是日，妻女、宝货、车马为人所窃，皆不加刑，……亦有先与室女私约，至期而窃去者。"于是，日常生活中的种种习惯约束甚至法律规范这时全被打破，人们随心所欲，纵偷为欢。

满族的游戏竞技活动也是其宣泄身心、平衡心理的主要方式。在原始社会时期，生产

---

① 参阅仲富兰：《中国民俗文化学导论》，杭州：浙江人民出版社，1998年版，第242~243页。

力极为低下，满族先民们为了谋求营生，通常要付出繁重的劳动和巨大的代价，生活的艰辛使得社会群体成员的身心长期处于紧张状态。他们为了调整身心并借助心理上的平衡和满足来消除生理上的疲乏，便常常进行一些原始的游戏活动来自娱自慰，从而使自己的体力和精力都得以恢复，原始的游戏活动由此成为满族先民生活中不可缺少的组成部分。进入阶级社会后，面对现实生活中诸多不如意、不自由的地方，广大的满族民众更是倾心投入到各式各样的游戏竞技活动中，以宣泄心理能量、调节自我身心，从而恢复和增添生活的勇气。正是由于游戏竞技活动有益于生理健康和心理的欢悦平和，进而能和睦不同等级人们之间的关系，从而在社会上形成一种安定谐和的气氛，因此就连满族的最高统治者也曾设想通过"与民同乐"来对社会间接地起到谐和的作用。《文献通考》记载乾隆皇帝在每岁冰嬉盛典之时，都要亲临观看，并对取得名次及表演优秀者奖赏优厚，其目的除了自身观赏娱乐外，更重要的是为了谐和社会关系、粉饰太平、乐国乐民。而在满族民间已经蔚然成风的"射柳""布库""跳骆驼""踢毽子""满洲棋"等活动，都能起到宣泄心理情感的作用。

至于满族习俗文化中的许多节日，更是有规律性地创造出一个个轻松欢乐的文化氛围，有利于社会个体成员宣泄平日生活中所积压的心理能量，使自己的身心感到放松和愉悦。另外，满族人的歌舞、葬礼上的哭丧等，也同样起到了宣泄心理能量、促使身心健康的作用。

（二）娱乐和审美功能

满族的习俗文化中包含着许多娱乐和审美因素，这既彰显了社会的律动，又体现了满族人民劳逸结合、张弛有道的生活节奏。事实证明，满族的节日习俗在演变传承的过程中，之所以不断吸收外来文化以丰富节日生活的内容，其愉悦欢乐的气氛和原因是占主要的，从春节、上元、添仓、引龙、清明、端午、中元、中秋、重阳、腊八到小年，四时节日纷至沓来，令人应接不暇。其间赛骑射、赛龙舟、比摔跤、玩杂技等民俗游艺技艺，伴着人们观灯、踏青、团圆、赏月、登高等游乐活动，加上走亲访友、宴请宾客的礼仪活动和饮食、祭祖、求吉驱邪、踩岁、接"财神"、送"灶神"等风俗，形成一个欢乐的海洋。节日中丰富多彩的内容使忙里偷闲的满族人得到一种暂时的解脱和欢娱，平时的忧心在节日里被冲淡化解，被节日欢乐氛围所浸染的人们无不洋溢喜气，尽兴游乐。

游戏竞技活动同样是满族填充闲暇时间、娱乐身心的重要方式。在历史的发展过程中，满族形成了丰富多彩的各式童嬉活动，有"打冰嘎""骑马战""赛威呼""跑马城""抓嘎拉哈""老鹞子抓小鸡""解股（绷）"等等，这些集趣味性与竞赛性于一身的游戏活动伴随着满族儿童度过了他们快乐的童年时光。种种与满族成年人闲暇娱乐活动有关的游戏风俗则更多地带有赌赛输赢和竞技的性质，如"竞射""跳骆驼""撩脚""蹴鞠"等，都是一些代表着以技巧、力度、技艺为不同竞赛内容的竞技娱乐活动。

满族习俗文化中的娱乐因素还有很多，多样化的娱乐样式不仅丰富了满族人民的精神生活，而且给他们的生活方式进一步增添了色彩。随着满族社会的发展和进步，其习俗文化的娱乐功能还将得到不断加强，这对于满族人民锻炼健康的体魄、塑造优秀的人格、加强群体互助的合作意识以及形成坚强勇敢的意志力等均会起到巨大的作用。

如果说满族习俗文化的娱乐因素在调节满族个体成员的身心方面有着其他文化内容难以替代的作用的话，那么满族习俗文化在审美功能上，则具有其他形式的传播无法比拟的优势。这种审美功能表现在既能从形式外观上"美其目"，又能在精神情感的需求中"悦其心"，从而保证人的"悦目"和"怡神"的审美需要得到满足。

几百年来，满族的旗袍一直保持着长盛不衰的生命力，究其原因，除了经济上的省工省料、穿着便利外，更主要的在于它在实用功能的基础上，将面料、色彩、造型、纹样等因素创造性结合，使穿着者得到美的享受，欣赏者产生妙的灵感。法国著名时装设计大师皮尔·卡丹曾说："在我的晚装设计中，有很大一部分作品的灵感来自中国的旗袍。"由于上下连成一体，旗袍使女性的曲线美充分地表露出来，以中国的丝绸制成，线条则更为轻柔流畅，这恰可以印证由英国画家和艺术理论家荷迦兹最早提出的"曲线是最美的线条"的理论。因而近百年来，纵然各式女装走马灯似地流转变换，旗袍却能以"稍变应万变"，在变幻莫测的时装世界中永远占有自己的一席之地。

从满族饮食、建筑、配饰、祭祀品和婚嫁用品上，人们都可以得到视觉上的审美感受。例如满族人人喜欢佩戴的荷包（满语"法都"）原本是八旗兵丁用来储存食物的一种兽皮小袋，后来发展成为纯粹的饰物。多以缎、绸、布、革为质，表里两层，口沿穿绳松紧可调。两侧有飘带，底部带坠。表面用刺绣、纳纱、堆绫、压金银丝、缉米珠等工艺，制成龙凤、花鸟、人物、八宝、福禄寿喜等精美图案。其形有圆有长，有鸡心式有花篮式，更有累丝点翠、雕刻牙骨、金银翠玉各式。因而荷包这种佩饰不仅具有实用功能（内可装钱币、香料、烟叶、豆蔻等物），而且成为一种审美的欲求，变得"赏心悦目"了。换句话说，即荷包通过满族人民的精湛手艺表现了满族独特的审美心理和观念，同时凭借其丰富的习俗内涵和表征，又进一步完善和增强了它的审美功能。再如，满族人在准备节日饮食时（如腊八粥和重阳花糕等），还会通过对食品、果品不同颜色的选择和搭配，来充分表现色彩之美，以达到过节心理的满足和赏心悦目的功能。

"民俗的主体是人，是民俗养成中的群体和个人"[①]，因此我们在体味满族习俗文化形式美和内在美的同时，却不能忽视负载着"俗"的审美的主体——满族人的存在。因为主体自身的美才是美感产生的前提条件。民俗审美的根本目的在于培育美的主体，即具有丰富健全的心灵和创造才能的人。无论是对美的外部形态的感知，还是对美的内在意义的理解，其最终目的并不在满族习俗文化本身，而在于满族人自身。[②]

（三）教化和标识功能

满族习俗文化的教化功能，是指满族习俗在满族个体的社会化文化化[③]过程中所起的

---

① 乌丙安：《民俗学原理》，沈阳：辽宁教育出版社，2001年版，第132页。
② 参阅仲富兰：《中国民俗文化学导论》，杭州：浙江人民出版社，1998年版，第254页。
③ 文化化即濡化（enculturation），表示文化的习得与传承。此概念最早由美国文化人类学家赫斯科维茨（Melville J·Herskovits）提出。

教育和模塑作用。我们知道，人是文化的产物，习俗作为一种文化现象，在个人社会化文化化的过程中起着十分重要的作用。美国著名的人类学者本尼迪克特曾写道："个体生活历史首先是适应由他的社区代代相传下来的生活模式和标准。从他出生之时起，他生于其中的风俗就在塑造着他的经验和行为。到他能说话时，他就成了自己文化的小小创造物，而当他长大成人并能参与这种文化的活动时，其文化的习惯就是他的习惯，其文化的信仰就是他的信仰，其文化的不可能性亦就是他的不可能性。"① 的确，习俗文化就像弥漫在社会中的一种无形的"图腾"，每一个满族成员自他出生之日起，就进入了它的规范过程：当他（她）呱呱落地来到人世时，洗三、满月、抓周等诞生礼会为他拉开人生的第一道帷幕；他在悠车里牙牙学语，在习射、跑马城等童嬉中模仿着成人的生活；从家庭和社交礼俗中逐渐了解人际关系；长大成人后，他按满族特定的结婚礼俗成家立业，繁衍后代；直至衰老死亡，满族特定的丧葬习俗送他离开这个世界。可以说，满族成员时时刻刻都生活在满族习俗所营造的独特的文化氛围中，从生至死，须臾没有离开。

所谓满族习俗文化的标识功能，指的是习俗文化传统对于民族性格的影响。民族性格，有时也叫民族个性，它是一个民族较为稳定的心理和行为特征，其中，共同的心理素质是构成民族性格的基本成分。今天我们之所以能把满族人同其他民族区别开来，主要是通过满族人特色鲜明的民族性格，而内隐的民族性格又是通过种种外显的习俗文化表现出来的。民族性格与习俗文化就如同一对孪胞兄弟密不可分。

俗语"江山易改，本性难移"指的是某个人的性格一旦养成，就很难改变。对一个民族而言，当某种民族性格在历史的积淀中形成以后，也会具有较强的持久性和相对稳定性。究其原因，其中一个重要因素便是与本民族的习俗文化息息相关。具体到满族，其习俗文化在社会的发展进程中一经形成，同样具有自己独特的传承体系和运行规律，具有超越特定时空的强大惯性。如此，我们也就可以理解，20世纪，满族虽然历经数次重大的社会变革，但在历史中所形成的豁达豪放、热情大方、积极开拓、勇于进取等民族性格直至今天还在发挥着重要的影响。但同时我们也看到，满族在历史进程中所形成的爱摆阔气、饮酒海量等民族性格中的消极因素也仍然存在，这种民族性格同样不是一朝一夕所能改变的。

满族人的性格作为满族习俗文化的"标的"，对于满族社会的发展与进步有着至关重要的影响。若使满族社会顺利发展，与时俱进，就必须用历史唯物主义的观点来看待分析满族的民族性格，继承和弘扬其中优秀的部分，改革和剔除其中许多与社会发展格格不入的东西，从而塑造一种有利于满族社会繁荣和发展的新的民族性格。

（四）规范和维系功能

在日常生活中，社会规范的形式多种多样，一般而言，人们将它们划分为四个层面，

---

① （美）露丝·本尼迪克特（R·F·Benedict）：《文化模式》，何锡章、黄欢译，北京：华夏出版社，1987年版，第2页。

依次为法律、纪律、道德、民俗。其中，民俗是产生最早、约束面最广的一种深层行为规范。[1] 满族习俗文化的规范功能就在于根据特定的历史、地理、文化条件将群体所选择的某种行为方式予以肯定和强化，使之成为一种群体的标准模式，统一大家的行为，从而使社会生活有规则地进行。在满族人的社会生活中，尽管存在着种种内容详尽的法律和法规，但其规定的行为准则却只是社会行为中必须强制执行的一小部分，而满族习俗文化虽然没有具体的条规约束和量刑标准，它却像一只看不见的手，无形中支配了满族人的所有行为。从衣食住行到婚丧嫁娶，从社会交往到精神信仰，从岁时节庆到游戏竞技，人们都在自觉不自觉地遵从着满族习俗文化的规范。可以说，满族人生活中的一切，都处于满族习俗文化的影响和制约之下，尽管人们有时意识不到这种规范力量，但从某种意义上讲，满族习俗文化这种"软控"的力量要比法律、法令等"硬控"的力量有力得多，也厉害得多，是一种最强劲的深层控制。所以一位西方哲人在几百年前就曾说过："人的思考取决于动机，语言取决于学问和知识，而他们的行动，则多半取决于习惯。"[2]

除了规范群体成员的行为方式外，满族习俗文化同时还维系着群体的民族文化心理。满族社会成员从自身所处的特定的习俗文化环境中得到教化，形成相同或者相似的思维方式和价值观念，即共同的民俗心理。这种共同的民俗心理会产生强大的凝聚力和向心力，使得满族成员不管身处何地，都能与自己的民族保持认同。例如满族人入关统一全国后，清朝统治者为了加强军事控制，向全国各战略要地陆续派遣了数量不等的八旗兵前往驻防。从康熙二十三年（1684年）始至乾隆二十七年（1762年）止，历经八十多年的努力，最终在全国直省建立起完备的八旗驻防体制，达到稳定全国的目的，满族中一个特点鲜明的直省驻防群体也由此而产生。满族直省驻防群体成员散布于从长城到新疆、从长江到四川、黄河沿线及东南沿海的各大、中城市，虽然各直省驻防群体成员人数较少，文化能量小，在他族文化氛围中不得不"渐染汉习"，但他们通过庆贺满族节日，穿旗装、做"满食"、行满礼等方式，始终在心理上认同于自己的民族。因此，满族习俗文化就像一个巨大的"文化磁场"把民族成员吸引、凝聚为一个整体，从而使民族内部达到团结和统一。当然，满族习俗文化的维系功能，既有积极的一面，也有保守的一面，对此，我们要认真甄别，给予清醒的认识。

（五）文艺体育功能

满族习俗的文艺体育功能主要是指满族的许多文艺体育活动形式是由游戏竞技活动发展演变而成，而岁时节庆也往往是在一个轻松欢快的文化氛围中开展的，具有极强的文艺体育性。

满族的游戏竞技活动内容丰富，形式多样，为满族文艺体育的发展提供了滋生的土壤。"击球"和"射柳"是满族传统的竞技活动，其历史可追溯到八百年前的金代。如今，北京市民族传统体育协会，根据"击球"和"射柳"的竞技特点，整理出"接力球"

---

[1] 钟敬文：《民俗学概论》，上海：上海文艺出版社，1998年版，第29页。
[2] 《培根随笔选》，北京：三联书店，1983年版，第63页。

和"射柳条"两项体育项目,深受满族人民的喜爱。又如,已在全国各民族中间得到推广、并被定为少数民族体育运动会正式比赛项目的"珍珠球",即源于满族儿童喜爱玩耍的"扔核"("核"是满语"尼楚赫"的约简音,为珍珠之意)游戏。"采珍珠"原本是古代满族传统的生产活动,后来逐渐演化为一种非常流行的扔小皮球(历史上用布球)的儿童游戏,这就是"扔核",或称之为"踢核""采核"。20 世纪七八十年代,这种富有特色的竞技活动被满族文化的积极倡导者们引入体育项目,发展成珍珠球,使之成为一个既具浓厚民族特色又合乎现代体育标准的比赛项目。另外,我们从"摔跤"(清代叫布库戏、厄鲁特)、"滑冰"、"狩猎"(满语阿巴拉比)、"打铜锣"等满族喜爱的传统体育项目中,都可以清楚地看到满族许多民间游戏竞技活动发展演变为体育活动的轨迹。

扬烈舞是清代的一种宫廷舞,又称武舞。司舞者八人扮勇士,骑竹马,张弓矢,带鞬具。另舞者十六人,服黄画布;十六人服黑羊皮套,戴面具,跳跃舞蹈扮虎豹诸兽。骑竹马勇士张弓射箭,兽中矢而退。[①] 这种满族人民喜闻乐见的舞蹈主要是通过年轻的满族猎手们跃马扬鞭、追捕凶猛野兽的狩猎活动来表现满族的勇猛和善射,舞蹈自始至终洋溢着浓郁的满族风情。其中,舞蹈者着甲胄、执弓箭、骑在竹马上作奔驰射击的舞蹈动作即源于民间自娱性的儿童游戏跑竹马。这种自娱性游戏最早起源于新石器时代晚期的北方游牧民族中间,[②] 至唐时就已广为流传。后来民间社火队将其吸收改为竹马戏,成为表演娱人的歌舞游戏,并一度在全国广大地区流行。清朝,随着满族与他民族民俗层面文化交流的日益密切,竹马戏也渐为满族所习得,并进而运用于民族舞蹈的编排,使之与满族的传统艺术巧妙地融汇在一起,共同表现满族人精骑善射的民族特点。又如,一提起秧歌舞,人们自然会想到欢快红火的东北满族大秧歌。事实上,作为一种歌舞游戏,秧歌在清朝的东北地区就已十分盛行。清代杨宾曾在《柳边纪略》中记载了康熙年间宁古塔地区满族人扭秧歌欢度上元节的情景:"上元夜,好事者辄扮秧歌。秧歌者,以童子扮三四妇女,又以三四人扮参军(即滑稽诙谐角色),各持尺许两圆木,嘎击相对舞。而一持伞灯卖膏药者前导,旁以锣鼓和之。舞毕乃歌,歌毕更舞,达旦乃已。"[③] 这种歌舞相济的游戏娱乐方式颇为吸引人,以至于通宵达旦,尽兴方罢。到了近代,秧歌在流传过程中逐渐由歌舞游戏活动发展成为一种富有民族特色的满族民间舞蹈——秧歌舞。与汉族秧歌舞相比较,满族秧歌舞的跳舞者均身着旗装、佩带旗标,舞姿也多是大开大合大扭摆,还有许多是模拟征战和狩猎的姿势,动作更为奔放,舞姿更为雄劲,反映了满族人民古朴、粗犷、豪放的民族气质和崇尚武功的民族精神。

满族在喜迎四季的岁时节庆过程中,不仅要宴享大庆,制作和品尝香气飘溢的节日饮食,而且还要举行各种庆祝活动,以渲染和浓化节日的氛围。其中,文艺体育活动是节日庆祝活动的重要组成部分。比如金朝女真人在重午、中元、重九等重大节日中行拜天礼之后,必举行击球、射柳大赛。皇帝不仅驾临参观,还亲自下场参赛。彼时,官、军、百姓

[①]《满族舞蹈撷粹》,载《满族风情录》,成都:四川人民出版社,1994 年版,第 221 页。
[②] 麻国钧:《中华传统游戏大全》,北京:北京农村读物出版社,1990 年版,第 555~556 页。
[③] (清)杨宾:《柳边纪略》卷 4,辽海丛书刊本,1984 年版。

都来观看，尽情欢乐，形成庆祝节日的盛会。又如在正月十五元宵节期间，吉林地区的满族通常要"街市张灯三日，金鼓喧阗，燃冰灯，放花爆，陈鱼花曼衍、高轿（跷）、秧歌、旱船、竹马诸杂剧。"① 绚丽的彩灯，震耳的爆竹，加上各种精彩的文娱活动，使出游的人们尽享欢乐，大快朵颐。赛龙舟、赛马、摔跤、射箭等也都是满族人民在节日期间乐于开展的几项体育竞技活动。

正因为满族的岁时节庆具有上述文娱体育方面的活动内容，加之满族的许多文艺体育活动形式是由游戏竞技活动发展演变而成，满族习俗文化才具备文艺体育功能，从而更好地调适着满族人民的社会生活。

总之，满族习俗是应满族人社会生活的需要而产生并逐步完善的，它在满族社会的发展过程中发挥了十分重要的作用。因此，对满族习俗在满族社会中所起的功用进行研究，应是一个非常有意义的学术课题。

二、满族习俗对中国文化的贡献

中国是统一的多民族国家，五十六个民族共同创造了祖国辉煌灿烂的文化。其中，满族作为一个历史积淀丰厚的民族，建立了中国最后一个封建王朝，其习俗文化不仅是中华文明不可分割的组成部分，而且还以自身的独特内涵，对多元一体的中华文化的形成与发展，做出了自己的贡献，并由此在中华文化宝库中占据一席之地。

（一）对"京味文化"形成与发展的贡献

所谓"京味文化"，即指缘于北京独特的地理位置（历史上这里一直是农耕文化与游牧文化的临界点，也即汉文化与少数民族文化的交界地带），并经历代北京都市文化之积淀，始于辽、成熟于清而最终形成的北京区域性文化。与中国其他区域性文化相比，民族融合性是其最大特点，即京味文化是历史上各民族、各地区文化交流互动、融汇创新的结果。在中华文化宝库中，京味文化始终以其完备的体系、繁复的内涵、特色独具的风格独领风骚，而满族则在"京味文化"的最终形成过程中起到了积极的引导和促进作用。

三百多年前，满洲八旗兵挟带着"国语骑射"文化问鼎中原，一统天下，定都燕京。带有农耕型民俗文化与渔猎型民俗文化相复合特点的满族习俗也就随即融入北京原有的都市民俗中，二者相互容纳结合，最终促成了"京味文化"。满族在清代是统治民族，生活稳定而有保障，清政府的种种限制又使满族不事生产，大量的闲暇时间和有保障的生活使得京旗满族既有精力又有财力去从事各种娱乐，钻研各种技艺，积极投身于各种民俗事象，从而对"京味文化"的发展和提高起到了积极的推动作用。

"京味文化"的具体内容也处处显示出被满族习俗影响后的痕迹。饮食方面，北京特有的饮食文化和京帮菜系是在满族传统饮食文化特质的基础上，吸收其他地域饮食文化的

---

① 《吉林通志·岁时民俗》，载《中国地方志民俗资料汇编·东北卷》，北京：北京图书馆出版社，1997年版，第251页。

合理成分而最终形成的。因而，在北京传统菜肴和风味小吃中存有许多满族饮食文化特征。比如，满族人喜欢食用的饽饽主要是以黏米面为原料，并以豆馅、果仁、蜂蜜、白糖等为佐料，用炸、烙、蒸等方法制成，不仅品种繁多，而且制作精巧，风味独特，后来随着满族入关而很快成为风靡北京的风味小食品。时至今日，萨其马、绿豆糕、驴打滚儿、豌豆黄等满族风味食品仍然受到北京人的钟爱。再如，满族自其先世女真人以来就有饭后喝粥的饮食习惯，这种吃法一直持续到近世满族，在《皇帝节次照常膳底档》中，就十分明了地记载着皇帝御膳每顿都有几种粥，如粳米粥、素粳米粥、薏仁米粥、豇豆粥、小米粥等。此外更有应节气的荷叶粥、藕粥、绿豆粥、肉粥、果汁粥等。京旗满族平民在日常饮食中也少不了喝小豆甜粥、豌豆粥、杏仁粥、八宝粥等。受此影响，北京人也逐渐养成了与华北诸地略有不同的喜欢喝粥的饮食习惯。又如，被满族宫廷发扬光大的涮羊肉，至今仍在北京风行。而作为中国宫廷饮食文化象征的满汉全席，现在更是作为北京饮食文化的"代表作"，招揽着海内外的宾客。这是满汉融合型饮食为北京文化所作出的巨大贡献。

服饰方面，满族适应马上骑射的生活习尚所形成的上下一体的旗袍款式，在入关后经过不断改善，渐由先前的宽腰身直筒式变成紧身全体的曲线型、流线型，甚为北京汉族妇女和其他各地各族妇女所喜爱，并最终以其独特的东方韵味而演变成为中国妇女特有的服饰标志。而清时，满族固有的长袍马褂也代替了汉族的宽衣长袖，成为彼时京都男子装束的时尚。

居住方面，满族式的火墙、火炕无论在富丽堂皇的宫廷内还是在京城的普通百姓家，都是清时北京的居室建构中不可缺少的保暖设施，虽然现在的北京已不多见，但满族室外民居的四合院却依然在林立的摩天高楼中显示着它那别具一格的京味风韵。

语言方面，"京味文化"主要以"京腔"为衡量标准，而京腔则是由明代北京汉语、旗人满式汉语和满语借词三部分构成的。其中，满语"轻音""儿化"的发音方法在其间被大量采用。

游戏竞技方面，与中原重视智力的娱乐不同，满族为北京带来了重力量与技巧的竞技性娱乐，如角力、射柳、冰嬉等。现在北京小孩喜欢的"溜冰车""抽冰嘎"等，即是满族从东北传过来的儿童游戏。

此外，满族还为北京的民间曲艺贡献了具有民族特色的八角鼓和子弟书，并在京剧渐趋成熟、进而成为中国传统文化之精粹的过程中，发挥了重要的推动作用。

由上可知，满族及其风俗对"京味文化"的形成和发展起到了巨大的推动作用，并促使北京都市民俗文化在清代达到发展的巅峰时期。

（二）对中华文化发展的贡献

费孝通先生在1988年提出的"中华民族的多元一体格局"理论，为人们重新审视中国的民族关系、客观看待汉文化与少数民族文化之间的关系提供了一种全新的视角。中华文化是多元一体的文化，在这个庞大的文化体系中，汉文化以人口众多、文化积淀深厚而始终居于主导地位。但在推动中华文化形成和发展的过程中，少数民族也都不同程度地做出过自己的贡献，少数民族文化同样也是中华文化不可分割的组成部分。因此，我们只有以"多元一体"理论为指导,进一步深入探讨汉文化和少数民族文化各自的发展规律及其相互关系,才能给它们各自的文化以正确的评价。

文化人类学的理论告诉我们,不同的文化接触、文化传播从来都是相互的、双向进行的,他们都是有选择地互相采纳对方的文化特质和文化丛体,而各自的文化成就,从来就是双向或多向交流的结晶。然而在过去的研究实践中,人们受到诸多因素的影响,只是过多地强调中原文化(或称汉文化)对周边地区和民族文化的辐射、影响或制约的作用,却忽略后者对前者的影响。诚然,中原文化对满族习俗文化曾经产生过巨大而深远的影响,但同样不容置疑的是,满族习俗文化也深刻地影响了中原文化,并为它增添了许多新的内容,从而为多元一体的中华文化的形成与发展做出了自己特殊的贡献。比如,满族作为中国封建王朝的最后一个统治民族,在当时特定的历史和社会环境下,总结中华民族传统和当代的饮食文化精华,并融入满族饮食文化的优秀成分,最终促成了"满汉全席"的产生,从而使中国传统饮食文化在清代再度达到高峰。现在,"满汉全席"作为北京饮食文化的"代表作",作为中国饮食文化的象征,仍在民族文化交流和对外文化交流中发挥着重要的作用。

旗袍是满族习俗对中华文化的又一贡献所在。旗袍原本是满族女子的常服,后来因其独特的审美意蕴而逐渐演变成为中华民族妇女共同喜爱的服装。在一些外交场合,旗袍甚至被视为中国妇女的国服。如今,中国的旗袍不仅流行于东方的一些国家,而且连欧美等地一些身材苗条的妇女,也竞相仿效。随着服装的发展,旗袍已经代表中国走向了世界。

当然,我们在充分肯定满族习俗文化积极性的同时,也并不否认它所包含的某些消极的成分。比如,满族在入关之后,依靠武力强制推行剃发易服的政策,强行把自己的生活方式甚至民族习俗灌输给他人。他们并不懂得,任何一种习俗的融合都是在一种自觉自愿、潜移默化的氛围中进行的,而被迫的融合只会给传受双方带来压抑和痛苦。然而,我们知道当满族崛起之时,也正是中央王朝衰败之际,统治阶级日益腐朽,整个社会文化的发展也呈衰落之势。而满族入主中原,取明而代之,从一定意义上说,就是对腐朽政权旧制度、旧事物的扫荡,从而阻止社会走向溃烂。"只有野蛮人才能使一个在垂死的文明中挣扎的世界年轻起来"。[①] 满族的崛起和发展历程再次证明了恩格斯观点的正确性。满族在入主中原后,以其粗犷自然的民俗文化特质补救了当时浮靡空泛的汉文化,这就不啻为衰落中的汉文化注入新的活力,于是中华文化得以在新的起点上继续发展。这正是中华文化永不衰竭、充满活力的源泉所在,也是满族习俗文化为中华文化所做出的巨大贡献之所在。

由此可见,满族习俗文化是在同中原及其他地区与民族文化双向或多向交流中发展起来的,是中华文明与文化的重要组成部分。它与其他民族的文化、与中原地区汉文化之间既相联系,又有区别,自成一种体系。尤其是在建立最后一个封建王朝后,它对中华文化的发展更是产生重要而又深远的影响。因此,满族习俗文化在多元一体的中华文化体系中,将永远占据一席之地。

---

① 恩格斯:《家庭、私有制和国家的起源》,北京:人民出版社,2003年。

·全球化、地方性与跨文化交流·

影视"韩流"盛行于东亚还是全世界?

张祖群　　首都经济贸易大学

韩国影视作品在中国人的语汇中几乎人人皆知,并在中国掀起一股股"韩流"风潮。它们体现出商业与艺术相互渗透、东西方文化交融、高素质的演员和歌手、影响波及面广等特点。韩国电视剧在欧美遭遇"文化折扣"不大,但韩国电影难以进入大院线面向最大量的观众,可见"韩流"也不是铁板一块。在影视文化产业分析中,需要构建"遗产——传播——全媒体——认同——软实力"的文化逻辑链。要想扭转中国文化在欧美遭遇的严重"折扣",有效实施中国文化"走出去"战略,必须进行"中国故事"的"国际表达"。

一、影视作品中"韩流"定义辨析

"韩流"在 20 世纪 90 年代末涌入中华大地,以韩国流行音乐、电视剧、校园小说等大众文化作为载体,在中国掀起了广泛推崇韩国流行文化的风潮。特此举两例:(1) 韩国肥皂剧。韩国肥皂剧正在世界范围内赢得越来越多的观众的喜爱,除了 13.8 亿人口的中国外,甚至是美国、古巴这些国家都开始流行韩剧,而朝鲜属于韩国肥皂剧"进军"的最后一个"重要战场"。据近期首尔大学统一和平研究所一份以 149 名"脱北者"[①] 为对象的研究显示:超过 80% 的人在逃离朝鲜之前接触过韩国肥皂剧。美国媒体甚至曝出"朝鲜教授看韩剧被降职从事体力劳动"等新闻(根据 2015 - 01 - 31《国际时事参考消息》)。韩国肥皂剧让有机会接触到韩国影视作品的朝鲜人对韩国心生渴望:"三八"停火线以南的国家原来是一片美丽的天国,我们一直宣称解救同胞,原来都是"骗局"。而事实是:我们自己生活在水生火热之中!(2) 韩国音乐。2012 年"江南 style"在 76 天内点击量突破 3 亿人次,红遍中国大江南北,波及港澳台及东南亚,乃至全世界,创造了新的吉尼斯世界纪录,"江南 style"风格成为一种全世界民众在短时间内迅速模仿的流行风格!"江南 style"之所以成功,固然有音乐本身节奏旋律较轻快、舞蹈形体创作轻松幽默之原因,但更重要的原因是 MV 视频本身的精心制作,这是它成功的内因。同时网络社会传媒的传播作用是"江南 style"成功的外因,内外双因促使韩国流行音乐引领世界流行音乐发展

[①] 脱北者全称是"北韩离脱住民"。指不适应朝鲜政治体制和生活环境,通过非正常渠道离开朝鲜到其他国家的朝鲜公民的称呼。最开始专指从朝鲜亡命到韩国的人,后来泛指所有从朝鲜逃出来的人。

潮流！① 总之，"韩流"虽然源于韩剧、韩国音乐等娱乐行业，但却没有限制在其中，而是逐渐发展成为以韩国大众文化产品为代表，包括韩国化妆品、服装、电子产品、旅游等多个产业在内的相互影响和相互带动的发展模式，并逐渐将带有"韩国制造"的东西都归于韩流。② 而影视作品则是韩流文化受众范围最广、最主要的承载体，也是韩国大众文化的核心成分。"韩流"是在韩国特有文化、纯粹韩国生活方式的基础之上，辅之以东西方流行元素进行加工、包装，所呈现出的一种全新的亚文化在中国娱乐市场走红的现象。③ 中国影视作品数量虽多，但很少能走出国门而成为"华流"④，有学者将原因归结为求数不求质、宣传力度不够、表象与现实形象的反差等。⑤

初步概括影视"韩流"的特点如下：（1）商业与艺术相互渗透，具有成熟的娱乐市场运作模式和准确的受众定位。"韩流"也是"港台流""日流"等时尚风潮的延续，而各国青少年最推崇的就是外来文化的时尚和自我个性的张扬。（2）东西方文化交融。韩国作为文明古国之一，文化底蕴较为深厚，在韩国电视剧中处处体现着友爱互助的传统精神，所以在中年人中拥有一定影响力，而另一方面，韩国文化潮流中充满着动感时尚的元素，比如摇滚音乐、前卫服饰，这些炫酷靓丽的"新新人类"文化都与西方时尚接轨同时又具有浓厚韩国特色，因此受到了广大青少年的热爱。（3）高素质的演员和歌手。提到韩国明星，我们无一不想到高大帅气、青春靓丽等形容词，韩国艺人出道前必须经过极其严苛的训练，并且成功出道率只有15%，除了对形象外表要求极高之外，大多还要求能歌善舞，所以能紧紧吸引着观众的眼球。（4）影响波及面广。影视"韩流"早已超出意识形态，波及全球诸多国家，体现出从区域文化特质向全球时尚文化的过渡。

二、典型的"韩流"作品

《大长今》《来自星星的你》《人鱼小姐》《蓝色生死恋》《冬季恋歌》《天国的阶梯》《浪漫满屋》《秘密花园》，金喜善系列，韩国版《爸爸去哪儿》《匹诺曹》等都是典型的韩流作品，在中国人的语汇中几乎人人皆知。下面笔者列举一些典型的韩国电影、电视剧的代表（详见表1、表2）。

---

① 邱洋洋：《韩国流行音乐的发展现状研究》，哈尔滨师范大学音乐学专业硕士论文，2014年，第51页。
② 朴爱花：《从"韩流"看中韩文化交流》，延边大学专门史专业硕士论文，2008年，第4页。
③ 赵丹红：《于子舒.浅析"韩流"对当代大学生的影响》，载《内蒙古科技与经济》，2013年第24期，第157~158页。
④ 张祖群：《影视与旅游联姻：基于2014年的影视旅游研究的文献综述》，载《电影评介》，2015年，第7~12页。
⑤ 徐热：《影视发热旅游升温——谈影视与旅游的产业联姻》，载《文化学刊》，2014年第6期，第143~150页。

表1 "韩流"电视剧代表作

剧目名称	类型	年代	导演	主演（男女主角）	国际获奖
《星梦奇缘》	早期韩剧经典	1997	李长涵	安在旭，崔真实	未知
《爱上女主播》	早期韩剧经典	2000	李振石	蔡琳，张东健	未知
《蓝色生死恋》	早期悲剧代表作	2000	尹锡湖	宋慧乔，宋承宪	KBS人气奖（宋慧乔获得）
《人鱼小姐》	家庭剧代表作	2002	李珠环	张瑞希，金成珉	MBC演艺大赏
《天国的阶梯》	悲剧代表作	2003	李长秀	权相宇，崔智友	KBS最佳女主角奖（崔智友获得）
《大长今》	历史剧代表作	2003	李炳勋	李英爱，池珍熙	MBC演技赏
《豪杰春香》	改编喜剧代表作	2005	全基尚	韩彩英，在熙	KBS演技大赏新人演技奖
《我叫金三顺》	喜剧代表作	2005	金尹哲	金善雅，玄彬	MBC演技大赏
《搞笑一家人》	情景剧代表作	2006	金丙旭、金昌东、金英基	罗文姬，郑俊河	MBC广播文艺表演赏最受欢迎奖
《市政厅》	现代剧代表作	2009	申宇哲	金善雅，车正元	SBS演技大赏
《秘密花园》	喜剧代表作	2011	申宇哲	玄彬，河智苑	SBS演技大赏
《拥抱太阳的月亮》	历史爱情剧代表	2012	金道勋	韩佳人，金秀贤	百想艺术大赏
《继承者们》	校园偶像剧代表作	2013	姜信孝	李敏镐，朴信惠	SBS演技大赏
《来自星星的你》	近年人气代表作	2014	张太侑	金秀贤，全智贤	"白玉兰"银奖

（资料来源：笔者根据网站宣传材料与海报整理列表）

表2 "韩流"电影代表作

电影名称	类型	年代	导演	主演（男女主角）	国际获奖
《杀人回忆》	改编代表作	2003	奉俊昊	宋康昊，金相庆	韩国电影青龙奖，大钟奖；东京电影节中东最佳电影
《假如爱有天意》	爱情片代表作	2003	郭在容	孙艺珍，赵寅成	香港金像最佳亚洲电影；韩国电影青龙奖
《亲切的金子》	悬疑代表作	2005	朴赞郁	李英爱，崔岷植	威尼斯电影节"乔万尼新锐电影奖"；青龙奖最佳女主角奖
《追击者》	悬疑片代表作	2008	罗振宏	河正宇，金允石	韩国电影青龙奖，大钟奖
《黄海》	悬疑代表作	2010	罗振宏	河正宇	百想艺术最佳影片
《熔炉》	改编代表作	2011	黄东赫	孔侑，金贤秀	韩国电影青龙奖，大钟奖

续表

电影名称	类型	年代	导演	主演（男女主角）	国际获奖
《恐怖直播》	政治抨击代表作	2013	金秉宇	河正宇	韩国电影青龙奖
《素媛》	亲情，改编代表作	2013	李睿逸	李甄，薛景求	韩国电影青龙奖，北京国际电影节最佳女配角奖
《辩护人》	法制亲情代表作	2014	杨佑硕	宋康昊，林完时	韩国电影青龙奖，百想艺术大赏

（资料来源：笔者根据网站宣传材料与海报整理列表）

2014年，最令人印象深刻的韩剧便是《来自星星的你》。不同于以往的"车祸＋白血病"套路，该剧讲述了一段外星人跨越千年等待真爱的唯美故事。《来自星星的你》播出之后，在收视人群中引起了巨大的反响，下到小学生，上到中老年人，都有人为之疯狂着迷，一时间"都叫兽"之名响遍全亚洲，大街小巷充斥剧照海报，论坛微博被"叫兽"话题刷屏，甚至连首都经济贸易大学的食堂都出现了名为"来自星星的鸡排"的窗口，在该剧饰演男主角的金秀贤以其成功地塑造了面瘫而情深的"叫兽"一角，而成为万千少女为之疯狂的男生。据悉，金秀贤在《来自星星的你》播出之后，在中国的首场演出费用高达百万人民币，而女主角全智贤也继13年前的《我的野蛮女友》（2001年）之后重新回到中国大众的视野，一时间淘宝上搜索最多的便是"全智贤同款"。《来自星星的你》并不见得剧情有多跌宕起伏，结构有多么严谨缜密，甚至青年大学生对其穿越桥段吐槽者甚多，但是不得不说这部剧很有诚意，剧中女主角千颂伊是韩国一流明星，她在剧中的穿戴无一不是欧美大牌，简练干净而奢华低调，十分符合她的形象，整部剧从布景、灯光、道具都是无可挑剔的，很大程度上满足了观众越来越高的视觉需要，并且剧情也是紧紧扣住韩国历来擅长的爱情路线，引人入胜。反观中国的偶像剧，角色挑选混乱，道具粗制滥造，总裁与富二代都穿着浓浓淘宝风的衣服，不禁令我们大跌眼镜。脱离《来自星星的你》，我们可以发现除去少量雷剧，大多数韩剧都拥有相当高的制作水准，而作为电视剧产业大国的中国，却鲜有拿得出手的代表作。

2014年末至2015年初的几个月，韩国新生代偶像李钟硕和朴信惠主演的《匹诺曹》掀起一股热潮，单集播放量上百万，进而滋生出了各种"匹诺曹体"，而主演李钟硕也成为大多数少女心中继李敏镐、金秀贤之后的又一男神。浓浓的"韩流之风"在我们身边随处可见，一种名为"韩流"的元素已经融入了中国人民的生活（访谈样本1，访谈对象：蒲柳羽，2015/1/29）。

三、"韩流"是否也遭遇"文化折扣"？

（一）"文化折扣"的基本内涵

2007年韩国电视剧就已经占据了境外电视剧的主体，其总影响力比美剧、日剧的总和还要多。尽管近年，美剧也开始崛起，但是韩剧依然牢牢占据第一的位置，韩剧的影响力可见一斑（表3，表4）。

表3 境外影视对中国内地观众影响力的概况（单位：万次）（2007年数据）

韩剧	日剧	台剧	美剧	韩国电影	日本电影	港台电影	美国电影
480	31	76	4	68	19	3	91

（资料来源：根据文献①）

表4 2015年百度贴吧会员指数（人）

韩剧	美剧	日剧	港剧	泰剧	英剧
983847	856163	406966	19917	99671	90546

（资料来源：笔者根据百度贴吧情况整理）

加拿大籍学者霍斯金斯（Colin Hoskins）和米卢斯（R. Mirus）在1988年出版的《全球性电视和电影——产业经济学导论》一书中最早提出"文化折扣"（cultural discount）的概念，它是指在"确定文化产品交易的经济价值时，必须考虑其中的文化差异因素"。他国受众基于语言、民间习俗、历史传统和文化认知程度等差异，对于异质文化的吸引力、认同度、理解度则会大为降低。当前世界各国文化产业之间的竞争日趋激烈，体现了以"文化折扣"博弈为核心，以获得"外部利益"为隐含诉求的特征。赵建国博士在他的博士后报告中将"文化折扣"（cultural discount）翻译为"文化贴现"，并给出计算公式：文化贴现=（国内相应产品价值-进口价值）/国内相应产品的价值。② 不同国家（地区）之间"文化折扣"差异很大，既与国际政治经济关系有关，也与一个国家（地区）内部的发展阶段、文化产业政策调整有关。

（二）韩国电视剧在欧美遭遇"文化折扣"不大

韩国电视剧在中国（包括港澳台）被普遍热捧，他们在美国是否也一样受到欢迎呢？有三种截然不同的观点：（1）中国影视作品在美国遇冷，韩国影视作品也不是普遍被美国观众所接受。曾经也有媒体爆出韩国影视剧《来自星星的你》因其内容过于小清新而不被美国观众追捧，遭到了遇冷的情况。看待影视作品需要考虑文化的地域性和不同发展阶段的历史性等众多因素，要综合地去考虑问题（访谈样本2，访谈对象：李尚蒙，2015/5/21）。（2）笔者某学生用手机百度"韩剧美国热"，搜索出众多的文章，比如有一篇说《来自星星的你》确实在美国带来了一阵"韩风"，大多数人对韩剧还是感兴趣的。在Facebook上搜索"李敏镐"，发现其拥有数量众多的全球粉丝。由此可见，韩国文化在美国

---

① 詹小洪：《"韩流"文化盛行于中国及其原因》，载《当代韩国》，2007年第1期，第68~73页。
② 赵建国：《中国文化产业国际竞争战略》，北京：清华大学出版社，2013年，第21~24页。

还是有一定的影响力的（访谈样本3，访谈对象：石琦，2015/5/21）。(3) 从文化认同度的角度看待火热的韩剧，它产生的影响是巨大的，这会引发新闻媒体的关注，因此它会带动一个火热效应，乃至美国也会产生出热搜的结果，其次美剧、韩剧在中国大陆受到很高程度的关注，中国文字总能很贴切生动地翻译及表达出韩语的表意，而大陆剧遇冷的部分原因是翻译成其他语言时并不能表达出其生动的意思，以及不能表现出其所蕴含的内涵，这也是文化差异所导致的。笔者访谈一个学生，她用一个词"投资"来表现韩剧的成功。因为每一部韩剧的制作，投资方都是不可以预测它成功与否及影响规模，所以他们高度重视影片的质量、美感与吸引力。就中国大陆剧而言，靠明星的名气来主导这部戏，不注重内涵，靠名气来打响知名度，用一个词"捞金"即可归纳中国这类影视剧的失败。韩影视剧成功的原因很大一部分是韩国电视台把资金大量投入到了影视剧制作方面，减少演员的片酬，而中国影视剧制作相反，把大量资金投入演员片酬，金秀贤的片酬仅为中国一线男演员的八分之一，再韩国是以电视剧带红明星，中国是众多大牌明星合演一部"烂片"（访谈样本6，访谈对象：朱晓筱，2015/5/21）。

从理性角度比较，韩国电视剧在欧美遭遇"文化折扣"不大；中国部分电视剧自己都难征服自己，在本国观众心目中都饱受批评，在欧美的境遇就可想而知了。

（三）韩国电影难以进入大院线面向最大量的观众

韩国经济顺应全球产业升级的潮流，在20世纪90年代后期迅速崛起与成功并实现社会转型，从而有资本投入影视文化产业。

与韩国电视剧在全球范围的成功广泛传播不同，韩国电影尽管在各大影节屡屡斩获奖项，在世界影坛上形成较大的韩国效应，在观众群中也有着不错的口碑，但始终未能在竞争激烈的北美电影市场上占据突出的地位，其海外市场远逊于电视剧、音乐等其他大众文化。韩国电影在发行数量与票房、文化传播与影响方面与中国、印度甚至泰国等相比，产生明显的"文化折扣"现象，其原因离不开韩国电影里的极端叙事风格。在《老男孩》《亲切的金子》等影片中充斥着暴力等刺激感官的极端行为，在《恐怖直播》里以夸张的恐怖袭击来讽刺政治、抨击现实。不得不说，这些影片固然在创作手法和上有值得称道的地方，然而他们的受众范围却相当之小，所以影响力有限。与韩国电视剧相比，韩国电影并不是不优秀，而是难以进入大院线面向最大量的观众。其主要原因有以下几点：

第一，题材极端化。韩国电影中存在很严重的极端化现象，即使是在"豆瓣"拥有9分高分的韩国电影巅峰代表作《杀人回忆》也并不是一部大众电影，其改编自真实杀人事件，整部电影情节紧凑，特别是结尾处的点睛之笔仿佛是近在咫尺却又永远不能解开的谜团，令人呼吸都感到紧张，不得不说这确实是一部非常精彩的电影。但是这样的电影终究不能如美国科幻大片一样刺激着人们的感官。又比如《老男孩》和《亲切的金子》里充斥着暴力的镜头，难免会使一些观众产生抵制情绪，再者就是像《假如爱有天意》这样的爱情小清新文艺电影，受众只有一部分文艺青年。至于韩国的商业电影，大多十分通俗，难登大雅之堂。

第二，韩国影视界缺乏具有突出影响力与号召力的国际导演。朴赞郁、姜帝圭、金基德、金基石、康佑硕、尹锡、申尚玉、许秦豪、李瀚、金容华、金性洙、崔理燮、姜帝圭等韩国著名导演都组织和领导过一些有影响力的影视作品。陈林侠，杜颖（2013 年）[①] 曾发表文章统计分析得出：影片发行数量最多的导演是金基德、姜帝圭、朴赞郁和洪常秀（均为 3 部），其次是奉俊昊和林常树（均为 2 部），其他 19 位导演都只有 1 部作品，分布非常松散。不仅如此，同一导演的票房排名相差较大，如金基德的 3 部影片分别为第 1/140、12/639、25/1174 名，姜帝圭的是第 3/290、18/852、20/911 名，朴赞郁的是第 6/407、10/580、13/665 名，洪常秀更为靠后，分别为 24/1124、29/1205、30/1233 名。但是相对比较于吕克·贝松、斯皮尔博格、克林特·伊斯特伍德、吴宇森、马丁·西科赛斯等来说，韩国影视界涌现一定规模的具有世界级影响力与号召力的国际大导演群，还有待时日。

第三，起步晚，发行时间落后于其他国家。中国早在 20 世纪末，《末代皇帝》就已经打入北美市场，21 世纪初《卧虎藏龙》获得一片好评，囊括多项国际大奖。经过十几年的发展，现在华人世界已经拥有李安、张艺谋这样的世界级导演和章子怡、巩俐这样的国际影后。然而回到韩国电影，1998 年政府才出台"文化外交"战略，开始大力扶持电视剧电影产业，在 20 世纪末，韩剧已经开始席卷中国大陆的时候，国际化的韩国电影却才刚刚起步。到了 2015 年，尽管质量得到了很多人的肯定，但真正打动人心灵、宣传朴实价值的韩国优秀电影之数量并不尽如人意。

（四）小结

从"文化折扣"的角度不难理解：韩国文化和中国文化有着很多历史上的相同之处，两国都在东亚文化圈内，有着儒家的文化传统，这也是韩国文化相比欧美西方文化，更容易被中国观众接受的原因。但是因为韩国文化深受儒家传统的影响，也限制住韩流文化的繁荣局限于东亚圈范围之内。

笔者总结，韩国电视剧在美国传播是分地域、分阶层的，有的地域认同，有的地域不认同。美剧、韩剧、中国大陆剧这是不同的三个概念与对象，甚至还需要区分韩国电影与韩国电视剧这两个对象，在比较时不能混淆，拿韩剧和中国大陆剧比较时就不能掺杂美剧。笔者在诸多场合都呼吁："我们要像'敌人'学习，'敌人'就是指我们的邻国，即为我们的竞争对手"。

韩国电视剧在欧美遭遇"文化折扣"不大，而韩国电影难以进入大院线面向最大量的观众，可见"韩流"也不是铁板一块，也是有所区分的。我们需要从区域性的文化认同感角度入手进行理解，"韩流"的影视呈现如果宣扬的是极端叙事，就很难获得欧美自由与民主文化土壤里的民众的认同。以色列的文学和影视作品在美国就具有广泛的认同度，因为在犹太的苦难文化与救赎文化在美国已有一定根基，获得了一定认同。影视作品一般是在著名的某个历史名城、村落里拍的，然后经过媒体的传播，可能会形成一部分人的心里

[①] 陈林侠，杜颖：《韩国电影的艺术形态、国家形象及其文化折扣现象——基于北美电影市场的实证研究》，载《文艺理论研究》，2013 年第 6 期，第 185～193 页。

认同感,久而久之,这会成为一个国家的文化软实力的标志。"遗产——传播——全媒体——认同——软实力"文化逻辑链非常重要,这是一个由实体到虚体的过程。

四、韩国影视作品对中国影视文化产业的启示

(一)韩国人是否看清楚中国?

实际上,很多韩国人并不真正地完全"认识"中国,2015 年 1 月韩国 KBS 电视台推出新年特别纪录片《超级中国》,收视率一度突破10%,受到中韩民众、媒体、学界的共同热议。中国人现在才搞明白:原来韩国人对我们以前真的不了解,原来韩国人是这么看待中国的。这部全面介绍了"变化中"的中国的纪录片,以"他者"的视角呈现了中国取得的骄人成绩、内外面临的问题和国际地位的提升等。不论是节目策划本身,还是客观分析、主观评论解说,都能帮助韩国民众进一步全面"客观"地认识一个真实的邻邦。[①] 韩国人需要进一步理性、全面、深入的认识中国,做好迎接邻居中国"崛起"的准备。同样,中国人也需要摒弃狭隘的民族主义,加深对真实韩国的理解。两国之间有制度、经济发展时序的差异等,也有共同的文化价值认同点,需要保持开放包容的胸怀,欣赏他人(他国)之美,美美与共,天下大同。

(二)中国影视作品如何走出去?

2014 年《中韩关于合作拍摄电影的协议》签署之后,韩国对中国文化消费市场的信赖感和透明度大为改善。而中国已经取代了日本的位置,成为韩国电影电视文化海外消费第一名的国家。[②] 韩国影视作品打造受众至上的理念,采取精心的营销策略,传播儒家的真善美,弥补了现阶段我国电视剧在文化内涵方面的某些缺失和不足。例如我们的影视作品中大量充斥着勾心斗角、小三、暴力、不对称的婚姻等现象,缺乏温暖的情感与正能量。笔者与同行交流,大家普遍认为:《宫锁心玉》《步步惊心》《甄嬛传》等古装宫斗剧到底是依据什么历史事实?到底传递了怎样的信息?难道中国古代宫廷就是这么阴暗和肮脏吗?这其实也给中国影视工作者、文化产业工作者提出了一种警示!我们为什么不可以奋起直追韩剧呢?笔者非常同意这种观点:韩剧热播现象的实质是"一种文化传播潮流的盛行"。[③]

根据中华人民共和国国家新闻出版广电总局统计数据:2014 年全国产出 618 部电影故事片、296.39 亿元票房,位居世界第二。诚如清华大学新闻与传播学院常务副院长尹鸿教授指出的那样:"现在,中国电影不缺钱,不缺银幕,不缺市场,最缺的是人才。"人才培养尤其是青年后备影视人才、文化产业人才的培养是事关中国影视产业、文化产业长远发

[①] 陈尚文:《〈超级中国〉在韩掀起"中国热"》,载《人民日报》,2015 年 2 月 16 日,第 3 版。
[②] 范小青:《渐入佳境的韩国电影业》,载《光明日报》,2015 年 4 月 11 日,第 12 版。
[③] 王剑峰:《韩剧在中国热播现象的传播学分析》,山东师范大学新闻学专业硕士论文,2014 年,第 77~90 页。

展的战略性问题。① 因为影视文化产业不仅仅是一个金钱度量的问题，它关乎一个民族、一个国家的文化身份、文化认同和文化安全，关乎一个民族的原创力和国家软实力的问题。因为制度变迁的路径依赖性、行政部门的多主体性以及政策制定的滞后性，导致中国电影市场体系政策建设的产生，政策发布的主体庞杂不一、时间密度不一，缺乏对电影行业组织规范的政策，市场机制政策不健全，市场监管体系政策的结构比例失调，要素市场政策不健全和发行市场政策更新不及时等诸多问题。② 中国电影产业发展面临多窗口电影市场尚未形成、电影审查和电影内容监管的现实性与法制化不足、影视文化企业发展规模受到制约、舆论环境过于苛刻等诸多挑战。③

要扭转"中国文化在欧美的折扣远远大于日本、韩国在欧美的折扣"之被动局面，我们有必要将本土化与国际化相结合，选择折扣较低的大众文化产品类型，借用国外受众熟悉的文化传播式样进行"中国故事"的"国际表达"，构建国别文化折扣评估体系。④ 中国影视作品要实现有效的"走出去"，达到真正的国际传播效果，不仅需要政府的政策扶持，也需要电视剧制作方的专业努力，同时需要积极拓展立体型营销渠道，真正将中国影视作品国际传播作为塑造"负责任的大国"形象、提升国家文化软实力和综合实力、担负大国崛起与民族振兴的一项伟大使命来对待！⑤ 青年朋友在当前文化大发展、大繁荣的格局下，需要有所作为，有所担当。前方的路还很长，我们任重而道远！

（致谢：感谢蒲柳羽、李尚蒙、石琦、朱晓筱、蒲晓芳等同学参与笔者《旅游文化与鉴赏》《遗产旅游》课堂讨论）

---

① 韩业庭：《为青年电影导演撑起一片天》，载《光明日报》，2015年1月16日，第9版。
② 黄先蓉，刘召燕：《中国电影市场体系建设的政策缺失与完善路径》，载《出版科学》，2014年，第4期，第20~24页。
③ 尹鸿：《中国电影产业：改革的"红利"还能持续多久？》，载《传媒》，2014年17期，第11~13页。
④ 徐福山：《文化折扣与文化产品"走出去"的路径选择》，载《光明日报》，2015年4月6日，第7期。
⑤ 牛梦笛：《走出去实现从量到质的跨越》，载《光明日报》，2015年4月7日，第1期。

年糕在韩国社会中的意义

(韩国) 裴恩皓　　中央民族大学

年糕不仅仅是一种食品，还是韩民族历史文化精神的一个载体。自古以来，在韩国，亲朋好友、左邻右舍常会聚在一起亲手打制年糕，这一活动正体现出人们之间团结、和谐的关系。打制年糕需要很长的时间，而且制作过程中的每个步骤都需要细心对待。因此，在亲手制作年糕的过程中，人们懂得了做事要耐心的道理。此外，做好的年糕还会被分送给家人、亲戚、朋友、邻居等，大家一起共同分享，民族的共同体意识在此得到充分的体现。在农业社会阶段，农民们祈愿丰收之时，也会将年糕作为献给神的礼物，年糕承载了农民祈盼丰收的心愿。由此可见，年糕从古至今始终都存在于韩国人的生活之中，其包含了民族团结和谐的民族精神，是韩国文化中不可或缺的组成部分。

一、传统节日中的年糕

对于韩国人而言，年糕自古以来就是一种特别的食物。年糕通常出现在岁首（春节）、正月十五、端午、秋夕（中秋节）、冬至等韩国传统节日中。在这些传统节日里，人们会共同制作并食用年糕以祈求平安。年糕是韩国传统饮食文化中不可或缺的一部分。在韩国各个传统节日中，不仅所使用的年糕种类不尽相同，而且在不同的节日中，年糕也具有不同的含义。

（一）春节

在韩国，"春节"又可称为岁首、旧正、元日、元正、元辰、元朝等，均为农历新年首日的意思。其中，Sul、Sulnal（都为正月初一之意）和旧正是在韩国民间较为常用的说法。

与中国一样，春节也是韩国一年中最重要的传统节日。但春节从何时开始成为韩国人的节日，目前尚无明确定论。中国的史书《隋书》及《顾堂书》中有"新罗的人们在元日的早晨互相下礼（指的是拜礼），并且这一天王君会将臣下们召集在一起举办宴会，同时向日月神进行拜礼"的记录。[1]可见，新罗时期就已开始"过元日"，即"过春节"。但是，如果考虑到春节依照历法体系而行这一点，春节也有可能在新罗时期之前就已成为韩国人的节日。

祭祀扫墓、拜年送礼、喝年糕汤是韩国春节中的重要传统活动。为了纪念该节日，韩国人食用以白条年糕为主料制作的年糕汤。因为白色代表着纯洁，长条年糕象征着健康长寿。

朝鲜后期的学者李德懋（1741~1793年）撰写的丛书《青庄馆全书》一书中有这样的记载：

歲時에**作打白餅**하여**切以為湯**한대

能不傷寒暖而耐久하니**取其淨潔**이라.

俗謂不食此餅이면**不得歲**云하다.

余強名하여**為添歲餅**이라하다.

其中"歲時，作打白餅，切以為湯"描述了过年吃年糕汤的风俗习惯。通过"取其淨潔"，我们可再次了解到白条糕是纯洁的象征。"添岁饼"则指出了在韩国过年时只有喝了年糕汤才算长一岁的传统说法。此外，此书中还提到了有关年糕汤的别称，如"白汤""饼汤"。

关于年糕汤的文献记录很多，但关于年糕汤的来源目前还未发现相关文献记载。《洌阳岁时记》中有这样的描述："除夕夜半家人计口喫一椀名曰'餅湯'"，这里所说的饼汤即为当今的年糕汤。[2]另外，书中还写到："大人们问小孩年龄的时候，并不是直接问他：'你今年几岁了？'而是说'至今为止你喝了几碗年糕汤了？'"。在此，过年只有喝了年糕汤才算长了一岁的说法再次得到验证。

在过去，无论是身份高贵的两班王室贵族，还是身份低微的庶民百姓，均可吃到年糕汤，这也一定程度上体现了在饮食生活上，韩国没有高低贵贱之分。

不只在韩国，中国同样有在春节喝年糕汤习俗的记载。《齐民要术》中说道："汤饼是有汤水的面食，是在中国的西南部地区，春节时一定要食用的食物之一。"此外，南宋大诗人陆游《岁首书事》一诗有言："中夕祭余分餺飥，犁明人起换钟馗"，并自注："乡俗以夜分毕祭享，长幼共饭其余。又岁日必用汤饼，谓之冬馄饨、年餺飥。"[3]

除了一般的年糕汤外，还有用蚕茧模样的年糕而做成的笊篱年糕汤。笊篱年糕汤是开城（今朝鲜境内）地区的特色饮食。在新年的早上做笊篱年糕汤有祈求新的一年安宁平安之意。笊篱年糕汤中使用的年糕是按照蚕茧的模样做出的，其寓意为在接下来的一年中，解决任何问题都如同缲丝时丝线能够轻松地抽出一般顺利。

在洪善杓所著的《朝鲜料理学》一书中也有吃年糕汤的记载："将条糕斜刀切成长条状是全国的习惯，但在朝鲜建国初期，高丽古都开城的人们出于推翻朝鲜王朝、扭转现状的想法，会将年糕来回扭动以去掉一端，之后再将其切成团子的模样煮疙瘩汤来吃。"。笊篱年糕汤也有着与之类似的历史背景，因此其又被称为是"饱含高丽人们对背反高丽王朝而建立朝鲜王朝的李成桂恚恨之情"的年糕汤。

由此可见，通过对由古至今传承下来的事物和风俗的分析，可以了解当时的历史文化及人们的心理状况。

(二) 正月十五

在正月十五，韩国人会吃"甑糕"，传说这一习俗源于对鸟的感谢。《林园食肉记》中提到：甑糕是将粳米用南天竹的叶子和茎皮包上制作而成的年糕，《唐本草》一书中将其称为"鸟饭"。根据《三国遗事》的记载：因为乌鸦救助了处在危险之中的新罗炤知王（新罗二十一代王，在位期间479～500年），所以从此开始，人们为了给乌鸦举行祭祀在正月十五之日制作糯米饭。[4]

(三) 端午节

农历五月初五为端午节。端午节的"端午"首次出现于中国晋代名人周处撰写的《风物记》中。端午的"端"为首次的意思，"午"与数字的"五"意思相同。[5]端午节还有许多其他的说法，如，Surit-nai、端阳、媳妇节、戌衣、女儿节、重午、重午节、天中节等。端午节起源于中国。有"屈原纪念说""龙图腾说""恶日说""兰沐浴说"等多种不同关于起源的说法。

关于韩国端午节的起源和由来，在韩国学界一般有两种不同的说法。一种是为了纪念屈原的中国端午节直接传到韩国后，逐渐演变成如今韩国式的端午节。另一种是在中国的端午节传播到韩国之前，在韩国就已经存在五月和十月时为祈求或庆祝丰农的祭天仪式。后来，韩国接纳中国"端午"这个名称，把这祭天仪式称为"端午节"。[5]

不过，今日韩国的端午节无论在风俗习惯，还是文化内涵等方面已经形成了韩民族自己的特色，与中国的端午节相比，在许多方面存在一定的差异。在中国有端午吃粽子的习惯，而在韩国，艾草年糕则是必备的节食。《东国岁时记》记载道：端午时，人们会摘采在山上生长的一种叫山牛蒡的野菜或艾草来做年糕吃，因为做出来的年糕的模样像车轮一样，所以人们把这种年糕称为"车轮饼"或"艾草切糕""艾叶饼""山牛蒡年糕"等。[6]

艾草年糕中使用到的"艾草"是在《檀君神话》中出现的食物之一。因此，韩国人自古以来就把艾草视为神圣的野草，认为它具有驱除邪恶的力量。另外，从医学角度来看，艾草具有治胃肠病、消炎止血、预防腹泻以及暖身的功效。

(四) 中秋节

农历八月十五中秋节是韩国的四大节日之一，又称作嘉俳、嘉俳日、仲秋、仲秋节、秋夕等。从春天开始辛苦劳作的农民们，到了秋天终于有所收获。因此，在中秋节当天为了对丰饶的收获表示感谢，会举办祭祀活动，同时为了消除一年农耕的疲劳，还会进行各种岁时游戏。所以，中秋节又被称为"农耕感恩节"。

韩国中秋节的起源已经无法准确考证，目前所能找到的韩国有关中秋节的最早文献记录在《三国史记·新罗本纪一》的"韩国中秋儒理尼师今（王）九年"条中这样记载到：

王既定六部，中分为二，使王女二人，各率部内女子，分朋造党，自秋七月既望，每日早集大部之庭绩麻，乙夜而罢。至八月十五日，考其功之多少，负者置酒食，以谢胜者，于时歌舞百戏皆作，谓之嘉俳。而嘉俳，便被韩国列为中秋节的别称之一。

《三国史记·新罗本纪一》[7]

中秋节的早上，人们用新谷制成的松糕等食物来祭祀祖先。松糕是中秋节的代表食品之一。制作松糕时，通常用当年收获的新米磨粉之后来做皮，用新收获的绿豆、芝麻、大枣、红薯、柿饼、桂皮粉等来做馅。松糕的种类多样，有用早稻做成的"早稻松糕"；有三角形的"小块松糕"；还有用松肌粉做馅的"松肌松糕"等。因为在蒸制松糕时，会在底部铺垫上层层的松树针，故称为"松糕"。

中秋的满月圆又亮，然而中秋节的松糕却不是圆月的形状，而是半月的样子。圆月虽皎洁、完整，但随着时间的流逝，会渐渐地变小，变得残缺。相反，半月则会逐渐地变得更加明亮、完整，终有一天会成为圆月。因此，半月有着和现在相比未来更加美好之意。如此，半月形的松糕包含了人们对未来生活越来越好的期盼，事事都能够圆满发展的愿望。

（五）冬至

在民间，冬至常常又被称为压岁或小年。冬至因为有着"太阳的复活"这一内涵，所以被认为是仅次于春节的小年。这种观念在今天的"冬至添齿"的风俗中仍有所体现。所谓"冬至添齿"，即人们认为"只有过了冬至才算长了一岁""只有喝了冬至红豆粥，才真正地长了一岁"。[8]

在韩国，有喝"冬至红豆粥"的习俗。冬至红豆粥是用红豆及糯米制成的团子熬制而成的。而糯米团子只有鸟卵般大小，因此称其为小团子。做完红豆粥之后，会先将其端到祠堂进行冬至告祀。之后，又放在家里的房间、酱缸、库房等各处用以驱除家里所有的恶鬼，待其变凉后家人们才会聚到一起吃红豆粥。在过去，因为人们相信红豆的红色为阳色，能够驱除阴鬼，所以红豆常在驱除鬼神时被使用。值得提及的是，由中国南北朝时期梁宗懔撰写的《荆楚岁时记》，其中也有类似风俗的记载："按共工氏有不才之子、以冬至死、為疫鬼、畏赤豆、故冬至日作赤豆粥以禳之、又晋魏間、宮中以紅線量日影、冬至後、日影添長一線。"[9]对此，相关学者认为，南北朝时撰写的《荆楚岁时记》在高丽时期传入朝鲜半岛，朝鲜半岛也开始有了相同的风俗习惯。

时至今日，韩国民众依然相信红豆的红色具有驱鬼辟邪的作用，因此在举办诸如祈愿事业能够繁荣发展、庆祝施工作业圆满完成等仪式活动中，人们还常常用红豆做成粥或年糕来进行祈福。

二、传统仪式中的年糕

除了传统节日，年糕还出现在诸多传统仪式中，如：三七日、百日、周岁、婚礼、丧礼、祭祀等。此类传统仪式主要是为了庆祝、纪念或怀念生活中比较重要的节日。人们根据不同的传统仪式特点，准备与之相应的饮食和活动。其中，年糕是传统仪式中必不可少的食品之一。传统仪式中的年糕包含丰富的文化含义，不同的仪式活动中，年糕的含义也有所差别。在此，笔者按照人从出生到死亡的时间顺序，对其一生中所举办的一些重要仪式活动进行梳理，并分析年糕在这些仪礼活动中所蕴含的意义和作用。

（一）百日

孩子出生之后的第100天，会举办"百日"庆祝仪式。"百"意味着完全及成熟，该仪式是为了庆祝孩子顺利度过出生以来的第一个难关，能够健健康康地活下来而举办的。百日与三七日的举办目的有所不同，举办三七日主要是为了祈求母亲和孩子的平安，而举办百日则是为了期盼孩子在将来能够健康成长。此外，孩子度过了出生后100天的难关，可以离开"产神"的保护而独立地成长，从这一天开始，孩子可以回到俗世生活。在举办百日仪式活动时，亲朋好友都会被邀请来一起庆祝，主人会准备很多食物和客人一起分享，其中就有年糕。

"百日宴"中的各种年糕具有不同的文化含义。例如，白雪糕祈愿孩子成长过程中保持纯洁；红高粱团糕在孩子的成长中起到辟邪的作用；五色松糕，五色意味着祈愿孩子的生活像五行、五德、五味一样与万物调和。五色松糕有两种，一种是馅儿满满的年糕，意味着孩子学业有成就；另外一种是没有馅儿的年糕，则意味着孩子胸有成竹。

按照韩国传统习俗，要把这一天准备的年糕和其他食物分赠给100户邻居，这样孩子才会更健康、长寿、多福。颇为有趣的是在分送年糕之前，不能够用刀来切年糕，而一定要用饭勺才可以，因为人们认为用刀切具有不祥之意。[10]同时，吃到年糕的邻居们，一般不会只把空碗还给主人家，他们通常会准备一些礼品作为回馈。回馈的礼品多为大米和棉丝，它们代表健康和长寿，表达了邻居对孩子的祝福。

从百日仪式中年糕所具有的文化含义来看，年糕蕴藏着中国儒家文化的意涵，特别是提到五色松糕的含义时，五行、五德、五味，与中国人追求的"万物调和"的传统思想有关。而人们相信红高粱团糕具有"辟邪"的作用，也反映了韩国民间老百姓在生活中迷信的一面。在中国民间生活中，以"红"来辟邪的例子也很多。譬如，每逢本命年（俗称"属相年"）时，中国人要穿红袜子、系红腰带，因为按照中国人的传统观念，本命年通常被认为是一个不吉利的年份。除此之外，搬新家时，中国人要在门上挂红布条以辟邪。由此可见，红色除了辟邪之外，还具有很多含义。同时通过韩中两国人民都认为红色能够辟邪的传统观念可以看出，韩国和中国之间文缘相亲的特点，也在一定程度上反映出两国处于一个文化共同圈的事实。

（二）周岁

"周岁宴"是庆祝孩子诞生一周年的生日仪式。除了"周岁"外，关于孩子周岁生日的说法还有很多，例如初度日、晬日、周日、周年等。《国朝宝鉴》《芝峰类说》等文献中均存有与之相关的记载。此外，崔南善撰写的《朝鲜常识》风俗篇仪礼类部分中记载道："孩子出生之后，到了第一周年，要举办大型的宴会，而且要准备米、面、饼、果、丝、弓、矢、书册、纸笔墨等。"其中，"饼"即为年糕。

过去韩国经济落后时，很多孩子没有长到一周岁就因种种原因夭折了。在这样的背景下，韩国家庭都十分重视孩子一周岁的生日，且通常比处在孩童阶段的其他生日仪式隆重得多。该仪式中，家人会给孩子穿上传统韩服，在餐桌上摆上年糕、水果、干果等。在周岁宴中准备的年糕种类与百日仪式中的相似，但略有不同，主要有白雪糕、糯米糕、五色松糕、五色彩虹糕、红高粱团糕等。

韩国自古以来深受儒家文化的影响，而中国是儒家文化的发源地，因此两国在传统习俗上有诸多相似之处。在中国，父母们也会为满一周岁的孩子举办周岁宴，并且中国的朝鲜族有着与韩国相似的在周岁宴餐桌上摆放年糕的习俗。

此外，韩中两国在举办周岁仪式时，都会进行"抓周"的活动。"抓周"又称试儿、试周，这一习俗在中国有着悠久的历史，早在1500年之前的南北朝时期就有与之相关的记载。北齐颜之推在《颜氏家训·风操》中记述到："江南风俗，儿生一期（即一周岁），为制新衣，盥浴装饰，男则用弓、矢、纸、笔，女则用刀、尺、针、缕，并加饮食之物及珍宝服玩，置之儿前。观其发意所取，以验贪廉愚智，名之为试儿。亲表聚集，致宴享焉。"[11]

在抓周仪式上，韩中两国摆放的物品大体一致，均用毛笔、墨、砚、书、弓和矢、钱等物品。不过，无论是韩国还是中国，如今人们已不再相信抓周预测未来之说，其更多的是作为一种取乐逗趣的游戏，以助孩子周岁欢乐之兴，也饱含了父母希望孩子能够茁壮成长、健康快乐的舐犊情深。

通过韩中两国周岁仪式的对比，可间接地了解到：共处在一个儒家文化圈的两国，在传统习俗上存在诸多相似之处。不过，韩国在吸收借鉴中国等国家文化的同时，也创造了自己独特的文化，而其特有的"年糕文化"可称得上是代表之一。

（三）婚礼

婚礼是人生中一个非常重要的仪式，不同国家和民族对之极为重视，并有自己独特表现，有的华丽，有的简洁，有的传统，有的现代，有的具有浓郁的宗教氛围，形式丰富多样。随着全球化的不断发展，韩国的传统文化虽在一定程度上受到了外来文化的冲击，但在婚礼仪式上依然保留着传统的礼仪形式。

按照传统，新郎给新娘的娘家彩礼中，年糕是必备的礼物之一。自古以来，在韩国人的心目中，年糕能够体现出诚心、爱心以及孝心等传统美德。

受中国古代文化影响，韩国的传统婚仪有"六礼"环节，分别为"纳采""问名""纳吉""纳币""请期""亲迎"。"纳币"是新郎迎娶新娘之前，准备一些礼物送给新娘家的环节。在此环节之中，新郎家会准备"封置年糕"（亦叫"封采年糕"）。[12]封置年糕的主体由两层糯米蒸糕组成，象征着一对夫妻相扶相依的和谐关系；年糕的上方会放上七颗大枣，寓意婚后会有七个男孩子，这也体现出韩国传统思想中重男轻女的意识。此外，红豆也是封置年糕的辅料之一，因为是红色，所以具有辟邪免灾、祈盼新婚夫妇平安无事之意。

在传统婚礼上,月亮糕和色彩年糕也是必要有的年糕。月亮糕含有期望一对夫妇能够像皎洁的圆月一样,永远美满和睦地相处下去之意。色彩年糕上通常有一只公鸡和一只母鸡的图案,同样体现着人们对新婚夫妇能够和睦幸福生活的美好祝愿。

(四) 祭礼

自然崇拜、祖先崇拜在韩国历史上也较为普遍,各种与之相应的祭祀活动则表达了人们趋利避害、祈求护佑的美好意愿,如有为了对上天表示恭敬而举行祭天仪式的习俗。农耕文明开始后,祈求一年能够风调雨顺和五谷丰登的祭祀仪式逐渐盛行起来。在氏族部落逐渐统一发展成为稳定的国家之后,开始举办社稷、宗庙、圆丘、方泽、先农坛、先蚕坛等与国家经营有关的祭礼仪式。同时,祖先崇拜逐渐普遍化,家庭的祭礼仪式也形成了一定的规格。

韩国的祭礼主要有两种。第一种是传统节日活动中的祭礼仪式,另一种是在先人忌日时进行的祭礼活动。在祭祀时,人们会在祭礼餐桌上摆放年糕、米饭、汤、水果、干果类、鱼、生菜等多种传统食品。[13] 在摆放祭祀食品时,年糕作为主食被摆放在最为尊贵的第一排位置,人们相信祖先也喜欢吃年糕,所以产生了在祭祀餐桌上一定摆放年糕的风俗习惯。年糕在韩民族传统饮食中的独特地位再次得到体现。不过,在为祖先举办的祭祀仪式中摆放的年糕(指蒸糕)和其他仪式(如汽车告祀、十月告祀等)中摆放的蒸糕有明显的区别,因为红色具有驱除鬼神的含义,故在为祖先举办的祭祀仪式中一般不会使用红色的红豆蒸糕。出于同样的原因,桃子、辣椒粉、大蒜调料以及红豆等食品也不会被摆放在为祖先举办的祭祀餐桌上。在笔者看来,与其他一些祭祀活动不太一样,祖先祭祀是为祈求祖先庇护、安抚逝去的灵魂,而祖先是可亲近且无需退避的,如使用辟邪的红色似有对祖先的不敬。在这里我们也看到,红色具有两义性,在不同场景中其意义有异。

此外,由于人们认为在祭祀餐桌上摆放过的年糕是"向鬼神进献过的年糕",是无论吃下多少都不会噎住的"福糕",所以常把祭祀用过的年糕发给周边邻居、亲朋好友们一起分享。通过这样的风俗习惯可以了解到,过去韩国人通过年糕践行着"分享"这一传统美德,并为实现民族团结与和谐付出了不懈的努力。

三、社交礼仪中的年糕

随着社会的发展,人与人之间的往来也更加密切,任何个体都无法单独在社会上生活,因此与他人的接触与交往就变得尤为重要,社交已成为个人生活中必不可少的组成部分。当然,在社交过程中,"送礼"是不可或缺的一个环节。韩国人经常用年糕来向对方表述自己的心意,年糕也自然成为韩国社交礼仪中较为普遍的礼物。年糕虽然被称为礼品,但却带有不同的文化含义。

（一）事业起步

在韩国有这样一句俗语："分享快乐，快乐就会变成两倍；分担痛苦，痛苦就会变一半"。新事业的开始，是一件可喜可贺的事。为了将这份快乐分享给他人，也为了自己的事业能够腾达发展，营业者会在门店的开业典礼上向来宾分发可口的年糕。这里的年糕包含着分享快乐的温暖情意，承载着事业有成的美好梦想。

（二）乔迁之时

按照韩国的惯例，搬家的过程中也有一定的讲究和规矩，"年糕文化"在此同样有所体现。依据传统，搬家时会在衣柜里放置年糕以祈盼在秋季能够丰收，搬家后会把打制年糕用的棒槌放在大房里，将豆沙团糕放在房间里，两者均有辟邪免灾，祈求平安之意。此外，搬入新家后还会给邻居分送红豆蒸糕，在向邻居问候的同时表达自己今后能够与大家和睦相处的愿望。

随着经济的发展和城市化进程的加快，人们对于居住环境的要求也越来越高，搬家的频率随之增加。现代的搬家过程中，以往有些过于繁琐的程序虽已被省略，但给邻居分送年糕的习俗仍然保留。俗话说"远亲不如近邻"，强调了现实生活中邻居的重要性。因此维持邻里之间和谐的关系也十分重要，而向邻居赠送年糕的习俗正是维持和谐关系的重要纽带。

（三）回礼年糕

回礼年糕是在周岁宴、婚礼等仪式活动后，主人为向客人表示谢意而赠送的年糕。虽然近年来将杯子、毛巾等物品作为回礼的情况较为多见，但若提到韩国固有的回礼用品时，韩国人首先想到的仍是年糕。在韩国，年糕是在人与人之间互相传达情感时，最具代表性的礼物，也是最具韩国特色的礼物之一。

年糕作为回礼用品不仅用于个人往来之间，亦会作为韩国传统饮食文化的代表在国际交流中使用。2014年8月，罗马教皇弗朗西斯一世访韩时，韩国的年糕名人——宣明淑（第07149号"大韩名人"，传统年糕）将年糕及汉菓作为回礼献给了教皇，教皇也欣然地接受了这份礼物。

近年来，为了迎合现代人的口味，回礼年糕也逐渐变得多样化。其中，只使用天然材料制作的回礼年糕吸引了重视健康的现代人的目光，将掺入对人体有益的药材制作的年糕作为回礼年糕的趋势也逐渐上升。

年糕所包含的表达感谢、共同分享、互帮互助的文化含义在社交生活的各场景中均有所体现。如前文所述：事业起步时快乐的分享，乔迁之后邻里的问候……年糕是韩国人社交生活中较为普遍的礼物，其文化含义是为韩国人所共同认可的。无论过去还是现在，年糕都是人与人之间在传达情谊上，最具代表性的韩国传统食品。

四、其他民俗生活中的年糕

除了传统节日、传统仪式、社交等场景之外，年糕的意义同样体现在其他民俗生活的场景中。

（一）屎糕

过去，在韩国的农村地区，几乎都是旱厕，小孩子不小心掉到厕所里的情况时常发生，甚至有时候有的孩子会死亡。在小孩子被救出来之后，为了去除孩子身上的邪气，父母会用大米做出约100个年糕，让孩子亲自分给周围的邻居们。人们还坚信，孩子掉到厕所里后会遭受动土或周堂煞的厄运而死亡的传说，要求孩子在分送屎糕的同时喊"大便糕！大便糕"，认为只有这样才能让被救出的孩子在今后的生活中健康成长。

屎糕不仅含有希望被救出的孩子健康长寿之意，在过去粮食匮乏的年代，和邻居一起分享的、具有辟邪意义的屎糕还有果腹之用。因此，屎糕还具有"福糕"的含义。祖先们通过诸如此类的风俗习惯，将原本具有厄运的悲事转化为带有送"福"之意的吉事。由此，祖先们的生活智慧可见一斑。

（二）册礼

册礼仪式起源于过去的书堂。孩子进入书堂之后，学习的第一本书就是《千字文》。对于六七岁的孩子来说，学习此书并不是一件容易的事。因此在学完此书后，父母们为了庆祝会准备年糕、酒和肉来举办册礼仪式。其用意在于：一是庆祝孩子圆满完成学业，鼓励孩子进一步努力学习；二是对辛勤付出的老师表示感谢。[12]

在举办册礼仪式的过程中，通常会准备松糕，但这些松糕有明显的区别。有的年糕在制作时不放入任何馅料，以此来表达对孩子能够成为有远大志向、时刻有一颗谦卑之心的人的愿望。相反，有的年糕在制作时则填满馅料，表达父母老师对孩子能够学业有成的期盼。

但是，随着时代的变化发展，传统形式也随之发生变化，册礼就是其中的代表之一。目前，册礼活动虽然依然举办，但在形式上和过去有着很大的区别。如：在过去作为礼物使用的年糕已被一些其他的更为实用的礼品所取代，并且在册礼仪式上，过去食用年糕的现象也逐渐消失，取而代之的是食用学生们更为喜爱的食品。

（三）考试

和中国一样，韩国学生从小到大，甚至工作期间，都有很多种考试，尤其是高考被格外重视。在考试期间经常看到一个非常有趣的场景——年糕被粘贴在学校门口，这一现象源于很多韩国人相信，年糕粘贴在门口，意味着和考上大学一样，不会掉下来，以此祈愿考生能考上大学。于是，韩国人一般为考试的考生准备一些礼物表示考试顺利完成、获得好成绩。这些礼物除了年糕之外，还有巧克力、饴糖、糖等。这种习俗从朝鲜时期有了科举考试之后就一直流行到现在。

结　语

年糕是伴随老百姓生活而出现的韩国传统食品之一，与韩国人的生活有着密切的关系，是带有浓厚"人情味"的食品。在韩国，年糕已不仅仅是一种食物，它早已融入人们的社会生活之中，有其独特的文化含义，滋养着味觉和心灵，承载着历史与人文情怀。

年糕在韩国社会是为人能普遍接受的，具有浓厚乡土性的食物之一。年糕早于米饭出现，从主食发展成为今天餐桌上一种特别的甜点。虽然经历多次外部的影响和冲击（特别是抗日战争和西方文化的影响等），但始终保持着其固有的品位和高贵的价值。对韩国人而言，年糕已超越了作为食物本身的意义，在漫长历史进程中，年糕与民族社会发展相伴相随，寄托了人们生活中的喜怒哀乐，并作为最具有乡土性的食品扎根于韩国人的饮食文化之中。就此而言，作为"物"之年糕，其本身也具有了"生命性"，通过人们的日常生活、仪式活动被赋予了超出食物本身功能的社会文化内涵。人类是富于创造意义的物种，不仅是食物，对于他"物"也同样如此，"物"承载了人类的历史文化与创造精神。

参考文献

[1] [唐] 魏征．令狐德棻撰．隋书．卷八十一．列传第四十六 [M]．北京：中华书局，1973．
[2] 金迈淳．洌阳岁时记 [M]．景福宫（韩）：国立民俗博物馆，1987．
[3] 姜舞鹤．韩国岁时风俗记 [M]．汉城：集文堂，1987．
[4] 一然．三国遗事 [M]．李民树译．三星文化文库，1979．
[5] 刘霄虹．韩中岁时风俗比较研究 [D]．公州：公州大学，2017．
[6] 洪锡谟撰．洪锡谟译．东国岁时记 [M]．首尔：草光出版社，2009．
[7] 金富轼．三国史记 [M]．李丙焘译注．乙酉文化社，1977．
[8] 郑胜谟．韩国的岁时风俗 [M]．首尔：学古斋，2001．
[9] [晋] 宗懔．钦定四库全书·荆楚岁时记 [O]．影印本．
[10] Jo Hu-zhong．传统仪式和我们的饮食 [M]．Hollym 出版社，2002．
[11] [北齐] 颜之推撰．颜氏家训集解 [M]．王利器集解．上海：上海古籍出版社，1980．
[12] 韩国文化财保护集团．韩国饮食大观第三卷 [M]．Hollym 出版社，2000．

多元文化背景下民族高校维稳工作研究

——以延边大学为例

郑光日　　延边大学

中华民族大家庭中的各民族在长期的社会历史发展过程中共同创造了灿烂的中华文化，而民族高校是由多民族师生组成，必然呈现多元化状态，需要对民族文化加以整合并为思想政治教育所用[1]。民族高校学生思想政治教育在社会制度、社会风气、社会思潮和国内形势方面与其他高校基本一致，但由于少数民族学生成才的自然条件、生活水平、民族习惯、民族观念等方面的差异，构成了思想政治教育的特殊性[2]。因此，研究多元文化背景下民族高校维稳工作，对于保持民族高校自身发展、维护边疆及整个社会的稳定都具有重要意义。

一、多元文化背景下民族高校维稳工作面临的挑战

（一）民族高校学生维稳工作的重要性

民族团结教育面临的挑战主要包含以下方面：一是民族主义思潮和民族分裂活动渐趋活跃，国家统一面临新的挑战；二是区域经济发展差距拉大，社会和谐面临新的挑战；三是网络文化迅猛发展，传统民族团结教育面临新的挑战；四是来自教育主体的挑战[3]。近年来西方敌对势力、宗教极端势力、民族分裂势力和国际恐怖势力等对我国实行"西化"、渗透、遏制等战略，但教育主体对其严重性、复杂性认识不足，未对民族团结教育足够重视。这些新的问题为高校维稳工作带来了新的挑战。

民族高校作为全国各民族青年学子的学习圣地，汇集了各民族优秀的文化和传承，肩负民族团结的使命，校园的稳定和安全与国家和社会的稳定和安全息息相关。同时，大学生作为特殊的群体，具有社会经验阅历不足、心智不太成熟、遇事容易冲动、对社会问题敏感等特点，同时从众心理很突出。特别是来自全国不同地区不同民族的少数民族大学生，有着不同的家庭背景和民族背景。从以上几点来看，民族高校的安全稳定与民族团

---

[1] 覃萍，林宁：《民族文化整合教育：高校政治文明教育的有效途径》，载《广西民族学院学报（哲学社会学版）》，2005年第3期。

[2] 徐柏才，孙明福：《试论民族高校思想政治教育过程的特殊性》，载《北方民族大学学报（哲学社会学版）》，2010年第6期。

[3] 袁传军：《民族院校维稳工作机制探析》，载《大连民族学院学报》，2013年第15期。

结、社会和谐、政治稳定紧密相连。校园的安全稳定为师生的人身和财产安全提供了有力的保障，同时也为学校维持正常的教学、科研、生活秩序提供了保障。

民族高校的安全稳定也有其特殊性，其本质是保持高校政治局面的稳定和校园民族关系的和谐融洽。如果出现学生上街游行、非法集会等情况，或者出现民族冲突、群殴等，都有可能影响到社会的稳定和团结。所以，着眼于落实科学发展观和社会主义和谐社会的建设，民族高校必须客观认识、理性对待、明确重点、采取切实措施，把维护安全稳定工作落到实处。

（二）多元文化为高校维稳工作提出新的挑战

多元文化的是指文化主体在价值取向上的异质性、多样性，异质的文化共同、平等地存在于一个时代的社会中、构成互动的文化体系，即多元文化①。在价值观念多元化、社会经济结构多样化的条件下，大学生的思想观念受到了前所未有的强烈冲击和碰撞。多元文化的激荡与碰撞，导致当代大学生思想活动的独立性、道德价值的选择性、道德行为的多变性和差异性均日益增强。在缭乱的多元文化的强烈冲击下，大学生无所适从，从而引起价值观、信念和行为方式等方面出现混乱和错位，同时也使大学生失去了明确的人生发展方向和正确的世界观、人生观和价值观。因此根据多元文化的社会要求，也依据受教育者的需要，在多元文化背景下，如何能够更好地教育学生、维护校园的稳定、建设和谐的校园环境，给高校维稳工作带来了挑战。

二、多元文化背景下影响民族高校维稳工作的因素

随着学生人数的增加和思想的变化，影响高校稳定的因素呈现出多样化趋势，特别是影响民族高校学生维稳工作的因素也出现新的内容。具体分析如下：

（一）大学生自身因素

青年学生思想单纯、思维多样，判断是非能力不强，世界观、价值观尚在形成过程中，容易受到外部环境的影响，面对社会上形形色色的现象，由于自身的单纯和真诚，导致外部的不稳定因素易于渗透到高校校园中，为高校的安全稳定留下隐患。

（二）校园周边环境复杂化

现在许多高校周围都充斥着各种娱乐场所，如网吧、KTV、宾馆、按摩院、酒吧等。这些场所管理不严，经常发生纠纷和斗殴事件。大学生年少气盛，情绪不稳，再加上法律意识淡薄，极易影响高校正常的教学、科研和生活秩序，危及高校的稳定。

---

① 卢守亭：《新世纪我国民族团结教育研究：回顾与展望——基于87篇学术论文的文献分析》，载《西北民族大学学报（哲学社会科学版）》，2012年第1期。

（三）复杂多变的文化冲突

21世纪以来，随着经济和社会的高速发展，各种思想良莠不齐，特别是外来思想的大举入侵，导致拜金主义、享乐主义、功利主义等一些不好的价值观已经在不知不觉中侵蚀部分意志薄弱的大学生。他们的世界观、人生观、价值观在不良思想的影响下变得扭曲，理想和现实的冲突、人际关系的冲突、学习和娱乐的冲突等，极易引起高校不稳定现象的出现。

（四）日新月异的科技发展

从历史经验中我们可以充分认识到，每一次科技革命的发生和发展都会带来社会的变革和发展。随着网络的普及，互联网的虚拟性导致了许多新的社会矛盾。由于网络的管理尚未做到天衣无缝，因此一些不良的网络文化很容易侵蚀高校学生，进而影响高校稳定。同时"三股势力"利用网络进行宣传和煽动，也使高校维稳工作面临新的挑战。

三、多民族文化的碰撞对民族高校维稳工作的影响

民族高校是多民族师生组成的大家庭，由于少数民族学生成才的自然条件、生活水平、民族习惯、民族观念等方面的差异，必然呈现多元化状态。例如，延边大学是地处朝鲜、俄罗斯边界的吉林省延边朝鲜族自治州的一所具有鲜明民族特色的边疆综合性大学，学校共有汉族、朝鲜族、满族、蒙古族、白族、水族、土族、土家族等31个民族，来自全国除港台之外的所有省份，其中汉族占54.07%，朝鲜族占38.24%，其他民族占7.69%（2013年统计数字），构成了多元文化荟萃的大家庭。

（一）风俗习惯分歧的矛盾

民族风俗习惯是指民族在长期的历史发展中形成的，在服饰、饮食、婚嫁、丧葬、礼仪、卫生等方面的习惯做法[1]。延边朝鲜族自治州是朝鲜族聚居区，朝鲜族的生活习惯与其他民族差别很大。不同民族在宗教信仰、风俗习惯、饮食禁忌等方面都各不相同。同时少数民族对于这些民族习惯具有很强的敏感性。因此，不同民族交往过程中，容易因这些问题而引发矛盾和纠纷。

（二）民族性格差异的矛盾

民族性格是指各民族在形成和发展过程中凝结起来的表现在民族、文化特点上的心理状态，主要包括处事原则、行为规范、思维方式、生活态度等方面[2]。延边大学中，不同

---

[1] 毛玉美：《论大学生民族精神认同感的缺失与培育》，载《中国成人教育》，2007年第4期。
[2] 李鸿，张玉，刘晓鲁：《当前高校民族关系存在的安全问题及对策》，载《四川警官高等专科学校学报》，2007年第10期。

民族大学生之间的民族性格差异很大：有的学生热情开朗、热衷交际；有的学生文静内向、喜欢独处；有的学生性格直率、豪爽大方；有的学生心思细腻、多愁善感。因此不同性格的学生在相处的过程中，经常可能会因为一句无心的话或是一个无意的行为而产生误会，使一些矛盾和不稳定因素产生。

（三）宗教信仰与文化差异

民族高校中宗教信仰比例要比非民族高校高一些。在学生相处的过程中，有无宗教信仰、不同宗教信仰的学生之间有时会发生相互歧视、诋毁、攻击等现象。这些现象在不同程度上破坏了校园的和谐氛围，给校园的不稳定埋下了隐患。

（四）民族学生群体性强

由于相同的背景和习惯，民族学生与本民族同学的交往、联系更为密切，思想、行为方式更为一致。同一民族、同一种语言的学生，民族认同意识较为强烈。在对本民族的尊重、认可、肯定上有更强烈的要求。

上述特殊性是民族高校学生维稳工作时必须尊重和考虑的因素。

四、做好民族高校维稳工作的一些对策

（一）建立健全维护民族高校稳定的领导体制和机制

维护民族高校的稳定不仅关系到高等学校的和谐稳定发展，更关系到社会的和谐稳定发展。因此作为培养人才的摇篮，我们必须在高校就做好民族团结教育工作。

首先，我们要在学校党委的领导下建立一个负责全校安全稳定工作的常设机构，严格规范高校的安全稳定工作。同时在国家的相关法律法规的基础上，制定一套完整的规章制度，明确民族高校稳定工作的各项保障措施和任务。把确保民族高校稳定作为考核学校领导人政绩的主要内容之一，并做到奖罚分明。

其次，民族高校领导和教师都要切实增强政治意识，把握全局，明确责任，深入贯彻"稳定压倒一切"的思想。全校上下都要充分认识高校稳定工作的重要性，在工作中形成完善的维稳机制，形成党政一把手掌控全局、分管领导具体负责、职能部门分工明确、责任人员落实到位、全校上下齐抓共管的工作机制[①]。

（二）加强思想政治教育工作不放松

加强学生的思想政治教育工作是高校做好安全稳定工作的重中之重，更是民族高校维稳工作的基石。因此，无论在何时，高校都应做到对学生的思想政治教育工作不放松。以延边大学为例，多年来，学校始终坚持"边缘觉醒，质量为本，突出特色，学术立校"

---

① 徐莹：《民族高校维稳工作机制探析》，载《当代经济》，2013年第8期。

的办学理念，围绕培养具有创新精神和实践能力以及跨文化素质的复合型应用性高级专门人才的目标，在大学生思想政治教育工作中不断拓展新思路，探索新途径，创造新载体，形成了"一二三五六"（即一条主线、两个阵地、三支队伍、五项工程、六进公寓）的大学生思想政治教育模式。紧紧围绕"培养什么样的人，如何培养人"这条主线，把握大学生思想政治教育工作的核心与重点；努力建设好"两个阵地"（即建设好思想政治理论课的"主渠道"阵地和日常思想政治教育主阵地）；抓好"三支队伍"（即抓好学校党政干部和共青团干部主体队伍、思想政治理论课教师队伍、辅导员班主任队伍建设）；打造"五项工程"（即打造学风建设工程、文化育人工程、服务育人工程、实践育人工程和创新育人工程）；实施"六进公寓"（即党团组织进公寓、辅导员进公寓、学生组织进公寓、安全保卫进公寓、校园文化进公寓、心理健康进公寓），构建全方位覆盖的学生教育管理体系。只有把思想政治教育工作行程体系化、规范化、制度化，才能把高校的思想政治教育工作落到实处。

（三）民族高校要注重加强学生的民族文化教育

多民族文化共存是民族高校校园文化的一个共性，这个共性既有优势，也有弊端。优势体现在可以让同学们更好地领略到不同民族文化的博大精深，开拓学生胸怀，拓展学生视野；弊端在于每一个民族的文化都有其自闭性，如果利用不好就会导致民族学生间的文化矛盾加大。因此，如何利用好多元民族文化的优势，将其弊端降到最低甚至消除，是我们作为高校学生工作部门应该重点思考的问题。

以延边大学为例，学校地处延边朝鲜族自治州首府延吉市。近年来随着学校办学规模的扩大，学校的招生已经从早先的东北地区扩展到全国32个省、市、自治区。因此学校采取了一系列措施，将民族团结教育和多元文化融合深入到校园的每一个角落：学校将校训定为"求真、至善、融合"，充分体现了多民族交流共融的校园文化；学校将每年的九月定为"民族团结教育月"，通过对新生进行民族团结教育、召开少数民族同学座谈会、举办民族文化展、表彰民族团结教育工作先进个人、先进集体以及开设朝鲜族语言、礼仪、文化、饮食等内容的选修课等形式，使各族新同学都能尽快适应大学环境，融入延边大学多民族和谐相处的大家庭中。

（四）充分利用多元民族文化，打造特色鲜明的校园文化环境

文化与人类共生同在。文化之于大学，如精神、品格之于人类。科学健康、与时俱进的优秀校园文化潜移默化地影响着学生的思想观念、成才追求、道德规范和价值取向。作为社会主义先进文化重要组成部分的高校校园文化，不仅是以在校师生为参与主体、以校园环境为地理空间、以大学精神为核心特征的群体文化，是高校培育人才的重要途径，也是先进文化的重要源头、创新基地，更承担着示范区和辐射源的功能，是将民族高校维稳工作丰富化的重要手段。

延边大学将维稳工作与校园文化建设紧密结合：在校园内设立富有民族特色的校园人文景观和建立朝鲜族历史文化博物馆；发挥"双语双文化"优势，开展朝鲜语演讲比赛、

辩论赛、歌唱比赛等活动；开设朝鲜族民俗体验课；定期举行朝鲜族历史、文化、民俗等内容的讲座；校园广播使用双语播音；校内主要建筑的标牌、展板等使用双语介绍。通过一系列的举措，使学生充分感受并融入多元共融的校园文化氛围中。

（五）注重利用网络建设，发挥新媒体的引导作用

时下，网络已经遍布在学生日常生活的每一个角落，网络言论也无时无刻不在影响着当代的大学生。但问题在于网络言论有好有坏，如何监管、如何引导就成为高校稳定工作的一个重要课题，特别是对于民族高校而言。实践证明，加强舆论监督、引导和建立健全信息公开、传递机制对于学校安全稳定工作具有十分重要的意义。因此，学校在日常宣传工作中，要积极传递正能量、唱响主旋律，坚持团结和谐稳定的原则。当民族高校出现影响安全稳定的重大事件时，能够第一时间将正确的消息传达到位，将舆论导向引导到正确的轨道，从而杜绝谣言和传闻，有利于维护校园的安全稳定。

延边大学地处边疆，学生获取信息多靠网络进行，因此如何帮助学生安全用网就成了重要问题，为了做好这项工作，延边大学学生工作部门在学校党委的领导下将网络维稳工作重点定位在"引导"一词，而非"屏蔽"一词。因此，为做好"引导"工作，学校大力加强网络建设，完善学生综合信息门户、学生在线、团学网等红色网站。同时在校园BBS上设立学生咨询留言区，学生有疑问都可在网站上留言，学校有专人进行维护和解答。同时，学校团委还充分利用微博等新兴媒体平台，宣传正能量。这些举措极大拓展了民族团结教育的工作领域，使得学校开展民族维稳工作的途径更加多元化。

（六）加强大学生心理健康教育，注重学生心理的健康成长

心理健康教育是促进大学生健康成长、培养高素质合格人才的重要途径。大学生心理健康教育能利用心理普测等大规模筛查的方式及时排查和发现有心理困惑、心理障碍的学生，并对这部分学生给予重点关注，防患于未然，从而增强高校维稳工作的预见性和主动性；大学生心理健康教育偏重于潜意识的人的心理活动研究，根据专业的方法和技巧能够有效地克服问题学生的逆反心理，为他们接受正确的安全教育创造良好的心理条件，从而取得良好的教育效果。

延边大学所处的延边朝鲜族自治州，许多学生特别是朝鲜族学生父母都在国外务工，从小跟其他亲属一起生活或者是独自生活，这些学生进入大学之后，由于语言沟通、生活习惯、学习压力等，容易出现心理问题。因此延边大学高度重视学生的心理健康教育工作。学校成立了大学生心理健康教育与咨询中心。中心从2006年开始每年都对全体新生进行心理普查，筛选出可能有心理问题的同学，然后安排有心理咨询师资质的老师对其进行一对一面谈，并建立定期联系和走访机制。心理健康教育与咨询中心主要采取"4+1"模式的工作机制开展心理健康教育工作："4"是学校设立心理健康教育中心、各学院设立心理辅导站、各院系设立心理辅导员与心理委员、每个大学生宿舍设立心理调解员；"1"是指培养大学生同辈咨询员。上述机制充分发挥了心理健康教育工作对大学生维稳工作的作用，为学校的维稳工作做出应有的贡献。

民族高校安全稳定工作任务艰巨、意义重大、影响深远，因此要统一认识、完善措施、丰富对策，使各民族学生和谐共融、多元文化交流互通，保证民族高校的安全稳定，为国家和社会的和谐作出贡献。

新巴尔虎蒙古人的服饰

苏布德　　中央民族大学附属中学

新巴尔虎是蒙古族中历史最为悠久的一支，早在蒙古各部统一之前，新巴尔虎的各种古称就是屡见经传了。《隋书》称之为"拔野固"；《新唐书》和《旧唐书》等称其为"拔野古"或"拔也古"等；《元史》《蒙古秘史》和《史集》等称其为"八儿浑""八儿忽"和"巴尔忽惕"等。清代的各种史料称之为"新巴尔虎"并沿用至今。

回顾历史，古巴尔虎人作为蒙古人的一支，始终以原住民的身份生活在现俄罗斯贝加尔湖一带和呼伦贝尔地区。呼伦贝尔是游牧民族的摇篮，历史学家翦伯赞曾说："呼伦贝尔不仅现在是内蒙古的一个最好的牧区，自古以来就是一个最好的草原。这个草原一直是游牧民族的历史摇篮。出现在中国历史上的大多数游牧民族：鲜卑人，契丹人，女真人，蒙古人都是在这个摇篮里长大的，又都在这里度过了他们历史上的青春时代。"

新巴尔虎蒙古人拥有独具特色的文化、传统和风俗习惯。在人类历史的长河中，她就像银河系中的一颗星星，发出自己耀眼的光芒。一代伟人成吉思汗箴言中说道：出生在巴尔忽真—脱古木，翰难，怯绿连的男孩，每一个都很勇敢，未经教导就懂得道理，很聪明。那里出生的每一个女孩未经装饰、梳理就很美貌，面色泛红，而且无比灵巧、伶俐、品质好。

2013年7月，笔者在内蒙古呼伦贝尔市新巴尔虎右旗进行社会学田野调查时，尤其对巴尔虎蒙古族的服饰产生了研究兴趣。新巴尔虎蒙古族服饰，是这支蒙古人在长期游牧生产、生活实践中发展和完善的，它独具特色的款式及一些细节的点缀，从多个角度反映着新巴尔虎蒙古人所具有的文化特征、传统及审美观念。

人类学家泰勒对文化概念的定义是：人因身为社会的成员所获得的复合整体，包括知识、信仰、艺术、道德、法律、风俗等，以及其他能力和习惯。研究文化是一项非常困难的工作，因为我们并不习惯分析文化模式，或很少能够感觉到某种具体的文化模式的存在。纵观人类社会发展的文化模式，那么我们可以认为每一种文化之所以能够存在于人类社会，它一定具有符合人类社会变迁与发展的因素。

新巴尔虎蒙古族服饰在该部落文化中占有相当重要的地位，它在一定历史条件和自然环境条件下，不断增添新的款式风格和色彩，从而使新巴尔虎服饰既保留传统特色又符合当今时代人们对服饰的要求。新巴尔虎服饰满足了世代居住在呼伦贝尔草原上牧民的生活和生产需要。新巴尔虎蒙古人的服饰式样丰富多彩，材质种类繁多。青年人多穿三道沿边蒙古袍，老年人则大多穿细沿边的蒙古袍。一般说来，缝制蒙古袍的面料有毛料、缎子、丝绸、金丝绒、棉布、羊皮、旱獭皮等。春、秋两季的蒙古袍主要以毛料、缎子布料为主，冬季时人们通常以羊皮、羔羊皮及棉布作为缝制蒙古袍的衣料。冬季牧民所穿的羊羔皮、大羊皮做成的蒙古袍尤其适用于他们在冰天雪地的呼伦贝尔草原野外作业。蒙古袍要配以腰带才完整，新巴尔虎蒙古族男子所围的腰带大部分是丝绸材质，围在胯上较为宽长。女式蒙古袍所佩带的腰带细而短，能充分显示新巴尔虎蒙古女人们婀娜的身材。

由于呼伦贝尔草原冬季气候非常寒冷，将近半年的时间，这一片广袤的大地上都是白雪茫茫，银装素裹。这种环境决定了民族服饰的款式、材质甚至颜色。只有如此，这片草原上的巴尔虎蒙古人才能很好地生活在气候恶劣的环境中，他们自古至今传承的文化模式才能继续传递下去。由此可见，新巴尔虎蒙古族服饰与其繁衍生息的地理环境和他们所采用的生计方式是息息相关、不可分割的。

新巴尔虎蒙古人在长期的历史演变中，用他们的智慧和勤劳的双手，不断改善自身的生活条件，在恶劣的生活环境中，以自己不屈的性格，在生活实践中创造了服装服饰的各种款式。蒙古袍是新巴尔虎蒙古人生活中必不可少的生活的一部分，提到蒙古袍，自然还要提到与之相匹配的帽子。古代新巴尔虎人用缝合好的两张羊皮，用线绳连起来，扣在头上就成了帽子。在历史发展过程中，帽子也逐渐演变成多样的形式，如圆顶帽，缨尖帽、大皮子帽、羊剪绒帽等，如今都成为帽子的基本形式。制作帽子的选材也有所不同，有狐狸皮、水獭皮、山狐皮、羊羔皮等。贵族还在帽子上装饰以珊瑚、珍珠、玛瑙等名贵珠宝。新巴尔虎女人一般只有在冬季才配戴帽子，为了适应当地冬季严寒的气候，帽子多以羊皮或羊剪绒等材质制成。已婚的新巴尔虎女人在一些正式场合，如每年举行的那达慕、祭敖包及婚礼等社会活动中，都要穿上漂亮的蒙古袍，头上还要戴上用白色丝绸制成的方巾，方巾打成的结要系在头部的后面，这种装束显示了新巴尔虎蒙古人对白色的崇尚，形成了与其他支系的蒙古人的不同装束。新巴尔虎蒙古人崇尚白色的习俗，体现在生活中的方方面面，如白色毡房、白色皮被、白毡疙瘩、白色哈达、白色乳制品，马奶酒等。虽然受现代文明影响，新巴尔虎蒙古人的白色崇拜习俗正在随着社会的发展渐渐被年轻人淡忘，但是在他们的生活中仍然能依稀看到这种文化的保留。

身穿蒙古袍，那么脚就一定要蹬蒙古靴，靴子的种类同样是多种多样的，有山羊皮外套靴、蒙古靴、软底皮靴、马靴、毡疙瘩、布靴等。很多新巴尔虎蒙古牧民在骑马放牧过程中，必须得穿马靴，这是为了适应游牧生活的需要。蒙古族被称为马背民族，马背可以说是蒙古族生长的摇篮。新巴尔虎蒙古牧民一年四季在野外放牧，因此马在牧民的生活中起着相当重要的作用，很多牧民对马的热爱让人为之感慨。因为牧民在生活中经常需要骑马，马靴就显示出它存在的价值：一是保证牧民骑马时的安全，二是为了和蒙古袍搭配的美观。由于新巴尔虎蒙古人长期生活在中国、蒙古国和俄罗斯三国交界的边境地区，长期以来受邻邦俄罗斯人生活习惯的影响，因此新巴尔虎蒙古人大多还爱穿俄罗斯式的黑马靴。

新巴尔虎蒙古人所穿的服饰是在一定的历史条件和独特的自然环境中发展演变过来的。随着社会的快速发展，他们的服饰也不断处于变化过程中。新巴尔虎蒙古人的服饰不仅具有其适应游牧生计的实用价值，而且也显现了该部落蒙古人文化的存在价值。一种文化是和它所处的环境息息相关的。巴尔虎草原地处亚洲腹地，属于温带大陆性气候。这个地区海拔高，地形复杂，气候变化多端，寒暑温差非常大。千百年来，新巴尔虎蒙古人之所以能够驰骋在古老而神奇的呼伦贝尔草原上，过着逐水草而居的游牧生活，其服饰也起到一定的作用。

蒙古牧民自古以来从事畜牧业，从而形成了具有本民族特点的风俗习惯。但是蒙古族各部落的居住环境、经济条件、自然环境以及同其他民族交往情况不尽相同，这就使他们之间具有不同的风俗习惯和生活方式。新巴尔虎蒙古人的服饰是他们游牧生活中的重要组成部分，它的产生和发展有着其自身的历史渊源和文化背景。在社会发展过程中，这些服饰不会一成不变，但它在新巴尔虎蒙古人的心中是具有相当深厚的文化烙印的。这些服饰将随着新巴尔虎蒙古人的存在而存在，也将随着这支蒙古人的发展而发展。

·非物质文化遗产保护·

吉林省满族非物质文化遗产传承人研究[①]

——以关云德为个案

夏婉秋　李梅花　延边大学

非物质文化遗产是人类在社会发展和历史进程中创造出来的活态文化，有关非遗的保护也是世代绵延的文化传承过程。其中，传承人是非遗保护的核心要素。冯骥才先生曾指出："他们（传承人）是'非遗'的主体。非物质文化遗产的传承，最理想的境界是这种'活态'传承。"[②] 在国家非物质文化遗产保护工作的引导下，吉林省经过多年努力，省、市、县三级名录体系建设日趋规范和完善，对代表性项目传承人的保护日益加强。吉林省先后公布了三批省级非物质文化遗产项目代表性传承人236名，满族非物质文化遗产项目代表性传承人43名（2名国家级非物质文化遗产项目代表性传承人）。

目前，非遗自发性传承正面临新的困难，如现有传承人队伍高龄化、传承出现断层，家族传承或单纯口传心授的师徒传承已不能满足现有年轻人的学习方式，传统的非物质文化遗产如何走向现代生活仍需探索。如何让满族非物质文化保护工作不只停留在记录保存的层面，而是走向现代生活，是吉林省满族非遗保护工作需要着力解决的问题之一。由此，本文在满族非物质文化遗产的背景下，以满族非遗项目代表性传承人关云德为个案，探讨传承人是如何传承和弘扬文化遗产的价值和内涵，及其在培养传承人过程中可资借鉴的经验和模式；并结合目前非遗传承人的保护与传承过程中暴露出的些许问题提出相应建议，为满族非物质文化遗产传承人的保护工作提供一些参考。

一、关云德其人

关云德是我国唯一乌拉神鼓蒙制传承人，同时也是吉林省非物质文化遗产项目"满族剪纸"的省级传承人。关云德，属瓜尔佳关氏家族，世代居于吉林省长春市九台区的其塔木镇刘家满族村。长春市九台区范围内至今还保存着许多原始的满族萨满文化形式，被誉为"中国萨满文化之乡"。

关云德1948年出生于其塔木镇刘家村的一个农民家庭，父亲是穆坤达（族长）。从十几岁起，他就和父亲一起修理各族各家祭祀器具，渐渐成为制鼓好手。少年时期，关云德

[①] [基金项目] 吉林省民族事务委员会民族问题研究项目"北方丝路经济带与吉林省民族文化传承与保护研究"（JM-2015-01）阶段性成果。

[②] 曹保明：《满族剪纸关云德》，北京：民族出版社，2010年，第3页。

深受剪纸吸引，他曾笑称，"我第一次看到窗上各式各样的剪纸，就爱上了这门艺术"。过去，剪纸是女儿家的手艺，额娘和老姨起初都不肯教他，但关云德不死心，一心要把这个绝活儿学到手。他在剪纸过程中曾因意外被截掉一节右手中指，但他仍不放弃，坚持学习剪纸。

关云德的书房里摆满了各种民俗、文化书籍，墙壁上也错落有致地张贴着他的剪纸作品。几十年来，他创作了"萨满面具""萨满百神""水浒传108将"等几十件长卷剪纸作品。他的"萨满百神"剪纸被国际萨满文化主席霍博尔视为"当代世界不可多得的民间文化记忆"。冯骥才先生曾说，关云德的剪纸传承了"久远而鲜活的民族技艺和情愫"。2007年6月，他被中国文学艺术界联合会中国民间文艺家协会授予"中国民间文化杰出传承人"称号。

关云德成为满族非物质文化遗产项目代表性传承人后，在省委、省政府的组织下，多次代表吉林省参加大型文化活动。2007年，关云德做客央视的《艺术人生》节目，现场表演满族剪纸。2008年，他代表吉林省非物质文化遗产项目在2008年北京残奥会吉祥小屋为国内外观众表演剪纸。2009年，他代表吉林省非物质文化遗产项目参加文化部举办的全国非遗专业活动。2010年，他携乌拉神鼓和满族剪纸参加上海世博会吉林省展区展演活动，积极发扬满族文化。此外，关云德还深入了解满族文化与满族研究的专家学者交流，并多次参加萨满学术会议。目前，他发表的满族文化文章有20余篇。其中，《从满族关姓族谱和家祭看与长白山文化溯源》在吉林省第二次长白山文化研讨会中被评为三等奖。

关云德对满族文化的研究与保护获得了社会各界的认可，他被长春师范学院萨满文化研究所聘为兼职人员，同时身兼吉林省满族剪纸研究会副主席、吉林省民俗学会萨满文化产业专业委员会副主任等职务。

二、关云德与满族非遗传承与保护

（一）关云德与萨满祭祖

关氏家族萨满祭祖历史悠久，至今仍保留着祭祖烧香时的一套祭祀礼仪，在吉林地区颇具声名。关氏家族完整保留了清代萨满祭器和祭祀礼仪，整个祭祀程序均按家传的神本子规范进行。每到龙、虎之年，举行续谱烧香祭祀活动。每次祭礼的时候，都举行神歌、甩腰铃、击鼓等萨满歌舞表演活动，形成了一整套多姿多彩的民间礼俗形式。这种祭祀仪式以其严肃神秘，极富艺术性和观赏性，入选吉林省第二批省级非物质文化遗产。

祭器的完整与否，关乎家族祭祖仪式的传承与发展。如果说一次完整的祭祀是一个整体的象征，那么构成祭祀程序的各要素，诸如祭器、祭品、服饰等就是构成该整体象征的重要象征性元素，每个因素具有自身的象征意义，当个体的、局部的象征通过仪式结合在一起，才得以完整呈现祭祀仪式的功能与意义。[①] 为保护家族祭祖仪式的完整，关云德走访各处，收集复刻祭祖神器。在家族12世萨满后人的家中，他发现了原满文神本和老索口袋。根据满族说部传承人富育光的指点和老萨满的描述，他将罗关家的大神案子复画出来，并把缺损的祭神祭器补全。他从乌拉旧部找回祭天石，从打渔楼找回打糕石，从苇子沟买回祭祖槽盆。关云德又刻制了带满文的祖宗线、谱匣子。1999年，关云德在吉林省民族事务委员会的支持下，通过家族集资的方式，修建了罗关祭祖祠堂，使家族祭祖神器得以完整保存，家族祭祖仪式完整进行。

在当代多样化的文化展示空间里，非物质文化遗产的展演是一个不断被强调、不断被赋予新的意义的过程，对传统文化获取新的生命力具有重要作用。关云德多次带领家族萨满参加国内外的萨满表演、电视台节目录制、接待来访的国内外专家学者。1998年，他协助吉林省新闻办公室《长白山》摄制组拍摄了祭祖的整个过程；2001年，在打渔楼参加了吉林省社科院民族研究所拍摄的"雪祭"萨满祭祀活动，罗关家族携带祭器共有12人参加了这次活动；2001年，他应吉林市满族文化研究会的邀请，带领家族萨满为吉林市举办的世界第六届萨满文化研讨会表演跳饽饽神、肉神、背灯仪式；2004年，为长春电视台拍摄萨满宣传片；2005年，协助吉林电视台《老乡话东北》栏目制作跳家神纪录片《家祭》和《祭江》；2011年，应沈阳满族联谊会邀请，前往沈阳故宫、苏家屯参加"颁金节"活动；2013年10月，参见了敦化第三届满族颁金节祭祖活动；2015年11月，应北京满族联谊会邀请，参见北京庆祝颁金节380周年庆典活动。在这一过程中，不仅让观者直观了解到萨满祭祀，同时也使古老而神秘的家族祭祀仪式与现代生活实现了完美对接。

（二）关云德与乌拉神鼓蒙制

乌拉神鼓，是罗关家族祭祖仪式上的重要神器，是沟通人神的媒介。鼓声代表着云、雷，意思是让祖先听到后人在奋斗，以表对先人的崇敬之情。关云德的乌拉神鼓蒙制技艺习自他的父亲。从小，他就和身为族长的父亲一起蒙鼓制鼓。2005年初，吉林省民间文艺家协会发现了关云德这位蒙制神鼓的艺人。同年8月，吉林省民间文艺家协会召开大会，授予关云德为"吉林省民间文化杰出传承人"。如今，传统萨满神鼓在关云德手中不仅古风依旧，而且还被赋予了新的形式，不仅有剪纸艺术来丰富神鼓的花样设计，而且各种商业表演用鼓也应运而生。

为了留住祖上传承下来的古老技艺，关云德将这门手艺完整地传给了他的儿子关长宝。关长宝自幼受家族熏染，热爱满族文化，他为父亲打下手，学着制作神鼓，通过多年摸索，逐渐掌握了乌拉神鼓蒙制技艺。2011年，关长宝成功申请"九台市神鼓非物质文化遗产传承人"。至今，关家的乌拉神鼓技艺传承已延续了十五代。

关云德在传承和保护神鼓技艺的过程中，积极探索传统文化如何与市场经济、现代观念衔接。他说："这个神鼓最早就是满族祭祀用的，要想传承下去，不仅要把家族萨满祭祖的根保护好，还得找到能让它开枝散叶的方法，怎么办，咱就得有什么办法都要试一

---

① 王秀臣：《祭祀礼仪的象征系统及其文学意义》，载于《北方论丛》，2009年，第4期，第9~15页。

试"。关云德结合萨满文化,对乌拉神鼓进行改良,制作符合不同民族特色和满足各种表演的神鼓,使为萨满祭祀服务的乌拉神鼓技艺在现代生活中有了新的功能,他制作的神鼓开始作为民族乐器登上大雅之堂,通过舞台表演展示给世人。另外,关云德在通过文化创利的过程中,紧紧抓住乌拉神鼓蒙制的文化之根,一方面为各地满族制作蒙制神鼓,另一方面研究东北其他民族的鼓文化,制作满足萨满文化信仰的神鼓,如赫哲族萨满的鸭蛋鼓、鄂温克族的鼓框带8个包的鼓、汉军旗用的铁制鼓圈鼓等。

(三) 关云德与满族剪纸

剪纸是满族生活中重要的一部分,反映满族生活习俗与文化信仰。关云德从小就接触剪纸艺术,额娘赵俊香是他的第一位老师。在额娘的指教下,关云德勤学苦练,手上打了层层水泡,学会了许多剪法。老姨赵俊花是关云德的第二位老师。关云德十岁这年,他额娘去世,他开始跟随老姨学习剪纸。老姨擅长剪动物和人物、折纸和熏影烤纸等手艺,她将这些手艺全都传给了关云德。老姨姐戚淑珍是关云德的第三位老师,老姨姐擅长剪满族窗花,她也将自己从母亲和姐姐那里学来的手艺全部传授给关云德。老姨姐嫁到马场屯后,距离关云德家有二十里地,下雨阴天不能干活儿时,关云德还是坚持到老姨姐家学习剪纸。为了学会这门古老的手艺,他付出很多。为了赚钱买纸,他在其塔木集会上修车,在一次修车的时候,车轮上的弹条突然崩出来,导致他右手中指受伤,少了半截手指头。但就是用这样的右手握着剪子,他依然能剪出奇妙的满族剪纸。

关云德生长在高手如云的剪纸之家,他掌握的传统剪纸的剪法、剪纸创作已经十分丰富,水平已经很高了,但随着关云德对满族文化的深入了解,他开始在原有剪纸成就基础上突破创新。关云德以剪纸艺术的形式剪刻出前所未有的萨满女神系列。他通过反复研读神话故事,熟悉每位女神的特征、秉性,反复剪刻、修改,终于剪出《天宫大战》中数百位形象鲜活的女神,生动刻画了萨满女神的神韵。至今,他已创作出一百多位萨满女神剪纸。与此同时,关云德在保持传统精神和艺术手法的同时,寻找符合现代审美观念的题材,创作了《城市乡村图景》《海东青百姿系列》《满族婚俗剪纸》《萨满跳神系列》以及大量萨满玛虎面具,还为一些满族专著剪刻插图或封面。

随着关云德剪纸技艺日渐精益及其剪纸作品逐渐广为人知,他在2007年被确认为首批民间杰出文化传承人。随后在各级政府的支持下,他开始参加一系列大型文化展演活动,进一步发展和弘扬满族剪纸。2007年,他做客央视《艺术人生》栏目,当场表演撕纸,受到更多人的关注。2008年,他代表吉林省非物质文化遗产项目参加北京残奥会吉祥小屋展演,受到国内外专家和观众的高度称赞,一些外国萨满文化研究所把他的海东青和萨满玛虎剪纸当教材。对此,关云德说:"虽然一坐就是一天,但是心里头高兴啊,这政府和国家给了一个这么好的机会,我得好好把握啊"。2009年,他代表吉林省非物质文化遗产项目参加文化部举办的全国非遗专业活动,进行现场剪纸展示,受到党和国家领导人的接见。2010年,他参加了上海世博会吉林省展区展演活动,创作的萨满神舞系列剪纸受到国内外参观者的喜爱,并被众多爱好者收藏。

各类展演与文化实践活动拓宽了关云德满族剪纸的创利渠道。每次展演结束后,关云德总是收到各方学者、报刊、电台的约稿或访问,渐渐开始有各地收藏者、企业向关云德订购剪纸系列套装。早在1999年,受吉林省外事部门委托,关云德制作的一大批反映吉林省民俗特产的剪纸艺术品作为礼品馈赠外国友人达几十个国家和地区。目前,九台市宣传部投资8万元包装关云德满族剪纸作为地区特色名片,开发与满族剪纸相关的民俗旅游纪念品,打算把满族剪纸作为文化产业做大做强,实现非物质文化遗产保护和地区经济发展双赢的局面。

(四) 关云德与满族民俗博物馆

在其塔木镇刘家村,关云德创办了吉林省内唯一的农民满族民俗收藏博物馆。博物馆占地10000平方米,建筑面积2200平方米,馆藏各类文物2万余件。藏品以民俗用品为主,有反映农耕文化的渔猎工具,反映萨满文化的各式各样的祭祀祭品,失传已久的满文神本子、辽金时期的民俗物件、五大仙木雕面具、民间刺绣、精美的旧式旗袍、瓷器、草编、柳编等等,这些展现千年文化的老物件让人目不暇接。

据关云德讲述,1977年,他无意间在亲戚家的缝纫机踏板上看到一块刺绣精美的布片,上面的图案深深吸引了他的目光,"这图案好,我搞剪纸的,我喜欢这些东西啊",尤其是幔帐套下端系穗打结,还能系出字的手艺,迷住了关云德。由此,他产生了收藏满族老物件的想法。作为最初引起收藏之意的幔帐套,关云德记忆尤为深刻。"这个幔帐套是满族的特色绣品,看它你就能知道以前东北满族人都是咋过日子的。旧时的满族人家多有南北大炕,夜间用幔帐当隔断,白天拉开幔帐,套上幔帐套,为了美观,满族妇女就在幔帐套的正面绣上漂亮的花纹图案。可以在这个幔帐套的穗儿里看到几行字,讲的是《夜宿花亭》的故事,现在满族在穗儿上编字的手艺已经失传了,多可惜,咱得把这个好好留下去"。

从绣制精美的幔帐套开始,关云德的收藏之路一走就是30多年。每到农闲时节,他就走遍方圆数百里的满族村,有限的收入全都用来收集满族"老家什"。仓库里放在角落的悠车子、木匠工具,家里老人留下的大烟袋、木窗、纱灯,各式各样的农耕用具,民间乐器,在关云德眼里,样样都是宝。随着收藏的物品越来越多,关云德开始考虑如何更好地安置并保护它们。于是,关云德萌生了创办博物馆的想法,让这些收藏品成为传承满族民俗文化的活教材。

在他的努力下,村委会给他提供了场所。2000年,"萨满民俗文化馆"建立起来,里面陈列着关云德祖传和他多年收集珍藏的1000多件萨满藏品,还有300多年历史的抓鼓和神匣子,几近失传的满文神本子(唱词本)、萨满祭祖腰铃[①]、各式各样的祭祀祭品、民俗物品。2010年3月,在关云德的老家其塔木镇刘家村,"关云德满族民俗博物馆"破土动工。博物馆建设期间,长春市及九台市政府提供了土地和资金支持,吉林农业大学帮助完成了大量建设工作。2014年5月18日,"吉林省农民满族民俗收藏博物馆"正式开馆,关云德任馆长。博物馆全年免费对外开放。关云德说:"这大半辈子,没少在这上面

---

① 于2016年2月25日夏婉秋采集,资料原本由关云德提供。

下功夫，我不图别的，我们这不是满族村吗，就是希望通过萨满文化，剪纸、神鼓和实物收集结合的方式，把满族文化传承下去，我这都是免费的，就希望越来越多的人参观。"

关云德对展馆内关于满族萨满文化信仰的展品也如数家珍。他说，"这三十多年来，每次收集回来点啥东西，我就想着把它弄明白，你看我书架上那些满族文化的资料，都是有用的，这些年还有不少学者、学校的人来看，我跟他们也学到了不少东西。"在笔者调查期间，他指着一个浸透神秘文化气息的面具，解释着"五大仙"的由来，他说："五大仙面具反映了旧时萨满巫医驱邪治病的故事，现在医疗也发达了，这些东西就用不上了，但面具上雕刻和图样可以为剪纸的素材。"目前，博物馆不仅与高校合作，为慕名前来的高校研究人员提供教研材料，还与政府部门合作，打造地区品牌。因博物馆馆藏丰富，具有一定的教育意义和研究价值，吉林农业大学在此建立"教学实践基地"，与博物馆联合成立"吉林省农耕文化研究中心"。

三、关云德经验及其传承困境

（一）关云德经验

1. 家族式传承

关云德的乌拉神鼓蒙制技艺、满族剪纸技艺主要来自他的家庭，他的父亲、母亲、老姨都是家族中的技艺能手，他们在传授技艺的同时，也将族人尊重自然、敬仰祖先以及满族民俗文化的观念传授给了他。同样，关云德也将所有技艺毫无保留地传给了自己的亲属。乌拉神鼓蒙制技艺就属于这种家族传承方式，关云德的三儿子关长宝深入习得其父的神鼓蒙制技艺以及满族剪纸技艺，并将这些技艺又传给他的子女。这种以血缘为纽带的家族传承，在传承民族技艺的同时，也起到了凝聚家族情感、传续民族文化的作用。另外，在家族萨满文化传承方面，关云德作为家族的穆坤达（族长）在促进家族生活良性运行的过程中扮演了重要角色，发挥了组织家族生活、引领家族文化传承的作用。为延续家族传统祭祖仪式，关云德走访各处收集复刻祭祖神器，组织培养家族接续萨满，将家族的祭祀过程全部整理出来，为家族萨满祭祖申请非物质文化遗产撰写申报材料，带领家族萨满神职人员参加各类萨满文化展演、会议。与此同时，关云德积极挖掘家族满族文化遗存，引导家族成员整理相关资料。正是在这种家族文化生活背景下，关云德得以将乌拉神鼓、满族剪纸、萨满祭祀相结合，在挖掘、研究、传承、创新的过程中，使得各项非物质文化遗产得以相互丰富、相互碰撞，使各种文化要素在碰撞组合中获得新的生命力，织就出相对完整的、丰满的、鲜活的满族文化。

2. 搭建文化传承基地

通过建立满族民俗收藏博物馆，关云德将满族物质文化保护传承和非物质文化保护传承有效结合起来。满族民俗博物馆是关云德对满族剪纸、萨满祭祀、乌拉神鼓保护与传承的方式之一，同时也是激发他创作灵感、发展满族非物质文化的基地。从一点一点收集民俗物品，到一砖一瓦建设民俗博物馆，关云德在这一过程中得以切实了解、学习、钻研满族文化，深入认识本民族文化。关云德从民俗展品中获取创作灵感，不仅丰富了非物质文化遗产的内容，也真实可靠的以其掌握的艺术形式记录下满族的民间习俗。在关云德的收藏博物馆里，有专门的萨满文化展厅，陈列着萨满祭祀仪式的一应用具：祭祀服、神帽、腰铃、腰带、抓鼓、抬鼓等。这些祭祀用品展现着萨满文化的信仰，同时各式的神鼓也展现着乌拉神鼓的艺术演变历程。他还根据这些民间传统家什结合剪纸技艺创作出新的剪纸艺术作品，其中一组关东风情剪纸——棒打狍子瓢舀鱼，野鸡飞到饭锅里；窗户纸糊在外；养活孩子吊起来，就是以馆藏的民俗物件为本，在关云德的剪下被栩栩如生地刻画出来，展现了东北满族的民俗风情。这些老物件给关云德剪纸创作带来了灵感。关云德用手中的剪刀灵活地剪出一幅幅满族民俗物件地作品，展示着满族悠久的生产生活习俗，诠释着家族信仰与萨满文化，推动着满族文化的传承与发展。

3. 文化展演

关云德悉心传承的满族非物质文化遗产也获得了国家和政府部门领导的认可，受到了国内外学者及广大人民群众的关注，使人们更加全面深刻地认识满族丰富多彩的非物质文化，对促使人们珍惜和保护这些非物质文化遗产具有重要意义。文化展演激发了关云德的创作热情和民族自信心，磨炼了他的民族技艺，使他在坚守传统文化精髓的同时，能够结合各类表演与展演要求，以现代的内容与表现形式演绎出具有时代性的传统文化。关云德组织家族萨满神职人员参加各类萨满文化展演，创造性地演绎民族文化，让人们直观了解、正视萨满文化。每一次的萨满仪式活动，都要考虑当时当地的各种因素，并结合已有的传统文化规范，进行创造性、即时性文化展演，从而实现古老神秘的家族祭祀仪式和现代生活的完美对接。2001年，关云德在打渔楼参加了吉林省社科院民族研究所拍摄"雪祭"萨满祭祀活动；2008年，参加了吉林市丰满区开江鱼美食节举行的祭江神仪式；2012年，参加了沈阳清源县红河谷音乐会上表演萨满跳神，萨满神歌；2013年7月，他到吉林北大湖参加了登山节祭山神开幕式；2015年12月12日，他应长白山萨满原始部落邀请为游客演出。这些活动都在一定程度上实现了满族萨满文化与现代生活、百姓生活的融合。

（二）传承困境

1. 主体缺失

目前，我国非物质文化遗产传承人普遍面临传承主体缺失的问题，关云德也不例外。就剪纸而言，关云德满族剪纸传承基地建立以来，他的学生除了各民间演艺组织人员以及慕名而来的一些人员外，学习者并不多。剪纸传承基地设在刘家村满族乡内，但村里年轻人大都外出务工，主动学习的并人不多。具有满族文化生活背景的传承主体的缺失，进一步缩小了关云德民族技艺的传承范围。对此，关云德深感担忧："要不是家里人，现在很少有人能专门研究这些，做皮、鼓搞、剪纸你都得用心琢磨，以前我大儿子和二儿子也都会一些剪纸呢，现在就只有三儿子一直和我忙活儿这些，村里来学的人也不多，村子里年轻人在家种地的都少了，都出去干活了，要不是靠家里人，你说以后这得怎么办？"

关云德所传承的满族非物质文化技艺中，无论是乌拉神鼓蒙制，还是满族剪纸，都不是一朝一夕练就而成的，而是花费几年甚至几十年时间才融会贯通的，加之传统满族技艺源于民俗活动中的特定文化，没有文化内涵的满族剪纸只能是简单的、无意义的工艺品，失去了传承的价值，因此真正的传承人不仅要热爱满族文化，还要愿意静心投身传统文化创作。然而，迫于现实生活的压力，这样的人很少，能够传承技艺的精准人才更是少之又少。

2. 创利微弱

在现代生活中，随着人们生产生活方式的改变，传统技艺日益缺乏实用性，从而渐渐淡出人们的视野，进而导致民俗产品市场需求乏力。关云德在文化创利方面做出了一些尝试，取得一定的成果。然而，在谈及关云德家庭经济收入及主要经济来源时，他认为还是面临一些问题："家里边还是得靠种地呗，每年做鼓、搞剪纸也能挣一些，那咱们还得往里边投呢，再说咱们这做鼓、剪纸都是细活儿，不像咱们过年那些塑料窗花一出就是一批，人家那是机器，我这剪纸主要就是内容丰富，你在市场上都买不到，都是人家专家学者、收藏的人和我订的。"关云德的乌拉神鼓蒙制及满族剪纸的开发，是以家庭作坊形式面对市场自主开发的产品，政府的投入非常有限，主要靠部分高校、社会团体、学者、收藏家的订单维持。关云德一家并没有以此为主业，日常收入主要还是务工。销路有限以及家族作坊的限制，使其艺术作品的开发无法形成产业，不能大批量进入市场。

3. 后期经济技术支持乏力

随着非物质文化遗产传承与发展的愈加壮大，对经济技术支持的需求也逐渐上升，原有的经济技术水平在支撑非物质文化遗产传承与发展过程中显得有些捉襟见肘。尤其在参观博物馆、神鼓作坊、满族剪纸基地的过程中，关云德几次提及经费紧张的问题。"政府给钱现在也不够啊，你看博物馆东边的房顶都掀开了，以前是他们给维修，这一年也不怎么来管了，都是我和我三儿子管，你看我仓库里还有满族老物件儿呢，都放不下了，这几年也没钱扩建，就那么堆着呢。""咱这挂牌成立的满族剪纸基地嘛，现在也专门辟一个屋，就在我书房这屋教，主要是来的人也少，平时我创作剪纸也在这屋，然后在隔壁那屋做鼓。"可见，受经费限制，满族民俗博物馆运营后续资金乏力，缺乏相应的管理人才和技术支持。在实际运营中，博物馆相关事宜都由关云德及其儿子关长宝承担，家庭积蓄以及务农、销售剪纸、神鼓的收入大部分投入到博物馆运营之中，但仍然难以为继。由于建设经费缺乏，不仅在馆舍修缮面临困难，馆舍扩建更无从谈起，如今仍有部分展品堆放在仓库里，得不到充分展示和有效利用。另外，乌拉神鼓蒙制作坊空间有限，满族剪纸非物质文化遗产传承基地缺乏正式教习场所；关云德的满族剪纸在开发应用中缺乏政府的经济支持和政策引导，在产业化推进中步履蹒跚，诸如此类的问题不仅影响了传承人开展非物质文化遗产保护工作的热情，更直接关系到传承人非物质文化保护与传承的后续发展情况。

四、对策建议

(一) 保护传承人的文化生境

传承人所面临的各种问题的解决,需要以稳定的文化生境为保障,以保证根本性的家族传承模式在困境中仍能得以延续。传承人所在文化生境是其传承活动所赖以存在的环境。关云德所住刘家满族村是满族文化生活的一个缩影,其家族瓜尔佳罗关氏家族延续着原始满族萨满文化精髓。居住地的历史文化和家族生活成为关云德及其传承人的文化土壤。面对现代文明与外来文化的冲击,将传承人所在文化生态环境纳入到政府经济文化社会建设中是十分必要的。对此,可以积极组织高校力量与社会人士对关云德所在村落及其家族满族文化遗存进行搜集、整理与保护,调动村落广大民众参与文化建设和满族文化传承中,为传承人的传承活动创造良好的传承和发展环境。

(二) 完善传承人培育制度

针对传承者和被传承者缺失问题,首先要考虑到随着社会发展变迁文化生态环境的演变,传承人培育机制也要符合时代的发展。既要重视对传承人的支持与培养,又要加强对"传习人"的培育,只有这样才有可能使非物质文化遗产世代传承下去。为此,一方面推荐关云德及其家族传承人到高校、科研院所深造,提升他们的文化素质,加强文化传承的能力。目前,关云德与吉林农业大学、长春师范大学、吉林师范大学等高校均有交流。政府应鼓励并引导各高校对关云德及其传承人的培训支持。另一方面采取可行性措施,选拔优秀传习人重点培养,最大限度地调动被传承人学习传统文化的积极性。对此,参考其他少数民族非遗传承人培育的有效方式,如"采取捆绑计生等帮扶政策;或实行传承人签约带徒传授制;或定期举行活动,营造全社会学习非遗的良好氛围;同时通过相关部门帮助选定传承对象,完善传承激励机制,培养年轻传承人。"[1]

(三) 全方位支持与引导传承人

文化创利不济与经济技术支持后期乏力,需要政府、传承者、学术界、民众的全社会共同参与。政府需要贯彻非遗传承人的资金补助与政策支持,在社会主义市场经济中发挥好引导作用。一方面,联合社会、高校力量,积极打造文化品牌,对关云德提供财政、税收、贷款、人才、管理等方面的支持与引导,让关云德对乌拉神鼓和满族剪纸的创新成果得到经济实惠,以文化创利带动传承人非物质文化传承与保护的积极性,实现文化经济发展的良性循环,同时,借助吉林省各满族研究机构、高校人才的力量,开展满族民俗收藏博物馆的维护工作,建立健全博物馆管理机构,明确职责,为关云德实现物质文化与非物质文化整体性的文化传承模式提供保障。另一方面,政府要防止非物质遗产过度市场化可

---

[1] 吴彩霞:《土家族非物质文化遗产当代传承人研究》,中南民族大学学位论文,2013年,第47页。

能导致的"非遗"的"异化",不仅要保护非物质文化遗产传承人在市场经济活动中的权利,也要借助高校科研力量,有效引导传承人在市场经济中坚守文化精髓,避免文化创利过程中对民族文化精髓的破坏。

结　　语

综上所述,关云德及其家族世居白山黑水之间,家族萨满祭祖历史悠久,萨满文化遗存丰富。作为罗关家族穆坤达的关云德在家族生活实践中,不仅从长辈手中习得了满族民间技艺,也在组织家族活动中打开了满族文化大门。在这种民族历史生态空间中,关云德积极传承和发展民族技艺,并在非物质文化遗产项目的传承与发展中,积累了特色传承经验,为其他满族非物质文化遗产项目以及我国其他少数民族非物质文化遗产传承人的文化实践活动提供了重要参考。笔者以为,我国非物质文化遗产传承人大都以家族、家庭传承为主要方式,所以只有持续保护传承人的文化生境,使非物质文化遗产及传承人不脱离文化生存空间,才能使传承人家族传承模式持续稳定地进行。此外,强化政府、传承者、学术界、民众等全社会共同参与,强化对传承人的经济、技术、管理等全方位的支持与引导,也是有效解决满族非物质文化传承人关云德面临困境的对策。

人类学视阈下非物质文化遗产名录制度的反思

陈心林　　湖北民族学院

十余年来，我国的非遗保护工作主要是在政府主导下开展的一项传统文化抢救、整理与发展工作。这种特质直接导致了相关研究的应用化取向，使得学界十分重视对非遗保护工作实践的研究，以便更迅捷地服务于决策与管理。比较而言，学界对非物质文化遗产基础理论的研究则较为薄弱、滞后。如学者所针砭："我国的非物质文化遗产研究至今没有形成清晰的学术发展脉络，积累有价值的理论认识。"[①] 这种偏颇一方面使得我国的非物质文化遗产研究缺乏自己的理论建树，始终寄托于他者的理论体系之下。比如，至今我国学界关于非物质文化遗产的概念仍然是以联合国《保护非物质文化遗产公约》为圭臬，对于非遗保护原则、模式的探讨几乎是惟欧美、日韩马首是瞻。所谓"屋下架屋，愈见其小"，基础理论研究的短板制约了相关研究的深化，甚至连"非物质文化遗产"这一核心命题都成为歧见纷出的议题，如刘魁立先生所言："在当今社会条件下的非物质文化保护，我想没有哪一个题目会像它这样包含着那么多的悖论。"[②] 另一方面，基础理论研究的薄弱也势必会影响非遗保护实践工作的有效开展，使得非遗保护工作常常不能达成既定目标，甚而适得其反，导致"保护性破坏"。

当前，我国的非遗保护在经过一个高速发展的跨越阶段之后，已经进入了一个应以"可持续发展"为核心理念的转型阶段，即高小康教授提出的"后申报时期"[③] 或冯骥才先生所说的"非遗后"时代[④]。在新的发展阶段，我们需要对相关工作"进行冷静而科学的反思"，[⑤] 总结既往，以启将来。

一、名录制度：非物质文化遗产保护的核心环节

综观国内外非遗保护工作的发展历程，名录制度可以说是其中的核心环节。

1972 年 10 月，联合国教科文组织第 17 届大会通过了《保护世界文化与自然遗产公约》，制订了《世界遗产名录》和《濒危世界遗产名录》的遴选原则，标志着文化遗产保

---

① 吴效群：《对近年我国非物质文化遗产研究几个重要问题的看法》，载《文化遗产》，2011 年第 1 期。
② 戴廉：《非物质文化遗产保护的困惑》，载《瞭望新闻周刊》，2005 年第 30 期。
③ 高小康：《走向后"申遗时期"的传统文化保护》，载《江苏行政学院学报》，2012 年第 2 期。
④ 冯骥才：《只有科学保护才能使非遗流光溢彩》，载《中国艺术报》，2012 年 6 月 11 日。
⑤ 刘锡诚：《反思与进言：聚焦非遗名录之民间文学》，载《西北民族研究》，2014 年第 1 期。

护进入了"名录"时代。这一时期文化遗产名录主要针对的是建筑、遗迹、文物等,强调其实体性。1999年11月,联合国教科文组织第30届大会通过了设立"人类口头和非物质遗产代表作名录"的决定,并于2000年6月在巴黎总部成立评委会,制定申报指南,接受各国的申报。自此,名录制度的适用范围从物质文化领域扩展到非物质文化领域。2003年10月,联合国教科文组织第32届大会通过了《保护非物质文化遗产公约》,确定了三种名录类型——"人类非物质文化遗产代表作名录""急需保护的非物质文化遗产名录"和"最佳实践项目名录"。自此以后,国际非遗项目的申报和保护工作基本上在此框架内展开。"人类非物质文化遗产代表作名录"主要是对于相关文化遗产的一种价值承认,进而把其由国家或地区层面上升至世界的高度;"急需保护的非物质文化遗产名录"更多地强调相关遗产项目的濒危性;"最佳实践项目名录"则是对已成功实施的非遗保护项目的肯定。2007年5月,联合国教科文组织保护非物质文化遗产政府间委员会第一次特别会议在中国成都召开,其重要议题就是"确立三类遗产名录的申报标准与规则"。

20世纪50年代,我国政府组织了对少数民族文化遗产的调研,并随之命名了200余名"国家级工艺美术大师",建立了类似于后来非遗传承人的文化遗产保护制度。2001年,我国"昆曲艺术经"遴选列入"第一批联合国人类口头和非物质文化遗产代表作名录",对我国的非遗保护工作起到极大的推动作用。2003年,我国政府启动"中国民族民间文化保护工程",标志着我国民族民间文化保护工作步入了系统性、整体性的新阶段。2004年,文化部主持制定了《中国民族民间文化保护工程实施方案》,即以建立"国家级民族民间文化保护名录"为首要的工作目标。2005年3月26日,国务院办公厅颁布了《关于加强我国非物质文化遗产保护工作的意见》,强调要逐步建立包括国家、省(自治区、直辖市)、地(市、州)、县(旗)四个层面的非物质文化遗产名录制度。2005年6月30日,文化部下发了《关于申报第一批国家级非物质文化遗产代表作的通知》,明确了"国家级非遗代表作名录"的申报事宜,标志着我国非物质文化遗产国家级名录申报工作的正式启动。

迄今为止,我国先后于2006、2008、2011和2014年公布了四批国家级非物质文化遗产,包括"国家级非遗代表性项目名录"和"国家级非遗代表性项目名录扩展项目名录"共计1525项,省、市、县级非遗项目近10万项。一个包括国家、省、市、县四级,金字塔形的非遗名录体系初步形成。

就我国非遗保护的实践来看,建立非遗名录制度具有重要的意义。

首先,有利于非物质文化遗产的抢救与保护。非物质文化遗产是传统文化的重要组成部分。毋庸讳言,在全球化的当下,现代化的浪潮挟科技、经济乃至政治优势对传统文化造成了颠覆性的冲击。我国非物质文化遗产的主体是在长期的历史进程中形成的,主要是与农耕文明相适应的文化体系;而当前,中国已基本完成了工业化的社会转型,社会结构、生产方式、文化生态已经发生了革命性的变化,包括非物质文化遗产在内的传统文化已经或正在失去其得以产生、赖以为继的根基,面临着巨大的危机。值此非遗存亡续绝的关键时期,通过政府立法和建立非遗名录制度,必定会极大地推动非遗保护工作。

其次,有利于非物质文化遗产的展示。在相当程度上,列入名录是对非遗价值的肯定，会极大地提高相关非遗项目的社会地位，既有利于非遗传承者增强对文化遗产的认同，提高文化传承的积极性，也有利于引起社会的广泛关注，展示非遗的价值，构建保护、弘扬非遗的良好环境。同时，作为一项全局性的国家文化工程，非遗名录在遴选项目时，既要考虑不同地区、不同民族的均衡，也要考量不同遗产类型之间的平衡，这就客观上有利于保护和展示我国非物质文化遗产的多样性和系统性。

二、人类学视阈下非物质文化遗产名录制度的反思

（一）对非物质文化遗产主体性的遮蔽

人类学自学科发轫之日起便以文化研究为核心命题，从泰勒（Edward Burnett Tylor）、博阿斯（Franz Boas）到格尔茨（Clifford Geertz），学者对"文化"概念的界定或有不同，但基本上都秉持这样的理念：文化是民众的创造，构成了民众的一种生活方式。美国人类学家雷德菲尔德（Robert Redfield）将文化分为"大传统"（great tradition）与"小传统"（little tradition）两大部分。所谓大传统是指"以都市为中心、以绅士阶层和政府为发明者和支撑力量的文化"，小传统则是"乡民社会中一般的民众尤其是农民的文化。"[1] 以此观之，非物质文化遗产理当属于小传统的范畴。非物质文化遗产是民众在长期的社会实践中创造出来的一种文化体系，民众是其当然的主体。联合国教科文组织《保护非物质文化遗产公约》对"非物质文化遗产"概念的界定也明确了这一点。[2]

然而，长期以来，在我国的非遗保护工作中，特别是在非遗名录的遴选工作中，民众的主体地位却被遮蔽了。

2005年3月26日，国务院办公厅发布了《关于加强我国非物质文化遗产保护工作的意见》，明确指出非遗保护工作的原则是"政府主导、社会参与"，由此确立了政府在非遗保护工作中的主导地位。非遗保护本是我国一项系统性的文化建设工程，由政府主导是符合国情的，但如陶立璠先生所言，"政府主导"往往变成了"政府包办"。[3] 反映在非遗名录申报工作当中，其一般程序是各级文化部门组织专家对区域内的非遗项目进行调查、筛选、论证甚至包装；再逐级申报，由文化部门组织评审，最后由各级人民政府公布相应级别的非遗项目。其结果，则是导致作为非遗主体的民众的缺位，如学者所指出的："我国的非物质文化遗产保护活动长期以来缺乏社会的积极参与，长期由官方包揽"。[4] 过竹先生也指出，在非遗保护工作中，往往文化主体没有话语权，经常是"精英主导、外行划拳、社区奴从"。[5] 从而形成了非遗保护工作中一个根本性的悖论："遗产主体与遗产保护

---

[1] 孙秋云主编：《文化人类学教程》，北京：民族出版社，2004年，第19页。
[2] 文化部外联局：《联合国教科文组织保护世界文化公约选编（中英对照）》，北京：法律出版社，2006年，第94页。
[3] 陶立璠：《非物质文化遗产名录评审的理论与实践》，载《江西社会科学》，2008年第9期。
[4] 姚伟钧，王胜鹏：《完善中国非物质文化遗产名录的思考》，载《浙江学刊》，2013年第1期。
[5] 冯莉：《非物质文化遗产保护的实践与反思》，载《民间文化论坛》，2008年第6期。

主体的悖论"。① 民众在非遗保护工作中的被边缘化,"导致大众参与的普遍形式化与虚无化,形成一定程度的'缺席关怀''参与专制',有可能造成对非物质文化遗产的'保护性破坏'。"②

(二) 文化遗产价值的绝对化与层级化

文化相对论是人类学一个基本的学科理念,它认为一种文化的产生有其特定的社会与生态背景,是特定人群所创造的知识体系,是格尔茨(Clifford Geertz)所强调的"地方性知识";文化的价值与意义是相对的、多元的,不应用单一的标准来衡量全世界极其多样的文化体系,不同文化之间也没有高低优劣之别。文化相对论是人类学学科一个重要的理论贡献,对于破除文化沙文主义与社会达尔文主义具有"祛魅"的意义,也已成为人类社会一个基本的共识。

然而,现行的非遗名录遴选制度在深层理念上却是与文化相对论相抵牾的。非遗名录制度事实上把自身设置成为一种文化遗产价值评判体系:只有具有独特价值的文化遗产才能进入名录,遗产名录层级的高低宣示着文化遗产价值的高低。这在本质上是一种排异性的制度设计,造成了事实上的文化筛选与淘汰。

在我国的非遗保护工作中,遗产名录制度挟政府与学界的双重威力,把非物质文化遗产的价值绝对化,区分为不同的等级,左右着非遗的命运。进入名录的文化遗产意味着能得到政府全方位的支持,具有更广阔的发展前景;未能进入名录的文化遗产则在相当程度上意味着发展机遇与空间的丧失。而相对于我国浩如烟海的非物质文化遗产,能列入名录者注定只能是少数。

名录制度所导致的非遗价值层级化还可能发生在某一非遗项目内部。一般而言,一种非物质文化遗产的形成与传承必须依托于具体的地域与人群,可能形成既彼此联系又各具特色的变体;而我国的非遗名录制度一般要求明确非遗项目的代表性传承者。在相当程度上,指定特定个体为非遗项目的代表性传承人会使之获得相对于其他传承人的文化、经济乃至政治优势,必定会挤压其他传承人、其他地域相关非物质文化遗产的发展空间。

(三) 政治、经济主宰之下文化内涵的边缘化

由于非遗名录遴选事实上已成为政府主导的一项文化工作,在政绩考核和 GDP 崇拜的驱使下,非遗往往沦为政治、经济主宰之下的附属物,文化内涵逐渐被边缘化甚至解构。如学者所痛陈的,"当今的非物质文化遗产名录、代表作及传承人的评选在很多地方沦落为政治工具和经济工具。"③ 冯骥才先生也痛切地指出:"文化政绩化和文化商业化是非遗的两个最致命的问题"。④

---

① 刘朝晖:《村落社会与非物质文化遗产保护》,载《文化艺术研究》,2009 年第 4 期。
② 刘志军:《非物质文化遗产保护中的大众参与》,载《文化艺术研究》,2009 年第 2 期。
③ 刘志军:《后申报时期非物质文化遗产保护的忧与思》,载《思想战线》,2011 年第 5 期。
④ 冯骥才:《非遗后时代:传承仍然让人充满忧虑》,载《中国艺术报》,2013 年 6 月 14 日。

当前的非遗名录制度具有典型的量化考核特征，十分切合政府部门的政绩考核体系。入选非遗名录项目的数量和等级已成为对文化管理部门重要的考核指标，以至于在非遗申报工作中出现了"一定要挤进第一批名录"这样必杀令式的口号；[①] 同时，一旦申报成功，则马放南山，重申报轻保护、有申报无保护的怪相并不鲜见。

在经济利益的驱使下，政府部门在遴选非遗项目时，首先考量的就是其"钱途"：能否与旅游开发联系起来，如何包装，怎样推向市场？早在2005年第一批国家级非遗申报时，学者们就敏锐地察觉到"非遗保护成了生财之道"。[②] 结果就造成了非遗保护工作中的世态炎凉：影响力大、易于开发运作的非遗项目如名媛贵胄，炙手可热；影响力较小、商业价值不显著的非遗项目，则如寒门孤女，少人问津。

（四）对文化多样性的破坏

首先，如上文所论及，名录制度客观上导致了非遗价值的绝对化与阶序化。能否入选名录、所属名录级别的高低已成为资源分配的标尺，从而使数量有限的、被冠以各级名录项目的非遗获得了更多的资源与更广阔的发展空间，同时势必剥夺绝大多数名录之外的非遗的发展资源，极大地挤压其发展空间，导致相关非物质文化遗产的萎缩乃至消亡。诚如董晓萍教授所言，当前我国非遗保护工作中明显地存在国家非遗"清单化"与非遗项目"名录化"的问题，损害了"非遗文化权利多样化"。[③]

其次，非遗名录制度对代表性传承人的认定也有待商榷。就某一非遗项目认定一个或多个代表性传承人是我国非遗名录制度的核心，从操作层面来讲也可以使非遗保护工作得到落实，但从深层次探讨，这种做法可能有悖于非遗保护的初衷。第一，可能导致非遗的封闭化，助长其排他性，损害其公共文化的品格。非物质文化遗产具有鲜明的群众性，如节日、歌谣、信仰、习俗等，民众常常就是非遗的创造者与享有者；即或如曲艺、戏剧、技艺等非遗项目在长期的发展历程中会形成代表性的传承人，但也往往会有多位。当前，随着全社会对文化资源的重视，非遗已成为重要的产业资源，名录利益化是必须正视的现实。正如刘魁立先生所警示的，当文化成为一种可以获取利益的手段，该文化的享用者们就有可能最大限度地寻求对文化的垄断。[④] 一旦某一项非遗的传承者被认定为代表性传承人，就可能把其视为私产，使原本开放的传承途径封闭化、狭隘化。第二，可能损害非遗传承的社会生态。一项非遗的传承人之间常常有师承或流派上的渊源，一旦官方根据自己的取舍标准认定代表性传承人，势必会造成代表性传承人与其他传承人之间的区隔，形成竞争关系，损害非遗传承的社会生态。第三，可能妨碍非物质文化遗产的创新、发展。非遗的形成与发展，常常是民众的集体创造，一旦认定代表性传承人，则很可能会使生机勃勃的民众创造固化为狭隘的个人制作，使团体传承蜕化为个体传承；同时，还可能压制民

---

① 戴廉：《非物质文化遗产保护的困惑》，载《瞭望新闻周刊》，2005年第30期。
② 戴廉：《非物质文化遗产保护的困惑》，载《瞭望新闻周刊》，2005年第30期。
③ 董晓萍：《政府非遗与民间非遗》，载《西北民族研究》，2014年第2期。
④ 刘魁立：《非物质文化遗产及其保护的整体性原则》，载《广西师范学院学报（哲学社会科学版）》，2004年第4期。

众参与非遗的积极性，使得丰富多彩的非遗逐渐僵化，失去生机。有鉴于此，高小康教授指出："现行对传承人的保护方式基本类似于'临终关怀'，花钱供养传承人只能使非物质文化遗产苟延残喘一段时期，最后的归宿还是或迟或早的消亡。"① 或许并非危言耸听。第四，非遗传承人的认定可能有失公正。当前，非遗传承人的认定主要是由政府文化部门组织的，采取逐级申报、评审决定的方式，具有浓厚的行政色彩，与非遗的民间文化特质大相径庭，造成种种乱象。有研究表明，有的地方所推荐的传承人已去世多年，依然照抄过去的材料上报评审机构，甚至企业老板、公务人员也成了传承人。② 更有学者尖锐地抨击道："所谓的'非遗'其实已经死去。主要表现为假传承人多，真传承人并没有得到保护。"③

（五）对文化本真性的损害

文化的传承与发展应当注重本真性，这是文化发展的内在规律与必然要求，非遗保护也不例外。然而，非遗名录制度却因其内在的矛盾在相当程度上破坏了非遗的本真性，不利于其发展。

首先，割裂了非物质文化遗产与其文化生态的天然联系。乌丙安先生在论及非遗时，曾饱含深情地说："没有无缘无故的歌，没有无缘无故的舞"。④ 非遗是民众在长期的生产、生活实践中自发的文化创造与传承，有其得以生发的深厚土壤，是民众歌哭于斯、深情贯注的精神家园。但在当前的非遗保护工作中，一方面相当重视对非遗项目的扶持，可谓不遗余力；另一方面却忽视了非遗与其相应的社会、文化、生态根基之间不可分割的血肉联系，违背文化发展的内在规律，经过政府的引导，学者的提炼，将原本根植田野、元气充沛的非遗搬上舞台，移进殿堂，让非遗传承人由江湖而庙堂，乃至浮槎海外，在"保护""展示"大纛之下，人为地将非遗从其原生沃土中拔出，虽然旨在助长，却不免竭其源头，枯其根本，捧而杀之。

其次，破坏了非物质文化遗产的整体性。每一种非遗都是一种自成体系的文化传统，常常包括信仰、技艺、文学、曲艺甚至科技等多重内涵，其构成要素之间具有天然的联系，不可肢解。然而，在申报非遗名录时，为了凸显非遗的独特价值，也是为了符合相关的申报标准，很多地方刻意地从整体的非遗文化系统中萃取"典型"的部分申报，从众多的非遗创造者中选取"主要"的人物作为代表性传承人，实际上是对非遗体系的解构。片面地突出非遗文化体系的某一方面，势必会造成畸形发展，导致非遗文化整体上的衰微。

再次，造成了非遗传承的基因变异。作为一种民间的文化传统，非遗的传承具有鲜明的自发性、集体性。但如前文所论及，当前以名录制度为核心的非遗保护工作显著地受到政治、经济力量的裹挟，极大地改变了非遗传承的社会文化生态。在当下轰轰烈烈的非遗

---

① 高小康：《非物质文化遗产保护是否只能临终关怀》，载《探索与争鸣》，2007 年第 7 期。
② 冯莉：《传承人调查认定看当前"非遗"保护工作中存在的问题》，载《青海民族研究》，2010 年第 4 期。
③ 马知遥：《非物质文化遗产生存的困境解析》，载《长春市委党校学报》，2012 年第 2 期。
④ 戴廉：《非物质文化遗产保护的困惑》，载《瞭望新闻周刊》，2005 年第 30 期。

保护运动中，文化站、文化馆成为最重要的非遗传习场所，风景区、节庆会议已是非遗最主要的展演平台，高级别的代表性传承人则俨然已成为"演艺明星"备受呵护、四处赶场，而文化干部的指导、专家的研究整理已成为决定非遗价值与发展前景的首要因素。毫不夸张地说，当下非遗的传承已出现了基因变异，必然会导致非物质文化遗产的畸形发展。比如，有专家为了推动侗族大歌的创新，力主在其中加入美声唱法；很多地方为了所谓的"规范管理"，干脆由政府直接接管民间庙会。①

---

① 刘锡诚：《关于非物质文化遗产保护的若干思考》，郝苏民、文化主编，载《抢救保护非物质文化遗产：西北各民族在行动》，北京：民族出版社，2006年，第162～163页。

非物质文化遗产学视角下的"春捂秋冻"

包艳杰　张浩　周口师范学院

为了满足生存需要，人们必须进行生产实践。因此，生活在不同环境中的人们面对不同的挑战，创造了各异的生产生活经验。二十四节气有机融合了天文、物候、农事及民俗，是黄河中下游地区人们对环境适应的结果，千百年来在指导农业生产方面发挥着积极的意义。然而传统社会生产力水平较低，除温饱之外，疾病是危及人们生存的又一重要威胁，因此围绕二十四节气，人们积累了丰富的养生经验，"春捂秋冻"即在这样的条件下产生。

学术界现有成果多以养生学视角展开研究，宋晓莉结合现代医学原理与《黄帝内经》剖析了"春捂秋冻"的医学原理，[①] 即春季御寒是为了保护阳气不受伤害，秋季适当地接受冷空气刺激，可以提高机体的应激和耐寒能力。也有一些学者提出了"春捂秋冻"不科学的观点，比如林之光曾撰文《"春捂秋冻"不科学》，作者主要从现代居住形式引发室内外温差的现实出发质疑"春捂秋冻"，[②] 认为"春捂"是有条件限制的室内养生方法。甚至有人提出"春捂秋冻，没病找病"的说法。

每个季节长达三个月之久，从目前的研究成果看，不管是肯定还是否定，学者们尚未指出"春捂""秋冻"中"捂"和"冻"的具体时间。若要正确做到"春捂秋冻"，首先应该厘清它所适应的时段。否则，按照人体体温基本恒定在36℃到37℃之间的要求，"捂""冻"不当均会引起疾病。由此，为了正确理解"春捂秋冻"，我们需要在医学角度解释之外，考察其产生的时代性及历法因素的影响。

一、历史上的"春捂秋冻"思想

"春捂秋冻"强调的是季节转换时期的养生技巧，即在春初和秋初做好防寒保暖工作，在我国很多地方都有"春捂秋冻"的说法，如"春捂秋冻，百病难碰""春捂秋冻，不生

[①] "春时人体肌表抗寒能力相对较差，为防春寒，气温骤降，此时，必须注意保暖，御寒有如保护初生的幼芽，使阳气不致受到伤害，逐渐得以强盛，这就是'春捂'的道理。""（秋）不宜一下子添衣过多，以免妨碍阳气的收敛，此时若能适当地接受一些冷空气的刺激，不但有利于肌表之致密和阳气的潜藏，对人体的应激能力和耐寒能力也有所增强。所以，秋天宜'冻'"。详见宋晓莉：《浅谈春捂秋冻》，《光明中医》，2012（11）。

[②] "春捂，它实际上只是特定情况下，即室内的一种养生方法"。详见林之光：《"春捂秋冻"提法不科学》，《科技日报》，2006年4月9日。

杂病"等等。也有单独侧重"春捂"的俗语，如"春风抬老牛"，说牛并不是死于寒冷的冬天，而是在春风中死去。从养生学角度追溯起来，"春捂秋冻"与阴阳学说有关。

战国至秦汉时期集结成书的《黄帝内经》记载："故智者之养生也，必顺四时而适寒暑"，说的就是有智慧的人必定是根据四时寒暑进行养生，而且只有顺应四时寒暑变化才能避免疾病，即"从之则苛疾不起"，而"逆之则灾害生"，这是建构在阴阳学说理论基础上的四时养生思想，而且这种养生观为后代医药学家和养生学家们所继承，并逐渐发展，如唐代的《四气摄生图》、五代时期的《保生要录》和《溷俗颐生录》等。

在前人积累的基础上，宋元时期以丘处机为代表，四时养生思想有了较明显的进展。丘处机是宋末元初重要的医药学家，深受《黄帝内经》四时养生观念的影响，其代表作《摄生消息论》汇集了他养生思想的核心，强调人体要与四时相适应，并在这个思想基础之上，将四时养生观阐释的更加深入具体，如关于春季养生，《春季摄生消息》载："天气寒暄不一，不可顿去棉衣"，即天气冷暖不定，不可过早过快地换掉棉衣，尤其对于老人来说，更要"时备夹衣，遇暖易之，一重渐减一重，不可暴去"，因为老年人"气弱骨疏体怯"更容易受到寒风侵袭，所以常备夹衣，暖和的时候备换，强调逐渐换掉厚重的棉衣。而秋天也应该"寒极方加棉衣"，在比较冷的时候再逐渐地添加衣物，[①]"不得一顿便多"，切忌没有过渡地更换厚重的冬装。

清代继承"春捂"思想，并进一步明确了"捂"的做法。养生学家曹庭栋著有《养生随笔》一书，或称《老老恒言》，主要以老年人养生为主，他提出初春的防寒保暖尤其要注重下体的保暖，[②] 从医学角度来看，人体下部血液循环劣于上部，更容易受到寒冷的伤害，可见这是科学的做法，也比前代养生学家提倡的"春捂"更加具体。

二、"春捂秋冻"的历法基础

"春捂秋冻"与季节密切相关，因此，在新时代背景下正确解读这一谚语也需要考察其形成的历法基础，如历差的存在、二十四节气的确立、划分四季的不同标准等都是影响"春捂秋冻"产生的历法因素。

（一）历差的影响

历法自起源之初与农业生产息息相关，《尚书·尧典》记载了帝尧制定历法的办法："期三百有六旬有六日，以闰月定四时成岁"，也就是说，用闰月的办法来划分一年中的四季，而划分四季的目的在于"允厘百工，庶绩咸熙"，意为每季安排相应的官员管理一季相应的地方事务（主要是生产）。也就是说，四季明确农业生产才会稳定，整个社会才会

---

① 《摄生消息论》中关于这一时期的养生论述安排在《冬季摄生消息》，这个差异应该是与当时民间流行的历法有关。唐末到南宋时期，在民间流行《符天历》，它与之前历法一个重大的不同是，此前一直以冬至为岁首，而《符天历》以雨水为岁首，两者相差四个节气。

② "春冻未泮，下体宁过于暖，上体无妨略减"。

和谐运转。另,《尚书·洪范》中箕子为周武王开的治国药方之一即"协用五纪",所谓"五纪"即年、月、日、星辰、历法。历法的制定源于对天象的观测,由于度量衡精确度、天体运动特性等因素共同造成了历法误差的出现。历差的客观存在造成了人体能感知到春季温度的时间,与历法意义上的春季之间存在一定的时间差,这为人们总结出"春捂秋冻"提供了一种可能。

历法出现误差的一个重要因素是天体的永运性。古人在长期的观测实践中已然认识到天体并非恒定不变,日月星辰由于运动,随时间流逝而发生细微变化,如东汉贾逵说:"天道参差不齐,必有余,余又有长短,不可以等齐"。此后,杜预的认识更加清晰:"阴阳之运,随动而差,差而不已,遂与历错",即历法会因天体运动而产生误差,而且"始失于毫毛,而尚未可觉,积而成多,以失弦望朔晦",即误差会日积月累,成为明显的错误。

为了检验历法的准确性,古人采用了多种验历方法,比如汉代的气朔之验,"气"为生长之端,与农业生产、人们生活息息相关,《后汉书·律历志》载:"历数之生也,乃立仪、表,以校日景。景长则日远,天度之端也",这种验"气"的方法为对比实测晷长与历法是否吻合,若不符,则会给人们的生产生活带来影响,轻则农业减产,人们健康受损,重则造成饥荒灾病(见表1)。

表1 《易纬》中春、秋两季中节气至与不至各候

节气	当至不至	未当至而至
立春	兵起麦不成民疲瘵	未当至而至多病瘭、疾疫
雨水	早麦不成,多病心痛。	多病□
惊蛰	则雾,稚禾不成,老人多病嚏。	多病?疽、胫肿
春分	先旱后水,岁恶,米不成,多病耳痒。	
立秋	暴风为灾,来年黍不为。	多病咳上气、咽肿
处暑	国多浮令,兵起,来年麦不为。	病胀,耳热不出行
白露	多病痤、疽、泄。	多病水、腹闭疝瘕
秋分	草木复荣,多病温,悲心痛。	多病胸膈痛。

从《易纬》记述来看,晷长与实测长度的符与不符,代表着时节早到或迟到,而这两种情况都会给农业生产或者人们身体状况带来严重的影响,这种记录的出现,恰恰又反过来证明了历差的客观存在,及在历史上造成的严重影响。对于农业生产,历来农人们总结了一些农作技艺来应对节气的早晚不一,这个主题另作他篇,而对于健康的影响,"春捂秋冻"应是一个重要的应对法则。观测天象与制定或改革历法是少数人特有的知识与技能,而温度的感知则关乎每个人生活,随着季节变化增减衣物,本是最自然最朴实的生活细节,对于古时普通的民众,精确的计算或许是无关紧要的,更何况本身的计算已有误

差，因而在长期生活实践中，逐渐总结出了应对时节早晚的"春捂秋冻"类模糊经验。

（二）二十四节气的应用

历法的制定首先是要维持人们生存之温饱需要，此后鉴于气候系统与农业生产系统的复杂性，人们在实践中结合历法，将身边可观察到的生物、非生物有规律可循的现象联系起来，逐渐划分出了"二十四节气"与"七十二候"。《后汉书·律历志》记述了二十四节气的计算与划分，"日发其端，周而为岁，然其景不复，四周千四百六十一日，而景复初，是则日行之终。以周除日，得三百六十五四分度之一，为岁之日数"，即一回归年的天数为三百六十五余四分之一，并设置十二"中"以定月位，"有朔而无中者为闰月"，遇到闰年的时候，十三个月中有一个无"中"，这个月即闰月，这样设置闰月的办法也就固定了下来，"中之始（曰）节，与中为二十四气"，即每月两个节气，构成一年二十四节气。二十四节气融汇温度、降水及物候信息为一体，并以农谚歌谣的形式在民间流传，用以指导农业生产和生活，至今仍发挥着积极影响。

这种知识经验是成功的，在传统社会积极有效地保证了农业生产的安全。但是对于生产力有限的传统社会，温饱之外，疾病显然也是危及人类生存的重大威胁，冷暖干湿等外部环境影响着人类的生命健康。二十四节气是人们长期作用于身边自然环境而获得的生产生活经验的总和，它除了有效地指导着农事生产，也指导着历代人们诸如添减衣物等等生活细节。在缺乏精密仪器的传统社会，人们对气温的变化也是尤为关注的，因而在长期实践和观察的基础上总结了一整套的预报机制，并寻求适当的措施远离疾病，"春捂秋冻"就是人们应用二十四节气指导生活的产物。

（三）气候变迁带来的影响

虽然公元前后二十四节气和七十二候已经确立，但是很长的时期内，气候仍处在不断变化中。整体气候的变迁，对后人继承前人经验提出了适时调整的要求，这也为"春捂秋冻"的出现提供了可能。

有学者通过比较不同文献中的物候信息推断不同时代气候的大致情况，例如张丕远将《夏小正》与《月令》中相同物候进行对比后得出"二者之间有一个明显的系统差，具体表现在《夏小正》中春季的物候相应提前，而秋季物候相应推迟，这说明《夏小正》和《月令》记载的内容反映着不同的气候冷暖条件。考虑到这两种物候系列所代表地区的纬度差，仍可得到夏代比春秋要暖的结论"。而竺可桢先生经过研究，总体上指出了中国古代史中的几个寒冷期，"殷末周初、六朝、南宋、明末清初是中国历史上的寒冷期"，同时，他通过对文献中典型植物以及农作生长周期等因素的分析，得出"战国时期气候比现在温暖的多的结论"，此外，汉唐时期也是典型的温暖期。

从形成历程来看，二十四节气在战国时期开始萌芽，到秦汉年间确立，都处于气候的温暖期，人们的养生观基本是承继着《内经》的四时养生思想。汉代虽是一个温暖期，但东汉与西汉又有不同。从关于"黍"的种植时间来看，西汉的"氾胜之说"是在夏至前二十日可种黍，到了东汉，崔寔的安排则是夏至先后各二日。黍在生长期内对温度的要求较高,因而有"种者必待暑"的说法。东汉种黍的时间较西汉晚了半个月之久,可见,东汉我国天气有趋于寒冷的趋势。东汉气候转寒,在《后汉书·律历志》和《易纬》中可找到时节早晚对健康带来或轻或重影响的记录。此后,唐宋气候又温暖了许多,诗人王禹偁在诗作中多次提到"竹",另外根据《东京梦华录》记载,不少热带水果"橄榄""荔枝"等都可以在北宋京师开封见到,说明宋代的气候较之现在是温暖的。但是按照竺可桢先生的研究,到了南宋就已经是另一番天地了。因此,宋末元初当又是一个寒冷期,以前文丘处机为例,这个时代人们对"春捂秋冻"的认识有了深入发展。到了清代,从《老老恒言》来看,关于"春捂"已经能具体到"捂"的身体部位。因此,从这条线索来看,气候变迁对"春捂秋冻"的形成是存在客观影响的。

二十四节气与七十二候在一个相对温暖的时期成熟,节气日期虽然固定下来,但是实际的气候却不断变化。在历法指导与实际生活经验的出入中,人们渐渐总结出"春捂秋冻"的经验是合乎情理的。

(四) 四季划分标准的不一致性

四季变化既是天文现象又是气候现象,古代先民划分四季以二十四节气中的"四立"为标准,天文学上以"二分二至"作为四季之始,气候学上以温度为标准划分季节,这种标准的不统一,也是造成人们误读"春捂秋冻"的原因之一。

1. 传统的"四立"标准

在中国古籍中"四立"是开始进入四季的标志,但"春捂秋冻"中"捂"和"冻"都是人体对气温感知的经验,随着气候和地域变化,自然也会有所调整,而与历法中的"春""秋"有一定出入。那么对于谚语中的"春"与"秋"我们应当有个清晰的认知。

"春捂秋冻"在中国北方流传广泛,这与二十四节气的起源地区是一致的,也与这一地区气候特点相对应。中原处在温带季风气候区,"春季正是温带大陆气团的势力逐渐衰退,温带海洋气团势力逐渐增强之时,两者互相角逐,各有胜负。当然总的趋势是温带海洋气团占上风,而使夏季来临。但在角逐初期,被形容为春天里的冬天的'倒春寒'现象也会经常出现"。立春前后,温度不稳定,忽高忽低,为了把握时令,古人记录了不同季节相应的物候现象。

表2 《夏小正》等古籍中立春、立秋的物候

	立春物候	立秋物候
《夏小正》	雁北乡;鱼陟负冰;獭祭鱼	七月,寒蝉鸣,时有霖雨
《礼记·月令》	孟春,东风解冻,蛰虫始振,鱼上冰,獭祭鱼,鸿雁来	孟秋之月,凉风至,白露降,寒蝉鸣,
《逸周书·时则训》	立春之日,东风解冻。	立秋之日,凉风至。

七十二候中立春第一候为东风解冻,而黄河中下游各地10厘米深土层开始解冻的平

均日期约从1月底到2月中旬,这个时间与二十四节气立春日期基本相符(见表3)。

表3 二十四节气中的春季

立春日	正月节 2月4日或5日
雨水日	正月中 2月19日或20日
惊蛰日	二月节 3月6日或5日
春分日	二月中 3月21日或20日

立秋第一候是凉风至,八月份西安等地偏北风频率开始增大,偏南风频率降低(见表4),与二十四节气立秋日期也基本相符(见表5)。

表4 西安等地7、8两月风向及频率(%)

	西安			郑州			开封				备注
	最多风向	频率	偏北风频率	偏南风频率	最多风向	频率	偏北风频率	偏南风频率	最多风向	频率	偏北风频率	偏南风频率	
7	NE	19	38	32	S	13	36	47	S	14	46	48	偏南风:SE, S, SW
8	NE	22	44	26	NE	13	42	34	NNE	15	50	36	偏北风:NE, N, W 资料年代:1950-1970

表5 二十四节气中的秋季

立秋	七月节 8月8日或7日
处暑	七月中 8月23日或24日
白露	八月节 9月8日或7日
秋分	八月中 9月23日或24日

从比较中可以看出,人们的观察结果是准确、实用的,但是实际生活中,水温、气温、土温等自然现象在相同的时间内也存在着差异,"四立"作为季节的开端,更适用于农事耕作的要求。人体对于冷暖的感知,更容易受到气温的影响,因此,对于理解"春捂秋冻",应该更多地考虑气候学的因素。

2. 现代天文学与气候学的划分标准

天文学以春分、夏至、秋分、冬至分别作为四季的开始,气候学以温度划分季节,这二者是基本一致的。人们根据太阳在黄道上运行的位置制定二分二至,太阳位置则很大程度上决定着各地气温。现代气候学以平均气温低于10℃为冬季,高于22℃为夏季,10℃

至 22℃ 之间的时期分别为春、秋两季。

表6 黄河中下游几个城市四季开始日期（月/日）[11](P50)

	春	夏	秋	冬
西安	3/22	5/21	9/8	11/2
开封	3/28	5/22	9/12	11/8
济南	3/30	5/12	9/18	11/8
洛阳	3/18	5/24	9/19	11/8

从表6中我们可以看出，其实黄河中下游地区在3月24日前后才进入春季，9月14日前后正式进入秋季，这个日期与二十四节气中的春分和秋分基本对应。

鉴于此，笔者认为"春捂秋冻"的正确解读应该是：立春前后和煦的东风吹来，冰冻渐解，天气向暖，但是此时气压不稳定，天气多变，基本是冬季的温度，正是"春捂"的阶段，"捂"以不变应万变，帮助人体逐渐适应渐升的气温，过了春分，日温稳定，积温也已达到春季适温，应根据天气和自身健康状况更换春装，而不可一味地"捂"。而立秋前后，虽"凉风"已至，但副热带高压后退得慢，气温基本维持夏季温度，此时若过早加衣，势必会维持较高人体温度，毛孔增大，排汗增多，稍有凉风就易引发感冒等疾病，所以"秋冻"帮助人体适应将要到来的寒冷。到了秋分，日温和积温转为秋季温度，这个时候则要根据自身情况与当日气温选择加衣保暖。

三、非物质文化遗产学视角下"春捂秋冻"的时代价值

农村人口大量外流，农村老龄化现象越来越严重，当地民间文化所赖以生存的群体环境逐渐消亡。如何能将祖先创造的生产生活知识类遗产吸收并传承下去，是社会各界所共同关心的问题。二十四节气凝结了中华民族的智慧，围绕着二十四节气产生的生产生活类谚语也是宝贵的非物质文化遗产。目前在广大农村中，人们依然在运用二十四节气科学地安排日常的生产和生活。

理解"春捂秋冻"，应将其放在产生的历史背景中去考察。对于宝贵的生活知识类遗产，我们不能贸然割裂它的历史性，更不能武断地否定其价值。日益现代化的社会生活中，虽然各种现代化设备一应俱全，但是人体生命系统固守着其生物学系统规则，任何肆意的破坏总会得到自然的惩罚。如今，空调病等现代疾病困扰着大众，制冷剂的大量应用对臭氧层带来的影响更是全球关注的棘手问题。在这样的时代背景中，否认"春捂秋冻"的价值显然是不合适的。由此，我们应该认识到面对非物质文化遗产中的生产生活知识类遗产时，应注意考察其形成与发展的历史背景，解读其内涵的科学价值，才能更好地保护与传承这种宝贵的经验体系，并在新的时代中发挥其价值。

基于行动者网络的非物质文化遗产传承与创新研究

谢芳　刘云　刘蒙蒙　天津财经大学

非物质文化遗产承载着世界各民族的文化基因和民族记忆，对于人类文化的多样性和可持续发展具有重要意义。有关非遗的系统性关注最早始于20世纪中叶的日本，随后其他国家也陆续开始了非遗保护、传承、开发等理论研究和实践工作。自2001年联合国教育、科学及文化组织公布第一批世界非遗代表作，并在2003年通过《保护非物质文化遗产公约》以来，非遗的保护与传承便得到了世界各国政府和社会各界人士的高度重视，并逐渐成为相关学科领域重要的研究课题。随着研究与实践工作的不断推进，非遗也开始引起旅游界的重视。由于非遗具有很好的旅游开发价值，因此更加大了对非遗的旅游化传承与创新的研究。但是不容忽视的是，非遗作为一种敏感脆弱的资源，一旦开发不合理，将会对其产生无可挽回的严重后果。本文将研究黔东南的非遗文化资源在当地旅游化保护与传承过程中的行动者网络的构建，分析其网络中的转译过程，探讨行动网络在非遗旅游化传承与创新中的作用和机制。

一、行动者网络理论在旅游研究中的应用

（一）行动者网络理论的内涵

行动者网络理论（Actor‐Network Theory，ANT）是在20世纪80年代中期，由法国社会学家卡龙（Michel Callon）和拉图尔（Bruno Latour）为代表的（巴黎学派）科学知识社会学家提出。1986年，卡龙在《行动者网络的社会学，电动车案例》一文中首先提出这个概念，他描述了法国电器公司（EDF）在1973年提出开发新型的电动车计划（VEL），这个计划需要CGE公司来开发电池发动机和第二代蓄电池，还要求雷诺公司负责装配底盘、制造车身。另外，还包括要考虑消费者、政府部门、铅蓄电池等等社会甚至是非社会因素。这些因素都是"行动者"，彼此共同构成了相互依存的网络世界。

近年来，行动者网络（Actor‐Network Theory，ANT）越来越广泛的应用到各领域的研究之中。行动者网络理论提供了一种新的研究范式，探讨人类与非人类行动者相互作用形的异质性网络[4]。

行动者网络理论（ANT）以三个概念为核心，即行动者（Actor）、异质性网络（Heterogeneous Network）和转译（Translation）[5]。行动者网络将人和非人的机构、市场主体

等异质性要素在认知论的层次上统称为"Actor"(行动者),并认为他们具有相同的行动能力,这就是行动者网络的一般对等性原则(Generalized - symmetry)。在行动者网络中,由于每一个行动者都具有行动的能力与各自的利益,因此网络的稳定性就取决于各个行动者利益的不断转译(Translation)[6]。转译是建立行动者网络的基本途径,转译过程包括问题呈现(Problem atization)、征召(Enrollment)、利益赋予(Profit sharing)和动员(Mobilization)四个基本环节。问题呈现是指核心行动者通过指出其他行动者利益的实现途径,使不同行动者关注的对象问题化,从而结成网络联盟,同时使核心行动者的问题成为实现其他行动者目标的"强制通行点"(Obligatory Passage Point,OPP)。第二个环节是征召,征召核心行动者使之成为联盟成员。利益赋予目的在于通过利用各种装置和策略,强化问题呈现环节中给行动者界定的角色。第四个环节是动员,即建议者上升为整个网络联盟的代言人,并对其他联盟者行使权力,以维护网络的稳定运行[7]。

(二)旅游景观(Tourism scapes)研究

学者 Rene'van der Duim(2007)将行动者网络理论引入其所研究的领域中,运用旅游景观(Tourism scapes)的概念,通过复杂的转译过程,人、组织、物、技术、空间同时被引入旅游景观中。Rene'van der Duim 认为行动者网络理论可以为旅游提供新的研究角度,未来的旅游研究可以放眼于这一方法[1]。

学者 Carina Ren(2011)通过对行动者网络理论的深入研究将非人类行动者的概念引入到其关于波兰的旅游研究中,向我们展示了一个非传统意义上的旅游目的地的行动者——Oscypek 奶酪。分析了 Oscypek 奶酪在四种不同的形式中(传统奶酪 Traditional cheese、旅游奶酪 Tourism cheese、现代奶酪 Modern cheese、独特奶酪 Unique cheese)与旅游、习俗、工艺、卫生和法律在行动者网络中的角色作用。描述了四种不同形式的奶酪如何通过生产、成形和改变实体来影响旅游目的地[2]。

(三)旅游开发与产品创新研究

张环宙、周永广、魏蕙雅等(2008)和黄超超(2007)分别以"浙江浦江仙华山村"和"山沟沟"为案例,对内生式发展模式在乡村旅游的应用进行了探讨。在简要探讨内生式发展理论、行动者网络在主要内容的基础上,采用个案研究的方式,实地调研,观察基于行动者网络理论的非物质文化遗产传承与创新的情况,构建了反映当地旅游开发过程中网络运作与社会重构的行动者网络图,并为当地的乡村旅游发展提出建议和对策[3][4]。

郑辽吉(2009)基于行动者网络观点研究丹东边境旅游产品创新与联合开发,提出俄边境旅游的行动者网络体系,由入境元素、景观元素、趣味元素、营销元素等一致性元素构成的边境旅游行动者网络在转译过程中,必须通过"强制通行点":简化入出境手续,构建区域合作机制,各行动主体通过互相作用就能达到旅游产品创新的目的[5]。

学者 Elodie Paget(2010)将 ANT 用于分析一间名为 Delta 的法国滑雪旅游公司在旅游产品创新中取得的成功。在研究过程中,Paget 运用了多种质性研究方法,发现该旅游公司的成功得益于其对人与非人行动者之间已有的联系的再构建,同时辅以优秀的转译者

(Translator) 的转译行为，证实了旅游企业可以通过对现有资源的再配置创造出具有独特市场优势的旅游创新产品[6]。

二、黔东南非遗旅游化传承与创新行动者主体

非遗旅游开发的主体是黔东南旅游资源开发所依赖的非遗和自然资源两个宝贝。主要行动者包括：政府、企业、传承人、绣娘为代表的媒体、以游雁为代表的利用非遗创业的学生等。各行动者都在黔东南非遗旅游化的发展中发挥了独特的作用。（见图1）

（一）黔东南的非遗资源

黔东南是一个以苗侗民族为主体的多民族自治州，历史悠久的民族民间文化造就了黔东南丰富多彩的文化遗产。在国务院公布的第一、二批国家级非物质文化遗产名录中，黔东南州有39项53个保护点。目前，黔东南州第一、二、三批国家级项目名录共52项68个保护点，在全国地州级中名列第一位，相当于一个省的入选量，这也使黔东南州成为我国非物质文化遗产的重要地区。

（二）政府

《中华人民共和国非物质文化遗产法》和《贵州省非物质文化遗产保护条例》公布施行后，黔东南州依法将非物质文化遗产保护工作纳入"十三五"规划，健全非物质文化遗产工作机构，成立了非物质文化遗产保护中心、并将非物质文化保护专项经费纳入财政预算使非物质文化遗产项目得到很好保护传承。各级政府在财政十分紧张的情况下，每年都安排专项资金，用于文化申报名录，同时积极争取项目资金，扶持传承人开展文化遗产技艺传习。政府一直以来大力支持黔东南州，为大学生提供创业基金以及为非遗传承班学生提供减免学费等措施。2015年，文化部还重点推进了开展非遗传承人群研修、研习、培训计划试点的工作。为提高传承水平，增强传承后劲，2015年上半年，委托中央美术学院为来自全国各地的20多位优秀传承人举办了第一期研修班，让他们接受专业指导，与学者们开展跨界交流，一起架设传统工艺通向艺术、走进生活的桥梁。

（三）学校

作为黔东南州地区最高的学府，凯里学院在原生态民族文化的研究和传承发展上大有可为，大有作为。凯里学院其下设民族文化传承班，旨在培养具有较高艺术理论修养、熟练掌握黔东南民族民间工艺美术（蜡染、刺绣、银饰等）技艺的人才，以期能在国际国内各种艺术平台展示，传承和弘扬黔东南州民族民间文化；培养黔东南州民族民间工艺美术人才、民族民间艺术管理人才和民族民间文化艺术师资，造就一批民族民间专业领域优秀人才。

（四）企业

2014年4月，贵州省丹寨县宁航蜡染有限公司与黔东南民族职业技术学院正式建立合作关系，将民间蜡染技艺带进了学院课堂，促使校企深度合作，让学校与工厂融合、理论与实践融合，打造校企合作"升级版"。

（五）传承人

传承人大力开展传承工作，一方面传承人被聘请成为高校非遗课程的讲师，另一方面传承人每年开展办学，接收学徒使得非遗文化可以更好地传承下去。

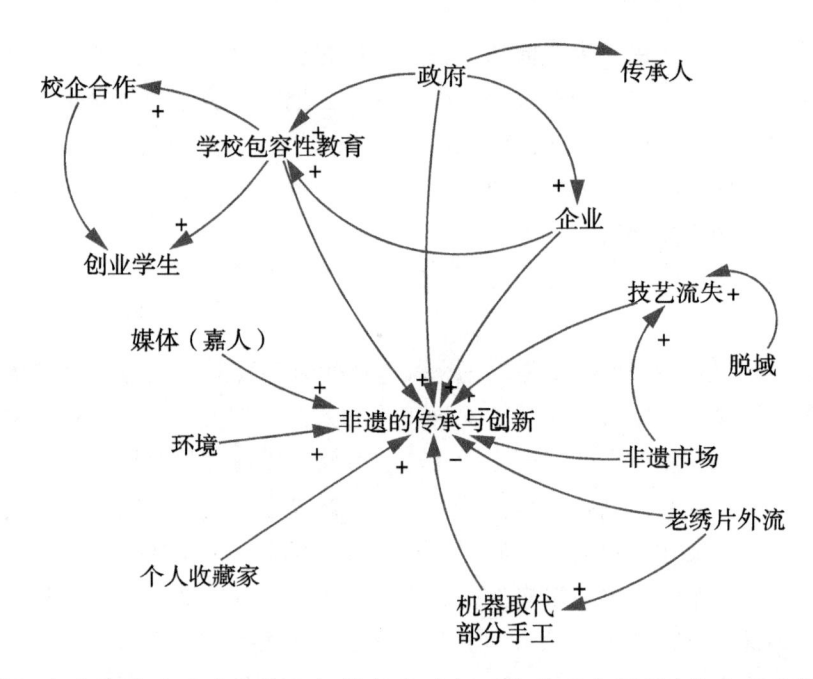

图1 贵州黔东南非遗的旅游化传承与创新中的行动者作用分析图（作者实地调研所绘图）

三、黔东南州非遗传承与创新中行动者网络的建构

（一）行动者与强制通行点

黔东南非遗的旅游化传承与创新中的主要参与者即是构成行动者网络的行动者。该网络的行动者包括：黔东南旅游资源、黔东南政府、企业、传承人、绣娘为代表的媒体、以游雁为代表的利用非遗创业的学生等。在这些行动者中，黔东南旅游资源属于非人类，而其他行动者属于人类。

这些主体的共同强制通行点（OPP）是"黔东南非遗的传承与创新"，在转译发生前，每个行动者的问题聚焦到这一强制通行点,各行动者相信黔东南存有丰富的旅游资源,"黔东南非遗的传承与创新"且通过非遗资源旅游化可以使每一主体获利"。(如图2所示)

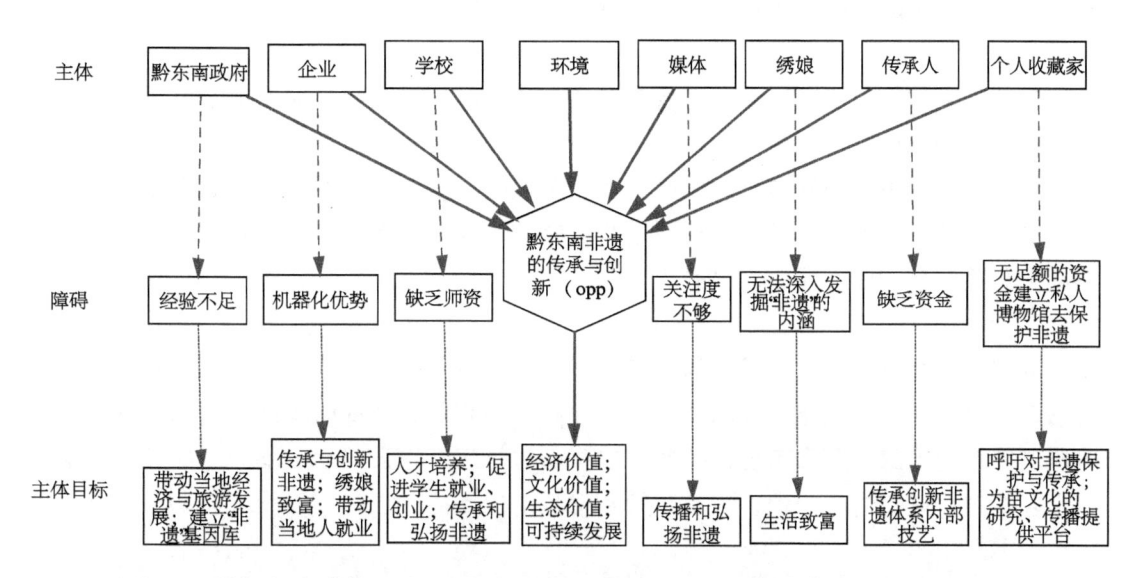

图2 黔东南非遗传承与创新主体以及强制通行点(作者实地调研绘制)

(二)转译分析

为了更好地解决非遗传承与创新这一永续发展问题,满足各行为主体的目标和利益需求,需要在网络中实现转译以排除障碍。行动者网络中,最重要的就是转译。下面将通过五个过程——问题呈现、征召、利益赋予、动员和异议来进一步说明各转译的关键。黔东南非遗传承与创新行动者主体及其转译分析如下:

1. 问题呈现

黔东南地方政府在"问题化"阶段发挥了重要作用。在对黔东南地区大力发展旅游业的形势分析后提出了"如何更好地传承和创新黔东南的非物质文化遗产,更好地开发非物质文化遗产"这一问题;公布实施《贵州省非物质文化遗产保护条例》,并依法将非物质文化遗产保护工作纳入"十三五"规划,使非遗的开发与生态保护并重;深度挖掘非遗的历史人文底蕴,通过将非遗资源转化为文化资本带动黔东南地区的乡村致富成为破题之道。但是,为了实现各主体的利益,各行动者都遇到了一些困难:黔东南地区大多都是少数民族,没有明确的文字记载,通过口传身教来进行非遗的传承;加之随着老一代手工艺人的逝世,非遗技艺逐步缺失、消亡;同行业的相互竞争导致非遗技艺的不外传、不交流以至于非遗的逐步流失。

2. 征召

在该网络中,每一个行动者必须被赋予相互可以接受的任务。通常,政府是征召的主体,而不是被征召主体。企业家在政府的征召下,努力带领村民在保持传统非遗的基础上进行开发和再创新,转变村民的思想,从而达到扶贫致富的目标。起初当地苗家传承非遗、利用非遗就业、创业是自发的行为,并非受到征召,但是后来受到其他行动者主体的征召,如政府政策的支持和企业家新的经营理念的影响。

3. 利益赋予

利益赋予是主体间用来稳定其他行动者任务的手段。黔东南政府希望通过开发非物质文化遗产来发展该地区的旅游和经济;企业家则希望转变当地苗家艺人、绣娘的思想,带领村民致富,从而更好地发展该地区的经济;个人收藏者则希望通过收藏黔东南非遗,来防止非遗产品的大量外流;绣娘希望通过非遗旅游开发,来提高自己的经济收入;学生则希望利用非遗实现创业、就业的目的。

4. 动员

只有到达这个阶段,一个成功的网络才算完成。政府由于对当地绣娘缺少较为紧密的利益联系,对绣娘的动员能力较弱。外来企业和一些有所成就的绣娘所成立的合作社,由于对非遗传承生产的需要和市场开拓的需求反而对绣娘有较强的动员能力。但政府会通过与大学合作对绣娘等进行培训,给予政策和财政上的支持。

5. 异议

由于网络中的行动者主体社会地位、知识构成等有所区别,所以存在异议是很正常的,正是这些异质性行动者的异议及其相互作用才构成了具有一定权利关系与动态变化的行动者网络。目前存在着一些利益争端问题,例如当地人依据非遗创业会拿到补贴,而非当地人却拿不到补贴等。如何利用公平理论和发展经济学理论,通过政策、体制创新等手段,促进非遗包容性发展的行动者网络体系的建立,是需要进一步研究的问题。

四、非遗传承与创新中各行动者应进一步发挥的作用

(一)政府

1. 维护文化多样性,促进国家文化安全

在非遗保护已经成为国家政策并进一步落实为民众行动之时,政府应在政策法规、组织工作以及资金投入等方面进一步起到不可替代的作用。在世界文化日益趋同的全球化浪潮下,由政府主导的抢救与保护工作,才能有效维护我国各民族的文化多样性,促进国家的文化安全。

2. 促进非遗保护与乡村旅游耦合发展

政府应将政策推动与市场力量相结合,要将乡村中的非物质文化遗产生产性保护与乡村自然景观的物质遗产保护与开发相结合,发挥两者的叠加和耦合作用。要构建乡村旅游运营的软件机制,提高乡村旅游的文化软实力。

从保护、开发与创新的视角,凝练出乡村旅游升级的发展模式,在尊重乡村个性与特色的基础上,探索旅游驱动型新乡村非遗文化振兴的有效路径,为乡村地区的文化复兴以

及旅游产业发展提供全方位解决方案，助力中国乡村旅游的全面发展。

依靠非遗发展乡村旅游，场所凭借地文化再生产模式会提升旅游者的体验。例如，贵州丹寨县的石桥村是一个以古老的手工造纸而远近闻名的村子，这个苗族村寨里居住着250户人家，而以造纸为生的就高达40余户，是名副其实的造纸村。丹寨县现已将这一传统工艺列入旅游开发的重要项目来规划，争取使之成为贵州省旅游资源中的一个亮点。县政府机关和旅游局派出专人，在村里建立旅游服务部，扶持非遗开展乡村旅游。

3. 实施非遗研修研习培训计划

政府应进一步选择能够充分反映手工精神、生活化程度高、产品可成系列的项目，协调高校和企业开展非遗专项的研修、研习及培训，帮助传统工艺从业者开阔眼界，提高设计和制作水平。

4. 鼓励校办非遗企业

鼓励和支持优秀文创企业、设计企业和高校到民族地区及传统非遗项目所在地，包括各个文化生态保护实验区，设立工作站。鼓励在校教师和科研院所的科研人员创办小型企业和公司给非遗特色型创业者以技术和市场开拓的支持。

（二）传承人

1. 将自觉的传承作为担当

保护传承工作是以社区民众和传承人为主体的。社区民众是非遗保护的主要承担者和根本力量，是非遗展演传承层面的主导者；非物质文化遗产的生活属性决定了非遗保护在民众日常生活中的长期性和持续性，而不是主要在社区生活之外的表彰或作秀，因而非遗保护的主要任务应该是由文化遗产持有者来承担，而不是由来自社区外部的人来做，即非遗的传承与保护是一体的、密不可分的。因此，社区居民和传承人应将非遗保护作为自己的担当。

2. 提高非遗拥有者的文化认知与自信

媒体在乡村旅游、文博会等宣传中应使非遗技艺拥有者认识到地方民族非遗的重要性，实现高度的文化认同，进而形成优雅自信的非遗文化。

3. 充分肯定和强调传承人的重要性

从根本上讲，非物质文化遗产是社区民众的生活方式和历史文化传统。如何使民众增强文化自觉意识，自觉主动地传承非遗，是当前非遗保护最重要和最艰巨的任务。非遗的传承主体和保护主体也不应该被截然分开，文化遗产的持有者、传承者当然是保护主体的主力军，因此传承人的重要性应该得到充分强调和肯定[7]。

（三）学校

1. 包容性教育理念

广纳贤才有利于培养更多适合非遗产业体系发展的人才，促进传统文化的经济复苏与发展。吸纳人才时，可适当给予有志于非遗创业的学生政策支持，如适当调整学费政策，奖学金补助等。尤其是给予非遗传承人的后代优惠政策支持。

2. 创新学校教学方式

在教育教学的各个方面尝试利于非遗传承班发展创新的新方法，做到有别于传统教育体系。在学习形式上注重校内学习和社会实践等多种学习方式的融合。如凯里学院校内理论学习与课外实践评分各占50%，注重传统理论教学，兼顾社会实践，作品制作，使学生毕业后可以迅速与社会接轨。

3. 规划系统性教育系统

大学的创业教育系统必须保持内外环境交流的畅通，以老师为桥梁，保持与政府相关部门、企业、行业及相关机构的合作与交流，充分激活大学生通过非遗创新创业的热情，充分考虑各个环节和各种要素，强化与社会经济系统的对接，增强大学生的适应性，使之与社会需求接轨。

学校在指导扶助非遗大学生创新创业的体系应该是纵向贯通、横向立交、能与国际接轨的开放式结构。从纵向发展来看，在学校内部进行非遗传承教育的系统中，要使非遗传承的不同办学层次上下贯通，向终身教育体系方向发展，定期联系创业成功的学生，交流经验反哺学校教育教学；从横向发展来看，在外部系统上，应与其他相关文化类别建立接口，与社会企业对接，形成立交桥，实现学生创意产品与市场沟通、融合和衔接，向多元化、国际化方向发展。

4. 鼓励非遗传承人参与非遗职业教育教学

鼓励非物质文化遗产传承人，民族民间文化工艺美术大师参与职业教育教学，聘请文化遗产传承人等任职职业院校兼职教师、教学顾问和兼职教授等，通过招考、聘用、转型、整合等途径引进培育一批与民族民间文化教育传承有关的专业课教师。设立合同聘任的非物质文化遗产传承指导教师特聘岗位，建立高技能教育人才绩效工资和岗位津贴制。

（四）企业

1. 推进包容性社会参与

包容性发展需要一个包容性的社会，包容并关注每一个人，尤其是那些被忽视的弱势群体的发展环境与平台。一些苗绣非遗的绣娘受教育程度低，并且家乡所在地的交通闭塞，唯一擅长的便是精湛的技艺，因而他们参与社会活动的机会非常少。特别是那些居住在农村或边远地区的人们，常常不能从发展中受益。企业可以聘请经验丰富的绣娘，使她们凭借技艺而获得经济来源，这样企业不仅能够促进了相关非遗技能的传承，也承担了扶助弱势群体的社会责任。

2. 共建校企联合的众创空间

企业可以与高校合作，使创新创业的大学生与社会需求接轨。也可以老师为纽带，在校内创办企业和小型公司，如凯里学院吴安丽老师自己承办工作室，带领学生积极实操，在采摘染料、深入研究各染料的特性、研习传统绣法工艺并添加现代元素以及成品市场定价等方面都使学生们在实践中得到学习。使学员将创业工作与大学学习生活融合在一起，不仅提高了院校教学质量，而且也提升了大学生创业成功率。

3. 实现非遗的产业化、规模化和集群化

贵州民族特色非遗旅游纪念品和手工艺品总是在分散的、低端的、无法成规模生产的状态徘徊。为了使非遗与高端品牌对接，实现民族民间非遗手工业走向产业化、规模化、集群化[15]，2016年度由文化部、教育部联合推出中国非遗传承人群研习班计划织绣创新项目的系列活动。在这些活动中不仅聚集了中国各界设计师、艺术家、非遗手艺人的力量，也聚集了国际设计学院研究生的加入。其宗旨是帮助非遗走出新的融合创新之路，用跨界设计的方式把中国传统美学用当代的方式展现出来，让非遗传承之路越走越宽广。

（五）媒体

1. 调动各方力量自觉形成全社会的保护氛围

非遗的保护离不开媒体的积极参与。充分发挥各媒体的自身优势，不断加大宣传保护力度。从而唤醒民众的文化自觉，调动各方力量自觉形成全社会的保护氛围。文化遗产是我们共同的财富，需要全社会的共同努力，新闻媒体有着责无旁贷的责任与担当。

特别是民族地方的广播电视媒体，由于所在地域的接近性、广播电视记录方式的纪实性、传播方式的大众性、表现形式的多样性、传播目的的一致性等特质，在非遗保护中具有不可替代的作用。

2. 搭建商业网站平台

支持商业网站与相关专业网站设立传统工艺展示和手工艺品销售平台，帮助传承人推介传统工艺产品特别是创新产品。在互联网时代，各种媒介应充分地得到应用来扩大传统工艺的社会认知，让传承人群在市场需求的变化中检验和改进自己的作品与产品。利用非遗艺术节、非遗博览会等平台，举办多种形式的传统工艺比赛。[16]

（六）非政府组织

1. 更加广泛深入参与非遗保护工作

非政府组织是公民社会的主要组织载体，是非遗保护中行动者网络主体体系的当然构成。非政府组织关注的是全社会的公共利益和某些族群利益，非政府组织往往发挥着政府和企业所无法或难以充分发挥的作用，以推动社会的进步。近年来，由大专院校、企业及个人等发起成立的文化遗产保护组织越来越多。但与国外相比，当下中国非政府组织参与非遗文化遗产保护方面所做的工作还远远不够，从整体上看，非政府组织参与非遗保护工作还不够广泛和深入。

2. 充分发挥非政府组织的桥梁作用

在非遗的保护和创新中非政府组织的桥梁作用不可忽视。印度阿默达巴德市的可持续技术和制度研究与推广协会（SRISTI）的经验可以借鉴。"SRISTI"是一个志愿发展组织，其宗旨是强化社区草根和个体创新者的创新能力来解决当地社区的一些挑战。该非政府组织致力于与各种国内和国际的组织密切合作，通过举办艺术节等活动和协作行动来充分挖掘草根的创造性、创新性和地方知识。对印度的非遗文化的保护起到了重要的作用。我国的非遗行动者网络中，这方面的力量相对较弱，甚至还没有作为行动者主体的重要组成部分。

论辽宁地区民间美术遗产的传承与保护

张景明　　大连大学

在各级政府颁布的非物质文化遗产名录中，民间美术是其中的一大类。但在研究过程中，无论是从用途、制作工艺、质地、造型，还是从艺术门类、创作形式、地域特点去分类，名录中的民间美术所包括的内容并不宽泛，除了通称的绘画、剪纸、刺绣、玩具等外，手工技艺、戏剧和音乐舞蹈以及民俗活动中的美术道具也应属于民间美术的范畴，如雕塑、服饰、陶艺、木作、编结、皮影、木偶、乐器等。从这个角度看辽宁地区民间美术遗产，其创作形式、自身构成、造型艺术及所蕴含的文化内涵就变得丰富起来。辽宁地区在历史上遗留下许多美术遗产，近现代又在本土文化的孕育下和与外来艺术的相融，出现了类型较多的民间美术形式，并一直延续传承下来。在城镇化快速发展的今天，民间美术逐渐失去了生存的土壤，急需调查、记录和整理，将这一传统的艺术继续传承下去。

一、民间美术遗产的发展历史、分布与名录的建立

辽宁地区的美术遗产发展有着悠久的历史，早在考古学上的旧石器时代晚期，就已经出现了具有文化价值的原始美术作品。如海城小孤山旧石器时代遗址[1]出土了一批带孔的动物犬齿，采用对钻和磨制的技术，应该作为装饰品使用。该遗址还发现一件带孔的贝壳，在一面的边缘有人工加工过的刻沟，内有红色染料，也是装饰品的一种。这是辽宁境内目前发现的最早的美术品。进入新石器时代以后，原始美术品的种类和用途都扩大了范围，以辽宁朝阳地区发现的红山文化为代表，积石冢、女神庙、祭坛反映了原始礼仪的建筑艺术，玉器、彩陶、仿生器又是原始美术品的杰出代表，其中女神庙发现了我国最早的壁画艺术。在沈阳市新乐遗址①中，出土的陶器以夹砂红褐陶为主，纹饰常见压印的之字纹和弦纹，还有圆塑的猪首、狗首。煤精制品是该遗址的一大特点，器形有珰形器、球形器、泡形器等，报告中定为是与原始礼仪有关的占卜或祭祀用具。可见，原始时期美术品中的陶器、玉器、煤精以及绘画、建筑等都达到了一定的水平。

在进入青铜时代以后，青铜器的铸造技术代表了这一时期的工艺水平。如辽宁省喀左

---

① 周阳生：《辽宁沈阳新乐遗址抢救清理发掘简报》，载于《考古》，1990年第11期，第969~980页。

县北洞村窖藏①，一号坑出土了商代晚期的青铜罍、青铜瓿，二号坑出土有商代晚期的青铜鼎、青铜罍、青铜簋等，其造型与中原地区的同类器相似。在另外几处商代和周代的青铜器窖藏中，也发现了数量较多的青铜器，有鼎、鬲、甗、罍、尊、簋、卣、盂、壶、盘等器物，都装饰有精美的图案。这些青铜器是辽宁地区商周时期美术品的杰作。东胡民族在此生息期间，留下了珍贵的青铜美术品，其中以朝阳十二台营子墓葬②和锦西乌金塘墓葬③为主，前者发现青铜短剑、青铜多纽镜、青铜斧、青铜刀、青铜饰牌等，饰牌的装饰有人面和兽面之分。后者出土了青铜短剑、青铜戈、青铜镞、青铜斧、青铜凿等，青铜短剑为曲刃型。魏晋十六国时期，慕容鲜卑主要活动于辽西地区，在今朝阳市留下大量的遗迹和遗物。陶器以泥质灰陶为主，器形有罐、壶、尊等，其中的联通壶的造型独特而美观，装饰的纹样有网状纹、弦纹、米字形网格纹等，分单元装饰，层次分明，既简洁又美观。金银器最具特色，发现的器形有花树状步摇冠、三鹿纹饰牌、双羊纹饰牌、佛像纹冠饰、双龙双凤纹缀饰等，在风格上吸收了中原文化和西方文化的艺术元素，反映了高超的金银制作工艺。唐朝时期，高句丽在此生息，留下了众多的山城遗址和精美的陶瓷器。辽代时期，辽宁地区属于东京道、上京道、中京道所属的范围，美术作品包括了金银、陶瓷、玉石、木作、刺绣、玻璃、绘画、建筑等，扩大了创作形式。元代设置辽阳行省，明代设置辽东都司，清代实行旗民分治制度，反映在美术遗产方面呈现出类型多样的状况。

从清代以来，由于山东、河北等地的人们"闯关东"来到辽宁地区，将民间美术传入，并融入当地的美术形式之中，形成了多样的民间美术遗产。这些遗产主要分布在沈阳市、大连市、锦州市、朝阳市、鞍山市、抚顺市、本溪市、丹东市、铁岭市、营口市、盘锦市、阜新市、葫芦岛市等地，包括绘画、剪纸、雕塑、皮影、刺绣、服饰、玩具以及音乐、舞蹈、戏剧、民俗中的美术道具和用具，分属于汉族、满族、蒙古族、朝鲜族。在政府颁布的遗产名录中，国家级有20项，省级94项，可谓遗产资源十分丰富。

根据《中华人民共和国非物质文化遗产法》第十八条规定："国务院建立国家级非物质文化遗产代表性项目名录，将体现中华民族优秀传统文化，具有重大历史、文学、艺术、科学价值的非物质文化遗产项目列入名录予以保护。"④ 各级地方政府的文化主管部门要组织申报非物质文化遗产项目，由人民政府颁布相应的名录。从非物质文化遗产法的条文看，辽宁省各级文化部门组织相关人员对全省的非物质文化遗产进行了普查工作，然后积极申报各级遗产名录，并建立起国家、省、市三级遗产名录，区、县、市一级的名录多数还没有建立。就是说迄今为止，辽宁省非物质文化遗产的四级名录不健全，从而不能建立相应的四级保护体系。这里以国家级和省级民间美术遗产为例，列举进入名录的项目，市级名录数量太多而不计入其中。

在后颁布的国家非物质文化遗产名录中，辽宁地区的民间美术遗产包括剪纸、刺绣、

---

① 北洞文物发掘小组：《辽宁喀左县北洞村出土的殷周青铜器》，载于《考古》，1974年第6期，第364～372页。
② 张镇洪等：《辽宁海城小孤山遗址发掘简报》，载于《人类学学报》，1985年第1期，第70～79页。
③ 锦州市博物馆：《辽宁锦西县乌金塘东周墓调查记》，载于《考古》，1960年第5期，第7～9页。
④ 中华人民共和国非物质文化遗产法．中央政府门户网站（www.gov.cn），2011-2-25。

皮影、雕塑、舞蹈戏剧的美术道具和民俗中美术用具六个方面。剪纸项目有锦州市医巫闾山满族剪纸、大连庄河剪纸、抚顺市新宾满族剪纸、朝阳市建平剪纸、鞍山市岫岩满族剪纸，共5项。刺绣项目有鞍山市岫岩满族刺绣、锦州市古塔区满族刺绣，共2项。皮影有大连市瓦房店复州皮影、鞍山市千山区皮影、朝阳市凌源皮影、营口市盖州皮影，共4项。雕塑有鞍山岫岩玉雕、阜新市玛瑙雕、大连市西岗区核雕、抚顺市煤精雕、琥珀雕、本溪市砚台制作技艺，共6项。舞蹈戏剧的美术道具有锦州市辽西木偶戏、大连市金州龙舞，共2项。民俗中美术用具有丹东市朝鲜族寿礼中的礼品，共1项。这样，国家级民间美术遗产项目共有20项。

在先后颁布的省级非物质文化遗产名录中，民间美术遗产包括绘画及装裱技艺、剪纸、刺绣、雕塑、编结、玩具、音乐舞蹈戏剧的美术道具、民俗中美术用具八个方面。绘画及装裱技艺有沈阳市建筑彩绘、书画装裱修复技艺、烙画、古建筑彩绘、本溪市桓仁县木版年画、铁岭市指画、丹东市凤城景泰蓝珀晶画，共7项。剪纸有锦州市医巫闾山满族剪纸、沈阳市初春枝满族剪纸、鞍山市岫岩满族剪纸、立山区回族剪纸、大连市庄河剪纸、瓦房店东岗剪纸、铁岭市西丰满族剪纸、朝阳市建平剪纸、抚顺市新宾满族剪纸、阜新市朱月岚剪纸、彰武剪纸、本溪市满族剪纸，共12项。皮影有大连市瓦房店复州皮影、庄河皮影、沈阳关氏皮影、朝阳市凌源皮影、喀左皮影、鞍山市千山区皮影、岫岩皮影、海城皮影、营口市盖州皮影、抚顺市皮影、锦州市皮影、黑山皮影、凌海皮影、盘锦市大荒皮影、丹东市宽甸八河川皮影，共15项。刺绣有鞍山市岫岩满族刺绣、阜新市蒙古勒津刺绣、锦州市满族刺绣、普兰店传统手工布艺技艺、丹东市凤城满族荷包、朝阳市民间绣活、葫芦岛市兴城民间绣活，共7项。雕塑有沈阳市"面人汤"、于洪区刻瓷、大连市马驷骥根艺、西岗区桃核微雕、鞍山市岫岩玉雕、营口市陈氏面塑工艺、木浮雕工艺、阜新市玛瑙雕、锦州市传统锡雕、葫芦雕、布老虎、面塑、黑山县传统泥塑彩绘、黑山玛瑙雕、抚顺市煤精雕刻、琥珀雕刻、铜瓷技艺、丹东市孤山泥塑、面塑、本溪市桥头石雕、松花石砚雕刻技艺、铁岭市王千石雕、朝阳红土泥塑、根雕，共24项。编结有盘锦市小亮沟苇编、锦州市凌河区辽西绳结技艺，共2项。玩具有营口市盖州风筝、锦州市风筝，共2项。音乐舞蹈戏剧的美术道具有沈阳市古琴艺术中的古琴、大连市金州龙舞中龙道具、金州狮舞中狮道具、锦州市辽西木偶戏中木偶道具、铁岭市伞灯秧歌中伞灯道具、阜新市蒙古勒津马头琴音乐中的马头琴，共6项。民俗中美术用具有阜新市蒙古勒津婚礼中服饰、阜新县蒙古勒津服饰、丹东市朝鲜族寿礼中的礼品、葫芦岛市建昌灯会中的灯、大连市旅顺放海灯中的海灯、庄河放海灯习俗中海灯、铁岭市朝鲜族传统婚礼服饰及用具、抚顺市新宾县满族婚礼中的服饰、满族祭祖习俗中用具，共9项。可以看出，辽宁地区共有省级民间美术遗产项目94项。

因此，辽宁地区不仅拥有丰富的美术类历史文化遗产，还有众多的美术类非物质文化遗产。截止到目前，国家前后颁布了四批非物质文化遗产名录，辽宁省先后颁布了五批非物质文化遗产名录，各市颁布的批次不等，基本上建立起三级名录。县级名录颁布的很少，如朝阳县先后颁布了三批非物质文化遗产名录，凌源市也建立了县级非物质文化遗产名录，类似这样的县级名录在全省范围内并不普遍，亟需加强县级名录的建立，以便全面促进包括民间美术遗产在内的非物质文化遗产的整体保护工作顺利开展。

二、民间美术遗产的传承谱系与方式

2005年，国务院办公厅颁发了《关于加强我国非物质文化遗产保护工作的意见》，提出了要建立科学有效的非物质文化遗产传承机制。在文件中明确指出："对列入各级名录的非物质文化遗产代表作，可采取命名、授予称号、表彰奖励、资助扶持等方式，鼓励代表作传承人（团体）进行传习活动。通过社会教育和学校教育，使非物质文化遗产代表作的传承后继有人。"[1] 可见，对传承工作做出了指导性的意见。在对非物质文化遗产代表性项目的评选条件中，其中有一条就是："扎根于相关社区的文化传统，世代相传，具有鲜明的地方特色。"[2] 因此，非物质文化遗产保护的前提条件就是传承，没有传承就谈不上保护，因为传承人掌握着遗产所蕴含的知识和技艺，他们是遗产的承载者和传递者。最初的传承是建立在自发和自愿的基础上，目前多数的传承人没有后继者，这就需要打破传统的家族或师徒传承方式，扩大传承的途径。在非物质文化遗产的传承过程中，一定要基于遗产的本真性、原生性和活态性，其中，活态性是一个重要的特点，如果失去了活态性，非遗项目只能保存在博物馆或者失传。所以说对传承的重视是非物质文化遗产保护的关键所在。

从省级以上的非物质文化遗产看，都已经建立了传承谱系，这里选择几个民间美术遗产项目作为重点介绍。如铁岭指画的传承谱系是高其佩、高徹、甘士调——李梓郑、王均衡、刘乃刚——宁斧成、端木蕻良——杨一墨——高辉、左群等，以师徒传承的方式从清代一直延续到现在，其艺术成就和绘画技艺享誉国内外。锦州市医巫闾山满族剪纸，作为第一批国家级非物质文化遗产名录，经过挖掘和整理，目前还有侯桂芝、马凤云、黄连玉、汪秀霞的几支传承谱系，并且有后续的传承人，如赵志国、张波、封冬云、秦晓玲等，所创作的作品主要是满族萨满文化中的自然神崇拜、祖先崇拜、动物图腾、植物图腾、生殖崇拜及民俗风情等内容。沈阳市初春枝满族剪纸，以初春枝为代表性传承人，形成姥姥——母亲——初春枝的家族内传承谱系，以风俗剪纸反映出满族的传统文化。鞍山市岫岩满族剪纸，基本上为家族传承，即母亲传给子女、祖母传给孙辈、外祖母传给外孙辈，如刘吉英的传承谱系是外祖母——母亲——刘吉英——任作福（儿子）。抚顺市新宾满族剪纸，以家族内传承为主，其发展谱系为外祖母——金雅贞（母亲）——关素锏、关素桂——关春东（儿子）。大连市瓦房店复州皮影中的"德胜班"，受到来自陕西皮影和河北滦州皮影的影响，逐渐形成了传承谱系，即祖父——父亲——孙德深——孙红波（女儿），并且在传承方式上打破了家族内"传男不传女"的组训。朝阳市凌源皮影，受到河北迁安"护城班"皮影的影响，形成师徒传承的谱系，即郭永山、佟敏——许子林——韩

---

[1] 国务院办公厅关于加强我国非物质文化遗产保护工作的意见. 中央政府门户网站（www.gov.cn），2005 – 8 – 15.
[2] 国家级非物质文化遗产代表作申报评定暂行办法. 中央政府门户网站（www.gov.cn），2005 – 8 – 15.

琢、刘景春、徐积山等。鞍山市岫岩皮影，从河北滦州地区传入，形成师徒传承的谱系，即徐连生、席老爷子——赵连信、赵德怀、方廷栋——刘景荣——吕正业。鞍山市岫岩玉雕，以本地出产的玉石为原料制作各种造型的作用，传承谱系为李德纯——李富——贺德胜、张玉珍、刘葆伟、李洪才——杨成学、王运秀、车绍国、孟显洪，为家族和师徒传承。沈阳市面人汤，在发展过程中的传承谱系以家族的形式出现，即汤子博、汤有益——汤麟玉——汤福祥———汤羽。阜新蒙古勒津刺绣，最早为家族传承，后来变为师徒传承，谱系为满都花——格尔敦花——正月、青莱玛——朱秀英——韩星。丹东市凤城荷包，以独特的满族装饰风格为特点，形成三个支系的传承谱系，第一支为蔡高氏——高宝珍——高凤菊，家族式的母传女；第二支为赫关氏——赫贵卿，也是母女相传；第三支为夏氏——黄加祥——郭靖——胡晶，是师徒传承。

从以上的传承谱系看，辽宁地区民间美术遗产的传承方式主要有家族、师徒、家族与师徒结合的方式，由于是一代传一代，能手把手的传授技艺，使遗产能原生性、本真性地传承下来。目前，随着城镇化建设速度加快，民间美术遗产失去了原有的生存环境，加之没有市场，使多数的现有传承人没有继承者。面对这种情况，许多的传承人将目标转向学校，或者建立传承基地，或者定期授艺，或者不定期传授。如大连市庄河剪纸传承人孙秀英在明星小学进行传授，韩月琴在东河小学建立传承基地，丹东面塑传承人刘云驰在实验小学、六纬路小学传授。这种方式通过在学校定期或不定期的传授技艺，由于学习的时间短，学生只能学到初步的创作技艺，不可能将传承人的所有技能都学会，势必会影响民间美术遗产传承中所坚持的原则。另外，学校传承一般只有简单的形式，如剪纸、绘画、面塑等，由于材料和技法相对简单，容易走进学校传授，更多的民间美术种类的材料不易找到，加上技法的复杂，到学校传授比较困难。所以说学校传承的局限性较大，不能作为一种长久的传承方式。

就辽宁地区的民间美术遗产而言，以家族传承和师徒传承的方式为主。但目前情况是每个遗产项目的传承人多至5人，少则1人，有的项目传承人年岁已高，而又没有后继的传承人。就其原因主要是在城镇化快速发展的今天，民间美术遗产生存的环境发生了变化，实用的功能越来越弱化，更多向装饰化发展。同时，在市场经济的冲击下，民间美术存在的空间越来越小，以靠此为生的艺人生存的空间也变小，这种状况导致了没有人愿意学习，为谋生而去从事别的职业。因此，在现有民间美术遗产的基础上，加大对传承人的重视程度，积极落实配套补贴，改善和提高传承人的生活水平，鼓励和扶持传承人的活动。另外要建立各种形式的传习场所，向社会民众普及民间美术的知识和技艺，使遗产项目后继有人，形成良性的活态传承保护机制。

三、民间美术遗产的保护现状

乌丙安先生对非物质文化遗产进行了界定，认为："在文化遗产保护的可操作实践中，科学说明'非物质文化'和与其密切相关的'物质文化'之间的联系，从而确认'非物质文化'所指的具体对象。例如：剪纸作品是物质文化，但是剪纸艺人的艺术传承和创作构思，剪纸的技巧工艺则是无形的非物质文化。同样道理，古琴乐器本身是物质文化，而古琴的制作工艺、弹奏古琴的手法和技巧、口传心授的乐曲调式、传统记谱方式方法、演奏形式或仪式等综合在一起形成的文化的链接，才够得上是无形的非物质文化。"① 就是说，非物质文化遗产要以物质为载体，而技艺、技法、传承、构思等才是真正意义上的"非物质"概念。所以在保护过程中，不仅仅是对作品本身的收藏，更主要是对技艺的完整记录和活态传承。

在对辽宁地区民间美术遗产的调查中发现，目前的保护状况可以分为五个层面，即政府、民间团体、专家学者、媒体和传承人。其中，政府作为牵头单位，在遗产的保护中起到指导的作用；民间团体是由民间自发形成的一种组织形式，如剪纸协会、农民画协会等，在遗产的保护中可以起到具体的组织作用；专家学者在实际研究中，提供保护方案、信息咨询，给政府在保护工作中提供智库支持；媒体包括报刊、广播电视、网络等，通过宣传可以提升民众对民间美术遗产的认识，促进遗产保护工作的全民化；传承人是民间美术遗产的直接创作者和承继者，也是最终的落实者，只有保护好传承人，才能使遗产更好地延续后世。

在政府层面上，早在2005年开始，国务院颁布了《国务院办公厅关于加强我国非物质文化遗产保护工作的意见》，要求在全国范围内开展非物质文化遗产的普查工作。为此，辽宁省在2008年成立了省级非物质文化遗产保护中心，隶属于文化厅，主要负责全省非物质文化遗产的普及、保护、抢救、利用工作，并先后编著出版了《辽宁省非物质文化遗产名录概览》和《辽宁省非物质文化遗产代表性传承人名录》，作为开展保护工作的资料性指导手册。同时，地市级城市也陆续成立了非物质文化遗产保护中心，有的县也成立了相应的保护机构。但多数的县级政府将非遗的保护工作放在了群众艺术馆，没有成立专门的保护机构，这势必会影响保护工作的深入开展。在省级政府层面上，还颁布了一些非遗保护方面的政策或措施，如《辽宁省人民政府办公厅关于加强我省非物质文化遗产保护工作的通知》《辽宁省非物质文化遗产保护工作厅际联席会议制度》《辽宁省非物质文化遗产条例》等，为包括民间美术在内的非物质文化遗产保护提供政策上的指导和引导。

在民间团体层面上，辽宁省民间文艺家协会和各市民间文艺家协会为最大的群众性团体，其成立的主要宗旨就是组织、规划、指导省内或各市内的民间文学、民间艺术及民俗的考察、采集、保护、传承等工作，有的区县也成立了相应的协会，可以更好地组织非物质文化遗产的保护工作。除此之外，有的地方还成立了专业性或专门性的学会、协会和研究院。如大连庄河市，以国家级非物质文化遗产庄河剪纸为契机，成了庄河市剪纸学会，每年组织剪纸艺人或有兴趣者参加剪纸大赛，促进了这一民间美术形式的普及和保护。铁岭市以省级非物质文化遗产指画为平台，成立了中国指画研究院，集中从事创作的艺人，举办展览和研讨会，出版作品集，参加指画大赛，培养后备人才，为该遗产的传承与保护做出了很大的贡献。另外，要动员企业参加民间美术遗产的保护行动，特别是将遗产作为资源转化为文化产业，配合生产性保护原则来解决政府投入经费不足的现象。

---

① 乌丙安：《中国文化语境中的"非物质文化遗产"界定》，光明网（http://edu.QQ.com），2006 - 8 - 26.

在专家学者层面上，积极参与对辽宁省民间美术遗产或者非物质文化遗产的保护之中，涉及学科有艺术学、民族学、人类学、历史学、文学等，主要以召开学术研讨会的形式，有的也参与到政府的保护规划或方案的策划中，著书撰文谈各自对遗产保护的看法。如刘丽华的《辽宁省非物质文化遗产保护与利用机制研究》（《北方经济》2007 年 19 期）、宋丽娜的《辽宁非物质文化遗产保护与开发原则浅议》（《集团经济研究》2006 年第 12 期）、周惠泉的《东北地区的非物质文化遗产及其重要价值》（《社会科学战线》2009 年第 3 期）、肖瑜的《有关非物质文化遗产旅游开发模式的构建——以大连市为例》（《文化学刊》2010 年第 1 期）、王秀彦的《辽宁民间传统手工布艺的发展历史与工艺传承——以普兰店传统手工布艺为例》（《辽宁工业大学学报》2014 年第 1 期）、张野的《辽宁非物质文化遗产的保护与利用》（《辽宁师范大学学报》2014 年第 4 期）、徐海燕的《辽宁非物质文化遗产保护研究》（《辽东学院学报》2008 年第 6 期）等。这些研究成果为辽宁省非物质文化遗产的保护提供了重要参考。

在媒体层面上，辽宁省非物质文化遗产保护中心已经建立了数据库，对名录中的项目申报资料、传承人档案进行分类整理，实现了数字化管理，这可以说是最为专业的数据库，但是没有建立网络平台对外宣传，需要加强这方面的建设。在建立数据库的实际操作中，以国家、省、市、县各级非物质文化遗产为切入点，分四个层面，每个层面下按照类别将遗产的文字档案予以数字化，采用网络技术、计算机技术等先进手段，将每一项遗产的分布、历史、现状、内容、传承谱系、传承方式、产业化情况等形成文字、图片、影像、音频等综合体系，最后建成遗产多媒体资源库和信息平台。其作用有以下几个方面：（1）为政府、研究者、行业提供智库支持，便于遗产的保护和传承。（2）设立多方面的检索词，如遗产项目名称、分布地区、类别、级别、传承人、传承方式等，尽可能完善平台的检索功能，便于查找。（3）按照分类或功能，利用二维、三维等技术手段，通过平台突出遗产的展示功能，实现遗产专题数字博物馆的展览目的。（4）将目前流行的 Web2.0 理念引入到平台的建设，建立用户中心的管理模块，提供用户信息推荐、上传下载、交流、自动文献传递等信息服务功能，通过资源库将遗产所蕴含的知识和文化信息进行利用和传播，来提高民众的文化自觉意识。（5）为文化产业行业提供资源共享，在保持遗产的原生性、本真性、活态性、传承性的基础上予以合理利用，促进文化产业发展的新途径。（6）为高校、中小学校开展普及地域传统文化提供教学资源。此外，还可通过各种媒体进行宣传，提高人们对非物质文化遗产的认识，有利于在民众中提升对非遗保护的意识。

在传承人层面，由于传他们掌握着遗产所蕴含的知识和技艺，是遗产的承载者和传递者。在民间美术遗产的传承过程中，一定要基于遗产的本真性、原生性和活态性，其中，活态性是一个重要的特点，如果失去了活态性，非遗项目只能保存在博物馆或者失传。因此，对传承人的保护是民间美术遗产的关键所在。在对辽宁省民间美术遗产的调研中发现，所有列入遗产的项目都建立起传承的谱系，而且确定了现有的传承人。但是，多数项目传承人出现断档现象。根据非物质文化遗产申报的条件看，必须是世代传承、活态延续，至少是三代以上，说明传承人在遗产保护中的重要性。辽宁省民间美术遗产中的一些项目只有一位代表性传承人，随着市场经济的冲击，有的遗产项目出现了没有后继者的现象，不能使遗产项目活态的延续下去，等到这一代传承人年事已高或去世后，这些项目会随之失传。

　　综上所述，辽宁地区从旧石器时代晚期就开始出现了具有文化内涵的原始美术品，进入新石器时代以后，其质地和用途都不断扩大，创作水平和制作技术有了进一步的发展。进入青铜时代和铁器时代以后，凭借各民族的智慧，创造了大量的美术品，为该地区美术史的发展和民间美术的繁荣奠定了基础。明清以来，民间美术的种类不断丰富，以致形成了如今的各级遗产名录，并通过家族内或师徒的传承方式，建立了各自的传承谱系。目前虽然已经建立了国家、省、市级遗产名录，但县区级名录亟待健全，这样可以形成四级遗产保护体系，从各级政府、民间团体、专家学者、媒体、传承人自身等层面上，共同承担起包括民间美术遗产在内的非物质文化遗产保护工作，彻底打破长期以来出现的"重申报，轻保护"的局面。

从仪式角度论非物质文化遗产的现代传承
——以查干苏鲁克大祭为例

高学博　　河套学院

仪式作为文化的重要体现形式，能够最大程度上帮助人们了解和认识一种文化，同时，也能够起到解读一种文化的作用。但任何仪式都是以人作为其传承的主体，随着社会发展，人也在不断发展，一种传统的仪式也必然不断发生新的变迁，这是文化发展的必然，同时也是仪式现代化过程中的必然。本文以"查干苏鲁克大祭"这一典型的民族文化事象为切入点，通过对其进行分析研究，以期对非物质文化的现代传承进行更为全面的认识。

查干苏鲁克大祭，是成吉思汗祭奠中重要的组成部分，700多年来延续不断，是除13年一次的龙年大祭之外最为隆重的一次祭祀，祭祀一般从每年农历三月十七持续至三月廿四，其中廿一为主祭日，包括金殿小祭、公祭仪式、祭天仪式、金殿大祭、巴图吉勒祭、招福等多种礼仪和仪式。历史上，祭祀是由蒙古汗廷主办，后来祭祀由守陵的达尔扈特人主持和进行，是蒙古民族一年一度的盛大的祭典大会。现代化背景下的查干苏鲁克大祭已成为围绕祭祀为核心并集旅游观光、文化建设为一体的综合性民族文化展演，仪式发生了现代变迁。

一、查干苏鲁克祭祀的缘起及其概述

"祭奠初始，仪礼未必就有完备的规模，可是由于直接参加生产的达尔扈特们，对代代流传的历史事件的转述，有不断根据古老仪礼来由的生发补充，或者是根据自己生产生活的实践予以创造，这才使祭奠的各种仪礼丰富完善起来，形成为一整套的繁缛礼节，从而展示出一幅幅丰富多彩的民间风俗画。"[①] 这是对古老的查干苏鲁克大祭的描述，从中可以看出古老的祭祀并没有完备的规模，也未有一套成形的礼节，是在传承人不断完善的基础上形成的一整套仪式，因而所谓现代意义上的查干苏鲁克大祭，是由西迁回来的部分达尔扈特人靠口传、家传逐步恢复起来的，功能日益多元化的大型祭典，同时伴随守陵的达尔扈特人生活和思想都发生变迁背景下的祭祀仪式。总体来讲，现代的成吉思汗祭奠还保留着传统祭祀的宏大场景，有举行祭祀的"神圣空间"，有达尔扈特人主持的现代成吉思汗祭奠。与传统祭祀鲜明的不同点主要体现在济农地位的变化、祭祀有了具体的议程、

---

① 赵永铣《成吉思汗祭奠传说之探究》，载《内蒙古大学学报》（哲学社会科学版），1991年第3期。

祭祀人群复杂化、祭祀程序化和规范化的仪式、祭祀与现代教育结合及其与现代旅游互动等。下面笔者将具体论述传统祭祀在现代化背景下所发生的新的变迁。

二、查干苏鲁克祭祀的现代传承特点

现代的成吉思汗"查干苏鲁克大祭"是意在恢复历史祭祀场面的基础上又加入一些现代化的因素，整个公祭仪式场面宏大，参与人员也较为复杂。笔者认为，现代的成吉思汗祭奠已经具有一些表演性质，仪式中一些在传承中淡化的部分也开始逐渐的复兴，作为一种"再造的真实"被重新搬上了表演舞台。

（一）济农地位的变化

济农是管理沙日达尔哈特的最高官员，根据蒙古学者符拉基米尔佐夫的看法：济农是元朝以后位列蒙古可汗之后的一位大官的称号。据文献记载，"济农的官职是从元太祖时期设置的，一直延续到清朝。济农是达尔扈特部的最高首领，是成吉思汗陵大祭的主祭官。开始设济农之时，济农除负责成吉思汗祭祀等各种事情外，还有管辖他所有部属的权力。后来，有一段时间，济农只主管成吉思汗陵寝祭奠事宜。光绪三十一年（1905年）由伊克昭盟（今鄂尔多斯市）盟长兼任济农后，济农一职便既是统辖伊克昭盟（今鄂尔多斯市）的实权官职，又是负责祭奠成吉思汗陵寝的荣誉职务。"[①] 从民国十几年开始，济农由盟长、札萨克旗王爷沙克都尔扎布担任，沙克都尔扎布亡故以后，由其子鄂其尔呼亚克图担负了两年济农工作后，按公理移交郡王旗王爷图布升吉尔格勒担任，图布升吉尔格勒去世后，济农的历史也被终结。[②] 而在现代的查干苏鲁克大祭上，又可以看到济农的角色。由于济农日益淡出现代成吉思汗祭奠，因此对其研究和记载也较少，笔者通过对现代济农进行田野访谈以补充文献的不足。笔者对成吉思汗第33代子孙色登那木吉勒进行了访谈，色登那木吉勒是成吉思汗第31代子孙沙王的孙子，一家三代都与近代成吉思汗陵变迁有重要的关系，成吉思汗陵的西迁东归都有其一家三代人的努力。通过访谈笔者了解到：

"成吉思汗陵的祭奠一般都是盟长当济农，济农就是成吉思汗陵祭奠的最高官员，以前七个旗的旗长轮流当济农，所以，从1925年开始，我爷爷开始当济农，后来我父亲当济农。成吉思汗陵中有大的事情，达尔扈特人要向济农汇报，听取济农的意见。"

高：那现在的情况怎么样？

色登那木吉勒：现在就不报告了，现在的成吉思汗陵属于政府管了。现在说我们是济农就是说我们是盟长的后代，就是一个空头的称呼，现在就是没把这种老习惯丢

---

① 梁冰著《鄂尔多斯历史管窥》，呼和浩特：内蒙古大学出版社，1989，第287~288页。
② 赛音吉日嘎啦、沙勒日代《成吉思汗祭奠》，北京：民族出版社，1983，第278页。

掉而已。

高：那就是说您现在就是象征性的？

色登那木吉勒：对，现在就是去了参加祭祀活动，济农还是第一个办那些祭祀的事，绕着金马桩跑的活动，我就是第一个跑，就是说成吉思汗的后代最先跑，最先到大殿里祭祀。①

由此可见，随着成吉思汗陵归属权的变化，成吉思汗陵已不仅仅是蒙古人心中的圣地，它已经成为省级、国家级的重点文物保护单位，并开始发展现代旅游业。社会环境的变化、多方利益主体的参与使得成吉思汗陵的各项祭祀活动的功能日益多元化，过去以祭祀为生活主题的达尔扈特人也不再只是专司其职，开始出现内部职位分离，出现了一些管理者、研究者，为达尔扈特人这一特殊传承团体的生存发展做出新的适应和选择，在这一系列的变迁中，笔者认为济农的角色也发生了显著变化，已经由起初的形同虚设转回归到实际存在。当然这也是达尔扈特人内部思想意识和文化素质不断提高的结果，他们开始从自身寻找成吉思汗文化更好的传承道路，在这一过程中，被遗忘的济农还是恢复其职，济农的位置依然完好的保存在祭奠中，作为一种历史记忆的部分，他的功能可能已经失去，但是他的角色地位依然存在，这对于成吉思汗祭奠文化的传承和可持续发展具有重要意义，而且在不断地对祭奠文化的历史挖掘和对新社会适应的变迁中，济农这一重要的祭祀文化主体的作用是不会消失的，他会在现代意义的祭奠仪式中起到新的作用。这也从另外一个角度说明，仪式的完整性对于保存文化完整性的重要作用。

（二）祭祀仪式的公开性和规范性

查干苏鲁克大祭极为隆重，整个大祭中祭祀仪式非常之多。按照文献记载，"清朝政府允许鄂尔多斯等地蒙古族民众进行成吉思汗陵寝祭奠的请求，规定了成吉思汗陵寝的祭奠活动由鄂尔多斯七旗的札萨克（一旗的最高行政长官）轮流承办，并设有守陵马甲五百户，每年春秋两季进行祭祀活动。最初的即祭祀职员是代代相传的世袭职务，祭祀的时间和祭祀的程序都有传统的规定，而这些都是负责祭奠的亚木特德们内不知道，密不外传的。也就是说，最初的成吉思汗祭典是连蒙古族民众都不允许参加的。但从笔者的调查来看，按照传承人的介绍，"今天的成吉思汗祭典已经有70%是公开的。"② 现代的成吉思汗祭奠已经成为一个公开性的祭祀仪式，成吉思汗管理委员会印发了《大祭议程》，向前来参加大祭的人们发放，参与者可以根据《大祭议程》到指定地点进行祭祀。正如学者提出的那样，"成吉思汗祭奠文化逐步走向了程序化、规范化，另一层意义上也是一种科学化

---

① 被访谈者：色登那木吉勒性别：男成吉思汗第33代子孙，曾担任内蒙古民族高等专修学院教师。其爷爷是当年主持成吉思汗陵西迁的沙王（沙克都尔扎布），也是当时的济农，其父亲是当年主持将成吉思汗陵迁回鄂尔多斯的鄂尔齐呼亚克图。访谈地点：内蒙古呼和浩特色登那木吉勒家中。访谈时间：2009年4月23日。访谈者：高学博。

② 陈育宁《成吉思汗陵》，《呼和浩特晚报》，1982年第3版。

的过程，逐步形成一种科学文化。"①

从仪式的规范性角度来看，现代的成吉思汗祭奠除了其为公众公开祭祀议程外，还在传统祭祀的基础上进行了新的规范。其中，保留了一些传统祭祀科学的部分，如，利用蒙古宰羊法②宰杀供奉用羊；同时，也渐渐地废除不科学的部分，如人马桩制度的废除。在笔者调查中得知，"这样大规模的公祭在60年代搞过一次，后来的"文革"就间断了。我们在文献研究的基础上，再加上与老一辈人的商讨下，定了一套祭祀程序，在去年即2008年第一次实行，比较成功，今年（2009年）是第二次实行公祭，也比较成功，我们想在明年争取使这个公祭有规律、成规模，各个盟市、旗县自动过来参与，恢复以前的这种祭祀。"③ 由此可见，这样的祭祀越来越成为一种很规范的公众活动。笔者认为这样的有意识的祭祀传统的培养是为了唤醒对本民族文化的自觉，从文化的记忆提升到真正的文化自觉。另外，祭祀的规范性还体现在现代成吉思汗祭奠已经成为一个独立的祭祀文化空间，不再受到藏传佛教等各种外来文化的影响，这为恢复传统的成吉思汗祭奠创造了很好的外部空间。

总之，在现代化的背景下，在达尔扈特人忠诚的守护下，成吉思汗祭奠文化在现代化的舞台上按照传统与现代相融合的方式展开，并在现代化的背景下进行新的适应性的变迁，逐渐形成一种传统与现代相融合的规范的祭奠仪式。

（三）祭祀活动与现代民族教育的融合

成吉思汗作为杰出的政治家、军事家、思想家，不仅是蒙古族的英雄，也是中华民族和世界的伟人，因而，承载成吉思汗精神和文化的成吉思汗陵成为教育现代青少年的生动课堂。从1996年，"国家教委、民政部、文化部、国家文物局、共青团中央、解放军总政治部等六个部委命名成吉思汗陵为'全国百家青少年爱国主义教育基地'"④。时至近些年，每年的查干苏鲁克大祭，蒙古族学校都前来朝拜祖先，甚至将其作为毕业生毕业典礼的一项重要仪式⑤。在2009年3月21的查干苏鲁克大祭现场，鄂尔多斯地区各个蒙古族中小学的学生，都前来祭拜，部分学校的学生必须要诵读《伊经桑》。而诵读《伊经桑》不仅为每年的祭祀做准备，而且成为孩子们日常学习的重要组成部分。钟敬文早在《建立中国民俗学派》就提到"民俗学的教育，不仅限于大学、研究院，还应该在更大的范围内，扩大它的传播，扩展到一般的社会成员，甚至中小学生中间去，至少应该从中学起，

---

① 被访谈者：杨·巴雅尔，男，蒙古族，内蒙古师范大学旅游学院教授。访谈地点：内蒙古师范大学旅欧学院办公室。访谈时间：2009年4月22日。访谈者：高学博。
② 草原上的牧人采用的是掏心宰羊法，掏心法既干净、又减少流血的情景，而且保持现学的成份，便于利用，掏心法是先将羊压倒，背朝下，四蹄朝天，在胸口窝用刀划一小口，手伸进胸腔，以手指勾断脊动脉血而亡，而且，在杀羊时讲究手法要准，动作要快，不让羊叫，减少痛苦。
③ 被访谈人：王·森布尔（汉语名：王卫东），男，达尔扈特人，1952年出生，现年57岁，博尔术，第38代后裔，现担任成吉思汗陵民族事务与文物管理局局长、成吉思汗陵祭祀文化办主任。访谈地点：成吉思汗陵大殿。访谈时间：2008年8月3日。访谈人：高学博。
④ 旺楚格《成吉思汗陵》，呼和浩特：内蒙古人民出版社，2004，第241页。
⑤ 被访谈者：乌日娜女乌审旗乌拉套拉盖小学四年级班主任。访谈地点：成吉思汗陵。访谈时间：2009年4月21日查干苏鲁克大祭现场。访谈者：高学博。

对学生进行民族民俗文化的教育,让他们增强爱国情感,自强不息。"[①] 所以,在社会日益发展的今天,在教育中普及一种文化,将一种民族传统的文化习俗经典融入教育中去传承,通过教育传达一种生活习俗是未来民族民俗文化得以传承的有效措施,通过教育让一种文化以一种现代化的方式灌输到孩子们的头脑中,让他们从小就在耳濡目染中习得一种文化,并作为一种教育方式更好地促进孩子的成长,既丰富了现代教育又传承了祖先的文化。

除此之外,达尔扈特人在平时的生活中也不断以教育的方式提升他们对成吉思汗祭奠文化的认识。如笔者在与苏勒德守护者那仁达来的访谈中了解到,现在达尔扈特的管理者们很重视学习,每个达尔扈守陵者都有一套关于祭祀及蒙古族历史的书籍,下班后、休息时都要看,每年都有一个年终的考核,[②] 由此可见,在整个现代成吉思汗祭奠传承的过程中,教育成为达尔扈特人传承传统文化的重要途径,笔者经过调查也认为这是保持成吉思汗祭奠可持续发展的重要传承方式,作为一个民族核心文化的成吉思汗祭奠,是蒙古族文化的经典,也是现代蒙古族文化发展的源泉;作为一精神信仰习俗,成吉思汗祭奠是整个蒙古民族精神世界的活的载体,达尔扈特人700多年的执着守护精神,是蒙古族精神的典型,由达尔扈特人主持的祭祀活动是蒙古族信仰习俗及民族精神的集中体现;作为一种非物质文化遗产,其依靠一代又一代人口耳相传的传承方式在现代化下出现的变迁和断裂也使得教育——这种稳定的传道授业解惑的传承文化的方式,成为传承民族传统文化的理想方式。

此外,在祭祀的参与人员上也有一些变化,现代的查干苏鲁克祭祀的参与人员越来越多元化,除了当地政府、蒙古族民众,当地人民的参与之外,还有部分游客、朝拜者以及媒体、学者等各种身份的参与者越来越多,而查干苏鲁克大祭也成为融多种祭祀空间于一体的一种现代朝圣活动。

三、查干苏鲁克大祭的现代化趋势之一
——各种因素交织作用下成吉思汗祭奠文化

随着成吉思汗陵功能的多元化,成吉思汗祭奠的神圣空间已经被打破,政府的大力投入、企业对终极利益追逐下的品牌诉求对祭祀文化的冲击、祭祀文化传承主体自我保护意识的觉醒、游客大批量的进入,使得现代的查干苏鲁克祭祀祭奠越来越成为各种力量相互作用的产物,祭祀活动成为一个背景复杂的舞台展演。其中的各方力量主要表现在:

(一)现代的成吉思汗查干苏鲁克大祭是经济推动下,在传统祭祀时间和现代背景下建构的新的神圣空间中的新的表述。现代的成吉思汗祭奠是在传统祭祀的基础上不断恢复的过程,虽然守陵的达尔扈特人试图恢复传统的祭祀,但是,在现代化的背景下,恢复完

[①] 钟敬文《建立中国民俗学派》,黑龙江:黑龙江教育出版社,1999,第66页。
[②] 被访谈者:那仁达来37岁达尔扈特人木华黎第40代后裔。访谈地点:成吉思汗陵苏勒德祭坛。访谈时间:2008年7月28日。访谈者:高学博。

全意义上的传统是不可能的,所以,现代的成吉思汗祭奠也是在传统基础上发展了的祭祀。

(二)查干苏鲁克祭祀中的政治宣传性。现代的成吉思汗祭奠已经成为鄂尔多斯市政府打造民族地区文化的一个窗口,也是鄂尔多斯地区一个重要的政治接待地,成吉思汗作为一代伟人、民族英雄这一名人效应也使得成吉思汗陵成为成吉思汗文化的核心载体。在历史上看来,"成吉思汗陵一直就是一个有政治背景的地方,它一直是较为敏感的,历来就是蒙古族政治背景的一部分。"① 从历史上开始,成吉思汗陵就是蒙古族的政治核心,明清两代都是由理藩院直接管辖,抗日战争时期被迫西迁也再一次证明成吉思汗陵是整个蒙古族统治的核心。"文革"动荡的十年,成吉思汗陵也随整个社会形势的动荡而受到了迫害,作为一个民族文化的载体,成吉思汗陵随国家政策的变动而变动。作为成吉思汗陵核心的成吉思汗祭奠文化,作为一种世代传承的活态文化存在,其活态的文化发生和存在形态自然成为国家落实民族文化政策、表达多民族统一及民族平等、民族团结的文化追求,也是当地政府做好文化宣传的首选地,在这样的背景下,现代的成吉思汗祭奠已经成为一种"淡化宗教,突出文化"指导下对传统成吉思汗祭奠的再创造,是国家和地方政府做好民族地区文化事业发展的窗口。

(三)地方政府、民族精英的诉求。现代的成吉思汗祭奠不仅是国家落实民族文化发展政策的窗口,也开始包含了地方政府和民族精英的诉求,他们借助活态的祭祀文化来表达各自的诉求,其中,当地政府看重的是文化搭台后的经济效益。民族精英则将其视为民族文化展示的平台和发展的契机。

(四)民族认同感和民族自豪感的提升。成吉思汗祭奠规模宏大,参与人数众多,其参与人群中80%是鄂尔多斯地区的蒙古族,这样规模宏大的祭祀场面加深了当地人对成吉思汗祭奠文化的认识,祭奠仪式上的表演对蒙古人的精神、心理的冲击是巨大的,通过这样规模宏大的祭祀活动,各方利益主体的力量都得以体现,而且是一种交织和平衡的体现,从而也充分体现了一种文化的力量。

总之,成吉思汗苏鲁克大祭的仪式展演把成吉思汗文化核心的祭祀文化放到了一个现代化背景下的神圣空间,把往日的"不同世界"带入仪式表演现场及蒙古族同胞一年初始的现代"同一时空",是对古老的成吉思汗祭奠的现代"表现"。成吉思汗大祭一方面能够充分展示蒙古族的民族特点和民族精神;另一方面仪式化的过程,也沟通了政治、经济、文化、教育、宗教活动等,因此可以说,成吉思汗大祭是蒙古民族精神和民族文化的集大成活动。

法国社会学家皮埃尔·布迪厄(Pierre Bourdieu)曾用"文化再生产"理论说明社会文化的动态发展过程。一方面,文化通过不断的"再生产"维持自身平衡,使社会得以延续。另一方面,被再生产的不是一成不变的文化体系,而是在既定时空之内各种力量相互

---

① 被访谈人:王·森布尔(汉语名:王卫东),男,达尔扈特人,1952年出生,现年57岁,博尔术,第38代后裔,现担任成吉思汗陵民族事务与文物管理局局长、成吉思汗陵祭祀文化办主任。访谈地点:成吉思汗陵大殿。访谈时间:2009年4月22日。访谈人:高学博。

作用的结果。① 文化以再生产的方式不断演进，推动了社会、文化的进步。例如，文化再生产借助发展旅游的契机，其最根本的推动力还是在于当地政府发展经济的一种诉求。但是，反过来看，这又从一个新的作用力点上对民族文化的传承发展和保护起到了新的促进作用。但不管从客观还是主观上，它还是促进了民族地区经济的发展，也在一定程度上有利于传统民族文化的复兴及当地人对本民族传统文化的自豪感。

四、查干苏鲁克大祭的现代化趋势之二——祭祀成为一种历史记忆

在现代化背景下，查干苏鲁克祭祀作为一种有活态传承人的祭祀仪式已经成为一种历史记忆，这种历史记忆主要突出表现在以下两个方面：

首先，"仪式属于某种'选择性的记忆'。我们所能看到的所有仪式都不过是历史记忆与现实需要结合的果实。"② 并没有完全传统意义上的仪式，因为祭祀发生的文化空间的不绝对传统化，所以，仪式的传统化也是不可能的，而传统本身也是无法保存的，传统也需要发展，我们所谓的传统也是一个相对的概念，是一个发展过程中的传统。仪式本身只是对文化的一种历史记忆，作为一种传统的仪式本身"就是一种源于过去，是保留在现代人记忆中、话语中、行动中的那一部分过去，而且，传统不是包袱，而是一种可资开发的资源，可以成为现代化的一种深层理解。"③ 由此可见，我们所谓传统的仪式就是一个集体对于历史的记忆并通过仪式不断地唤醒人们对历史记忆的过程。在这一仪式过程中，不仅唤醒了仪式参与者对历史和传统的记忆，也唤起了所有参与者对于传统的记忆。

查干苏鲁克祭祀，作为一个规模巨大的文化现象在现代化的背景下必然发生新的变迁，作为活的文化传承人的达尔扈特人思想观念的变迁，只有达到二者的协调一致，整个文化的发展变迁才能走上和谐的传承发展道路。除此之外，查干苏鲁克祭祀作为一种历史的记忆唤醒人们对传统生活习俗的回忆，对祭祀文化的挖掘就是对蒙古族风俗习惯的重新认识，因为祭祀中涉及一切礼仪习俗、禁忌习俗、饮食习俗、服饰习俗、蒙古民族的信仰习俗等一系列的生活、生产习俗，人们在被唤醒的历史记忆里寻找传统与现代生活的更好的平衡点，从而更好地完善了自己的生活。

其次，"仪式保持并发扬了团体的传统继承性，这在某种程度上对一个团体共同道德的延续至关重要。一个团体的神话是该团体共同的信仰体系。因回忆而使价值不朽的传统表现了人与世界的方式，它是一种道德体系，一种宇宙论，也是一部历史。仪式的作用也仅仅是使这种信念保持活力，使其不致被遗忘，总之，复活集体意识中最重要的因素。集体意识也就在仪式中被一次次的强化并得到延续。"④ 当传统变为一种历史记忆时，我们能做的就是通过一些方式唤醒民众的这种记忆，通过旅游对实体建筑的修复来强化这种记

---

① 刘晖著《旅游民族学》，北京：民族出版社，2006，第175页。
② 彭兆荣《人类学仪式的理论与实践》，北京：民族出版社，2007，第241页。
③ 郑杭生，中国人民大学，题为《现代性过程中的传统和现代》的讲座，2007年11月19日，于北师大教八101。
④ 王宁、刘丹萍、马凌等编著《旅游社会学》，天津：南开大学出版社，2008年12月版，第32页。

忆。在对查干苏鲁克祭奠仪式的认识上，达尔扈特人的思想已经从过去的想要恢复或是保留绝对意义上的成吉思汗祭奠转变，他们开始意识到绝对的传统的祭祀是不可能恢复的，即使暂时恢复了也是不会保留或传承下去的，因为属于传统的祭祀空间已经不再存在，所以，绝对传统的祭祀仪式也是不复存在的。他们已经开始从思想上接受了这种观念，而且也开始在实际的祭祀仪式中加以调整和不断地完善，他们也在努力寻找一条通过将古老的祭祀仪式加以变迁，从而不断适应现代并走向未来的可持续发展道路。

此外，从达尔扈特人思想观念的转变中也可以看出对一种文化的保护还是源自于创造和传承文化的民间，文化的可持续发展道路只能依靠文化传承人本身创造。当然，政府的保护伞作用还是文化保护的前提，政府对文化的认定和评价，即相应的保护政策都是其具体保护措施的必备前提，政府这把伞的支撑力量是一种文化得以可持续发展的根本前提。而作为文化传承主体的民间则是一种文化源泉，文化只有在这个源泉中才能找到养料，才能鲜活的成长。因此，作为一种历史记忆，他最终还是唤醒了民众对历史的记忆，所以，该如何找到更好的可以供大众享用的生活文化还是要由文化创造者自己选择。

参考文献

[1] 高丙中．民俗文化与民俗生活［M］．北京：中国社会科学出版社，1994．
[2] 徐赣丽．民俗旅游与民族文化变迁——桂北壮瑶三村考察［M］．北京：民族出版社，2006．
[3] 张晓萍．民族旅游的人类学透视——中西旅游人类学研究论丛［M］．昆明：云南大学出版社，2005．
[4] 色音．蒙古民俗学［M］．北京：民族出版社，1996．
[5] 钟敬文．民间文化保护与旅游经济开发［J］．民间文化，2001（2）．
[6] 董晓萍．民俗遗产保护教育一体化工程［J］．群言，2003（5）．
[7] 色音．应用人类学视野中的文化遗产保护［G］//文化人类学理论新视野．周大鸣、何国强主编．北京：国际炎黄文化出版社，2003．
[8] 赵永铣．成吉思汗祭奠（大祭词）探析［J］．内蒙古社会科学，1995（3）．
[9] 赵永铣．金宫祭奠及（金书）的地位和影响［J］．内蒙古社会科学，1996（1）．
[10] 邢莉．成吉思汗龙年大祭田野考察实录［J］．民俗研究，2002（1）．
[11] 乌云格日勒．试论成吉思汗祭奠的历史变迁［J］．兰州学刊，2006（3）．

"申遗"背后的故事
——以锦州非物质文化遗产工艺彩绘鸭蛋为例

张喜中　　渤海大学

高永会，现年60岁，辽宁省锦州凌海市程广村下齐台屯人，是辽西地区工艺彩绘鸭蛋的创始人，2010年2月获批为锦州市非物质文化遗产项目"工艺彩绘鸭蛋"代表性传承人，"工艺彩绘鸭蛋"成为锦州市第三批市级非物质文化遗产项目。工艺彩绘鸭蛋，是一种在蛋壳上施艺绘画的民间工艺。据史料记载，远在两千年前的战国时期就有彩蛋。19世纪50年代苏州艺人周公在鸭蛋壳上绘制名胜风景，设色鲜艳，曾在江苏、北京等地流行。[①]

一、"申遗"前——工艺彩绘鸭蛋成为高永会谋生的希望

高永会的一生传奇而坎坷。他婚后育有一子一女，20年前，儿子患白血病不治身亡，如今32岁的女儿婚姻不幸，居无定所，仍然"啃老"。高永会由于左腿残疾，无法从事体力劳作，只能靠妻子在离家较近的塑料厂打工，每月工资1500元左右补贴家用，然而还要不时地贴补女儿。访谈过程中，对于子女，他不愿意多聊，只是一直在感慨："多亏了有这门艺术，否则我早就垮掉了，艺术真的能涵养人，能治病！"这里的艺术就是指高永会的绝技——工艺彩绘鸭蛋。

1999年7月，刚刚丧子不久的高永会遭遇了一场车祸，这场车祸造成了左腿残疾。当时躺在病床上的高永会，在生活上不甘落于他人，一直思索着未来的生活出路。他天生喜欢绘画，上小学和中学时学习了绘画，并曾经在文艺队工作过，参加工作以后做过墙画、玻璃画、葫芦画，也给照片上过色，在20世纪90年代初曾经营过三年的印章门市。这些经历让高永会产生了要通过艺术进行自我谋生的想法。他首先尝试了羽毛画，由于原材料的特殊性最终不得不放弃，在朋友的启发下，他在家里尝试在鸭蛋壳上进行绘画，并最终取得成功。

之所以选择在鸭蛋壳上绘画，是因为鸭蛋壳比鸡蛋壳厚，容易操作。然而高永会探索的整个创作流程并不容易。一件完整的工艺彩绘鸭蛋的制作工艺十分复杂：

第一，选蛋打磨，即选择大小匀称，上下比例适中的鸭蛋，将鸭蛋表面用砂纸打磨光

[①] 李侠：《锦州市非物质文化遗产概览》，沈阳：辽海出版社，2012年，第80页。

滑白亮。其目的是为了使鸭蛋壳外表美观，更易于绘画创作。

第二，除蛋液，即将鸭蛋里面的蛋黄和蛋白清理出来。其方法是将鸭蛋的两端打上如医用针管的针孔大小的洞，先用铁丝在鸭蛋里面搅拌，使蛋黄和蛋白可以融为一体，再用针管从一端注入清水，被稀释的蛋黄和蛋白就会通过另一端的小孔流出，这样反复进行操作，便可将鸭蛋内部清洗干净（针管和铁丝都需要洗刷干净，这样可以保证流出来的蛋黄和蛋白仍可以食用），将内部清洗干净后的鸭蛋壳晒干亦或用电吹风机吹干，以便使用。

第三，绘图创作，即把内外干净的鸭蛋壳放在特制的托盘上进行绘画创作。这是工艺彩绘鸭蛋制作过程中最为繁琐的一步，同时也是其区别于其他绘画的关键性一步，而这一步也是体现高永会技艺高超的一步。首先要先用铅笔进行轮廓的勾勒，然后再用毛笔进行绘画，在铅笔的选择上要选用6H型号，因为6H铅笔划痕非常细、非常淡，同时也方便在出现错误时进行调整修改，相反划痕太粗的铅笔会影响画面的整体美观性。对于绘画勾线所用的毛笔是高永会的独创，这支勾线笔的笔毛要比正常的勾线笔的笔毛硬，因为鸭蛋的特殊弧度与材质，要求在绘画上必须选用笔尖硬的毛笔进行绘画才能达到预期效果，高永会曾尝试使用猪毛、鸽子尾巴的羽毛，都达不到理想的效果。一次偶然的机会，他了解到啄木鸟在啄食时，尾羽撑在树干上，可见其尾羽相对坚硬，是制笔的首选，经过反复尝试，高永会磨掉圆珠笔的滚珠，将啄木鸟的尾羽束于圆珠笔的笔尖之中，制成了特殊的勾线笔，以便于工艺彩绘鸭蛋创作。其次，在颜料的选择上，高永会选择使用儿童画创作中的彩色颜料和国画颜料，国画颜料涂到鸭蛋壳上之后会略显淡雅，而儿童画的颜料颜色鲜亮，这为其艺术创作提供了参考。对于勾边所用的黑墨则选用碳素墨水，它的浓淡不用调试，也不会出现前后深浅不一的情况。最后，在笔墨都准备好的情况下开始进行绘画，绘画的过程中没有其他技巧可言，这体现着绘画者本人绘画技能的高低，但在鸭蛋壳上绘画相当于在一个不规则的圆柱体上绘画，时刻要注意着笔的走向和透视，这是决定工艺彩绘鸭蛋优劣的决定性因素。

第四，封"釉"，即在工艺彩绘鸭蛋制作完成后，为了防止褪色，便于保存和清洗，在成品晒干或者吹干后，用透明的自喷漆将整个鸭蛋喷一遍，进行封"釉"处理。必须选用雾状的自喷漆，以保证漆喷上去之后比较均匀。

第五，装裱，"三分画，七分裱"，良好的装裱能够提升工艺美术品的品位。高永会的作品装裱相对简单，一是采用简单的木托盘陈设，二是将工艺彩绘鸭蛋装入礼盒，以便消费者选购。

完整的工艺彩绘鸭蛋创作过程包括上述五个方面，这一系列的制作流程都是高永会通过一次次的尝试，不断摸索出的"精髓"，更是他多年来绘画和书法功底的体现。作为一种民间工艺美术品，高永会最初创作的艺术品多以传统山水为主，少有人欣赏、关注。20世纪90年代末，非物质文化遗产保护的宣传相对较弱，中国文化产业发展较慢，加之高永会的艺术创作源于农村，周围邻居的生活水平不高，艺术欣赏能力有限，他的艺术创作并不被大家重视，其作品最开始只要有人开口要，高永会就会赠与。即便如此，高永会也没有停止创作，他深信，静下心来搞创作可以减轻他生活中的苦闷，缓解生活中的压力，亦或可以成为谋生的手段。

二、"申遗"中——工艺彩绘鸭蛋成为高永会的负担

进入 21 世纪以来,世界各国加大了对世界遗产的保护力度,尤其是 2001 年昆曲作为中国第一项世界非物质文化遗产项目入选《世界非物质文化遗产名录》后,从国家到地方开始大力度地保护非物质文化遗产,这一情形确实推动了中国非物质文化遗产的保护与传承,也致使部分非物质文化遗产项目遭受破坏——严重破坏了非物质文化遗产信息的原真性。在这一时代背景下,高永会创作的工艺彩绘鸭蛋逐渐走进公众视野,越来越被官方重视,当然他的负担也越来越重。

说起工艺彩绘鸭蛋的申遗情况,高永会记忆犹新。2004 年 8 月,高永会在报社工作的家族兄弟意识到他的工艺彩绘鸭蛋是独具特色辽西民间工艺美术品,可以称作一项非物质文化遗产,有必要进行宣传推广,8 月 19 日《辽西商报》刊登了题为《巧手艺人鸭蛋上作画》的文章,简短地报道了高永会在鸭蛋上作画的概况,并附一张印有 8 个彩绘鸭蛋的照片。这篇报道成为高永会走进大众视野的基石。随后,辽宁电视台黑土地栏目组主办的《超级农民秀》活动欲把高永会邀请到活动现场,但是由于工艺彩绘鸭蛋创作流程的特殊性,在现场无法达到预期的效果,故黑土地栏目制片人杨树新先生专门到高永会家进行了现场的节目录制。之后锦州市群众艺术馆和凌海市文化馆都来了解高永会的创作情况,并邀请他现场创作表演。就这样,高永会的工艺彩绘鸭蛋逐步走进了官方管理部门的视野。随着锦州市市级非物质文化遗产项目申报工作的不断深入,锦州市市级非物质文化遗产的数量也不断增加。2010 年 2 月,工艺彩绘鸭蛋成为锦州市第三批市级非物质文化遗产项目,然而此时的工艺彩绘鸭蛋却给高永会带来了负担。

高永会原本认为工艺彩绘鸭蛋的创作成功可以贴补家用,没想到在申遗成功时不但没有实现这一目标,反而成为记者、政府管理部门相关工作人员索要的对象。据高永会介绍,辽宁电视台黑土地栏目组前往他家录制节目时,摄制组人员就曾开口跟他索要过作品,由于工艺彩绘鸭蛋的创作工序复杂,费时费力,加之随着他的病情不断加重,他创作的作品十分有限,高永会当时没有答应,随之而来的就是摄像师借口高永会家房屋透光不足,无法完成拍摄而终止。在准备"申遗"过程中,政府管理部门的相关工作人员以各种借口将高永会家中的工艺彩绘鸭蛋作品要走或"借走",那些"借走"的作品至今未还。正如高永会所言,他十分惧怕"大人物"来访,一旦提出索要作品,令他两难:如果给,家里现有的作品不多;如果不给,马上就会得罪人。随着媒体对高永会工艺彩绘鸭蛋的宣传不断加大,他也成了村里远近闻名的"名人",慕名前来索要作品的亲戚朋友越来越多。从申遗前高永会的工艺彩绘鸭蛋无人问津,到"申遗"过程中相关人员的主动索要,说明在非物质文化遗产保护的大力宣传下,民众们对工艺彩绘鸭蛋的认识和关注有所提高,但是他们的关注是建立下"免费赠予"的基础上,这种免费的占有不但没有真正提升民众对工艺彩绘鸭蛋的鉴赏水平,也没有推动高永会贴补家用的愿望的实现,反而成为他的负担,这种负担在某种程度上已经开始限制高永会的创作。

说到工艺彩绘鸭蛋的传承,高永会略显惆怅。他感慨道:"如果儿子还在,他会跟我

学,因为从小他看我画画的时候就喜欢跟着画,至今还有几幅画留在那。我那女儿根本不在意我这套玩意,她没兴趣学习,甚至都不过问,更谈何传承!"工艺彩绘鸭蛋在"申遗"时,为了能够把填报资料填写完整,高永会曾尝试着将工艺彩绘鸭蛋技艺传授给干女儿,但是由于这项工艺费时费力且没有经济效益,做生意的干女儿口口声声答应了,却迟迟没有来学。2013年,也曾有一名厨师慕名前来拜师学艺,然而三年过去了也没有做出一件完整的作品。传承人的奇缺让高永会感到负担沉重,他坦言愿意将这项民间工艺无偿传给他人,只要有人愿意学,他就愿意教。

诚然,艺术的起源有"摹仿说""游戏说""巫术说"等等,但现代的艺术创作源于多种因素,人们的欲求、需求和意志情感等都会是促发艺术产生的原因,有了心理的需求之后将这种需求付诸于社会实践活动就有可能产生一种新的艺术形式。高永会最初只是为了改变自己残疾生活的现状,为了贴补家用而创作了工艺彩绘鸭蛋,其创作基础是他的绘画功底,当然如果没有他内心深处对绘画的喜爱,最后也不一定创作出工艺彩绘鸭蛋。工艺彩绘鸭蛋在"申遗"过程中受到了高度的重视,作为一种艺术创作,它属于高永会;作为一项非物质文化遗产项目,它不仅属于高永会,更属于广大民众甚至全世界人民。这种艺术创作所带来的美的价值是不可估量的,"无论自然、人体、人造物,亦或歌曲、观念,以及其他诸般事物,所具有的美对人非常重要。美的重要性,有时会以料想不到的方式发挥出来。"① 但是,保护非物质文化遗产的原真性是每个人应尽的义务,任何相关管理部门都不能为了政绩而任意歪曲史实。

三、"申遗"后——工艺彩绘鸭蛋成为高永会的精神支柱

毫无疑问,高永会的工艺彩绘鸭蛋是一种独具特色的民间工艺美术品,也是具有较高研究价值、文化价值和经济价值的非物质文化遗产项目。然而,这种工艺美术品在成为市级非物质文化遗产后,再一次被冷漠,"申遗"过程中出现的门庭若市的场面已经消失得无影无踪,相关管理部门很少关注这一项目,坚守创作并不断创新的只有高永会。

2011年6月1日,《中华人民共和国非物质文化遗产法》颁布施行。至此,关于非物质文化遗产的保护与传承有法可依,但是具体的落实细则并不完善,尤其在市级非物质文化遗产传承人资金扶持方面仍属空白。就高永会而言,工艺彩绘鸭蛋"申遗"成功,他并没有得到政府太大的支持和补助,除了相关证书和牌匾外,每年过年政府主管部门只给发放200元补助,这微额的补助对于高永会的艺术创作而言只是杯水车薪。

高永会创作的工艺彩绘鸭蛋最早以绘制山水为主,他曾将作品带到锦州市古玩城销售,售价80~150元不等,但询价者都没有购买,询问得知,相比之下,多数人更青睐于中国传统人物画,比如红楼梦中的女子形象。鉴于此,高永会改进了自己的艺术创作,以仕女人物画为主,并配以诗句,工艺彩绘鸭蛋上仕女人物画的那种细致的刻画以及富丽的

---

① [荷兰]范丹姆:《审美人类学:视野与方法》,李修建、向丽译,北京:中国文联出版社,2015年,第29页。

色彩曾受到收藏家的青睐。高永会的工艺彩绘鸭蛋四大美女图曾被锦州市馨雅山庄辽西画家村收藏，四件作品收藏价格2200元。除此之外，高永会的工艺彩绘鸭蛋几乎没有销路。

其实，对于"申遗"成功后的工艺彩绘鸭蛋，高永会并没有什么特殊的认识，他只觉得这是政府对自己创作的一种认同，而"申遗"成功后的证书和牌匾更是自己莫大的荣誉，是一种光环，用高永会的话来说："这是用两万块钱都买不来的荣誉。"工艺彩绘鸭蛋俨然成为高永会的精神支柱，成为高永会工艺彩绘鸭蛋创作的不竭动力。他早已不再多想工艺彩绘鸭蛋能给自己带来多少收入，比较而言，他拖着残疾的左腿在菜园子中种出的蔬菜给他带来的实惠更多。然而此时，高永会没有放弃工艺彩绘鸭蛋的创作，即使久坐之后残疾左腿的疼痛限制了他的创作，但是他还每天坚持书写小楷、创作作品，甚至尝试在鸵鸟蛋壳上进行绘画创作，虽然鸵鸟蛋壳的创作成本远远高于鸭蛋壳的创作成本，但是高永会仍愿意自掏腰包进行尝试。因为这时候，作为中国传统民间工艺美术的工艺彩绘鸭蛋在遭受"非遗"浪潮的冲击后，再次回归本真，对于高永会而言，此时的工艺彩绘鸭蛋是他的精神支柱，更是他新的创作的开始。

四、沉思——民间艺术的回归与非物质文化遗产保护的再兴

在人类学研究领域，博厄斯提出重要的历史特殊论理论，他认为人类的生活方式均是众多"历史因素作用之下的产物。"依据历史特殊论而言，每一种艺术的产生和发展都是历史的产物。[①] 高永会工艺彩绘鸭蛋的创作就是其身体原因和生活所迫的结果。在这一创作过程中，高永会独特的人生经历和其前期的艺术积累密不可分，墙画、玻璃画、葫芦画以及三年的印章工作为其艺术创作奠定了坚实的基础，他的农民身份又为他能够创造出独特的啄木鸟尾羽勾线笔起到了关键作用。

艺术来源于生活，高永会的工艺彩绘鸭蛋取材于生活当中的农副食品——鸭蛋，在进行特殊处理后而进行艺术深加工，既没有造成浪费，又生态环保，这种独特的艺术创作才是民间艺术的回归——变废为宝、雅俗共赏，这是高永会对工艺彩绘鸭蛋创作目标的追求，也是一名普通的农民艺术家的最高艺术创作目标，应该值得政府的鼓励和宣扬。"艺术涵养人"在这里得到了深刻地诠释。

然而，在"申遗"过程中，政府相关主管部门有意将高永会独创的工艺彩绘鸭蛋的历史渊源美化成三代传承工艺，属实不当。相关工作人员在"申遗"过程中，将提升自己的政绩放在了首位，从而破坏了非物质文化遗产的原真性。入选《锦州市第三批市级非物质文化遗产名录》后的工艺彩绘鸭蛋，政府相关主管部门的冷漠态度更令人寒心，对于非物质文化遗产项目"重申报、轻考核""重申遗、轻保护"的问题亟待解决。

即使我国非物质文化遗产有不同级别的区分，但是作为一种艺术创作，只要它符合大众的审美需求，是生态文明的重要代表，就理应受到保护和传承。可喜的是，高永会已经不再重视工艺彩绘鸭蛋能给他带来多少收益，他已经让这项民间工艺回归到艺术本身，更

---

① 罗易扉：《另一种物质的表述：人类学家方李莉陶瓷文化思想研究》，《民族艺术》2016年第3期。

愿意无偿向他人传授这项技艺。虽然工艺彩绘鸭蛋属于高永会的个人创作，但是所带来的美是属于所有欣赏这种艺术的人，这项技艺应该得到国家和社会的共同关注、保护与传承。与学校合作培养工艺彩绘鸭蛋传承人，采用"生产性保护"将工艺彩绘鸭蛋的艺术价值转化为经济效益能够推动工艺彩绘鸭蛋的保护、传承与发展。有人认为这样做太功利化，偏离了艺术美的轨道，但是经济基础决定上层建筑，历史上每一次大的变革无不是生产力发展所带来的巨大动力，艺术只有回归于生活才能在人民群众中生存和传承下去，工艺彩绘鸭蛋作为一种民间工艺美术品更应如此，民间的手工艺人所创造的艺术不应被放到博物馆，只有当这种工艺品成为人们生活的一部分，才能激发新的艺术创作的出现，进而创造出更多的社会价值，从而改善民间艺人的创作环境，推动新的艺术创作的出现，推动非物质文化遗产保护的再兴。

河北满族忠义村"摆字龙"文化遗产的现状调查

祁慧军　　中央民族大学

忠义村位于河北省北部，距北京市 110 公里，易县县城 15 公里，地处著名风景区、世界文化遗产清西陵景区中的泰陵与崇陵之间，环陵公路沿村西而过。忠义村最初是由清代满族八旗守陵人组成的村，现在村民基本上均为清陵守陵人后裔，至今仍保留着一些独特的满族文化习俗。

一、忠义村村史

（一）清王朝时期的泰妃园寝内务府（1723－1910 年）

忠义村始建于雍正元年（1723 年），至今已有 280 多年的历史。清世宗雍正皇帝为了修建自己的陵寝，将几十户上三旗（正黄、正白、镶黄）的满族子弟从千里之外的沈阳，百里之外的北京迁到了河北省易县梁各庄一带，于雍正八年（1730 年）至乾隆元年（1736 年）先后在陵区周围设立东西府、承办事务衙门、泰宁镇总兵、工部、礼部、内务府等陵寝管理机构。忠义村原即为建造泰陵、泰东陵、泰妃陵的内务府衙门，各陵建成完工后，因雍正的泰妃陵紧邻忠义村西侧仅百米，随后改为泰妃园寝内务府。因当年建陵官员偷工减料、贪污受贿，著名朝臣刘墉曾在内务府半夜设公堂断案，因此该村历史上也被称为妃衙门。

当时衙门占地约 21,000 平方米，呈四方结构。设西南两门，其中西门为喜门，迎娶婚嫁由此门进出；南门为丧门，出殡从此门过。设有内务府衙门、老爷院、御膳房、关帝庙、更房、龙凤呈祥影壁、东、西古井等建筑。该村建筑均坐东朝西，每个院落内均为统一的 3 间东朝房，床铺也是东西走向，守陵人睡觉时均保持头朝西（即朝向泰陵、泰妃陵）的方向，以示对于皇陵的敬重。

泰妃园寝内务府历经雍正、乾隆、嘉庆至清末宣统 8 个朝代，守陵村的居民由朝廷按期供给俸禄，主要负责陵区的建造、保护、维修以及祭祀活动的安排。守陵人工作清闲，衣食无忧，养成了讲究衣着饮食的习惯。现今村内的居民精于厨艺，满族饭菜传承至今成为忠义村的一个重要品牌。

(二) 中华人民共和国成立前的忠义村（1910-1949年）

辛亥革命后，孙中山推翻清王朝统治，废陵制兴村制，当时该村一姓尤名润波的举人将泰妃园寝内务府衙门定名为忠义村。当时，他即兴题写西门和南门对联两副，其中西门对联为：

村落新成仍是当年梓里，禾麻遍植居然今日桃园。

南门对联为：

远山依水无异伊颖之地，耕田凿井同游西□之天。

自此，忠义村村名正式形成。

辛亥革命后不久，袁世凯篡夺革命果实。袁在位期间，忠义村村民仍享受少量俸禄。1924年以后，清政府不复存在，守陵人不再享受任何优待。虽然民国政府按人口给他们分配了土地，但守灵人并不擅长耕种，当时很多村民主要采用两种谋生方式：一是靠出租土地的租金为生，一是外出做小生意。也有少部分人依靠修建古建的手艺从事瓦工、油漆工工作，至今仍有很多人在古建筑队工作。

1912年宣统皇帝退位时，曾和民国政府签订八项优待条款，其中第四条为："大清皇帝辞位之后，其宗庙陵寝永远奉祀，由中华民国酌设卫兵妥善保护。"1933年溥仪在东北成立伪满洲国后，西陵成立"满洲队"保护陵寝。抗日战争时期，中共成立的龙华县（即现在的易县）县长赵鹏飞与当时担任满洲队长的溥安达成协议，即共产党不在陵区内打仗，西陵组织不抓共产党。同时守陵村村民也还在守护着西陵。在此时期，西陵及忠义村均未遭到巨大破坏。中华人民共和国成立以后，忠义村村民逐渐转向从事农业生产，因清西陵由国家负责维护保护管理，忠义村村民与清西陵失去了实际联系，守陵人身份失去了原来的意义。

(三) 中华人民共和国成立后的忠义村（1949至今）

由于村民的自然繁衍，人口增多，20世纪六七十年代开始，已有部分村民迁到该村古村墙以外建房，在该村古村墙东面和北面依山落户。现在全行政村面积30,000余平方米，共辖一队、二队两个生产组（搬到村外居住的村民依然以原来家族所在生产小队为名，因此该村生产小队没有明确的地理位置划分，其中菜园地在古村墙西面的民户属于二队，南面的则属于一队），设置有村支部和村委会两个管理机构，不设生产组。

该村耕地面积400亩，全部为旱地，主要种植玉米、小麦、花生、红薯等作物。林业面积60亩，主要种植松树、柏树、杨树、果树。该村饲养家畜较少，仅有1家饲养了2头牛，用来出售幼牛；该村因开办民族风情村的缘故，基本不饲养家畜，该村之外的部分村民饲养少量鸡、鸭、猪。

该村现有私人卫生所1所，学校0所，图书馆0所，公共健身场所1处，面积约20平方米左右。

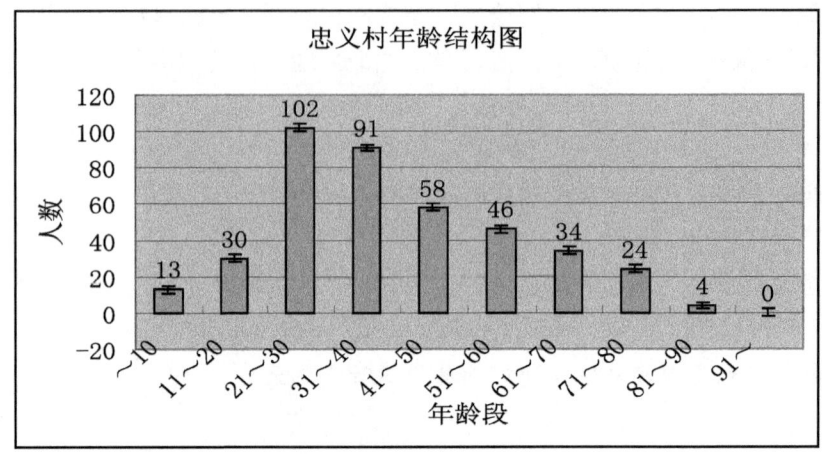

忠义村年龄结构图

年龄段	人数
~10	13
11~20	30
21~30	102
31~40	91
41~50	58
51~60	46
61~70	34
71~80	24
81~90	4
91~	0

至今村墙保存较为完好，但村墙内的建房格局发生了较大改变。为采光需要，在20世纪80年代以后，该村建筑基本上采用了坐北朝南式的传统风格。

该村现有村民103户，400余口人，年龄分布见"忠义村年龄结构图"。其中劳动力人口[1]约180人，男劳动力约有100人。该村有满、汉两个民族，其中男性均为满族，在所调查的60户243人中，有33人为汉族，均为外村嫁来的媳妇，占14%，且这些汉族媳妇集中在30~50年龄段（30人）。该村姓氏较为集中，其中贾姓12户，郑、吴姓各11户，刘、梅、崔姓各8户，其他姓共45户。

长期以来忠义村民族成分比较单一，满族文化相对而言保留较完整。

二、"摆字龙"——满族文化的遗存

清西陵的满族守陵人有着自己的文化娱乐方式，且形式多种多样。尤其是春节期间，各营房内更是相当热闹，高搭彩棚（也叫"会棚"），各色牌坊，戏台，唱皮影戏，交流串演各种花会。正月十五，挂彩灯，猜灯谜，祈求吉祥、幸福、平安[2]，而忠义村最独特的就是"摆字龙"灯盛会。今天，"摆字龙"已经被选为国家非物质文化遗产，成为忠义村现存的有代表性的满族文化遗存。

（一）关于摆字龙的来源

1. 史书的记载

关于"摆字龙"的来源，《畿辅通志》有这样的记载：在内务府原有两套"龙骨"，一文一武，"文龙"可以摆字，"武龙"可以打斗。康熙生前喜欢观赏这两条龙。于是，

---

[1] 按我国目前劳动保险条例的规定，我国劳动年龄范围的下限为16岁，上限为男59岁，女54岁。国际上无论男性还是女性，劳动年龄人口均定为15~64岁。本文采用前一种定义标准，且附加具有劳动能力的条件。

[2] 本信息由太平峪村潘绍泉老人《清西陵及满族人遗闻轶事录》提供。

雍正皇帝在位时，总理事务衙门便奏请嗣皇帝雍正，将两套"龙骨"搬请到了景陵（康熙陵）的礼部，从此文、武龙便在东陵（河北遵化）扎了根。乾隆三年（1738年），乾隆皇帝到清西陵祭祀，在东西王府贝子弘眺为他举办宴会上，乾隆觉得席间的舞蹈表演非常的单调，便下令可以将东陵的"文武龙"调过一条来，于是"文龙"（摆字龙）便来到了清西陵的东西王府，当年这条"文龙"只有十二节，寓意"龙兴十二月"。

道光十八年（1838年），辅国公崇锡将"文龙"从东西王府移出，交到了慕陵的礼部（今华北村）进行操演。光绪二十年（1894年），荣颐就任西陵东西王府的辅国公，他喜好武术，又因为慕陵礼部紧毗王府，他便命礼部"弃文从武"，把"文龙"传授给了慕陵内务府（亦称大圈，今天的龙泉庄）。光绪二十七年（1902年），西陵内务府贝子奕谟考虑到"文龙"乃是为雍正帝请来的，在慕陵内务府似有不妥，便下令将"龙骨"传到了泰妃园寝内务府（即今天的忠义村），并命慕陵礼部负责教习，于是"文龙"就这样落户在了泰妃园寝内务府。

"文龙"到泰妃园寝内务府后，内务府人将其视为至宝，勤学苦练，增加了不少排演技法。为纪念"文龙"乃是为雍正帝而跋涉过来，内务府苏子衡先生将"文龙"增至十三节，寓意雍正帝在位十三年。

2. 守陵人后裔的讲述

关于"摆字龙"的来源，据忠义村致力于摆字龙传承和保护的原村会计郑庆坤介绍。相传，摆字龙灯盛会兴起于乾隆年间，是乾隆皇帝为了纪念父皇雍正皇帝在位十三年，并为其扫平一切障碍和政敌，并为其统治打下良好基础而兴起。此龙由十三节组成，外加一个玲珑绣球。其中十三节龙身，每节象征雍正皇帝在位一年；另外一层含义是一年十二个月，每节代表一年当中的一个月，另外一节代表每年当中的闰月。领龙绣球则代表日月星辰，其含义是"皇帝乃真龙天子"，乾隆皇帝希望父皇岁岁年年，永永远远，清朝江山永固，与日月同辉。他愿陪伴保佑。此龙自清朝时，便号称"天下第一龙"，当时曾有一首诗，这样写道："龙虎际风云，一代生平同乐世。灯花呈锦绣，玉箫金管入诗拍。圣算本无疆，火树银花承寿域。会心园不远，六阶烟月度元春。"此诗句的每句话的第一个字组成了"龙灯圣会"。

总之，不管是史书上的记载还是守陵人后裔的口耳相传，摆字龙的存在和传入忠义村与雍正皇帝有着密切的联系。忠义村人把这条世界上绝无仅有的摆字龙保护并传承到了今天，并赋予了时代的寓意。

（二）摆字龙的制作与表演

1. 制作

"摆字龙"由13节龙身组成，其中每一节龙身（又称龙节）长约1.2米，直径约0.5米，节中央有一个固定把手。最初，"龙身"多用竹子制成，内设三环套月式蜡烛签3个。蜡烛签的设置非常的精巧，舞动时烛火始终朝上保持不灭，后来龙身的材料发展为木材，龙身里面也已改装为灯管，而不再用蜡烛。龙身外面罩有绘制龙鳞和龙爪的龙衣，其中龙鳞为红黄色，龙背为白牙。制成以后，每节龙身之间用1米左右的黄绳串系住，其中龙尾又和整个龙身分开。龙骨主要由工艺精湛的工匠制作，再请画技高超的画师或艺人用上好的白布施以彩绘，画好龙衣，当龙衣画好晒干后固定捆绑在龙身的外面，一条完整的龙就完成了，活灵活现的龙造型，栩栩如生。

据说以前，龙做好了还必须举行祭祀仪式，祭祀完毕后到固定的日期才能取出来。忠义村守陵人的后裔们为了把这条龙传承下去，他们自己学会了龙身的制作和龙衣的绘制。比如：今天郑庆坤先生和苏永和老人分别可以制作龙身和绘制龙衣。这不仅能节约开支，更重要的是他们为摆字龙的传承和保护正在努力和奉献。

2. 表演

摆字龙由13节龙身和一个领龙绣球组成，每节需要一个舞龙者，由于龙头龙尾比较重，全场舞完非常吃力，所以通常有技艺高超的身强力壮的人担当，而且各有一名替补人员，这样计算下来，舞龙者至少需要16个人。此外，乐队是舞龙必不可少的后备力量。舞龙的乐器一般包括擦、拨、锣、铙、鼓等。所以整个舞龙队伍要有二三十个人。

耍龙时，拿绣球的人在前面导引，舞龙者扭动龙身，随之起舞，或快或慢，张弛有序。由于龙身分节，龙不但可以随意舞动，而且还可以摆出十三笔画以内的四字横批，如：天下太平、正大光明、中华万岁、岁岁平安、中华巨龙等等。如果遇到字数超过13划的，则以谐音或简化字代之。摆字可以因人因地而异，见官就摆"正大光明"或"拜见大人"，拜庙则摆"天下太平""三多九如"，去县府衙门就摆出"天下为公"，去集市则取谐音摆出"吉"字以讨取吉利，总之摆出来的都是吉庆之词。每次都是先摆一字，摆出来的字与水平地面呈45度角面向观众，以便于观众观看，然后在场子内舞动一圈，"镶头"或称"会手"（拿"会旗"的教导人）指挥以锣鼓为号换下一个字，舞龙者或有不识字的则由教导人指定位置变换。

摆字一般从龙头开始摆第一笔，龙尾或绣球摆最后一笔。每摆好一个字时，龙尾都要绕场一周，再到达应去的位置，赶补最后一笔，如在摆"天"字时，龙尾就是最后一笔"捺"。绣球在字中一般表示"、"，如"下"和"太"字中的最后一点，在摆没有"、"的字时，绣球就放到了一边。在整个表演的过程中，耍绣球的人起着至关重要的作用。一般耍绣球的人通过喊口号告诉舞龙队伍下面要摆什么字样，而为了避免观众听到舞龙队伍的这种口号，乐队就通过打奏舞龙节奏来掩盖队伍中的声音。在耍绣球者准备摆字时，会和敲锣者之间沟通信息，敲锣者就会使劲敲一声锣，舞龙队伍开始摆字，因此这个过程要求耍绣球者和敲锣者之间有着默契。

表演休息时，龙身的放置也很有讲究，因龙身很长，龙节下面又有供舞龙者把持的手柄，一般表演场地不会有合适长度的墙面供龙身依靠。龙节就双双呈锐角相互依靠呈倒"V"形支撑在地面上，这样就会形成6组倒"V"，单出来的龙尾就依靠在最后一组倒"V"上。这样，不仅龙身不会损坏，开始舞龙时，龙身也可以很快撑开。

过去，如遇好年景，正月就开始耍龙，农历正月初二这天最为隆重，活动一直持续到正月十五，其他节日（如重阳、中秋、端午）也会举行。有时某个村子会邀请摆字龙去本村，村里人有钱出钱，有人出人，有面出面，并有专人去街上吆喝。舞龙者一般得一斤四两面，其他人员一般得一斤，有专人分配。此龙进宫表演，还曾多次受过皇封，慈禧太后曾赏赐龙衣两套，红蜡烛三箱。秉承"文化传承"的理念。摆字龙——作为忠义村满族文化的遗产，是民族文化的生命密码，承载着民族传统文化的珍贵记忆，是民族智慧的结晶与民族发展的源泉。如今，如何将这种独特的优秀民间文化继承和传播开来，让文化基因和民族记忆不被忽视遗忘并一直保持下去，使传统文化生生不息，无论是政府、学界，还是商界、媒体，正掀起一场对"非遗"的挖掘、保护、研究和利用的探讨与实践。

三、"摆字龙"的现状及思考

（一）民间呼声

听说有人到村里调查"摆字龙"，会制作龙身的郑庆坤先生非常兴奋，已经不在村里居住的他，专程回村积极参与座谈。由此可见他对"摆字龙"的重视。郑庆坤先生为忠义村满族正黄旗人，是"摆字龙"的八辈传人。郑庆坤先生说，其祖上曾在朝内做官，雍正初年建陵时来到忠义村，成了守护皇陵的人。以后父辈们为朝廷从事拉粮运草的营生。他的"摆字龙"技艺是家传之术，清朝那时成立了音乐会和龙灯会（摆字龙）。小时候，他跟着爷爷和父亲学习技艺。记得70年代逢年过节出会很是热闹，郑庆坤先生那时是虽然小，却经常跟着龙灯会的人出会表演。满族人很重视春节，每到农历正月都会舞龙闹新春。正月里要由会头领去串年，表演，那时人们把耍龙当作一项很光荣的工作，青壮年的男子人人都愿意去，于是这项活动也可以称之为当时人们闲暇生活中最有意义的娱乐活动。当时村民从事单一的种植业，冬闲时间比较长，所以，耍龙灯又成为大家争先恐后参加的活动。一直过到正月十五。平时日子里只要有喜庆活动，龙灯会都要出会。参加活动都是自费的，大伙儿出去"出会"都是自带干粮，没有工资，但即使是这样，大家还是积极参加。后来，由于种种原因，"出会"活动停了一段时间。80年代又渐渐活跃起来，这时郑庆坤先生已成了该会的骨干，成了组织人和负责人。到附近邻村义演，都由他组织和协调，那时青壮年人多，场面大，舞龙红红火火……提起"摆字龙"，郑庆坤先生似乎有说不完的话题。忠义村正当年的人都钟情于舞摆字龙。每年都会参加出会。大家的积极性很高。后来随着社会的发展，越来越多的青壮年人开始外出打工，没有人再玩了，所以"出会"活动又渐渐淡下来。郑庆坤先生曾经专门拜师学习过玲珑绣球的舞法，后来为了将这门手艺传承下去，他先后带过三个徒弟，但都没有学到最后，目前全村能拿起舞起绣球的就只有郑庆坤先生一个人。

（二）入选"非遗"

2001年农历正月，舞龙队为39个国家的外宾进行了专场演出，受到了外宾的热烈欢迎。2002年，由于办满族风情村，忠义村鼓励在家务农的妇女参与，还专门成立了女子舞龙队进行表演，"摆字龙"成为招揽游客的招牌旅游项目。为了满足发展民族旅游的需要，作为恢复"摆字龙"的核心人物——郑庆坤先生再次带领忠义村民于2003年制作了一条新的"摆字龙"，并组织舞龙队伍表演。忠义村满族人既然能把世上绝无仅有的"摆字龙"保护并传承下来，并赋予了它时代的寓意，曾使它一度成为西陵地区旅游文化的一大热点与亮点。继2006年"摆字龙"入选河北省非物质文化遗产之后，2008年又被列入为国家非物质文化遗产。道理上讲，每一个国家级非遗代表性项目在申报时都制定了保护规划，国家的法律规章也对这些项目的保护作了明确规定。然而好景不长，由于种种原因这条"复活"不久的龙又沉寂了下去。

现在忠义村的摆字龙已经被人们"遗忘"在了村委会的办公室里。在我们调查的60户人家中，90%以上的青壮年人称，自己年轻的时候是舞过"摆字龙"的，其中不乏40至50岁左右的村妇女们。的确有些年轻人由于上学或在外打工等原因没有舞过龙，对"摆字龙"自然没有什么感情和兴趣。"摆字龙"的传承面临着很大的困境。随着现代化进程的加快和经济全球化浪潮的冲击，许多民间优秀传统文化的保护与传承面临严峻挑战：许多具有历史科学文化价值的民俗备受冷落，许多民间独门绝技后继乏人等等，对这些非物质文化遗产的抢救、保护工作显得尤为重要。

（三）民间力量与"摆字龙"的传承

"摆字龙"的发展困境主要来自两个方面，一方面是资金的缺乏问题，从购买材料制作龙骨、龙衣到外出演出的出场费、交通费及舞龙人员的劳务费，处处都需要花钱，而忠义村由于没有集体产业，单纯依靠村委会拿钱给予支持，显然是不行的。对此，县、乡和村各级政府都积极想办法，采取措施。2009年在政府的参与和帮助下，热爱民族文化的民间人士马建民先生与忠义村签订了无偿赞助二十年的合同，从购买新龙到服饰，道具，培训新人的费用都由马建民包揽。使"摆字龙"又恢复起来。进行训练和演练，特别有影响的是给来皇陵的56个国家的首脑在行宫演出过，引起中央电视台、日本电视台的报道。不管时代如何变迁，"摆字龙"都在忠义村人身上留下了深深的文化烙印。

"摆字龙"传承遇到的更重要的问题则是后继无人。市场经济下，"摆字龙"要传承，要以最好的姿态展现，使这条龙舞到龙腾虎跃的水平，则至少需要16位青壮年男子。而目前，忠义村大部分的青壮年男子都出去打工了，村民们不会再为了娱乐或单纯传承民族文化放弃自己的工作。特别是年轻人都到北京这样的大城市打工，村里根本没有青壮年人。现在人们的日子比过去好了，可"摆字龙"文化却出现了萧条，"摆字龙"再次处于闲置的状态。原因是人们都忙着挣钱或是外出打工。因此，现在的人都不好凑了，有时间的人不多了，老艺人们也是越来越少，现在组织人训练，得从头开始教导，组织起来的人多半是在村里的妇女，经常处于临时组织的状态中，事实上村里除了老人就是妇女与儿童，老人与妇女即使有心参与舞龙，其体力也跟不上，达不到预期的舞龙效果。

郑庆坤先生是村里唯一年龄不太老，身体很健康的"摆字龙"的组织者和授艺人。他说："我们村的摆字龙是清朝流传下来的，虽然没有失传，但现在也几乎要面临着断代的危险。"村书记担忧的是，近年来忠义村人不是搞满族风情游事业，就是外出打工或是经商去了，村里剩下的人员不多了。尽管现在有马建民先生的赞助，临时召集人妇女训练和表演，对于真正传承"摆字龙"这项文化事业依然还有不少难处。经费问题落实了，有马建民先生这样的有识之士和当地政府部门的支持，村书记带领老艺人们说，一定要克服困难，千方百计地去把"摆字龙"这项民间文化传承下去，"不管怎么说我们都有义务繁荣和发展'摆字龙'这个传统文化娱乐项目，发扬光大。郑庆坤先生感慨说："我有个心愿，就是将我的技艺传给后人让他们勤学苦练，为繁荣和振兴民族文化做贡献。"

如今，忠义村村委会办公室的"摆字龙"道具。外罩绘着纹饰美丽，红黄白相间的巨龙蜿蜒起伏在宽敞的屋内，活灵活现，栩栩如生。只空喊"非遗"口号是不行的，只靠忠义村人自己的努力也是远远不够的，"政府应该向非遗项目提供不同的服务，对于已经形成产业并得到较好传承和保护的，需要提供优质的展销平台，对于未得到较好传承和保护甚至处于消亡边缘的，需要施以必要的政策引导、资金扶持。"秉承"文化传承"理念就是要在保护传承"非遗"时要注重其独特的特点。民间人士马建民先生说："我发现易县各种民族文化都得到了弘扬，唯独忠义村的"摆字龙灯"文化日渐衰落，甚至到了消亡的边缘，我感到了抢救工作已刻不容缓。我通过个人的努力，呼吁更多的人士来关注和支持"摆字龙灯"的发展，让民族文化得到传承和弘扬，让一辈一辈的人体验民俗文化，感知历史，感知守护皇陵村庄的满族人的淳朴民风。"尽管马建民先生眼里闪烁出希望的光芒，但是如何重新调动村民的积极性，保证后继有人，将这条龙传承舞动起来，依然是一个值得认真探索的严肃课题。

近十年我国非物质文化遗产教育研究进展

贺能坤　　重庆文理学院
王莉　　　西南大学

联合国颁布的《保护非物质文化遗产公约》明确提出通过"正规和非正规教育保护和传承非物质文化遗产",制定"向青年进行宣传和传播信息的教育计划"。[1] 教育成为非物质文化遗产传承的主导力量,已越来越为学者们所认同。近十年来,学者们围绕非物质文化遗产教育进行了多角度的研究,形成了丰富的研究成果。回顾已有研究文献,反思我国非物质文化遗产教育研究存在的问题,具有积极意义。

一、非物质文化遗产与教育的关系

现存的非物质文化遗产有各种形式,包括民间文学作品及语言文字、民间音乐和舞蹈、美术、传统戏剧和曲艺、风俗礼仪、节日、传统手工艺、自然和宇宙的知识和实践等[2]。这些种类繁多的非物质文化是中华民族文化的重要组成部分,是一个民族的根,民族的魂。保护和传承非物质文化遗产,对国家和民族的发展具有重要意义。但是,在现代化不断发展的今天,非物质文化遗产的保护和传承面临巨大挑战,许多非物质文化遗产已经断裂,甚至消亡。如何解决这一难题,教育被大家公认为是最好的办法。因此,非物质文化遗产教育成为近十年来学者关注的热点。

(一) 非物质文化遗产教育的价值

众所周知,非物质文化遗产的形成和发展,与地形、气候等自然环境以及民族心理、风俗习惯等社会环境相关,凝聚着该民族各种文化基因。[3] 非物质文化遗产是青少年进行真、善、美教育最佳场所,开展此类文化教育有利于提高学生素质,实现人的全面发展。[4] 不仅如此,非物质文化遗产所蕴含的有关该民族的意识形态、经济生活、历史来源,是青

---

[1] 联合国教科文组织:《非物质文化遗产公约》[EB/OL]. 2003 (2013 – 10 – 17). http://www.npc.gov.cn/wxzl/wxzl/2006 – 05/17/content_ 350157.htm.
[2] 联合国教科文组织:《非物质文化遗产公约》[EB/OL]. 2003 (2013 – 10 – 17). http://www.npc.gov.cn/wxzl/wxzl/2006 – 05/17/content_ 350157.htm.
[3] 汪立珍:《少数民族非物质文化遗产的保护与教育》,载《民族教育研究》,2005 年第 6 期。
[4] 宋晶:《中国世界遗产地与青少年素质教育》,载《湖北社会科学》,2003 年第 8 期。

少年和不同群体认识自己民族的绝好机会[1]。因此，开展非物质文化遗产教育，有利于全体社会成员相互尊重，和谐共处，文化自信，最终养成自觉传承非物质文化遗产的自觉行为；[2] 有利于民族成员形成稳定的民族心理；[3] 同时还有利于消除民族中心主义，形成文化自觉，最终实现各民族文化和谐共生，促进人的全面发展以及社会和谐发展。

（二）教育在非物质文化遗产传承中的重要性

"教育的基本职能是延续文化，发展文化，孕育、创造新文化。"[4] 这里的教育不仅包括学校教育，还包括学校之外的各种公共文化机构和部分。一方面，学校是一个有组织、有计划、有目的的组织形式，是最发达、最完备的文化传递场，扮演着"二元角色"文化传承场的角色。[5] 人们普遍认为学校教育是传承非物质文化遗产最有效的途径[6]，学校应肩负起传承非物质文化遗产的历史使命[7]。同时，《中华人民共和国非物质文化遗产法》第三十四条也认为："教育部门和各级各类学校要逐步将优秀的、体现民族精神与民间特色的非物质文化遗产内容编入有关教材，开展教学活动。"[8] 此外，2014 年教育部在《完善中华优秀传统文化教育指导纲要》中指出，我们要紧跟时代的发展需要，明确新形势下非物质文化教育内容和教育方式，实现优秀文化延续发展。[9] 另一方面，各种校外教育也应该积极参与进来。《关于加强我国非物质文化遗产保护工作的意见》中明确指出："各级图书馆、文化馆、博物馆、科技馆等公共文化机构要积极开展对非物质文化遗产的传播和展示。"[10] 教育和非物质文化遗产保护和传承是一个双向互动过程，两者相互影响、相互制约。[11]

二、非物质文化遗产教育的实施路径

如何开展非物质文化遗产教育，学者们主要是从学校教育、家庭教育、社会教育来探

---

[1] 汪立珍：《少数民族非物质文化遗产的保护与教育》，载《民族教育研究》，2005 年第 6 期。
[2] 张卫民：《我国非物质文化遗产保护新路向——非物质文化遗产教育探究》，载《民族艺术研究》，2005 年第 4 期。
[3] 普丽春：《少数民族非物质文化遗产教育传承的价值特征》，载《民族教育研究》，2013 年第 2 期。
[4] 郑金洲：《文化与教育：两者关系的探讨》，载《上饶师专学报》，1996 年第 1 期。
[5] 赵世林：《民族文化的传承场》，载《云南民族学院学报（哲学社会科学版）》，1994 年第 1 期。
[6] 汪立珍：《少数民族非物质文化遗产的保护与教育》，载《民族教育研究》，2005 年第 6 期。
[7] 普丽春：《云南少数民族非物质文化遗产传承模式构想》，载《云南民族大学学报》，2010 年第 1 期。
[8] 中华人民共和国全国人民代表大会常务委员会：《中华人民共和国非物质文化遗产法 [EB/OL]》. http：//www. gov. cn/flfg/2011 - 02 /25 /content_ 1857449. htm.
[9] 中华人民共和国教育部：《完善中华优秀传统文化教育指导纲要》 [EB/OL]. http：//www. gov. cn/xinwen/2014 - 04 /01 /content_ 2651154. htm.
[10] 国务院办公厅：《关于加强我国非物质文化遗产保护工作的意见》 [EB/OL]. http：//www. gov. cn/zwgk/2005 - 08/15/content_ 21681. htm.
[11] 贺能坤，张学敏：《构建少数民族非物质文化传承的新机制——促进西南民族地区非物质文化传承的学校教育改革》，载《民族教育研究》，2008 年第 4 期。

讨其实现路径。[1]

学校主要是通过教材、课程、校园文化等方面开展非物质文化遗产教育。目前，学者提出要借助高等院校的优势开展非物质文化遗产教育，培养当代大学生对文化的认识、理解，促使大学生掌握相应的非物质文化遗产保护和传承的理论和方法，迅速培养一批非物质文化遗产教育人才。[2] 甚至有学者指出在高校应该建立非物质文遗产学科体系，以完善高校文化素质教育改革。[3] 同时，鼓励老师从自己的学科教学出发，将非物质文化遗产融进自己的教学[4]。除高等院校之外，在中小学也应该积极开展非物质文化遗产教育。特别是非物质文化遗产资源比较丰富的中小学，更应该成为非物质文化遗产教育的主要阵地。如何促使学校发挥非物质文化遗产教育的作用，学者提出当务之急是"把非物质文化遗产纳入教育体系，与非物质文化遗产的保护同时展开"[5]；要"建立非物质文化遗产全方位、多层次教育传承体系"[6]。具体来讲，"在学前教育阶段，注重培养非物质文化的热爱者；在中小学阶段，注重培养对非物质文化遗产的认同者；在大学阶段，注重培养非物质文化的传承者。"[7]

另有学者从家庭教育讨论非物质文化遗产教育。非物质文化遗产是家庭教育的基础，是家庭教育的重要内容。[8] 在学校教育出现之前，家庭教育成为民族社会习俗教育的基础。[9] 家庭教育在保持教育对象的主体性和主动性、维系家庭成员的情感性和教育的灵活性方面有明显优势。[10] 容中逵认为家庭教育是非物质文化遗产保护和传承的重要环节，侧重于传承非物质文化遗产的行为系统[11]，具体来说是通过对其成员进行生产劳动、宗教信仰、民族传统文化、风俗习惯、道德品行方面的教育，影响青少年和其他社会成员。[12] 家庭教育主要是家长通过自己对非物质文化的态度，榜样示范、言传身教等方式影响自己的孩子[13]。

还有学者从社会教育角度探讨非物质文化遗产教育。有学者指出人类活动充满了活态教育，非物质文化遗产教育是这种活态教育的重要组成部分，必须走进生活。[14] 非物质文

---

[1] 李欣：《数字化保护：非物质文化遗产保护的新路向》，北京：科学出版社，2011年。
[2] 普丽春：《论学校传承少数民族非物质文化遗产的教育》，载《当代教育与文化》，2010年第1期。
[3] 牟延林，谭宏，王天祥等：《非物质文化遗产教育传承：当代高校文化素质教育的新路径——以重庆文理学院为例》，载《民族艺术研究》，2011年第1期。
[4] 撒学文：《非物质文化遗产与高校美术教育——关于原生态美术的思考》，载《宁夏社会科学》，2006年第6期。
[5] 普丽春：《云南少数民族非物质文化遗产传承模式构想》，载《云南民族大学学报》，2010年第1期。
[6] 普丽春：《云南少数民族非物质文化遗产传承模式构想》，载《云南民族大学学报》，2010年第1期。
[7] 谭宏：《构建非物质文化遗产教育传承体系的探讨》，载《重庆高教究》，2015年第1期。
[8] 曹能秀等：《民族文化传承与教育——以云南省旬甸回族彝族自治县柳哨乡为个案》，北京：人民教育出版社，2012年。
[9] 哈经雄，滕星：《民族教育学通论》，北京：教育科学出版社，2001年。
[10] 向瑞，张俊豪：《湘西苗族传统文化在家庭教育中的传承特性》，载《民族教育研究》，2014年第2期。
[11] 容中逵：《家庭教育：你在传统文化传承中都做了些什么？——论当前我国家庭教育中的传统文化传承问题》，载《教育理论与实践》，2008年第6期。
[12] 范婷婷：《家庭教育中的少数民族文化传承》，载《黑龙江教育学院学报》，2009年第11期。
[13] 刘霞：《论非物质文化遗产保护的教育策略》，载《岱宗学刊》，2009年第2期。
[14] 张诗亚：《活的教育与教育学的活》，载《回归位育——教育行思录》，重庆：西南师范大学出版社，2009年。

化遗产根植于我们的社会生活，社会是滋养非物质文化遗产的土壤，也是其传承的根基。①社区是文化传承中学校教育的有效补充，②程世岳以社区理论为基础，在多元文化教育理论和杜威的"教育即生活""生活即教育"理念指导下，分析以传统文化为主要内容的村寨式教育，并期望利用社区教育开展非物质文化遗产保护和传承工作。③

上述学者从不同场域讨论了非物质文化遗产教育的实施路径。但从田野考察来看，由于诸多因素导致非物质文化遗产学校教育存在诸多局限，学校并没有很好承担这一重任。家庭、社区在非物质文化遗产教育中本应占有一席之位，但由于其不可控因素较多，学者对其重视不足。学校、家庭、社区三者脱离。

三、学校开展非物质文化遗产教育的实践

学校是非物质文化遗产教育的主要途径，非物质文化遗产"进校园、进课堂、进教材"的项目正在如火如荼地展开，这对非物质文化遗产的保护和传承具有重要作用。

（一）编写专门教材

《中华人民共和国非物质文化遗产法》第三十四条指出："教育部门和各级各类学校要逐步将优秀的、体现民族精神与民间特色的非物质文化遗产内容编入有关教材，开展教学活动。"④目前已出版很多关于遗产教育教材，且多是统编教材，出版时间主要集中在2005至2010年。有关世界遗产的教材主要有：《世界遗产与年轻人》《世界遗产概论》《世界文化与自然遗产概论》。有关非物质文化遗产的教材在2003年之后如雨后春笋般冒出来，其质量也参差不齐，主要代表作有：王文章的《非物质文化遗产概论》、苑利的《非物质文化遗产学教程》、乌丙安的《非物质文化遗产保护理论与方法》、牟延林等人著的《非物质文化遗产概论》。作为世界遗产和非物质文化遗产的通识教材，在一定程度上满足了学校普及非物质文化遗产知识的需要。但从非物质文化产生的根源来讲，我们的教材需要能体现该文化的地域性，需开发乡土教材。⑤目前，地域性教材、校本教材以及不同阶段的教材的缺乏仍是非物质文化遗产教育教材建设面临的主要问题。

非物质文化遗产教材应包括哪些内容？张卫民认为非物质文化遗产教育的教材包括民族和民间非物质文化遗产内容、地域性非物质文化遗产内容。⑥民族地区的非物质文化具有独特性，既有适应学校教育一面，也有宗教内容，选编这些非物质文化遗产时，既要考

---

① 王军：《文化传承与教育选择——中国少数民族高等教育的人类学透视》，北京：民族出版社，2002年。
② 卢德生：《民族文化传承中的社会教育运行机制研究》，北京：中国社会科学出版社，2009年。
③ 程世岳：《我国少数民族非物质文化遗产社区教育传承研究——以青海互助土族为例》，福建农林大学学位论文，2014年。
④ 中华人民共和国全国人民代表大会常务委员会：《中华人民共和国非物质文化遗产法》[EB/OL]. http://www.gov.cn/flfg/2011-02/25/content_1857449.htm.
⑤ 郎玉屏：《现代化进程中少数民族非物质文化遗产传承研究》，载《西南民族大学学报》，2009年第10期。
⑥ 张卫民：《我国非物质文化遗产保护新路向——非物质文化遗产教育探究》，载《民族艺术研究》，2005年第4期。

虑学校教育的特殊性和局限性，同时还要考虑学校教育的优势。郎玉屏提出利用乡土教材传承民族地区的非物质文化遗产，编写乡土教材要一切从实际出发、注重生态环境、同时教材内容需不断更新①。比如，河南各中学开展的美术教育，在教材内容的选择上就要遵循"教育性、典型性、趣味性、地域性、文化性、创造性原则"。②

（二）开设相应课程

已有田野考察发现，义务教育阶段并没有单独开设非物质文化遗产课程，主要是艺术类、体育类学科结合自己学科特点在课堂中渗透某类非物质文化遗产。艺术类课程具有传承文化艺术的功能，教师在教学过程中将其引进，可以培养学生热爱我国民间艺术，还可以培养学生学习兴趣，拓展学生视野。③ 以中学美术教育为例，此阶段开设与非物质文化相关的内容，主要以剪纸、绘画形式展开。在大学阶段，与非物质文化遗产相关的课程主要是以选修课、通识课为主要形式。④ 在普通高校和职业院校既要开展与非物质文化遗产相关的民族学、民俗学、人类学、历史学等理论课程，引导学生走进田野，运用观察、访谈、问卷、实验等研究方法了解当前非物质文化遗产教育现状，同时开设专门技能训练实践课程，让学生通过自己实际参与，提高某些民间技艺制作技能。⑤

目前"以探究为导向的独立课程，以鉴赏为导向的课堂渗透，以活动为导向的非正式课程"正在首都师范大学展开。⑥ "穿插式、附加式、渗透式"课程设计方式也已显山漏水。"穿插式"是指在现有文化课程中，教师穿插介绍一些有关非物质文化遗产的内容。这要求教师必须做好备课工作，同时还涉及教师如何建构课堂，让学生在课堂中感受非物质文化遗产的魅力。"附加式"是教师在建构新课程时，不改变原有课程结构、目的，以通过课外阅读和实践的方式附加到该课堂中。"渗透式"需要对课程每一个方面重整，考虑非物质文化的产生、发展、创新等各方面，融入大教育系统中。⑦ 如果这些教学方法，真能落到实处，我们或许会看到濒危的非物质文化遗产复苏。

四、反思

回顾近十年来我国非物质文化遗产教育研究的成果发现，非物质文化遗产教育研究呈现"三多三少"特点。具体表现为：

第一，多强调正规教育（学校）在非物质文化传承中的地位，少谈非正规教育的作

---

① 郎玉屏：《现代化进程中少数民族非物质文化遗产传承研究》，载《西南民族大学学报》，2009年第10期。
② 王亚萍：《中学美术教育中融入地方非物质文化遗产的教学探索——以河南省各地中学开展美术教育的情况为例》，载《基础教育研究》，2013年第5期。
③ 谭宏：《构建非物质文化遗产教育传承体系的探讨》，载《重庆高教研究》，2015年第1期。
④ 黄江丽，王瑾，洪剑明：《世界遗产教育在大学的实践模式探讨》，载《首都师范大学学报》，2010年第4期。
⑤ 谭宏：《构建非物质文化遗产教育传承体系的探讨》，载《重庆高教研究》，2015年第1期。
⑥ 黄江丽，王瑾，洪剑明：《世界遗产教育在大学的实践模式探讨》，载《首都师范大学学报》，2010年第4期。
⑦ 张卫民：《我国非物质文化遗产保护新路向——非物质文化遗产教育探究》，载《民族艺术研究》，2005年第4期。

用。《保护非物质文化遗产公约》中明确指出要利用"正规教育和非正规教育传承非物质文化",但现实却是学者多关注正规教育(学校)传承非物质文化,主张开设非物质文化遗产课程以及开发教材。目前,中小学校主要通过活动课程以及校园文化建设凸显自己学校特色,课间活动以具有民族特色的操或舞蹈为主。以国家级非物质文化遗产代表作重庆秀山花灯为例,当地学校利用课间操时间组织学生跳花灯操。在现实生活中,人们理所当然地认为学校在非物质文化传承方面一定会比其他方式取得的效果显著。出现该想法的根源在于:没有准确认识学校教育的本质与非物质文化遗产的本质的关系。一定时代的社会、政治、经济条件和人的身心发展水平影响教育目的的确定。学校教育确有文化传承作用,但所传承的文化必须符合科学,符合当前教育目的。学校,不是包治百病的良医。我们不能有这样的惯性思维:什么东西出问题,就把该问题引进学校,学校就可以解决。许多学者强调将传承人请进学校,表明学校虽考虑到非正规教育的价值,但仍以学校为主体。人类活动充满了活的教育,研究文化不能只从现有的书本出发,而是该走进实实在在的生活。只有这样,我们才会对非物质文化遗产有切肤之感,面对非物质文化消失才有切肤之痛。此外,我国现行的教育体制在非物质文化传承方面有诸多局限,加之受非物质文化遗产本身属性的限制,因而必须借助非正规教育。非正规教育在非物质文化遗产传承中的重要地位应该引起重视。

第二,多强调普通学校对非物质文化遗产人才的培养,少强调职业教育对非遗人才的培养。非物质文化遗产人才的培养,除了需要普通高等教育的参与,还需要职业教育出力,这不仅有利于系统构建非物质文化遗产教育体系,同时还能推动职业教育发展。现阶段,非物质文化遗产教育的研究较少关注职业教育在其传承中的重要作用。与普通教育相比,职业教育具有时间短、见效快等优点。非物质文化遗产中有许多有高经济效益的传统手工艺,如何利用职业教育将非物质文化资源转化成为经济资本变得尤为必要。民族地区的职业院校要认清自己所处的"位",摸清本区域非物质文化资源存量,充分发挥其文化资源、旅游资源丰富优势,在做好充分的市场调研下,设置特色专业,培养专业人才,利用非物质文化遗产资源形成新的经济增长点。

第三,多讨论各级各类学校的非物质文化遗产教育实践,少谈对非物质文化遗产教育的评价。政策的制定和实施,都会考虑其成效。《保护非物质文化遗产公约》《关于加强我国非物质文化遗产保护工作的意见》《非物质文化遗产保护法》《完善中华优秀传统文化教育指导纲要》等政策已颁布很久,这些政策的实施效果、取得成效的评价方法目前仍没有一个明确的衡量评估体系。中小学虽然积极开展非物质文化遗产教育,但其质量该如何评估、成效如何评价等,还未从根本上建立起较为完善的评价体系。

总之,近十年来,我国非物质文化遗产教育的研究成果有力地推动了非物质文化遗产的保护和传承,在非物质文化遗产的延续方面发挥了积极的作用。但是,非物质文化遗产的保护和传承状况仍不乐观,还需要进一步围绕非物质文化遗产教育开展多角度、更深层次的研究。在今后的研究中,我们应该更加重视探讨非正规教育在非物质文化保护和传承中的地位和作用,探讨非物质文化遗产教育的理论和实践以及非物质文化遗产教育的评价等问题,从而更好地开展非物质文化遗产教育,促使非物质文化遗产得到有效的保护和传承。

西藏手工技艺类非物质文化遗产的创意性重构
——以易贡藏刀为例

马宁 西藏民族大学

生产性保护是我国非物质文化遗产保护实践中所采用的一种重要方式。2009年以来，学术界对非物质文化遗产生产性保护的讨论逐渐热烈起来，学者们围绕这一问题各抒己见，表达自己对这一问题的关注，理论观点主要集中在：强调从非物质文化遗产发生本质即生产中去探索保护方法[1]；使生产技艺性非物质文化遗产保护回归当代民众的日常生活中，满足实用性、审美性、本位性等方面的需求[2]；传承人在非物质文化遗产生产性保护过程中的作用[3]；让手工技艺类非物质文化遗产回归民众日常生活，在生产中保持其核心技艺和核心价值[4]；认为非物质文化遗产生产性保护面临的"泛产业化"和现代机器化生产、非物质文化遗产产品传统工艺与现代工艺的对接、非物质文化遗产事象的大众化弘扬与传统民间工艺的小众化消费等现实问题[5]；提出"工厂+博物馆+传习所+文化观光旅游线"生产性保护模式[6]。还涌现出很多对手工技艺类非物质文化遗产保护的性质、方法、作用、效果等方面的文章，从中可以看出非物质文化遗产的生产性保护问题已经成为学术界研究的热点。

随着学术界对非物质文化遗产生产性保护问题的讨论逐渐成熟，文化部也在2012年下发的《文化部关于加强非物质文化遗产生产性保护的指导性意见》中对非物质文化遗产生产性保护进行了官方定义：非物质文化遗产生产性保护是指在具有生产性质的实践过程中，以保持非物质文化遗产的真实性、整体性和传承性为核心，以有效传承非物质文化遗产技艺为前提，借助生产、流通、销售等手段，将非物质文化遗产及其资源转化为文化产品的保护方式。目前，这一保护方式主要是在传统技艺、传统美术和传统医药药物炮制类

---

[1] 宋俊华：《文化生产与非物质文化遗产生产性保护》，载《文化遗产》，2012年第1期，第5页。
[2] 陈勤建：《当代民众日常生活需求的回归和营造——非物质文化遗产保护方式暨生产性方式保护探讨》，载《徐州工程学院学报》，2012年第2期，第50页。
[3] 徐艺乙：《传承人在非物质文化遗产生产性保护中的作用》，载《贵州社会科学》，2012年第12期，第7~8页。
[4] 朱以青．基于民众日常生活需求的非物质文化遗产生产性保护——以手工技艺类非物质文化遗产保护为中心》，载《民俗研究》，2013年第1期，第19页。
[5] 刘德龙：《坚守与变通——关于非物质文化遗产生产性保护中的几个关系》，《民俗研究》2013年第1期，第5页。
[6] 杨亚庚等：《非物质文化遗产生产性保护探索》，载《东南学术》，2014年第1期，第217页。

非物质文化遗产领域实施。①

非物质文化遗产的生产性保护有三个前提：材料原真、用传统技艺制作、手工加工②。按照政府将非物质文化遗产划分为传统技艺、传统美术、传统医药药物炮制类的现行体系，在西藏现有的国家级非物质文化遗产项目中，分别有传统技艺类项目10项、传统美术类项目2项、传统医药药物炮制类项目1项，这13项非物质文化遗产项目符合生产性保护的条件。西藏自治区为促进非物质文化遗产生产性保护也出台了相关文件，采取了一系列有意义的措施。2012年，西藏自治区文化厅和旅游局联合出台了《西藏自治区文化与旅游实施意见》，大力扶持西藏带"藏字头"的传统医药、传统手工技艺类非物质文化遗产项目，将其与旅游开发结合起来，促进其生产性保护，提高产能，经过两年的尝试，发展势头很好，唐卡、卡垫、藏药等非遗产品供不应求。目前，西藏拥有国家认定的非物质文化遗产生产性保护示范基地有西藏自治区藏药厂、江孜卡垫厂、西藏唐卡画院、拉萨城关区古艺建筑有限公司等4家，西藏自治区非物质文化遗产处正在启动第一批自治区级非物质文化遗产生产性保护示范基地评审工作。西藏自治区文化厅还将2014年确定为"优秀传统文化合理利用年"，在政策带动下，西藏的一批企业从事和非物质文化遗产生产性保护相关的文化产业，增投入、扩生产的积极性很高③。鉴于传统技艺类项目在西藏非物质文化遗产中的重要地位，进行生产性保护的前景广阔，但也存在一些共性的问题，目前，还没有学者对西藏手工技艺类非物质文化遗产的生产性保护进行研究，笔者以西藏自治区级非物质文化遗产项目——易贡藏刀为例进行讨论。

一、易贡藏刀的历史和铸造工艺

文化是动态的、不断发展变化的，处于一个不断生产和再生产的过程中，通过不断的"再生产"维持自身平衡，使社会得以延续。长期以来，出于生产生活的需要，藏族民众一直以来都有佩戴腰刀的习俗，所以西藏多地都有铸刀之俗，其中又以拉孜藏刀、易贡藏刀最为著名。易贡乡位于波密县西北，距离县城130公里，海拔1900至2300米，年均气温11.4摄氏度，年降水量960至1100毫米，与易贡茶场、易贡国家地质公园相连。这里出产的藏刀名为"易贡波治加玛"，因为刀身中央有三道细长的彩虹图案贯穿始终，所以又称"虹刀"，为波密县易贡乡独产，其他地区无法打造。

历史上，易贡藏刀以刀身细长著称，长度在100厘米左右，形制与东洋刀相似，因为刀太长，别在腰里单手无法拔出，就在刀把上系上牛皮绳，连在手腕上，拔刀时先将刀从刀鞘中拔飞出去，而后用牛皮绳拉回到手中握紧。后来根据贴身近战的需要，为便于挥舞，将刀刃的尺寸定为"三扎三指"（藏语为"炮松柔松"），长度约70厘米，这是艺人

---

① 《文化部关于加强非物质文化遗产生产性保护的指导意见》［EB/OL］．文化部非物质文化遗产司，http：//59.252.212.6/auto255/201202/t20120214_28183.html.2012-2-2．
② 陈勤建：《定位分层、核心传承、创意重构———非物质文化遗产生产性保护的若干思考》，载《辽宁大学学报》，2013年第6期，第8页．
③ 资料来源于西藏自治区文化厅．

们在长期铸刀实践和使用者的反馈中总结出来的最佳尺寸，整个刀呈现出轻便、锋利无比、不易生锈、波纹永在的特点。易贡藏刀根据刀的锋利程度可以分为三类：能够吹毛断发的刀叫做"利刃"；只需一刀就能把犏牛和驮鞍同时砍断的刀叫做"牛鞍同断"；传说有人出一百只羊的价格还舍不得卖的刀叫做"百只羊"。[1] 历史上，易贡藏刀是专供波密地区上层人士使用的，普通人无权使用，被视为身份和地位的象征。藏族民众认为易贡藏刀往往与好运气和财富联系在一起，年代久远的易贡藏刀能起到辟邪的作用。现在随着经济社会的发展，一些富裕家庭都会购买易贡藏刀摆放在家中的显眼位置，用这种曾经负载历史特权的刀具来表现自己的美好生活。

谈到易贡藏刀的来历，易贡乡没有人知道易贡藏刀的制作技艺由谁所创，即使易贡乡拉嘎村的老艺人也不清楚。现在，易贡乡共有中、青年两代铸刀艺人15名，除一家人在自己家里设有作坊，两兄弟联手铸刀外，其他人都在乡政府修建的公房中各自打造藏刀。

（一）铸刀原料的来源

在历史上，易贡藏刀的原料主要由易贡的"娘日加"、"怕敢色布加"、工布的"扎桑邦加"等不同的三种铁料铸造而成，人们通常称之为"藏铁"。进入21世纪后，西藏禁止开采铁矿，藏铁来源逐渐枯竭，这给易贡藏刀的铸造带来一定影响。因为铸造藏刀时不能缺少藏铁，所以艺人们除了在藏历五月集体上山悄悄采挖矿石外，还收集以前用藏铁打造成的火钳、火铲等旧铁料，印度出产的汽车钢板，内地制造的锄头等，混合在一起打造现在的易贡藏刀。除了铁料以外，淬火用的水也很有讲究，不能用普通的水，而要用"优日"山上流下的被称为"魔鬼鲜血"的泉水，只有用这种水，刀身上才能出现彩虹纹路。

（二）冶炼铁料的过程

易贡藏刀所用三种铁料中，"怕敢色布加"被称为"公铁"，用于锻造刀背，刀的利钝取决于公铁；"娘日加"被称为"母铁"，用于锻造刀刃，刀的柔韧性取决于母铁；"扎桑邦加"比两者都要坚硬，用在公铁和母铁的连接处，确保刀遇到猛烈撞击时不会碎裂。

易贡藏刀在冶炼过程中要求艺人非常仔细，确保造型独特，首先将这三种铁料分别冶炼成长方形的薄片，然后把两边尖头勾起，打造成"n"字形，并在上面做出特殊标记，进行排序，确保铁料薄片从里到外的排列顺序，然后用大火冶炼，再锻造成半圆形或"n"字形。之后再将厚重的钢板铁料锻造成半圆形或"n"字形，对三种铁料进行包裹后锻造，在这个过程中，一定要非常仔细，反复锻造，直到三种铁料融为一体，这个过程一般需要4个小时才能完成。

（三）打造刀型、磨砺刀刃

所有铁料经过冶炼糅合到一起之后，就将铁料锻造成长方形的刀型，再根据刀背和刀刃的不同方向进行"指搓"，分完以后，对刀面进行力度均衡的捶打，打出刀刃。然后再

---

[1] 根据课题组在易贡乡对藏刀制作工艺的现场调查、对铸刀艺人牛琼等人的访谈整理而成。

检验刀的直度,这个过程大概需要 2 个小时。接下来就是磨刀,分为 4 步:第一步为粗砺,在粗砂磨刀石上磨;第二步为刮铁,用"铁臂"刮刀的两面;第三步为细砺,在细砺石上磨;第四步为磨砺,用"铁臂"磨刀口。接着是被称为"磨钢"工艺,要把除了刀刃以外的整个刀身都用易贡藏布里的湿泥包好,然后用温火烧烤,并放在竹桶水里淬火,这样会使刀刃锋利、刀身更加挺拔。然后继续对刀身进行打磨,这些过程大概需要 1 个多小时。

(四)虹解

也被称为直解,是铸造易贡藏刀时最出彩的一道工序,传统的直解法是先把红盐稀释到水里,然后涂抹刀身,用草袋将涂好红盐的刀包裹放置 7 天。泡好之后插到木墩上,倒立去干,再擦拭干净。这样的直解工序要反复 3~4 次,可以使刀的色彩和光泽永不褪色,即使长久泡在水里也不会生锈。

(五)装饰

最后一道工序是使用硬质木料制作刀柄和刀鞘,并用珍珠鱼皮裹紧刀柄,刀鞘外壳用牛皮鞣制缝合,既能确保刀鞘不受外部的损坏,又能发挥美化装饰作用。刀鞘上端用牛皮绳紧扎缠绕,串有佩带时的吊绳,方便携带。

二、易贡藏刀制作技艺的创意性重构

现在易贡乡绝大多数艺人在易贡乡政府修建的公房中铸造藏刀,每一个房间中都有炉灶、烟囱和机器设备。这些艺人并不是单纯以铸刀为生,他们的主要身份还是农民,农忙时从事农业劳动,农闲时制作藏刀,保持着传统的生活方式。虽然生活平静单调,但铸刀艺人们仍然感受到科技不断更新、经济快速发展、生活极大方便的现代化浪潮,在外力作用下产生应激性反应,对易贡藏刀的形制、功能和工艺不断进行着富有创意的重构。

(一)易贡藏刀形制的多元化

易贡乡地理位置偏僻,从波密县城出发一路向西,过通麦大桥后,向西北方向前行,经过易贡茶场,到达易贡错,绕湖一个小时,过孔德桥,才能到达易贡乡,虽然从通麦大桥到易贡乡只有不足 40 公里,但是道路崎岖,行车不易。因为路途遥远,除了去观赏易贡地质公园的游客以外,很少有外人到这里,使易贡藏刀艺人长期在一种静谧的生活状态中生活,这也使得易贡藏刀的锻造在相当长的时间里都保持着传统工艺,易贡藏刀的固定刀型为直刀,两个铸刀艺人组合每年只能打造 20 把藏刀,使易贡藏刀的产量保持在较低的水平,也造成了易贡藏刀长期供不应求的状态。

农闲期间,易贡乡民众最重要的休闲娱乐方式就是看电视,这种看似平常的消遣方式却在 21 世纪对易贡藏刀的发展产生了重大影响。2004 年,中央电视台热播历史剧《成吉思汗》,剧中蒙古骑兵策马弯刀的雄姿激起铸刀艺人的豪情,他们认为蒙古弯刀非常漂亮,可以表现游牧民族的英雄豪气，于是就开始尝试打造弯刀，很快弯刀就打出来了，但是却没有易贡藏刀上惯有的彩虹纹路，艺人们经过近两年的不断尝试，终于实验成功，打造出了刀刃长度在 80 厘米的弯刀，配上精美的刀鞘，一经推出，因为造型新颖别致，易贡乡铸刀艺人们创造出的易贡式弯刀的销量很快超过了传统的长刀[①]。

除了形制较大的刀具外，铸刀艺人也打造了一些小巧的匕首供家人吃肉时使用，配上黑色的硬塑料刀柄和银制刀鞘，显得古朴大方，既满足了生活所需，也可以作为装饰品使用。随着旅游业的发展，这种匕首在无意中引起了游客的注意，特别是一些使用年代久远的匕首更容易吸引游客，被高价买走。于是艺人们又根据市场需求创造出了长度在 15 至 40 厘米的匕首。现在易贡藏刀的刀型已经由传统的长刀拓展为弯刀、匕首和长刀等 3 种，改变了以前只有直刀的单一形制。

在易贡藏刀形制多元化的过程中体现出藏族民众对一代天骄成吉思汗的崇敬之情，有道是"宝刀赠英雄、红粉送佳人"，宝刀作为冷兵器时代的代表，一直与英雄保持着一种天然的联系，满怀英雄主义情结的男人们则在对英雄的想象和怀念中追求精神上的自由。正是这种精神上无拘无束的享受感和满足感促使铸刀艺人在电视剧的影响下对藏刀的形制进行了创造性的改变，以此向英雄致敬。这不但没有破坏藏刀的本真性，而且附载着铸刀艺人对英雄豪杰的缅怀之情，这种超越了时空、地域和民族界限的情感给易贡藏刀增添了全新的丰富人文内涵。

（二）易贡藏刀的艺术品化

历史上，易贡藏刀一直以锋利和使用称手著称，这是刀具在传统农牧业社会实用性的体现。现在，随着社会发展和民众生活水平的进一步提高，刀具在民众生产生活中的使用频率大大降低，这使易贡藏刀的实用性受到很大限制，艺术性则进一步彰显，更多是以家居装饰品的形式出现，这促使易贡藏刀艺人更加重视刀鞘、刀柄和垂穗外部装饰的美观，至于刀的锋利与否则没有人过于关注或进行验证。以前，易贡藏刀不以刀的长短定价，长刀短刀一个价，因为无论生产长刀或短刀，所用工艺都是一样的，但是在市场化背景下，客人询价时都认为刀的价格与刀的长短成正比，刀越长，价格越高，而且不断给铸刀艺人强化这种定价观念，迫使铸刀艺人最终接受了这种定价观念，现在，70 厘米的常规刀的价格为 2000 元左右，弯刀的价格为 2500 元左右，最短的 30 厘米的匕首的价格为 1300 元。有一些福建的客户还觉得常规的易贡藏刀不够长，缺少霸气，特别定制长度超过 130 厘米的超级长刀，这种刀具的价格极高，每把价格在 10000 元左右。艺术品制作的过程较之日常生活产品的生产，最突出的特点是其制作、创作过程中的手工技艺主导性。易贡藏刀的艺术品化在近几年表现的更加突出，使其更加适合现代社会人们的观赏需要，无形中也强化了其手工制作的特点，反映出非物质文化遗产的特有本色。

---

① 根据笔者对易贡乡铸刀艺人西洛的访谈整理而成。

（三）易贡藏刀的工艺更新

我们在调查中发现，现在艺人们制作易贡藏刀时仍然使用的是传统技艺，纯手工加工而成，只是因为传统矿石采炼不易，在原料上使用了钢板等新材料。制作工具也更加先进，鼓风机代替了牛皮风袋、无烟煤代替了木炭、使用钢材切割机切分钢板，淬火用的水也不再用高山雪水，而是使用易贡藏布河水，制作过程更加快捷，产量大增。客观地说，打造易贡藏刀的传统技艺历史悠久，采用了天然材料，手工操作，借助现代科技，体现出铸刀艺人的创造力、智慧和能力，所以说铸造易贡藏刀的技艺没有发生变化。

随着易贡藏刀走向市场，因为在西藏拥有良好的口碑，所以价格一路飙升，除了西藏富裕家庭和自驾游的游客购买外，最主要的销售渠道是西藏地方政府用来馈赠各兄弟省市的援藏干部，易贡藏刀通过援藏干部从西藏流动到全国各地，引起当地人极大的兴趣，人们托人竞相购买，超级长刀更是以"西藏名刀"的形式出现。随着产量越来越高，易贡藏刀的质量在下降，不如以往锋利[①]，但是因为其实用性特点逐渐萎缩，人们更加关注其艺术性，所以并没有影响其销路。

我们认为，易贡藏刀因为使用当地出产的特殊铁矿，而在原料上具有其独特性；因为"虹解"技巧而具有制作工艺上的独特性；因为在直刀基础上衍生出弯刀、匕首等形制而具有造型上的独特性；因为易贡藏刀刀身上的虹纹颇具审美价值，表现出民族文化之美，形成了藏族特有的审美知识；根据刀的锋利程度对刀鉴赏和命名，而具有经验上的独特性。这都是易贡藏刀作为非物质文化遗产的核心价值所在，是易贡铸刀艺人智慧和创造力的结晶，体现出了非物质文化遗产传承人的文化创造力和想象力。

三、易贡藏刀对手工艺类非物质文化遗产生产性保护的示范性意义

（一）形成了极富表演性质的文化场域

易贡藏刀产地偏僻，但是却做到了酒香不怕巷子深，成为西藏非物质文化遗产生产性保护的典范，政府部门在其中发挥了非常重要的作用。在过去，铸刀艺人都是散居村中，谁家要打刀，就去请艺人到自己家中来，并负责艺人的饭食。2007年，易贡藏刀入选西藏自治区第二批区级非物质文化遗产名录后，波密县政府加大了资金投入力度。2011年，波密县旅游局出资400万在易贡乡拉嘎村中兴建了一排公房[②]，为艺人们提供了铸刀场所，在公房中形成了以易贡藏刀文化为中心的文化场域。在十余间一字排开的公房中，墙壁上悬挂着成品藏刀、古老的牛皮鼓风，地上的木墩上竖立着半成品藏刀，地面上到处是铁料，钢铁构成了公房中的主角，一个带着吸风烟囱的火炉、迎面扑来的热浪、赤裸着上身的艺人、四处飞溅的火星、铁锤敲打钢铁的叮当声、鼓风机的轰鸣声和淬火的滋滋声交织

---

① 根据笔者对波密县文广局干部索朗多吉的访谈整理而成。
② 根据笔者对波密县文广局干部米玛的访谈整理而成。

在一起，奏响了一首关于铁与火的华丽篇章，给前来参观的客人以原始、粗犷之美的巨大冲击，让他们欣赏到前所未有的视觉盛宴。如果赶上饭点，客人还能品尝到带有浓郁地方特色的鸡蛋烙饼、炒野菜、骨把肉等，在吃肉时亲自检验藏刀的锋利程度。"非物质文化遗产是文化，更是生活，是人们生活样式的动态延续，能够适应新的文化生态环境条件并获得人们的文化认同是它能够生存下去的必要条件。"游客观看了易贡藏刀的全部制作过程，感受到了铸刀艺人的生活，在当下"手工优于机器"的价值观导向下，易贡藏刀全程手工制作的流程体现出与机器工业时代迥异的文化价值，使游客坚信它真实、古朴、高贵，具有较高的收藏价值，于是心甘情愿高价购买。政府部门的举措给外来者提供了一个集中观赏易贡藏刀文化展演过程的场所，产生了很好的效果。

（二）市场调节作用实现了易贡藏刀传承人的有序接力

20 世纪末，易贡乡拉嘎村的 57 户民众中，只有 4 名铸刀艺人，进入 21 世纪以后，随着藏刀价格的攀升，这些铸刀艺人大都发家致富，有的艺人年收入达到了 40 多万元，有一户铸刀艺人还在 2011 年购买了越野车。面对巨大的市场需求和巨大的经济诱惑，易贡乡的年轻人也不再外出务工，而是加入到铸刀艺人的行列中来，年轻人从学徒做起，潜心学习易贡藏刀的制作技艺，与老艺人相比，年轻人的学习周期大为缩短，一些心灵手巧的年轻人用 5 年的时间就可以掌握了打造易贡藏刀的核心技艺，一对师徒组合一年可以生产近 70 把藏刀。年轻艺人还根据市场对工艺品的需求，将易贡藏刀分为区内销售和区外销售两种，区内销售的藏刀保持原汁原味，在销往区外的刀面上则创造性地篆刻了文字和花纹，包括汉文、藏文、吉祥图案等，增强了易贡藏刀的观赏性，使刀身显得更加华美，年轻人还利用互联网承接订单、销售各种工艺纪念品刀具，不断扩大市场份额，这使易贡藏刀的传承实现了青出于蓝而胜于蓝。

（三）促成了以易贡藏刀为核心的藏文化滥觞

易贡藏刀在历史上是身份和地位的象征，属于精英阶层的专利，附载着很多传说和故事，这一表征到了现在不但没有随着时间的推移而消退，反而被富裕以后的民众竞相追求，易贡藏刀也从贵族奢侈品转化为大众消费品。藏刀上面的彩虹纹路作为吉祥的象征成为易贡藏刀独一无二的象征和最大的卖点，它本身就是一种文化，为强化易贡藏刀的独特性，铸刀艺人还创造出了分别在刀身两侧用藏文和汉文书写的"易贡"二字作为商标来标明刀的身份。这些带有商标的易贡藏刀进入市场后，以刀为媒，将不同地域、不同民族的人联系在一起，大家在品刀的同时，将易贡藏刀的历史传说、制作程序、艺人生平等一并带入陌生的人类群体，使人们用口耳相传的形式转述着有关易贡藏刀的历史记忆，形成了一次藏文化的滥觞，也吸引着更多的人到易贡旅游参观。

结　　语

非物质文化遗产的生产性保护应该贴近生活，使其重新成为民众日常生活舒适化、审美化的实际需要，而日常生活中民众的生活需求和审美情趣左右了非物质文化遗产的生命力。易贡藏刀作为西藏手工技艺类非物质文化遗产项目之所以能够顺利实现生产性保护，除了铸刀艺人持之以恒的技艺创新精神外，关键在于它所具有的实体价值和历史记忆超越了地域和族别的界限，唤起了人们共同的思想意识和审美情趣，引发了人们的共鸣，催生出了一个很大的文化市场，使易贡藏刀满足了人们在舒适生活中追求审美化的实际需要。而刀的消费群体不断平民化和游客化的趋势更是发挥了推波助澜的作用。但是，无论易贡藏刀的消费群体如何变化，非物质文化遗产保护的是附载在艺人身上的核心技艺，只要非物质文化遗产传承人能够适应现代化浪潮并不断创新，西藏非物质文化遗产就能一直传承下去。

对"手工艺"传承方式多样化的思考[①]

王晓珍　　西北民族大学

在 2015 年 9 月和 2016 年 7 月,西北民族大学承办了两届"中国非物质文化遗产传承人群研修培训"班,笔者参与到其管理与教学工作中,有幸接触到来自甘肃全省各地区不同门类的民间手工艺人。通过与他们的访谈,笔者逐渐意识到,在"非物质文化遗产"中关于手工技艺的保护与传承工作中,政府、研究学者在保护传承的方式问题上是应该谨遵传统还是有所创新,有了很多不同的声音,但其中最重要的,手工艺者原本已具有的对自己所掌握的手工技艺的主观能动性却被很多人所忽视了。

"非物质文化遗产"从宏观上看是人类文化的丰富"遗产",从整体国家或社会的发展来看也许是需要保护与可供开发的"资源",但最终在具体的个人来看,它可能还是传承人群的生存与生活方式之一?

一

"虽则人类并不是靠了他的肚子发展他的文化,可是文化却一定得踏在实地上——在它的物质设备之上。"[②] 可见,任何人类文化都会以具体物的方式出现在人们的社会生活中,没有抽象意义上的文化。而文化的创造者与承载者,正是"非物质文化遗产"中的传承人,在手工艺领域是指掌握技艺的手工艺者。

近些年,对我国"非物质文化遗产"的传承与保护成为政府与民间都在关注的问题,在各地政府与学者的讨论与政策中,非常担忧在工业化的进程中,伴随农耕文明的消退,工业化乃至后工业化带来生产生活方式的急速改变,大量的手工艺即将成为"遗产",进而呼吁各方面进行"抢救性"保护。根据《保护非物质文化遗产公约》条例,首先要对其是否"非遗"进行确认、立档,然后才决定是否实施保护,对应我国的国情,建立了五级名录(联合国、国家、省、市、县)体系。而此处所指的传承人不仅仅指被列入国家名录的代表性传承人,更包括了大量的自求生存的手工艺群体,他们大部分是散落于社会各个角落而没有纳入国家名录的,所以本文广泛地称其为"手工艺者"。

在保护工作中,按照《保护非物质文化遗产公约》与《中华人民共和国非物质文化

---

① 本论文为 2015 年教育部人文社科规划项目阶段性成果,项目编号:15YJAZH077。
② [英] 马林诺夫斯基:《文化论》,费孝通译,北京:中国民间文艺出版社,1987 年,第 43 页。

遗产法》的原则，大部分人的关注点与工作重心，首先是确定手艺的传承历史有多久，其次传承人是第几代传人。这在针对某些类型的传统的、有着长久延续性的非物质文化遗产项目是适用的。但是近些年在整理与保护地域性的各类文化"遗产"，进而向社会"资源"转变的过程中，笔者逐渐发现，在非物质文化遗产的传承方式中，除了大部分传统手工艺的家族式、师徒式传承之外，已经出现了其他的传承方式，呈现出多样化的特点。甚至在传统手工艺的基础上应用新材料进行了新工艺的创造，出现了新的工艺形式，从而自然生长形成了手工艺的可持续发展。

二

《保护和促进文化表现形式多样性公约》确认了文化多样性是人类的一项基本特性，认识到文化多样性是人类的共同遗产。将"保护和促进文化表现形式的多样性"作为首要目标，而多样性的文化，就决定了保护与传承文化方式的多样性。

（一）传承方式之一：传统型

家族传承、师徒相传是在"非物质文化遗产"传承保护中最传统、最常见的传承方式，也是作为认定各级传承人的条件之一。这一类手工艺者也就是传承人，一般需要2至3年的时间才能学会基本的工艺，然后就要靠自己的知识积累、文化交互来提高技艺。在实际工作中他们并不会固守传统，往往都会有自己的创造。也就是说在一项非物质文化中，传承人在工作中根据实际需要，会进行自发地学习新的知识技能，从而将其手工艺实现活态的传承。

关学田，男，甘肃省武山县人，1973年生，以做建筑木雕与彩画为主业（图1）。1990年中学毕业以后就跟着自家三叔学习木雕，目前已经从业26年。主要做寺庙建筑与仿古建筑，一般是以整个家族出动的方式来完成一个寺庙的所有丹青之事①，因为寺庙里的泥塑只有干透之后才能彩绘的特点，一般一座建筑需要一年左右的时间来完成。另外，平时也兼做木雕家居装饰、木雕家具等小订单。

朱邦虎，男，甘肃省临洮县人，1960年生，主要做仿古建筑的木雕花（图2）。他从20岁开始跟着师傅学习了三年，从业36年。开始时，他做的纹样都是师傅设计好的图样，他进行雕刻，后来慢慢地也自己设计，平时在家就画画写字，画多了就自己设计木雕的花纹。他只做木雕，而不做彩画及其他，所以他的建筑雕花工作不连续，在没有活的时候就帮家里做其他生意。

图1　关学田

---

① 丹青之事：在民间匠作传统中包括一座寺院内的彩塑、壁画、木雕、彩画等各项工艺的统称。

在采访中了解到，他们所承接的工程不仅有当地周边地区的，也有省内其他城市、甚至有人介绍的话，全国其他地方的工程也在做。他们做过的工程类型主要包括旅游景点的仿古建筑、地方庙宇、藏传佛教寺院、清真寺等。无论是大的建筑匠作丹青之事，还是家具家居的木雕作品，都有其基本的工艺特点与纹样规范，但是在做不同宗教信仰的建筑中，他们会根据实际情况来使用不同的纹样，例如在藏传佛教寺院里使用佛八宝之类的纹样较多，在清真寺里面不雕绘鸟、龙等动物，但是有很多装饰纹样是相通的，例如传统的四君子、暗八仙之类的纹样题材适用广泛。当然，对纹样风格的选择也不是一成不变的，例如在清真寺的匠作，原来很多是按照道教风格来雕绘，近些年转变吸收了蒙古族风格、阿拉伯风格等。

图2 朱邦虎

他们属于传统意义上职业化的工匠，以自己的专业技能为生，也就是以其一技之长在本土有着较为稳定的收入，并且这种工艺仍然有着源源不断的需求。就是在这种传统工艺中，他们通过师傅祖辈的传授，掌握了传统的木雕技艺，更加难能可贵的是，他们还能够在此基础上，根据新时代的要求不断创新，同时利用现代社会发达的资讯方式，更多地与外界交流，融会贯通，创造出新的风格。这种民族文化属性的横向交流在当代匠作中已经成为事实，可见民族文化并不一定是纵向传承的，事实上横向的甚至多维度的传承会丰富原有的传统，并且有可能创造出新的传统。

（二）传承方式之二：精英型

刘云帆（图3），男，甘肃省武山县人，1975年生，主要专业技能是刺绣。他不仅被评为甘肃省级民间工艺美术大师，并且担任天水师范学院、甘肃工业职业技术学院的客座教授，在学校讲授刺绣相关课程。2012年他的刺绣《石窟遗韵——拉梢寺菩萨造像》获得"第十二届甘肃省工艺美术《百花奖》创作创新一等奖"；作品《石窟造像》荣获2012年"第二届敦煌行丝绸之路国际旅游节·天水市旅游商品创意设计大赛二等奖"，作品《玉帛之路》获2015年"中国第八届刺绣展二等奖"（图4）。

图3 刘云帆

他从小跟着奶奶学习刺绣，中学毕业以后开始自己钻研刺绣，主要从甘肃的"陇绣"[①] 开始学习，后来在全国各地游学，曾经到中央美术学院、清华大学美术学院等高校进修，重点学习过苏绣的技法。他对传统陇绣的历史源流有着长期系统的研究与认识：黄河流域的文明是中国最早的文明，在

---

① 陇：甘肃省的简称。以陇山为名，包括陇中、陇东、陇西、陇南等部分。陇绣中目前以陇东地区最为典型。

大英博物馆、美国大都会博物馆和日本奈良的博物馆都藏有唐代、宋代甘肃出土的陇绣作品。他谈到，丝绸的精神是什么？甘肃位于丝绸之路的中段，在明代海上丝路兴起之前，甘肃这个狭长地带一直是东西交流的要道，因此，陇绣在唐宋之际有着辉煌的历史，同时具有开放的特点，它见多识广，吸纳往来的工艺新品特点。现在来看，陇绣因其黄土高原的地理特点，形成了不同于四大名绣的特点：配色沉稳、厚重；形象强健、粗犷、彪悍；绣法较为随意，与苏绣讲究平光亮顺的细腻

图4　刘云帆作品《玉帛之路》

相比较，显得较为粗疏。他提出，民艺的出路在哪里？他的理解是：（1）在现代工业化时期，机械化的刺绣是正常的，这可以满足社会的大量需求，工匠技艺必须随时代变化而变化，与现代生活相匹配才有民间工匠的活路；但是这种方式容易走入粗制滥造的歧途，一定要清醒理智；（2）个人收藏也是个出路，但一定要做出具有地域性、独创性的精品，也就是所谓的高端产品；（3）专门为各地寺庙定制的龙袍、蟒袍、装饰寺庙内的各种绣品等。例如在甘南地区藏传佛教寺院里悬挂的堆绣唐卡、帏帐装饰等，其中佛像绣是他的长项。

目前来看这一类精英型的手工艺者，是非遗传承人发展的一个趋势，他们对自己的技艺已经向艺术化、高端化发展，同时兼顾一般技艺的传授与传播。他谈到对其手工艺的传承，了解到他已于2009年成立了自己的工作室，在工作室内不定期地有学徒来学习工作，学徒们学习初步的手工艺后承做一些普通的刺绣产品，每年产值约20万左右。另一方面对于在大专院校里的学生，他在课堂内外总是知无不言，悉心指导，他希望通过各种现代的方式将自己掌握的知识与技能传播开去。由于他既有着学术研究的角度与积淀，又能够实际操作示范各种绣法，并且以开阔的眼界向各地优秀的同行们学习技艺，因此他对陇绣手工艺的传承系统而具体，是现代社会非物质文化传承中较为全面的一种类型。

（三）传承方式之三：自创型

李松霖（图5），男，甘肃省会宁县人，1983年生，2006年毕业于兰州城市学院的社会科学系历史专业，工艺专业技能是手工"金属绣雕"。这种工艺是在不锈钢板、铜板、镁铝合金板等化学性能稳定的金属上，使用电动刻刀工具，用手工雕刻出艺术图像的一种新型工艺，画面类似工笔画风格，细密的银线看上去如刺绣一般富有质感，故名为"手工金属绣雕"（图6）。主要用来做室内装饰，在当地销路不错。

在采访中了解到，李松霖从小喜欢画画，以描《芥子园画谱》起手。曾经在天津家具厂做过木雕花家具，具备了基本的雕刻技能。当追问道"金属绣雕"工艺源头，他谈到在农村看见别

图5　李松霖

人在木桶上用铁钉画图案后，启发了他开始在金属板上进行雕刻。大约从2001年开始，没有专门拜过师傅，纯属自学，经过六年多的摸索验证，2006年技术逐步成熟。大学毕业后就在学校旁边开了一间装裱店，装裱字画的同时开始兼做这个手工"金属绣雕"工艺作品。2013年回到会宁正式开起了工作坊，现在他已经从事这项手工艺十六年了。他的作品以形象饱满，线条细腻、流畅有力而受到广泛好评。

图6　李松霖绣雕作品

从这一工艺的使用材料可以看到，它属于现代新材料普及之后才产生的新工艺，肯定是没有历史渊源与传承脉络的，显然这类手工技艺是不能被列入国家非遗名录的。其雕刻工艺的基础是木雕版画，然后他将木雕技艺"嫁接"在金属上，并摸索出适用于新型材料工具的新工艺和新技术。并且，他一直坚持不懈地探索研究，对这项工艺又做了新的改进与创造，独创出套色烤漆的新形式，在原来单纯的金属本色基础上，色彩的加入更加丰富了画面，非常符合广大民众的审美心理，因而也给他带来更多的订单。虽然他不属于非遗传承人，但是这门手工艺为社会、为他自己都带来了良好的效应，因此他被评为白银市级的工艺美术大师，会宁县政府也曾经专门拍过他的工艺纪录片。

当问到他对自己这项技能的传承问题时，他谈到要学习这项技能的基本功并不是很难，主要是掌握刻刀的使用技术与线条的流畅性，如果本人喜欢的话，二个月就可以进行基本的操作了，然后就需要自己长久地钻研与积累。他自己喜欢画画，但是没有进美术院校学习过，在他带徒弟的过程中，发现有学院式美术基础的学生反而不能诚心长久地学手艺，另外学院教育使得他们的思维太束缚，反而不好教。他曾经带过三个大学生，都没有坚持下去。现在他仍然在带徒弟，但不知前景如何。

李松霖的新工艺虽然不属于"世代相传"的非物质文化遗产，亦不会被列入非遗名录，但是他的创造又符合《保护非物质文化遗产公约》定义中的"不断地再创造，为这些社区和群体提供持续的认同感，从而增强对文化多样性和人类创造力的尊重。"所以，新时代环境下，有些传统手工艺属于濒危，需要进行抢救性保护，同时，又有新工艺生长出来，并且赢得了社会的认同与尊重，因而保护与传承的工作方式也需要持续跟进，我们的关注点也需要继续创新。

三

以上概括的三种手工艺的传承类型尚不能全面包括手工技艺传承方式，但是通过上述例证可以看出，在传统的祖传与师徒相传的方式之外，出现了其他非延续性的传承方式。李立新先生在谈到工艺传承的非延续性传承时强调："当某种工艺不再延续时，并不就彻底地断裂、死亡了。对于文化上的生与死，我总感到不同于生物学上的生与死。一种工艺文化的所谓消亡，并不等于生物学意义上的死亡，一个生物死去了就不能再生，而一个传统工艺消亡了,待到有合适的土壤,适宜的环境,又能重新复活。"① 例如,像刘云帆这样在本土的传统陇绣已经没落甚至被消解的情况下,通过对历史考古资料的挖掘,向其他发达地区刺绣技能的学习,然后再重新认识并挖掘本土陇绣的潜力,试图展现古丝绸之路上陇绣在唐宋时期的辉煌。

又如李松霖师傅在已有传承历史的传统木雕基础上,自学自创,使用工业时代的新材料新工具,嫁接出新的工艺美术形式"金属绣雕",并受到民众肯定,完全合乎《保护非物质文化遗产公约》开篇谈到的"承认各社区,尤其是原住民、各群体,有时是个人,在非物质文化遗产的生产、保护、延续和再创造方面发挥着重要作用,从而为丰富文化多样性和人类的创造性做出贡献。"而像朱邦虎、关学田这样从事传统木雕手工艺的传承人,也不会仅仅固守祖先流传下来的图案纹样,而在不同地域不同民族广泛地横向交流,进一步充实自己的图案库,提高自己的技术,也为自己的技艺拓宽了出路。

从以上个案可以看到,在保持了传统非物质文化传承中纵向延续性的传承方式的同时,已有了多维度的、非延续性的传承方式。《保护和促进文化表现形式多样性公约》中谈到"文化多样性是个人和社会的一种财富。文化多样性是当代和后代的可持续发展的一项基本要求。"日本秋山利辉在培养匠人时的努力方向是"以培养德性来创造在技艺上有特殊贡献的匠人,即技术上的超人。"② 众多的手工艺者正在以自己的智慧与行动,让自己成为技术高超的"匠人",并将技术内化到自身,自觉地保护、促进和维护着文化艺术传统的活态,而个体性的创造是形成群体多样性文化的前提与保证,对个体的德才培养可以更好地让个体的主观能动性得以发挥作用。

四

在 2000 至 2008 年,中国艺术研究院方李莉在西部大开发伊始,担忧我们民族的文化在工业文明和后工业文明中被西化和现代化,从而进行的"西北人文资源环境基础数据库"③ 的课题考察中,提出了西部的文化遗产与文化资源之间的关系问题。而将遗产转化为资源的过程,即"非物质文化遗产"的保护传承过程中,我们要警惕两种已经存在的倾向:一种以坚持"原生态"为由,不许做任何改变的保护。"我们也常说有某些文化比较'纯正',但如果所谓'纯正'指的是从头到尾的发展都从未有外界干扰,只有当地最古老的传统,那么全球早已没有纯正的文化。在过去几世纪中,全球化浪潮翻腾汹涌,几乎让所有文化改头换面,再也难窥原貌。……就如古罗马帝国的凯撒从来没有用叉子卷起西红柿意大利面,印度佛陀也未曾在食物里加过来自墨西哥的辣椒一样。"④ 即使是远离沿

---

① 李立新:《一种被忽视的工艺史资源转换方式——非延续性工艺的再生产研究》,《装饰》,2014 年第 5 期。
② 杜维明:《一个匠人的天命》,《读书》,2016 年第 2 期。
③ 2000 年开始,方李莉老师研究两个国家的重点课题《西部人文资源的保护、开发和利用》《西北人文资源环境基础数据库》。
④ [以色列] 尤瓦尔·赫拉利著《人类简史——从动物到上帝》,林俊宏译,北京:中信出版社,2014 年,第 165 页。

海地区的中国中西部,其文化的发展也不可能脱离于时代的发展,其丰富的手工艺传统也可不能固守不变,在具体的"非物质文化遗产"项目内容里应该具体分析而采用不同的保护传承对策。很明显,工业化甚至后工业化时代已经到来,一味固守不变的那部分就很难活态传承下去,只能进入博物馆当作"遗产"陈列了,也就真的成为大家担忧的死"遗产"了。

第二种,以"生产性保护"为由,大量的商业企业介入,将原本在自然周期中生长起来的艺术形态,以快速、大量的方式生产出来,开发廉价的旅游纪念产品,这种做法在短期内似乎有社会经济效益,但经过3至5年之后,因缺少生态根基的粗制滥造,违背生产周期规律,而导致产品无人问津,甚至更加彻底地没落下去。这种实例已经很多,如全国各地的旅游产品都是"义乌造",而无任何地域差异,也就抹杀了旅游产品本该承载的文化多样性。

虽然文化艺术属于上层建筑,但文化艺术与经济基础之间并不是完全直接对应的关系,而"文化艺术会以多种方式反馈到社会的构成之中,不应该仅仅把它看成决定一切的经济基础通过文化上层建筑的社会再现,它是象征系统把文化生活中的创造性转变为社会行为中的创造性的协调结果。"① 以上介绍的三种传承类型的手工艺者,他们通过创造性的协调而生产出作品,这些作品在他们的受众与消费群体范围内,具有给他们带来精神享受的文化艺术品的地位。而"艺术的审美习俗、规范与风格的形式发展有着相对自主的逻辑。……艺术品不是社会关系的复制品,艺术品用构成它们的成分:记号、符号、线条、外形、颜色、声音之间的形式关系来对社会关系进行编码。"② 非物质文化的传承人应该是文化艺术相对自主的逻辑的掌握者,他们运用"创造性的协调"能力才能实现非物质文化的活态传承。

"非物质文化遗产,因为我们给予它的定义是活态的,是需要我们去传承,甚至是需要我们去进行新的创造的。传承与创造会给其带来活力,但活力所带来的可能会是一种变化,因为没有任何一个生命体是不变化的。"③ 经过这些年的探讨与调试,我们逐渐认识到,在对待地域性的"非物质文化遗产"中,如果充分发挥传承人的主观能动性,他们作为民间文化的承载者,以个体的创造性协调会实现民间文化传统的自适应性调整——"就是一种文化传统会随着社会环境的变迁而产生自我调整,以适应文化环境的改变并确保自身的发展与延续",④ 这种调整才是民族文化艺术能够活态传承的保障。

因此,我们的学者、政府、企业在面对非物质文化遗产具体的项目与传承人时,应该有较为客观、理智与冷静的态度。就如农民种田一样,如果研究者已经探索归纳出了不同

---

① [英] 奥斯汀·哈灵顿著《艺术与社会理论——美学中的社会学论争》,周计武、周雪娉译,南京:南京大学出版社,2010年,第55~56页。
② [英] 奥斯汀·哈灵顿:《艺术与社会理论——美学中的社会学论争》,周计武、周雪娉译,南京:南京大学出版社,2010年,第54页。
③ 方李莉:《从遗产到资源——西部人文资源研究》,《民族艺术》,2009年第6期。
④ 牛乐:《文化基因的地域性流变与活态传承——以临夏砖雕非物质文化遗产为例》,《中国艺术学文库·艺术人类学文丛:文化自觉与艺术人类学研究(下卷)》,2014年第11期,第209页。

植物的生长规律，就应该按照自然规律去守护麦田的成长，让土壤肥沃和疏松，而不过多地去指导植物该怎么样生长，具体长成什么样子。现在来看，如果我们研究者先把这些手工艺类的项目曾经的历史渊源与目前的状态忠实完整地记录，保留成数据库档案，这个层面不动；随后再根据当下社会的发展进行资源化开发利用，并用法律条例保证每一件相关产品开发的收益都按照一定比例付给原本的手工艺者。这样才有可能平衡保护与开发利用之间的矛盾。

结　　语

在我国多元化的、多民族的土壤中，不同类型的非物质文化遗产，除了原有的、可确定的传统传承方式和工艺形式之外，在现代社会发展中，已经生长出了多维度、多元化的传承方式，他们正在创造着新变化，乃至新的文化传统，无论在材料、形式，还是审美、思维等方面都已经动态地存在于民众的生活方式之中。马克思曾写下这样著名的观点："人类创造了历史，但不是在他们自己选择的条件下创造的"（1972：15）[①]。每一个文明阶段都有其不同的特点，在时代性与地域性特点相交织的条件下，"保护传承"与"创新发展"是一对矛盾，但是"像这样的矛盾，本来就是每个人类文化无法避免的，甚至还可以说是文化的引擎，为人类带来创意、提供动力。"[②] 现代的非物质文化遗产传承人及广大的手工艺者，无疑是在广大民众这片土壤中生长起来的现代人类文化的传承者与创造者，虽然他们不能选择社会条件和历史条件，但无论在历史上，还是现在，甚或将来，他们才是多样性文化历史的创造者，他们对自己的技艺应该是最具有发言权，最具有主动性的。只有尊重文化传承人自己的创造性与主动性，尊重人类历史发展中文化形成的规律，才能谈到民族文化的自觉意识，才不会偏离研究与保护传承"非物质文化遗产"的初衷，即让我们的民族文化基因活态传承，从而增强我们对民族文化力量的自信心。

[①] 转引自［英］奥斯汀·哈灵顿：《艺术与社会理论——美学中的社会学论争》，周计武、周雪娉译，南京：南京大学出版社，2010年，第56页。
[②] ［以色列］尤瓦尔·赫拉利：《人类简史——从动物到上帝》，林俊宏译，北京：中信出版社，2014年，第161页。

提高非物质文化遗产保护和传承效果

——从利益相关者角度看非物质文化遗产保护

谭宏　　重庆文理学院

2003年10月，联合国教科文组织第32届大会上通过了《保护非物质文化遗产公约》（《公约》在2006年4月生效），旨在保护以传统、口头表述、节庆礼仪、手工技能、音乐、舞蹈等为代表的非物质文化遗产。2004年8月，中华人民共和国全国人大常委会批准了中国加入《保护非物质文化遗产公约》。2005年，国务院办公厅下发《关于加强我国非物质文化遗产保护工作的意见》；同年，国务院还下发了《关于加强文化遗产保护的通知》。2006年，文化部出台了《国家级非物质文化遗产保护与管理暂行办法》，并公布了第一批国家级非物质文化遗产代表性名录。2011年，十一届全国人大常委会第十九次会议审议通过了《中华人民共和国非物质文化遗产法》。非物质文化遗产保护可以说是21世纪前10年最重要的文化工程和文化运动，牵动了政府（中央政府、地方政府）、民众（遗产地民众和遗产地外民众）、组织（经济集团、社会机构）、学者（高校和科研机构人员）的参与，也取得了一些显著的效果。

中国非物质文化遗产保护工程和保护运动取得的成绩是有目共睹的，这是全社会参与的结果，如此大规模的文化遗产保护工程和保护运动，没有广泛的社会参与是不可能完成的，这也是联合国《保护非物质文化遗产公约》所倡导的和《中华人民共和国非物质文化遗产法》所规定的。在联合国《保护非物质文化遗产公约》第一条"本公约的宗旨"（三）中说："在地方、国家和国际一级提高对非物质文化遗产及其相互欣赏的重要性的意识。"在第十一条"缔约国的作用"中说："各缔约国应该：（一）采取必要措施确保其领土上的非物质文化遗产受到保护；（二）在第二条第（三）项提及的保护措施内，由各社区、群体和有关非政府组织参与，确认和确定其领土上的各种非物质文化遗产。"[①] 在《中华人民共和国非物质文化遗产法》中对参与非物质文化遗产保护的各方更是进行了详尽的说明：第三条规定"国家对非物质文化遗产采取认定、记录、建档等措施予以保存，对体现中华民族优秀传统文化，具有历史、文学、艺术、科学价值的非物质文化遗产采取传承、传播等措施予以保护"；第七条规定"国务院文化主管部门负责全国非物质文化遗

[①] 联合国. 保护非物质文化遗产公约［R］. 2003-10-07. 第二条（三）的内容是："保护"指确保非物质文化遗产生命力的各种措施，包括这种遗产各个方面的确认、立档、研究、保存、保护、宣传、弘扬、传承（特别是通过正规和非正规教育）和振兴。

产的保护、保存工作;县级以上地方人民政府文化主管部门负责本行政区域内非物质文化遗产的保护、保存工作。县级以上人民政府其他有关部门在各自职责范围内,负责有关非物质文化遗产的保护、保存工作";第九条规定"国家鼓励和支持公民、法人和其他组织参与非物质文化遗产保护工作";第十四条规定"公民、法人和其他组织可以依法进行非物质文化遗产调查";第二十二条规定"国务院文化主管部门应当组织专家评审小组和专家评审委员会,对推荐或者建议列入国家级非物质文化遗产代表性项目名录的非物质文化遗产项目进行初评和审议。"① 从管理层级来看,这些参与者,构成了一个利益相关的群体,这个利益群体的积极性是否得到提升,利益是否获得,成为非物质文化遗产保护工作能否取得实效的关键。

目前中国在非物质文化遗产保护中的相关利益者主要有:政府(中央政府、地方政府)、民众(遗产地民众和遗产地外民众)、组织(经济集团、社会机构)、学者(高校和科研机构人员),他们目前都在积极参与文化遗产的保护工作,但由于利益驱动不一样,使保护工作的开展并不平衡。在实践中,非物质文化遗产保护和传承离不开各种利益相关者的投入或参与,调整好各方利益,有效地调动各方的积极性,可以更好地促进其为非物质文化遗产保护事业的整体利益服务。

一、中央政府的利益必须得到强化

中央政府是代表一个国家行使其社会权力的最高国家机构,它代表着有共同的语言、文化、种族或者历史的社会群体的共同利益。在非物质文化遗产保护中,"政府是特殊的利益相关主体。"② 中央政府的利益(也是责任)是保护文化遗产从而达到国家民族自强、国家文化安全的目标,它是通过一系列的法律法规和政策制度来保证这一利益目标的实现。《中华人民共和国非物质文化遗产法》第一条开宗明义地说:"为了继承和弘扬中华民族优秀传统文化,促进社会主义精神文明建设,加强非物质文化遗产保护、保存工作,制定本法。"③ 人类非物质文化遗产是文化多样性的表现与体现,是一个民族国家能够在世界上存在的重要表现,保护好本国的非物质文化遗产,也就是保护好了本民族的文化传统,也是对保护人类文化多样性的贡献。2005年10月20日,第33届联合国教科文组织大会通过了《保护和促进文化表现形式多样性公约》,第十届全国人民代表大会常务委员会第25次会议决定上批准中国加入该《公约》(2006年12月29日)。在《公约》序言之(三)和(四)中,对文化多样性对于民族国家的重要性作了清晰的表述,"意识到文化多样性创造了一个多姿多彩的世界,它使人类有了更多的选择,得以提高自己的能力和形成价值观,并因此成为各社区、各民族和各国可持续发展的一股主要推动力。""以及在民主、宽容、社会公正以及各民族和各文化间相互尊重的环境中繁荣发展起来的文化多样性

---

① 中华人民共和国全国人大常委会:《中华人民共和国非物质文化遗产法》,2011年2月25日。
② 赵悦,石美玉:《非物质文化遗产旅游开发中的三大矛盾探析》,载《旅游学刊》,2013年第9期。
③ 中华人民共和国全国人大常委会:《中华人民共和国非物质文化遗产法》,2011年2月25日。

对于地方、国家和国际层面的和平与安全是不可或缺的。"① 因此,在"遗产的政治语义迅速膨胀,阶级、社会等级、权力以及民族主义都卷入了遗产的表述、再表述和被表述中。"② "各国政治适应社会发展和形势变迁的实际需要,也引化民族国家主权的历史必然。"③ "'国家遗产'在现代社会中已成为一个国家的文化遗产标志。"④

一直以来,我们非常重视"物质性的国家安全"——领土安全,对此是"寸土必争",而对"精神性的国家安全"——文化安全,是有所忽视的。在一定意义上,对于一个国家和民族来说"精神性的国家安全"更为重要。就非物质文化遗产来说,它是民族之根、国家之灵,一个民族国家最基本的基因就根植于非物质文化遗产的传统之中。犹太人在二战以前是"流离失所",没有"国土",但他们的民族文化传统还在,民族文化精神还在,所以二战结束后,他们能够在国际社会的帮助下,迅速在1948年建立了独立国家。现在的以色列被评价为中东地区经济发展、商业自由和整体人类发展指数最高的国家。中华人民共和国成立后,特别是改革开放30多年来,我国的经济建设取得了巨大的进步,由一个贫穷落后(经济上)的国家,成为世界第二大经济体,"物质性的国家安全"已得到了充分的保障。但是,我们的文化"软实力"没有得到同步增长,其优秀的传统文化在西方文化(严格说也是源于西方传统的文化)的挑战面前,没有能够树立起应有的自觉和自信,在世界上还没有获得"唐宋时代"在世界文化中的地位。

非物质文化遗产保护运动的兴起,给我们提供了重振中国文化的机遇,也提出了挑战。2005年,韩国人充分利用"国际规则",把源于中国的端午节仪式,以韩国"江陵端午祭"之名成功申报了联合国"人类非物质文化遗产代表作";我国是在2009年才把"中国端午节"申报为联合国"人类非物质文化遗产代表作"。从近十年的非物质文化遗产保护工作来看,"文化所有权"的争夺虽然不如"领土所有权"的争夺那么显性和充满"火药味",但其隐性的争夺实际上已经开始。所以,从维护国家文化安全的角度讲,中央政府层面还得进一步加强非物质文化遗产保护工作。目前,出现的"藏独""疆独"等问题的化解,也是完全可以从非物质文化遗产保护的视角,寻找一些新的路径和方法。

二、地方政府的利益必须得到统筹

在非物质文化遗产保护中,地方政策起着承上启下的作用,地方政府在非物质文化遗产保护中"扮演了关键的角色。"⑤ 在实践中,地方政府的目标和利益是有二重性的,一方面它要落实中央政府的总体目标,这是无可置疑的,另一方面它又得考虑区域内的相关

---

① 联合国:《保护和促进文化表现形式多样性公约》,2005年10月20日。
② 彭兆荣:《遗产政治学:现代语境中的表述与被表述关系》,载《云南民族大学学报(哲学社会科学版)》,2008年第22期。
③ 彭兆荣:《遗产学与遗产运动:表述与制造》,载《文艺研究》,2008年第2期。
④ 彭兆荣:《以民族—国家的名义:国家遗产的属性与限度》,载《贵州社会科学》,2008年第2期。
⑤ 王永桂:《非物质文化遗产地保护体系的三维构架—地方政府、地方社区组织、地方居民》,载《郑州航空工业管理学院学报(社会科学版)》,2011年第1期。

利益。《非遗法》第六条规定:"县级以上人民政府应当将非物质文化遗产保护、保存工作纳入本级国民经济和社会发展规划,并将保护、保存经费列入本级财政预算。"第七条规定:"县级以上人民政府其他有关部门在各自职责范围内,负责有关非物质文化遗产的保护、保存工作。"第八条规定:"县级以上人民政府应当加强对非物质文化遗产保护工作的宣传,提高全社会保护非物质文化遗产的意识。"[1] 但是,从实际保护的情况看,地方政府有可能更看重地方的目标和利益,由此可能把非物质文化遗产保护工作看成一种短期的政治行为和经济行为。"有些地方政府可能在'保护'的名誉下,在经济利益和政治业绩上打非物质文化遗产的主意,造成'保护浮于形式'和'过渡开发利用'的不良后果。"[2] 对于地方政府而言,一些国家级和省级非物质文化遗产代表作,不仅使自己获得了非物质文化遗产保护工作"做得好"的政绩,而且还可以把这些非物质文化遗产进行产业利用,从而拉动地方经济发展,这种状况,在经济相对落后的遗产地表现的更为明显。

为了政治行为,就会只注意非物质文化遗产保护的"形象",由此导致许多"形象工程",而并不过多地考虑保护到底有没有取得实效。如,在建立国家级文化生态保护区的过程中,各地出现了向中央政府争"名额"的状况,只要拿到名额后,就有"形象"了,就可以在总结和汇报时有了可填写的"数据"。而真正拿到手之后,又很难达到《文化部关于加强国家级文化生态保护区建设的指导意见》所要求的"加强文化生态保护,推动非物质文化遗产的整体性保护和传承发展,维护文化生态系统的平衡和完整,提高文化自觉,建设中华民族共有精神家园,增进民族团结,增强民族自信心和凝聚力,促进经济社会全面协调可持续发展的目标"。因为,地方政府不愿意为了长远的目标,对一些近期可能带来经济效益的规划和项目进行调整,不愿意为了民族和国家的长远和全局利益而暂时牺牲地方和局部的利益。

为了经济利益,各地提出了"文化搭台,经济唱戏"的策略。由此,非物质文化遗产在保护过程中,由"主角"变成了"配角",成为陪衬"经济红花"的"文化绿叶",成为招商引资的广告词和招牌。更为严重的是,在具体的选择过程中,还只有可能为经济作贡献的非物质文化遗产内容和样式才能够成为"绿叶",与经济不相关联的内容和样式,连当"绿叶"的资格都没有。这就造成了非物质文化遗产保护的不平衡现象:有幸成为"绿叶"的非物质文化遗产的内容和样式,可能获取的关注和保护经费就多一些,保护条件就好一些;没有成为"绿叶"的内容和样式,就可能被忽视,其保护经费不足,保护条件较差。其实,虽然我们提倡非物质文化遗产的生产性保护,但要把非物质文化遗产保护全部纳入文化产业肯定是不适当的,因为从总体上讲,非物质文化遗产保护是属于文化事业的,不可能完全按照文化产业的方式进行开发、利用和管理。

2005 年,国务院办公厅下发的《加强文化遗产保护的通知》明确提出了非物质文化

---

[1] 中华人民共和国全国人大常委会:《中华人民共和国非物质文化遗产法》,2011 年 2 月 25 日。
[2] 刘秋芝,刘彦非:《物质文化遗产保护中地方政府角色的有效扮演》,载《兰州交通大学学报》,2013 年第 2 期。

遗产保护的 16 字指导方针，即"保护为主、抢救第一、合理利用、传承发展"①。这个方针就是强调了非物质文化遗产保护是一项重要的社会工作，"保护""抢救""传承"都是社会工作，它们是要花钱的，是要付出社会成本的，而这种社会成本对于民族国家来说，是值得的投入。"利用"不能"过度"地产业化、市场化，一旦过度，就会造成对非物质文化遗产本身的伤害和破坏。因此，地方政府必对地方非物质文化遗产保护工作、保护事业进行统筹，作为当地社会事业、文化事业的一个重要部分，该规划的要规划，该投入的要投入，促进当地经济社会的同步发展，"地方政府应始终坚持中华民族优秀文化传承的方向，坚持科学发展、和谐发展、可持续发展理念，实现社会文化与经济价值的平衡发展。"②

三、当地民众的利益必须得到保障

非物质文化遗产地的民众承担着保护和传承自己文化的责任，也应该获得保护和传承过程中的利益，这才能提高他们保护和传承当地非物质文化遗产的积极性和自觉性。这个利益源于两部分：一是保护过程中失去的经济利益补偿——为了保护可能使当地人失去许多发展其他产业的机会，需要建立一套必要的补偿机制；二是利用过程中创造的经济利益的分享——遗产地的资源被"他者"利用，获得了丰富的利益，当地人应该得到一部分。在非物质文化遗产保护过程中，关注当地人的自身发展需要，不但有利于非物质文化遗产的地域性、完整性、传承性提供文化自觉的经济动力，这样才可能使非物质文化遗产的保护落到实处。"民众认可关参与才能获得持续长久的发展的原动力。"③

就现实情况来看，中国的非物质文化遗产地绝大多数在老、少、边、穷地区，其经济发展水平相对滞后，民众生活水平相对偏低，而非物质文化遗产的保护和传承，可能会限制一些产业在当地的发展，使之失去一些发展机会。但是，非物质文化遗产的保护和传承是在"活态"中完成的，不应该机械地、完全地按产生某种文化样式时的情景去"木乃伊"似地保护和传承，"贫困和落到是保护不了资源的。"④ 文化的演变和发展是必然的，在保护非物质文化遗产核心价值基础上的创新也是必然的。"这种非物质文化遗产世代相传，在各社区和群体适应周围环境以及与自然和历史的互动中，被不断地再创造，为这些社区和群体提供认同感和持续感，从而增强对文化多样性和人类创造力的尊重。"⑤《保护和促进文化表现形式多样性公约》之"经济和文化发展互补原则"中说："文化是发展的主要推动力之一，所以文化的发展与经济的发展同样重要，且所有个人和民族都有权参与

---

① 国务院：《加强文化遗产保护的通知》，2005 年 12 月 22 日。
② 王隽，张艳国：《论地方政府在非物质文化遗产保护利用中的角色定位—以江西省域个案的话分析》，载《江汉论坛》，2013 年第 10 期。
③ 宗晓莲，戴光全：《节事旅游活动中的文化表达及其旅游影响—国际东巴文化艺术节的旅游人类学解读》，载《思想战线》，2005 年第 2 期。
④ 王晓玲：《正确处理文化遗产的保护七旅游开发之间的关系》，载《科技文汇》，2008 年第 4 期。
⑤ 联合国：《保护非物质文化遗产公约》，2003 年 10 月 7 日。

两者的发展并从中获益。"① 邓小平同志那句至理名言"发展才是硬道理"用在这里是很有说服力的。当地人也有享受现代科技成果和社会发展的权力,如果长期让他们一成不变,为保护而保护,当地民众显然是不会愿意的,这也不应该是非物质文化遗产保护的目的。"满足人的基本需求和消灭贫困不仅反映人在经济发展中的重要地位和作用,而且体现了以人为中心的发展观念。"② 所以,对非物质文化遗产地进行必要的经济补偿,以使当地人获得与其他社会成员同等的发展和物质生活权力,才能更好地保护他们保护和传承非物质文化遗产的积极性。

就非物质文化遗产市场化、产业化后所得的收益按一定比例返还给保护地政府和民众是为了更好地保护非物质文化遗产的可持续发展。"必须保证文化遗产保护和可持续发展所需的利润分配。"③ 珀杜（Purdue）指出,在非物质文化遗产利用过程中,当地人希望通过为旅游开发者、旅游经销商及游客提供诸如旅游资源等,以期获得他们认为与之相当的利益。④ 但现在的实际情况是,当地人获取的利益是不够的,他们的付出与收益不成正比,"蛋糕"中的大部分被外来者（开发商、营销商、旅行公司等）拿走了。造成这种状态的原因是由于外来者的资本优势和政府为了短期的经济目标不断让步,"经济落后地区旅游发展的一般模式是：最初自然发展,当地人主动地参与建设,到一定阶段后,当旅游地先赋资源不足以支持进一步发展时,外部的政治机构和经济集团以'投资者'或'扶贫者'的姿态介入进来,继而成为旅游战略的制定者和经营运作的操作者。在这一过程中,当地逐渐失去了对资源的控制权和对重大问题的决策权,相反,他们自己成了外来集团控制的对象,在许多存在分歧的地方,由于众所周知的原因,当地政府不得不做出一定的让步和妥协,以求得基础设施建设或民俗旅游项目开发的投资能够尽快到位。"⑤ 实践证明是：在非物质文化遗产被利用的过程中,当地人能够感到有利所获时,就会表现出积极支持的态度；反之,则会抵制或消极对待这种利用。所以,在非物质文化遗产保护和传承工作中,无论是从保护利益上讲,还是从利用利益上讲,都必须充分考虑遗产地当地人的收益,才能使他们更具有保护的责任心和自觉性。当然,在这方面我们应该警惕过渡"商业化"对非物质文化保护的影响,使遗产地出现"空壳现象",遗产地居民由于得到了"实惠",而"主动迎合这样的文化变迁""主动搬离地方"。⑥ 这样使遗产地失去了"活态传承"的主体,造成了对非物质文化遗产的根本伤害,过渡的商业开发损害了非物质文化遗产的原真性和地域性。因此,对非物质文化遗产的保护和利用,比较好的方式是采取"谁受益、谁保护"的原则,所以受益者都应该负有对其保护的责任和义务。

---

① 联合国：《保护和促进文化表现形式多样性公约》,2005年10月20日。
② 陈庆德等：《发展人类学引论》,昆明：云南大学出版社,2001年。
③ 王松华,廖嵘：《产业化视角下的非物质文化遗产保护》,载《同济大学学报（社会科学版）》,2008年第1期。
④ Purdue. Long P T, L Allen. "Resident Support for Tourism Development". *Annals of Tourism Research*, 1990 (4).
⑤ 郑向春语：《旅游的人类学分析》,载《湖北民族学院学报（哲学社会科学版）》,2003年第5期。
⑥ 郑向春语,彭兆荣,林雅嫦：《遗产的解释》,载《贵州社会科学》,2008年第2期。

四、经济组织的利益必须得到约束

保护非物质文化遗产是每个社会成员和社会组织的责任和义务,《非遗法》第九条规定:"国家鼓励和支持公民、法人和其他组织参与非物质文化遗产保护工作。"[1] 非物质文化遗产的特殊经济价值,对于社会经济组织是有巨大吸引力的,可能促使他们积极参与非物质文化遗产的保护和传承工作。《非遗法》第 37 条规定:"国家鼓励和支持发挥非物质文化遗产资源的特殊优势,在有效保护的基础上,合理利用非物质文化遗产代表性项目开发具有地方、民族特色和市场潜力的文化产品和文化服务。"[2] 社会经济参与到非物质文化遗产保护和传承工作之中,应该有两个利益目标,一是利用资本的力量为国家和民族的非物质文化遗产保护和传承服务,另一个是获得丰厚的市场回报,赢得利润。对于经济组织的第一目标,我们应该积极地提倡和引导,第二个目标,我们应该支持但必须加以约束。

在经济发展过程中,资本的无限扩张性和资源的有限性永远是一对矛盾,资本的无限积累必然会导致对可能作为生产资料的自然资源和文化资源的无限掠夺。非物质文化遗产作为一种特殊的文化资源,具有"准公共产品的性质"[3],过度利用和开发必然造成对非物质文化遗产的伤害和破坏。虽然,非物质文化遗产保护的指导方针讲的是"合理利用",但在实际的利用中,由于其"准公共产品的性质",往往会出现"过度开发和利用",在强大的资本力量下,政府不断让步,民众不断让位,造成了非物质文化遗产保护中的"所有者缺位",经济组织逐渐"上位"为实际利用战略和经营的操作者。这时,如果他们忽视第一个利益目标,就会不断地放大第二个目标,抱着"知道暴风雨总有一天会到来,但是每个人都希望暴风雨在自己发了大财并把钱藏好以后,落到邻人头上"[4] 的心态来对待非物质文化遗产的保护和传承,出于急于收回投资的赚钱的需要,投资者"不愿停下来好好规划一下非物质文化遗产的可持续发展。"由此"引发了许多有违保护初衷的新问题。"[5] 使非物质文化遗产利用过程中"公地悲剧""遗产造假"的情况时有发生。因此,对于经济组织参与非物质文化遗产的利用,不能完全由市场"这只看不见的手"来调节,必须要用制度和政策的力量来加以束缚,尽可能保证其非物质文化遗产的地域性、完整性、传承性和原真性。

在《非遗法》中,只是强调了对经济组织合理利用非物质文化遗产的支持和优惠,而忽视了对他们的管理和约束。《非遗法》第37条规定:"县级以上地方人民政府应当对合理利用非物质文化遗产代表性项目的单位予以扶持。单位合理利用非物质文化遗产代表性

---

[1] 中华人民共和国全国人大常委会:《中华人民共和国非物质文化遗产法》,2011 年 2 月 25 日。
[2] 中华人民共和国全国人大常委会:《中华人民共和国非物质文化遗产法》,2011 年 2 月 25 日。
[3] 李昕:《非物质文化遗产进入文化产业的评估研究》,载《东岳论丛》,2011 年第 4 期。
[4] 马克思:《资本论(第 1 卷)》,北京:人民出版社,2004。
[5] 王松华,廖嵘:《产业化视角下的非物质文化遗产保护》,载《同济大学学报(社会科学版)》,2008 年第 1 期。

项目的，依法享受国家规定的税收优惠。"① 在《非遗法》第五章"法律责任"中，只在面上对一些破坏活动和行为进行了惩罚性表述，而对开发和利用中出现的具体伤害和破坏没有做出任何说明。对于经济组织在合理利用非物质文化遗产资源时，其约束和惩罚力度还要加强。可以采取市场进入许可制证制度，对什么样的经济组织可以进入设置"门槛"；可以采取限制性措施，按照非物质文化遗产保护规划，对某项非物质文化遗产合理利用在规模、质量、利润等方面加以限制；可以严格监督机制，有效地监督管理是保证非物质文化遗产"合理利用"的重要保障；等等。这样可以防止经济组织过度进入，提高其开发和利用的质量和水平，可以防止非物质文化遗产资源的过度开发和利用，造成其资源的枯竭。

五、科研人员的利益必须得到规范

非物质文化遗产保护热兴起以来，非物质文化遗产作为一个重要的研究对象，吸引了历史学、考古学、艺术学、文学、人类学、民族学、民俗学、经济学、社会学、管理学、计算机科学等方面学者的广泛参与研究，"都争先恐后地搭上了非物质文化遗产保证的列车。"② 人类学家庄孔韶提出，人类学家"可以协助政府进行保护性行动的甄别。"③ 各个学科的学者积极参与非物质文化遗产的保护和研究，是值得提倡的，多学科的介入，它不仅使非物质文化遗产保护获得了学理上的支持，也促进了非物质文化遗产的科学化保护，《非遗法》第三十三条规定："国家鼓励开展与非物质文化遗产有关的科学技术研究和非物质文化遗产保护、保存方法研究，鼓励开展非物质文化遗产的记录和非物质文化遗产代表性项目的整理、出版等活动。"④ 作为利益相关者，学者仍然需要在两个利益间做出选择——是更加看重自己的学术利益，还是看重学术的社会利益。如果仅看重学术利益，可能会出现两个偏差：一是不尊重非物质文化遗产的存在现状，为了尽可能地挖掘"学术价值"，在调查和研究过程中造成对非物质文化遗产的伤害和破坏；二是不尊重非物质文化遗产的客观价值，在项目评审中服从行政权力的安排，造成真正的非物质文化遗产价值不能得到体现。这一点在实际的非物质文化遗产项目评审中时有表现，一个项目，领导（行政权力）已定了评价基调，专家只要按照领导的意思作就行了，结果是大家都"OK"，项目获得通过，领导有了政绩，专家拿到了评审费，至于项目是否真正有价值已经没有人关注了。因此，应该对非物质文化遗产科学研究中的行为和利益进行规范。

首先，必须尊重当地文化，这是做好非物质文化遗产调查和研究工作的前提。在实际的调查和研究工作中，不尊重当地人、尊重当地文化的情况时有发生，出现这种问题的根源在于在研究者的头脑中存在一些文化偏见，以"外来优势文化持有者"自居来考察

---

① 中华人民共和国全国人大常委会：《中华人民共和国非物质文化遗产法》，2011年2月25日。
② 安德明：《非物质文化遗产保护：民俗学的两难选择》，载《河南社会科学》，2008年第1期。
③ 庄孔韶：《文化遗产保护的观念与实践的思考》，载《浙江大学学报（人文社会科学版）》，2009年第5期。
④ 中华人民共和国全国人大常委会：《中华人民共和国非物质文化遗产法》，2011年2月25日。

"当地文化"，而对当地的非物质文化遗产指手画脚。更为重要的是，学者们不能以某地或某项非物质文化遗产的"代言者"自居，越俎代庖，反客为主，这种代言者身份"有可能违背被代言者的真实诉求。"而且可能"在一定程度上违背公众的意志，妨碍公众的自由生活。"① 使当地人的遗产主人的自觉性和积极性得不到激活和释放。

其次，必须真实反映当地文化。非物质文化遗产的样式和内容，具有明显的地方文化的特征，是一个有空间和时间限制的文化，因此，其研究成果必须以真实性为前提，不能为了所谓的"学术价值"的需要，"提升""修订"其真实性样式和内容，更不允许"编造""建构"一些"新"的样式和内容。这样"成果"也许对于一个学者的职称评定等起到一定的作用，但不会有多少价值，会落入"随风飘逝的必须命运。"②

再次，必须要有良好的职业素质。非物质文化遗产的研究者不仅要在自己熟悉的相关领域拥有较高的学科专业知识造诣，而且还要具有文化遗产保护的相关知识，具有科学的文化遗产保护观念，熟悉文化遗产的相关法律法规，了解国内外遗产保护的现状和发展动向，准确把握文化遗产保护的工作内容和工作程序，这样才能提高非物质文化遗产研究的质量和水平。

第四，必须要有高度的责任意识。非物质文化遗产的研究者必须具备一个知识分子的责任和良知，要具有"为天地立心，为生民立命，为往圣继绝学，为万世开太平"（北宋张载）的情怀，不能仅仅把非物质文化遗产的研究当作自己的研究兴趣，得到一些自认的研究成果，获得学界的肯定和认同，而是要站在国家民族的高度，为非物质文化遗产保护和传承的科学决策、科学方法提供学术指导，唯有这样，非物质文化遗产的研究者才能体现自己的学术价值、研究价值。绝不能做"蛀虫专家""对当地的文化遗产，只讲开发，不讲保护""只一味地为开发商怎样赚钱鼓唇摇舌。"③

结　　语

非物质文化遗产保护和传承是一项需要社会组织和社会成员共同参与的工作，不同的参与者在其中可能有不同的利益诉求；但是，对于非物质文化遗产保护和传承事业来讲，我们应该以传承优势文化传统、确保国家文化安全、提高民族自信和文化自觉的宏伟目标为前提，做到局部利益服从全局利益，短期利益服从长远利益，才能使非物质文化遗产保护和传承工作取得实效，才能使非物质文化遗产保护和传承成为中华民族伟大复兴事业的重要部分。

---

① 施爱东：《学术运动对于常规科学的负面影响——兼谈民俗学家在非遗保护运动中的学术担当》，载《河南社会科学》，2009 年第 3 期。
② 施爱东：《学术运动对于常规科学的负面影响——兼谈民俗学家在非遗保护运动中的学术担当》，载《河南社会科学》，2009 年第 3 期。
③ 陈志鸿：《非物质文化遗产保护中的负面因素与应对措施》，载《湖南科技学院学报》，2011 年第 9 期。

北京优秀传统文化传承创新与文化走出去问题研究

——以北京非物质文化遗产为考察对象

韩丽雯　　北京印刷学院

  北京是一座历史悠久的城市，具有三千多年的建城史和八百多年的建都史。岁月的印痕和雕饰在北京的各个角落留下了珍贵的符号，北京城蕴含着丰富的历史文化和人文艺术。现代的北京城作为中国的首都，是当代中国城市建设的典范。北京作为国家的政治中心、文化中心、国际交流中心和科技中心的城市定位需要大力弘扬北京优秀传统文化，如何实现北京优秀传统文化的传承创新和文化走向世界是时代的主题，是提升国家文化软实力的重要措施。北京优秀传统文化主要包括北京物质文化遗产、北京非物质文化遗产和北京精神文化遗产，本文主要以北京非物质文化遗产为考察对象，通过对北京优秀传统文化的传承创新和文化走出去的现状调研，分析北京优秀传统文化传承创新中存在的问题，并提出比较完善的传承创新的途径和方法，分析北京优秀传统文化走出去存在的问题和解决的方法。为了实现上述目标，笔者对北京文化局和部分区文化委员会进行了访谈，对部分非物质文化遗产博物馆和展示中心进行了实地考察，并随机发放了200多份调查问卷。这一调研将不仅为北京优秀传统文化的传承创新提出对策建议，为文化走出去提供实际的建议，而且还将对进一步弘扬北京优秀传统文化起到重要的宣传作用。

一、北京优秀传统文化传承创新与文化走出去现状分析

  2006年起，我国把每年六月的第二个星期六定为中国的"文化遗产日"。"文化遗产日"的确立彰显了我国对中国传统文化遗产的保护和传承的重视，国家政府开启了对国家非物质文化遗产的认定和保护措施，2006年国家认定了首批国家级非物质文化遗产名录518项，2008年国家认定了第二批国家级非物质文化遗产名录510项，2011年国家认定了第三批国家级非物质文化遗产名录355项，2014年国家认定了第四批国家级非物质文化遗产名录306项，至此国家级非物质文化遗产共有1219项。北京作为世界历史文化名城和六朝古都，具有两千多年的城市历史，沉积了一大批的能工巧匠和工艺绝活，造就了一大批品种繁多的非物质文化遗产。截止到2015年，北京具有国家级和市级非物质文化遗产212项。作为首都和全国文化中心的北京积极响应国家保护优秀传统文化的号召，率先走出了一条保护和传承非物质文化遗产的创新路径。"十二五"期间，北京市对非物质文化遗产的保护和传承投入资金1.26亿元，其中对代表性项目扶持经费2927万元，对代表性传承人补助经费912万元。北京不仅非常重视非物质文化遗产的传承创新，而且非常注重

利用各种资源实现和提升北京优秀传统文化走出去的影响力。"十二五"期间，北京在国内外参与开展了将近40次大型的非物质文化遗产展示和展演活动，组织北京市非物质文化遗产走进台湾，走进沙特阿拉伯、韩国、法国、芬兰等国家，促进了非物质文化遗产的国际影响力。

（一）非遗博物馆相继落成，推进了北京非物质文化遗产的保护和传承

随着国家对中国传统文化遗产的重视，北京开始率先设立非物质文化遗产博物馆，开展对北京非物质文化遗产的抢救和保护工作。北京民俗博物馆成立于1997年，是北京唯一一所国办民俗类专题博物馆，馆址设在北京的东岳庙内，同时成立了北京东岳庙管理处。民俗博物馆内陈列的主要文物有：服饰文物、商业民俗文物、人生礼仪文物、岁时节日文物、传统游艺文物等。民俗博物馆所在地北京东岳庙本身就是全国重点文物保护单位，东岳庙在历史上是国家祭祀之地，民间祭祀活动非常盛大，具有丰厚的民俗文化底蕴。北京民俗博物馆的宗旨是成为北京民俗文化的研究中心、展示中心和活动中心，十几年来民俗博物馆的系列活动不仅唤起了京城百姓对旧京风情的怀念，满足了他们对原汁原味京城民俗的渴望与体验，也使馆庙同建的博物馆成为北京这个现代化都市中一道不可缺少的人文新景观。

北京空竹博物馆成立于2007年，坐落在北京报国寺南广场西侧的一座小四合院内。博物馆共设三大展厅，分历史、工艺、技法三大方面展示空竹的发展演变历程、制作空竹技艺的流变及抖空竹的各种花样。空竹是一种用线绳抖动使其飞速旋转而发出声响的玩具，抖空竹这种北京特有的技艺不仅具有表演艺术，而且也是非常方便实用的健身器材。博物馆还专门邀请国家级抖空竹技艺传人李连元及其广内街道空竹队的志愿者，作为博物馆解说为观众专职讲解空竹的发展历程，并且现场教授观众抖空竹的技艺。北京空竹博物馆的建立为空竹这一北京优秀传统文化走向百姓成为活的文化提供了平台。

老北京传统商业博物馆成立于2011年，坐落于北京老舍茶馆的二层，是展现老北京传统商业形象的一处公益性人文景观。博物馆通过面塑艺术形式，展现茶叶铺、二荤铺、糕点铺、乐器铺、绸缎庄、大碗茶馆等多个有代表性的老北京店铺微缩景观，各式各样的老北京店铺幌子如"文字幌""形象幌""实物幌"等也高悬在大厅里，博物馆内还展现着剃头挑子、水车等上百件商业老物件，让人看后仿佛徜徉在老北京市井商业景象之中。博物馆长期免费对外开放，对宣传北京优秀传统文化具有重要的窗口示范作用。

93号院博物馆成立于2014年6月，其宗旨是"传承非遗文化，弘扬中华文明"，是北京非物质文化遗产和民间艺术传播和体验的基地。博物馆所在地是具有500年历史文化的大栅栏琉璃厂地区，博物馆在修缮的基础上通过科学合理的再利用让老建筑重新"复活"和"活化"，实现对文化遗产的合理利用并让其焕发光彩、永葆文化遗产的生命力。博物馆共有两个展馆，前端展馆以非物质文化遗产传承人亲自制作，可以展示和销售的展品为主，后端展馆根据节日或其他主题为主，开展各种非盈利的展示展览活动，更好地将非遗作品展示给参展人员，让收藏家的收藏之作有机会走进人民群众之中，进行周期性展览。93号院博物馆还以"让世界了解中国非遗，让中国非遗走向世界"为目标，搭建北

京非物质文化遗产走出国门，走向世界的平台和途径。

（二）非遗展示中心和节庆活动成为非物质文化遗产传承创新和走出去的典范

西城区文化委员会于2009年成立了西城区非物质文化遗产展示中心，展示中心坐落在繁华的西四地带，与周边的广济寺、白塔寺、历代帝王庙、地质博物馆等一起组成具有浓厚文化氛围的阜景文化街。展示中心主要的展览内容包括：西城区非物质文化遗产项目展厅、"菲怡阁"民俗文化讲坛、民间工艺展示区、传承人工作室等。展示中心通过引进民间手工艺人现场制作和展示、与观众现场交流技艺、传授制作方法等活动积极推动北京非物质文化遗产的宣传，为广大市民提供零距离接触民间传统技艺和体会传统文化的平台和机会。

北京民俗博物馆常年举办民俗展览，推出了"人生礼俗文物展""老北京商业民俗文物展"等大型展览十余部，每年逢端午节、中秋节、重阳节等传统节日，民俗博物馆都会举办丰富多彩的民俗游园活动，如2016年的重阳节就举行了太极拳、太极扇表演活动、花会表演活动、重阳赏菊九华塔和重阳习俗等系列文化活动。其在春节举办的东岳庙庙会还被纳入到国家级非物质文化遗产名录中。

中国民间艺术体验馆成立于2011年，坐落于北京朝阳区的高碑店。体验馆提供的服务主要包括民间艺术技艺体验、现场艺术表演、观众互动、民间艺术技法的培训、艺术品销售等，目前开发比较成熟的项目品种包括雕塑类、织绣类、绘画类、剪纸类、面塑类、草编类等。体验馆的宗旨是："抢救和保护非遗文化，从国家政府输血变成自身造血，让非遗项目真正成为文化创意产业。"通过互动体验的方式、时尚的手法进行非物质文化遗产价值的挖掘、表现、传播和弘扬，体验馆独特的经营模式吸引了许多对中国传统文化好奇的外国游客，他们观看后天京剧演员的上妆、勾脸和穿京剧行头等，兴趣盎然、流连忘返。

北京华商非物质文化遗产促进会成立于2010年，是北京唯一一家非物质文化遗产专业促进机构，机构隶属于北京华商会和北京市侨联，其宗旨是充分利用国内数千万华侨、侨眷、海内外华人的社会资源，弘扬中国优秀传统文化，研究、保护、宣传、弘扬、承传和振兴北京非物质文化遗产，为北京非物质文化遗产走出去搭建平台和整合社会资源，实现北京优秀传统文化在海内外发扬光大，将优秀传统文化惠泽世人。

2015年6月北京历代帝王庙博物馆举行了"我与非遗零距离"主题活动，开展广泛的非物质文化遗产体验活动，活动在风筝传承人刘宾老师和剪纸传承人刘晓迪老师的带领下，与观众一起了解非物质文化遗产项目的历史和内涵，并亲自动手体验风筝绘画与剪纸工艺，使观众近距离感受到传统文化之美，扩大了非物质文化遗产的宣传。

（三）深入学校和社区，培育北京市民传承中华优秀传统文化的自觉意识

西城区京彩瓷博物馆为西城区的中小学校提供学生学习非物质文化遗产的平台，每年都会接待不同中小学的学生来博物馆了解并体验制作京彩瓷，从中感受中国瓷文化的博大

图1 "我与非遗零距离"主题活动

精深。通过这种活动不仅传承和发展康、雍、乾三朝制瓷绘瓷技法,用粉彩、古彩、新彩和珐琅彩技艺展现了皇城皇家的经典文化和中国瓷文化的神韵,而且培养青少年对北京传统文化的喜爱,让北京优秀传统文化在青少年学生的思想意识中生根发芽,成为一种活的文化和艺术。

2015年10月19日,"非物质文化遗产校园博物馆-北京绢塑"正式在北京市第十二中学洋桥学校落成,北京绢塑是北京市市级非物质文化遗产即北京绢人、国家级非物质文化遗产即绢花、北京市级非物质文化遗产即绒鸟的总称,绢塑艺术的传承代表人滑树林多年来以北京十二中洋桥学校为基地,致力于北京绢塑艺术的传承创新,"校园博物馆-北京绢塑"的成立是北京非物质文化遗产传承创新的典范。

北京民俗博物馆先后举办过"民族国家的日历:传统节日与法定假日"等各类学术研讨会数十次,出版有《北京民俗论丛》《老北京传统节日文化》等书籍,博物馆内还依托东岳书院为公众提供传统文化讲座服务,真正使博物馆成为北京市民和来自各国各地游客了解北京传统民俗文化的重要窗口。

2016年10月逸仙华夏文化传承基地暨"真趣园"非遗手工传艺坊在北京市赵登禹学校正式成立。逸仙华夏文化传承基地是由北京市赵登禹学校和93号院博物馆共同建成的"真趣园"非遗手工传艺坊,"真趣园"的宗旨是以各类非遗作品和非遗项目的传承为目标,在青少年中传播中华优秀传统文化,让非物质文化遗产走进校园,成为活的文化,打造校园内的非物质文化遗产博物馆。"真趣园"主要开展非物质文化遗产项目的展览、讲座和传承人与民众的互动体验等多种形式主题活动,为学生和市民搭建近距离接触非遗、感受非遗的平台和机会,在非物质文化遗产的传承中感受北京优秀传统文化的魅力,增强北京市民的民族文化认同感。逸仙华夏文化传承基地的成立开启了北京优秀传统文化与校园文化和社区公共文化服务体系相衔接的传承创新模式。

2016年11月北京市第六十五中学举行"国家非物质文化遗产——武强木版年画大师课程"启动仪式，这一活动是武强县木版年画博物馆和北京市第六十五中学携手，推动民族传统文化进校园的重要举措。课程启动之后，国家级传承人马习钦老师为同学们进行了第一次非遗大师课。在后续的课程中，非遗大师走进六十五中的艺术课堂，进行武强木版年画的文化内涵和技法等内容的讲解。与课程启动同步进行的还有"国家非物质文化遗产——武强木版年画专题展览"。这一活动展现了北京开启优秀传统文化进校园的传承创新模式。

通过对北京非物质文化遗产传承创新和文化走出去的实地考察，可以看出北京在对优秀传统文化传承创新方面具有以下特点：一是北京的非物质文化遗产博物馆大多坐落在老建筑里，并且大多是北京著名的物质文化遗产，如历代帝王庙、火神庙、琉璃厂等著名古迹。这种设计不仅开启了名声古迹的生产性保护，而且能够在宣传非物质文化遗产的同时，弘扬物质文化遗产的价值。二是北京非物质文化遗产的保护注重向人的传承，特别是向中小学生的传承，充分彰显习近平所倡导的"让文化遗产活起来"的理念。三是北京非物质文化遗产的传承和走出去充分利用了产业化的路径，通过外国游客的窗口带动北京非遗文化走向世界。北京优秀传统文化的传承、弘扬和系列宣传活动提升了北京市民保护北京优秀传统文化的自觉意识，在问卷调查中，关于"北京优秀传统文化的发展前景"的选项中，有超过三分之一的人选择前景良好，如下图：

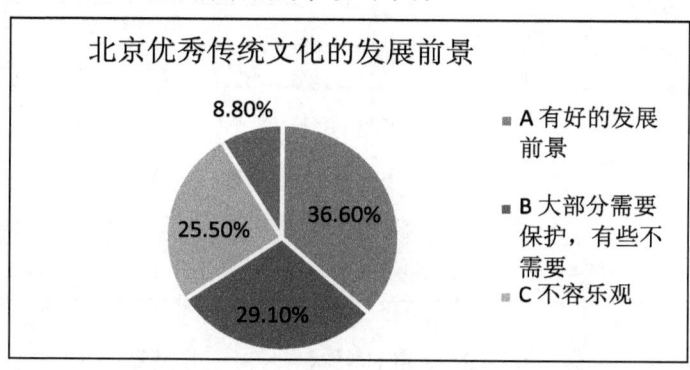

北京优秀传统文化的发展前景

- A 有好的发展前景 36.60%
- B 大部分需要保护，有些不需要 29.10%
- C 不容乐观 25.50%
- 8.80%

由此可见，北京市民对北京优秀传统文化的传承和保护充满信心，对北京优秀传统文化的发展前景比较乐观。这从另一个侧面可以看出北京非物质文化遗产保护和传承创新的效果值得弘扬。

二、北京优秀传统文化传承创新与文化走出去存在的问题及原因分析

让"文化传统活起来"的倡导促进了北京优秀传统文化的传承创新，北京非物质文化遗产博物馆、体验馆和展示中心如雨后春笋般成立，并且与北京的物质文化遗产紧密绑

定，真正实现了"让收藏在禁宫里的文物、陈列在广阔大地上的遗产、书写在古籍里的文字都活起来"的梦想。北京优秀传统文化传承创新和文化走出去出现了良好的势头，成为北京文化城市建设重要成果。但是在实地考察和调研过程中也呈现出一些问题，在文化传承创新中存在的问题主要有以下几方面：

（一）传统文化传承创新种类有限

在繁荣和红火的北京非物质文化遗产传承创新的背后，还存在着许多非物质文化遗产默默无闻，并不被大多数市民所了解，面临失传的危险。在本次调查问卷中，关于"你所认识和了解的北京传统文化有哪些？（多选）"中，有些传统文化知道的市民很少（见下图）。

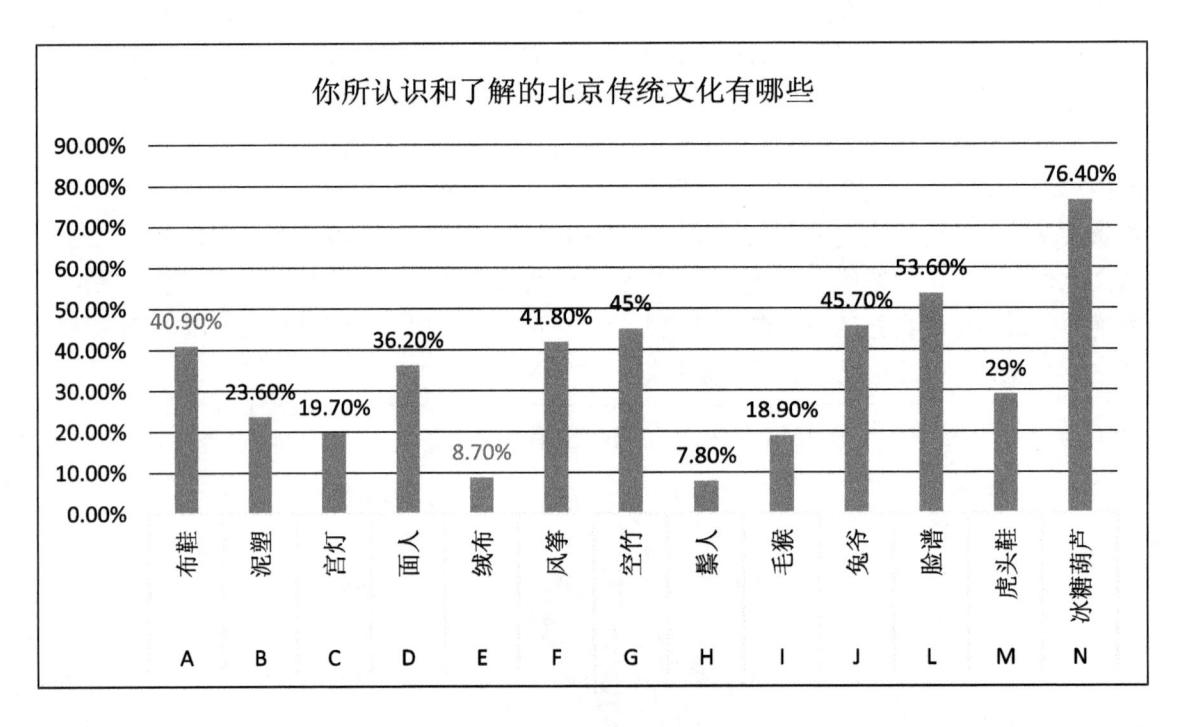

类别	A 布鞋	B 泥塑	C 宫灯	D 面人	E 绒布	F 风筝	G 空竹	H 鬃人	I 毛猴	J 兔爷	L 脸谱	M 虎头鞋	N 冰糖葫芦
比例	40.90%	23.60%	19.70%	36.20%	8.70%	41.80%	45%	7.80%	18.90%	45.70%	53.60%	29%	76.40%

你所认识和了解的北京传统文化有哪些

由图表可以看出，一是在众多的北京传统文化中，市民所认识和了解的程度差别很大，占比例超过50%以上的仅有"脸谱"和"冰糖葫芦"，并且"冰糖葫芦"所占比例高达76.4%，而占比例较低的绒布仅占8.7%，"鬃人"仅占7.8%，其比例相差悬殊。究其原因在于传统文化中运用的程度和宣传推广的程度差别很大，导致了市民认识和了解的程度也相差很大。二是在众多的北京传统文化中，容易产业化的传统文化市民认识和了解的程度一般较高。如"布鞋"占到40.9%，"风筝"占到41.8%，"空竹"占到45%，而"冰糖葫芦"占比最高，这四种传统文化都容易顺利实现市场化经营，比如冰糖葫芦能够用于日常的消费，其商业化程度高，因此其流传和影响就更大。而这些易于产业化的传统文化在北京众多博物馆的展示和宣传中其力度也较大，从而增加了市民对它们的认识和了解。

（二）北京优秀传统文化走出去还存在加强和改进的空间

北京优秀传统文化在走出去的过程中还存在水土不服的现象，比如对出口国家风俗习惯的了解，以及对走出去的北京非物质文化遗产的改进等。从考察中得知，现阶段北京非物质文化遗产的传承创新主要集中在国内的宣传和影响力的扩展，北京众多的非物质文化遗产博物馆和展示中心的主要目标是使传统文化走向老百姓的生活，成为活的文化，能够在北京民众中传承和得到认可。在走出去方面，从考察中可以看出，众多机构主要通过华侨和侨联的力量以及向外国游客宣传等方式进行，缺乏一定的主动意识。在政策和宣传方面还缺乏系统的推进，这与北京乃至全国非物质文化遗产的发展状况具有密不可分的关联。

（三）北京优秀传统文化的传承创新宣传力度不够，未能唤起民众的自觉意识

北京市对非物质文化遗产的保护和传承投入了巨大的人力和财力，但是这与北京市民对非物质文化遗产的关注度却不成正比，从调查问卷的数据中可以看出，市民对北京传统文化"有意识关注"的比例仅占36.2%，大部分人只是"偶尔关注"（如下图）。

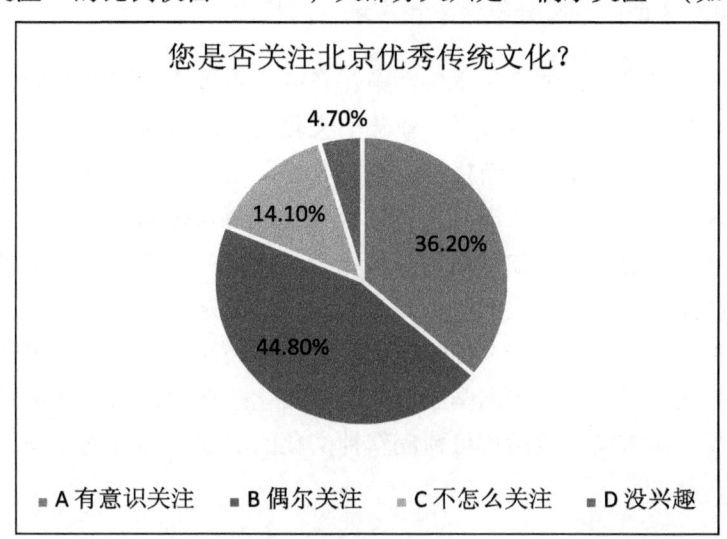

您是否关注北京优秀传统文化？
- A 有意识关注：36.20%
- B 偶尔关注：44.80%
- C 不怎么关注：14.10%
- D 没兴趣：4.70%

图表数据显示，北京市民对北京优秀传统文化的自觉意识还有待提升，这与非物质文化遗产博物馆和展示中心等的宣传不够是有直接关系的。许多北京市民并没有感受到非物质文化遗产已经走进百姓的日常生活，特别是早出晚归的上班族更是很少有时间走进非遗博物馆和体验馆。

三、北京优秀传统文化传承创新与文化走出去的对策建议

北京优秀传统文化种类繁多，在长期的历史发展中蕴藏着各自的文化特性和表现特征，它们共同组成北京城市的文化性格和人文素养。"十二五"期间北京市委市政府制定了系统的文化发展战略，就文化发展如何为经济社会发展服务、推动文化体制改革，走保

护、发展、创新之路,并为文化发展成为经济增长点做了科学的规划。北京市非物质文化遗产的传承创新和文化走出去开展地有声有色,为非物质文化遗产的传承做出了重大贡献,针对当前存在的问题拟提出以下对策:

(一)加强制度建设,加大宣传和确立《北京市非物质文化遗产条例》

北京非物质文化遗产传承创新已经取得了显著的成效,接下来的非遗传承和保护将是具有挑战性的任务,如何更好地将濒临失传的非物质文化遗产传承下去,是需要从制度上做出重大的调整,需要在立法上给予重大的支持。2016年北京市已经将《北京市非物质文化遗产保护条例》列入立法规划。"十三五"期间,北京将推动非遗保护措施、传承传播等问题纳入法规。北京市需要加大宣传力度,增强市民的法律意识,增强保护非物质文化遗产的自觉意识,在正式实施《北京市非物质文化遗产条例》的基础上,确立非遗项目保护单位的法律地位,非遗代表性传承人的权利,市、区两级名录申报及评审程序、建立非遗保护政府职责体系、提升社会参与程度等,从而根本解决北京非遗保护工作中的实际问题。

(二)建立科学合理的分类分级保护和传承创新机制

针对当前北京非物质文化遗产传承创新中存在的传承种类有限的问题,特别是各个非物质文化遗产博物馆普遍喜欢展示容易产业化的文化遗产的现象,有针对性地制定非物质文化遗产分类分级的保护和传承创新机制。根据非物质文化遗产的种类特性进行细分,政府对项目活动的扶持和补贴也应该进行分类分级,鼓励博物馆和社会组织更多关注和保护濒临失传的非物质文化遗产。比如对不容易转化为产业化的非遗,政府要进行全额扶持和保护,对于容易产业化的非遗,政府进行部分的扶持或者是前期投入中扶持的政策。对于非物质文化遗产走出去问题,政府在加强扶持和鼓励的同时,要加强监督和监管,鼓励优秀传统文化的精神文化遗产率先走出国门,用精神文化的魅力开拓国外市场,检验国外市场,在调整中不断适应市场,然后再将蕴涵精神文化的非遗产品等送出国门,成为国外市场需要和喜爱的产品。

(三)加大宣传力度,唤起广大北京市民传承优秀传统文化的自觉意识

北京市民来自四面八方,通过公共文化服务体系的建设,将北京非物质文化遗产等优秀传统文化融入市民的日常生活中去,让北京市民真切感受到北京非遗的巨大文化魅力,从内心深处产生对北京非遗的认同感,增强北京优秀传统文化对北京市民的凝聚力和吸引力。政府需要加大宣传,让非遗走进市民的生活,唤起北京市民传承优秀传统文化的自觉意识。加大宣传力度,让更多的市民参与到非物质文化遗产的体验和观赏之中,提升北京市民对北京优秀传统文化的认同感和凝聚力。

新型城镇化背景下的非物质文化遗产保护对策

钱永平　　晋中学院

城镇化是伴随工业化发展，非农产业在城镇集聚、农村人口向城镇集中的自然历史过程，是人类社会发展的客观趋势，是国家现代化的重要标志。当下存在一种社会现象，即城镇化程度越高，非物质文化遗产（简称"非遗"）消失得越快。然而，这不是不可逆转的时代使然，而在于相当长时期内，以政府和企业为主导的城市建设重经济轻人文，尚西方轻本土，缺少对非遗的尊重意识。随着我国非遗保护的实施，公众对非遗的态度正逐渐改变，非遗对城市发展的重要性得到肯定[①]。2014年《国家新型城镇化规划（2014－2020年）》（以下简称《规划》）发布，我国开始加速推进新型城镇化进程。那么在此次新型城镇化战略和非遗保护重合的背景下，非遗如何有活力地传承下去？实施路径是什么？这些问题值得深入研究。

现有的非遗保护表明，影响非遗传承的诸多因素在非遗项目本身之外，与国家政策导向、公众文化态度取向、民众行为等社会运作逻辑有关。因此，非遗在城镇化进程中遇到的困难，不是文化部门主管下的非遗保护工作所能完全解决的。把握时代机遇，非遗保护与此次新型城镇化所关注的城市就业、交通住宅、城市公共服务、三大类（绿色、智慧、人文）新型城市建设及实施有着密切联系，在城镇基础建设展开之初就把非遗考虑进去，才能实现非遗与城市日常生活的有效对接。这是真正意义上的非遗整体性保护，也有别于以往城镇化进程中的非遗保护。本文以晋中国家级文化生态保护区非遗状况为基础，结合当下城镇化重点，阐述非遗在城镇化进程中活力传承下去的保护策略。

一、城镇化进程对非物质文化遗产传承的影响

（一）非遗传承者居住分散无低成本优势

目前，晋中国家级文化生态保护区内的大部分非遗传承人都生活在农村或小镇，交通、通讯等都不方便，同类非遗的传承人日常少有机会来往，缺少相互间的交流合作，涉及传承事宜时，时间和精力的消耗很大。寿阳县剪纸艺人便是这种情况，交通不便使一些

[①] 就非物质文化遗产在城市发展中发挥的重要作用另有拙文阐述：《非物质文化遗产：建设新型城市的文化力量》。

慕名者从他们那里取幅剪纸作品都困难。从更深层次看，以分散且不自觉的状态传承非遗，这些传承人及其非遗很快会被无处不在的强势文化商品所淹没。从市场角度看，传承者居住分散、各自为战、个体商业经营能力有限，仅有产品的生产者，缺少产业发展需要的人口密度、区位规模、相关行业协同的集聚优势，会导致产品成本偏高，此类非遗即使有商业潜力，但转化为能盈利的文化产品的难度系数很高。随着生产生活方式的转变，此类非遗的传承基础正不断被削弱。这种状况在我国普遍存在，城镇化建设恰为解决这一问题提供了机遇。

（二）农村空心化非遗无人传承

从规模上讲，晋中国家级文化生态保护区的城市类型主要为县级性城市，每个县级城市都是该县的政治、经济、文化中心。工业以及第三产业经济组织也多集中在县城及其周边，吸引着农村青年进入城市寻找谋生机会。在此基础上，年轻人移入城市，还在于城市生活基础设施配备齐全，生活方便舒适。更重要的是，城里有农村难以比拟的优质教育资源，许多70、80后年轻人自孩子上幼儿园开始，便尽可能选择在县级及以上的城市中生活和就业，以便为自己的孩子创造良好的上学条件。出于上述考虑，近年来越来越多的农民在县城购置住房，年轻一代选择在城市定居的意愿度越来越高。

随之而来的是农村小镇逐渐空心化，人口老龄化严重，这是全球性现象。这使以村落地缘为根基的非遗丧失了薪火相传的年轻血液。这一过程中有的非遗并没有随之进城。非遗项目——滚叉传承于昔阳县乐平镇崇家岭村，村中能熟练表演滚叉的村民的年龄均在50岁以上，且这些村民也与许多年轻人一样都外出打工。一场完整的滚叉表演已难以组织起来，日常的传承练习则已中断。

年轻人从乡村迁入城市就业定居，对那些极度依赖地方自然资源的非遗的影响则更大。晋中国家级文化生态保护区内的国家级非遗项目清徐老陈醋、介休洪山琉璃烧制技艺等生产基地都在农村，年轻人迁入城市后，这类非遗的劳动力雇佣成本便会增加，抑或难以招到合格优秀的年轻人才。

（三）学习非遗的年轻人难以解决生活开支

作为以实践经验为主的隐性知识，非遗学习周期很长，一位非遗传承者从入门到练习再到开悟精通，在全身心投入的前提下需要十几年甚至更长时间才能出师，更重要的是，师傅的当面传授是非遗传承必不可少的前提条件。如同当代的学校教育，在这一阶段，非遗传习者自身没有收入来源，必须依靠他者的资助和供养维持生活。这一特性决定了非遗传承方式主要是家族传承、村落传承、科班传承，因为这些方式能很好地解决非遗传习者在吃住、交通方面的生活成本以及传承场地。

随着以学校为主体的正规教育、外出打工、工业化生产成为生活常态，进入上述传承系统的年轻人日益减少，扩大徒弟的选择范围势在必行。在晋中国家级文化生态保护区，非遗项目如刺绣、木雕、砖雕、石雕、泥塑、彩绘、漆器、祁太秧歌等都有年轻人愿意学习，但这些年轻人主要来自农村，其中有些人居住地与学习非遗的地方距离较远，交通、饮食等成本由此增加很多。鉴于农民家庭经济状况和对非遗的认识水平，许多家庭通常不会供养孩子长期学习非遗。师傅们也不承担其生活开支。吃、住、行方面的花费成为青少年学习非遗的最大障碍，这使大部分年轻人都难以长期跟随师傅学习。更重要的是，农村青年约在 22～25 周岁成婚，一旦成家，他们就必须为养活家人而奔波，难以继续没有收入的非遗的学习，必须为生计而另谋他业。其中一个好的选择是从事与非遗相近的行业谋生，用以支持学习非遗的成本支出。

一些具有商业潜力的非遗如灵石县和和顺县的刺绣、左权"将军"布老虎等非遗都需要一定数量且有一定技艺水准的从业人员。这些非遗项目的经营者开设培训班招收附近村民前来学习，以发现有潜质的非遗传承者。但这些经营者限于个体实力，也难以妥善解决来自外村村民长时间的吃住问题。因此，这类培训也只能是零散、暂时性的，而非常态性的。结果就是仍会漏掉民间许多优秀的传承人才，没有持续的优质人才，这些具有产业潜力的非遗项目也难以做到真正的可持续发展。

（四）非遗在正规教育与信息传播中的缺位

生于改革开放时期的城市人对非遗都比较陌生，他们对家乡极有特色的传统戏剧、传统音乐、手工艺、传统医疗没有亲身的接触和体验，极不感兴趣。在晋中国家级文化生态保护区，介休灵石一带的干调秧歌、和顺凤台小戏和夫子岭弦腔等民间小戏的艺人年龄都在 60 岁以上，传承人数越来越少，知晓的人数更是寥寥无几，传承濒危。一项关于晋中学院大学生与家乡非遗的随堂调查数据表明，很多自小在县城长大的青少年不知道家乡的非遗。

而许多非遗又总出现在经济、正规教育不发达的农村地区，这对人们形成一种误导：非遗是老年人才会喜欢的文化，经济不发达的人才会去学非遗。年轻人当然不愿与"过时"联系在一起，与贫穷联系在一起，这极不利于非遗的传承，导致非遗在城市生活中不断地被边缘化。

这些问题产生的原因之一在于主流群体长期对传统和民间文化的贬损忽略，正规教育则基本不涉及民俗内容，自幼儿园起进入校园的青少年没有机会亲自体验非遗，自然很难对传统和民间文化产生兴趣，保护意识则更为淡薄。随着农村许多儿童涌入城市接受正规基础教育，远离在农村中传承的非遗，这种情况将变得更为严峻。

非遗传承举步维艰，还与非遗在城市日常生活中的传播弘扬缺失有关。在城市中，城市为多样而海量的媒体信息所包围，这深刻影响着市民获取文化的途径和观念。与城市传媒体系中滚动宣传的通俗流行文化产品相比，有关非遗的内容所占比例极低，而许多非遗呈现给受众的形式又难以引起年轻群体的注意。如左权县的"将军布老虎"、清徐县的炼白葡萄酒、介休洪山的"全料香"，这些非遗的品质优良，但相关经营者却没有在产品和年轻受众间架起一座展示自我的平台，导致这些非遗在当地的知名度都不高。

（五）城市非遗传承场所紧张

基于历史原因，非遗一直未能受到应有的重视。在这种情况下，随着城区地带、空间资源的紧张和使用成本的上升，城市中少有专门用于传承非遗的场所，已有的场所则因基础设施不到位功能发挥有限。这种情况主要有以下表现：

第一，非遗传承团体标榜的"前店后厂"经营格局，若位于城区繁华闹市地带且规模较大，则已没有这样的优势。

第二，一些毗邻县城的农村已逐渐变成城区的一部分，在这一过程中，原用于戏曲表演、闹元宵活动的村广场逐渐变为交通中心，为楼宇商铺日益蚕食，便于非遗展演和观众前往观看的公共场地渐趋消失。太原铁匠巷高跷因城市街道改造而完全丧失了活动场所。村庄与县城城区逐渐融合的祁县三合村，随着房子越修越多，一年一度的春节传统"游九曲"活动由此很难找一处开阔平坦的场地，加上九曲黄河阵扎制技艺者日渐稀少，该村村委会为此一筹莫展，放弃这一活动的念头正逐年强烈。

现有城市中的居民生活小区及其周边则很难发现有容纳五十人以上且有展演空间的公共场所，如简易运动馆或小型广场。这样，戏剧、音乐、手工艺展览等稍具规模的非遗项目在城市中几无可能进入此类人口密集度高的居民生活小区。如元宵节期间祁太秧歌在城区表演时，出于场地和安全性的考虑，表演舞台会搭在县城城区比较偏僻的地方，这一做法虽使祁太秧歌有了表演场地，但市民前往观看则非常不便，久而久之，非遗与城市民众亲近的机会日益减少，其生命力也日益萎缩。

第三，一些非遗传承者在城市中没有合适的场所展开系统、常态的传承培训工作，常限于私人家庭宅院、公园、广场等地方。以肢体训练为主的左权县小花戏，类似舞蹈室的传习场所必不可少。在左权县，优秀的左权小花戏老师通常有十位以上有学生跟着学习，但他们在县城很难找到一处条件合适、廉价的场所长期、稳定地展开教学工作。这种情况随着县城人口密度的增加，用地日益紧张而更加突出，非遗传承者的积极性明显受挫。

第四，一些非遗传承者有展示非遗的强烈愿望，但受政策、个体财力、个体眼光的限制，难以觅到一处合适的展示场所或地方修建展示场所。国家级非遗项目平遥王氏妇科，基于场地和日常管理的需要，在平遥道虎壁村王氏妇科诊所街道对面建起王氏妇科医药博物馆，由于占地面积小，难以详尽展示王氏妇科传承脉络。清徐县民间雕刻技艺传承人想建立一所展示自己工艺美术作品的展馆，但没有合适的批地和资助未能如愿。地处介休城区的中医世家大生堂欲翻修，也因没有拿到合法的政府批文而一直没有进行。

第五，因基础设施配套不全，一些城市中建成的非遗保护利用设施其功用发挥有限。最明显的一例即是晋中国家级文化生态保护区内已建成的非遗传习所、博览园由于没有相应的取暖设备配备，即使是成本较低的蜂窝煤炉也没有，冬季时非遗传承活动便停止，这些场所与仓库无异。矛盾的是，许多非遗传承活动又往往在冬季农闲季节进行，如寿阳县韩沟村村民冬天是在村组长家中学习傩舞（爱社）。当代民众家庭生活条件正日益改善，非遗传承场所的基础硬件却跟不上，其中透出的倾向无疑是消极的。

综上，非遗在当代传承困难，并不全是人们所以为的非遗与时代不相宜的缘故，而是社会发展主导者几乎没有为非遗提供应有的硬件设施、政策制度等实际性支持，这种导向也使公众对非遗的态度日益消极。

而在城镇化进程中，人们的生计方式、交流交易方式、衣食住行、生活节奏等都发生了结构性转变，人们的心态观念也在转变，看待非遗的眼光也自然发生转变，这是传统和民间文化形式传承面临的最大挑战。

同时在全球化进程中，从文化上定位城市的个性特色越来越显得重要，非遗是地方特色的重要标志。当经过精心培育的非遗开始显现出其经济上的优势时，是在表明，以文化来指导城市建设，一方面是在保护文化遗产，另一方面也是城市文化消费逐渐成熟的过程。二者是互赢的。在这一层面，凡有识之士，在城市新的建设和改造中自觉纳入非遗的考量是必然的。

二、新型城镇化进程中的非遗保护策略

（一）利用古建筑场所展示非遗

此次新型城镇化进程非常重视各类物质遗产的普查与保护，这出现在《规划》的显著位置。晋中国家级文化生态保护区榆次、太谷、祁县、平遥等地都保存了数量、类型众多的古民居院落、古建筑。如太谷县旧城尚有8000余间老宅，150余处四合院保存基本完好。祁县昭馀古城区仅渠家大院就有8个大院、19个四合小院，240间房屋。有的县城则修缮了带有特殊年代历史印记的街道，如昔阳农业"学大寨"特色街道。有些城市则修建了仿古街。除此而外，大部分县市还有自然风景区、古村落、文化遗产旅游景区等场所。这些场所通过规划设计，可作为非遗展示场所。

这一思路在晋中国家级文化生态保护区已有尝试。在世界遗产地平遥古城，基于商业需要，许多非遗如平遥推光漆、宝龙斋布鞋、六合泰透气枕、文涛刀剑坊、平遥牛肉等在平遥古城设立了商铺，它们兼具销售产品和展示非遗的功能。还有一些非遗实物则陈列在国家指定的文物单位中，如乔家大院民俗博物馆、太原文庙的省民俗博物馆。而国家级非遗平遥纱阁戏人在平遥清虚观陈列展出。

目前一些娱乐类、实用类非遗项目因材料和技术的更新正逐渐退出日常生活。如介休、灵石、平遥一带流传的干调秧歌、盲人三弦曲艺以及传统手工杆秤，目前传承状况都不佳，后继无人。对于这些难以觅到传承人的非遗，经过普查和系统整理后，可将与这些非遗项目有关的物件和信息，以各种静态媒介、模型、雕塑等完整记录保存，陈列展示在物质遗产空间中，让后代感性地了解那些曾世代相传的非遗。鉴于这些已有经验，将非遗与当地物质遗产保护结合起来，可全面彰显地方特色，影响民众重新关注祖辈创造的文化。

结合非遗考虑物质遗产的保护，还能发现另一番新天地。当下许多地方把物质遗产封闭保护或列为收费景点，将之与当地民众及其传承的传统民间文化活动相隔离，其维护反而得不到民众的配合和支持。山西盂县县城"大王庙"、左权县城的城隍庙，四周为居民楼所包围，没有任何缓冲地带，仅余庙宇由文物管理部门看护，毫无生机。附近民众虽有文物意识，但同时也有文物和自己生活没有直接关联的认识。与之相反，如果考虑在这些物质遗产场所举行社火等非遗展演，则可能不会出现上述局面。

所以，根据不同非遗的属性，因地制宜，充分利用古建遗产空间，能使之避免成为闭锁的文物建筑，有效提升物质遗产的功能。这符合《规划》所指出的：注重旧城改造过程中保护历史文化遗产、民族文化风格和传统风貌，促进功能提升与文化文物保护相结合。

（二）保留或建设非遗传习和展演的场所

传习所建设是非遗保护的重要环节，在城市建设中，对那些有强烈意愿的非遗传承团体，在与之充分沟通的基础上，听取他们的想法和认识，结合国家各项政策，联合城建部门，把传习场所的翻修重建、搬迁、扩充修建作为建设项目纳入城市发展规划，使民间舞蹈、民间音乐、传统武术等人员规模较大的非遗项目传承不受季节、气候的影响，实现常态化。

非遗展演场所主要指可以公开面向非遗受众群体展开表演的空间场所。在很多城市，戏剧、杂技、音乐等表演类非遗需民众购票进剧场观看，由于剧场及配套来自于西方生活方式，在我国规模较小的县市中，大部分基层民众没有付费进全封闭剧场欣赏文化的习惯，他们更喜欢容易前往且能自由出入的表演场所如露天广场、露天戏台、公园、体育场馆等。2014年10月18日下午，第八届中国曲艺"牡丹奖"颁奖仪式暨惠民演出活动在南京莫愁湖公园抱月楼举行，这是"牡丹奖"2006年落户江苏后首次移师场外举行，从剧场走向开放的公园广场，使这场表演惠及想观看的每一位市民，观众现场反响异常热烈。

有鉴于此，在此次的新型城镇化进程中，结合公共文化服务，城市管理者应调整出有利于非遗传承的城市空间布局，主要从以下三方面着手：

第一，许多村庄被纳入新城区的建设规划中，在未来则成为城区的一部分。从村庄转向城区的过程中，一些长期为村民认可的已有的开放式空间应予以保留修缮，如庙宇及周边的开阔场地、街区等，使传统戏剧、社火表演等非遗能在城市生活社区中继续传承，这也是地方文化脉络的延续。

第二，对城区中已有的戏台、开放式剧院、广场、公园等公共空间，不应轻易拆除或挤占，这是非遗在城市得以传承的物质基础之一。结合当地民众生活实际，再以戏台、剧院等为轴心向四周延伸出其他类型的文化设施，设计修建非遗传承场所，为民众容易接触到非遗创造机会。

第三，合理规划普通住宅小区及周边的各类文化场所，如配备多功能的小型广场或开放式场馆，在特定假期、节日等重要时刻周期性地引入戏剧、民歌、音乐、杂耍等民间表演艺术，使进入城市的儿童、年轻一代可年复一年地亲自接触和体验非遗成为可能，发现非遗之美。

（三）建设利于非遗传承群体宜居的园（街）区

现下各地热衷于为商业类非遗专辟文化产业园区，用以吸引人才和资金。但这些园区的建成必须从最基本的人性需求出发，配有便捷的交通线路，有普通民众负担得起的各类住房和各类生活设施，完善教育、就业、医疗、文体休闲等公共服务体系，以吸引越来多的外来者来此从事非遗生产、贸易零售、第三产业，围绕非遗不断增加工作岗位和产值，做到非遗产业集聚与人口集聚的同步。这涉及《规划》中关于交通网络、城市就业、城市空间结构等硬件要素以及城市基本公共服务、管理结构、发展机制等软件要素，涉及规划、房管、市政、城建、水利、交通运输等诸多部门的参与介入。

宜居的非遗产业园（街）区，可以克服非遗传承者在农村居住分散、交通不便的缺点，既有利于非遗传承者间的交流与竞争，也为非遗的常态化培训提供了可能，使愿意传习非遗的年轻人可以较低的生活成本学习非遗。这样的园（街）区还能汇聚各年龄层次、各种教育背景的人，有利于化解非遗传承人目前在选择徒弟和从业人员所面临的各种困难。此类规划如果执行到位，将逐渐营造出激发非遗传承者创意灵感的成熟的社会氛围，而这正是非遗在城市传承发展的关键，更为非遗项目产业链奠定了地缘集群和多元人才的基础。

（四）修建城市非遗象征标识物

《规划》指出"建设人文城市，要传统和弘扬优秀传统文化，推动地方特色文化发展，保存城市文化记忆。"在城市建设中，由艺术家运用现代设计理念和手法如城市雕塑等，将体现本地特色的非遗内容元素提炼出来，在联结城市的各类交通要道、人流量大的商场、街区、主题酒店等城市空间中把地方非遗以各种形式呈现，因视觉上的冲击震撼，可有力增强民众对非遗的记忆。如"香包之乡"甘肃庆阳市的城北广场矗立一组有两三层楼房高的"空间香包"雕塑，把小小香包放大了几千倍，用现代艺术建筑呈现出来，极富美感。晋中左权县把小花戏的道具——扇子以巨型雕塑展现出来，醒目地立在通往左权县城的交通要道上。这种把非遗运用放大的视觉感官进行表述，既是弘扬非遗，也是在彰显城市的文化特色。

（五）建设非遗特色小镇

《规划》提出要"有重点地发展小城镇，把具有特色资源、区位优势的小城镇，通过规划引导、市场运作，培育成文化旅游、商贸物流、资源加工、交通枢纽等专业特色镇。远离中心城市的小城镇和林场、农场等，要完善基础设施和公共服务，发展成为服务农村、带动周边的综合性小城镇"。晋中国家级文化生态保护区有些城市正向此方向迈进，如以醋、葡萄闻名的山西清徐县依托毗邻太原的地缘优势，修建醋文化博物馆，葡萄休闲度假区，同时持续举办醋文化节、葡萄采摘节等活动宣传造势，发展文化观光产业，打造"葡乡醋都"主题县城。

而以非遗为核心建设有文化特色的风情小镇和村落，这种想法在地方民众中也正不断酝酿着。全料香、洪山琉璃、洪山陶瓷三个非遗项目是介休洪山镇独有产业，以这些非遗为开发资源，介休洪山镇民众提出发展洪山休闲观光产业的设想：兴建香道和茶道结合在一起的香吧，陶瓷和茶道结合的陶吧，香道和书籍结合的休闲书店，与介休周边旅游景区联结，将介休洪山镇发展为富于文化感的特色小镇。民歌王石占明的故乡——山西左权红都村，正积极规划筹备，计划以红都村田园景观为基础，以左权民歌为文化资源要素，修

241

建民歌博物馆，举办民歌节音乐节，发展乡村田园景观和文化相结合的农业旅游，创建美丽乡村。

这些想法的实现，仍必须以当地实际情况为基础。而一个城市的发展，会带来物质资源的消耗和生物系统的改变，所以首要前提是警惕生态衰退，不应破坏外在的生态景观，更不能破坏人们难以察觉到的地下水系、土壤、矿物等自然资源。再者，不断完善城市工程和社会基础设施，适宜人们居住，否则无法吸引年轻人长久留居于此。

（六）善用各类传统美术和建筑技艺传承者

在晋中国家级文化生态保护区，活跃着许多古建筑公司，承担重要的古建修缮、重建等工作。除此而外，榆次、太谷、祁县、平遥、介休、灵石等县还零散地活跃着许多艺人，都以个体经营的形式从事各类工艺美术、庙宇塑像、雕梁画栋，民间雕刻（木雕、石雕、砖雕）的修建或修缮等工作。这些古建公司、民间美术艺人都在利用自身的技艺经营谋生。根据《规划》中提出的"强化城市产业就业支撑"意见指导，调整优化城市产业布局和结构，使这些传承者的经营活动成为晋中地方特色产业而不断得到发展。

在普查并评估相关传承人技艺水准的基础上，此次新型城镇化应注重让民间美术艺人、传统建筑艺人加入古建筑修缮、庙宇修建以及传统风格建筑的建设中，重视他们的技艺特长、经验及意见，尊重他们的合理利益诉求，纳入相关规划并得到切实实施。作为传统技艺、传统美术与当代生活相融合的途径，这是在继承传统的基础上的活态创新，是培养此类年轻非遗传承人才的一个重要方式。

同时，运用各种方式手段弘扬和展开非遗教育，让非遗搭上城市电子传媒平台，利用各类传播方式，反复向民众输出各类非遗知识，增进市民对非遗的熟悉和认可度。随着我国自上而下非遗保护的展开，这方面的力度正不断加大。但在县一级的城市中，仍需思考适用于本地民众认识水平的非遗推广和教育方式，让城市中的青少年有机会接触家乡非遗，引导他们发现并尊重非遗，逐渐树立起非遗保护意识，这是非遗世代传承的起点。

结　　语

当下，就如何解决城镇化进程与非遗传承间的矛盾，社会各界还没有形成共识，非遗也几乎没有进入城市总体规划的制定和修编者的视野中，实际的城镇建设更无从谈起。要改变这种状况，需改变以经济指标为唯一的衡量标准，城市管理方在规划城市之初时就应通盘考虑市民和非遗的关系，考虑非遗传承群体如何生活、工作、娱乐及身处何种环境中。在这种情况下，规划者绝不只是一个规划"起草者"，而是必须清晰地想象出规划上的文字、图示在实际生活中是何种样貌，产生何种效果。实现非遗保护工作与城镇基本建设、产业发展、城镇管理机制统合起来，同步规划、同步实施。

有意思的是，政府机构负责制定各类规划的工作人员曾明确提出，无论哪种规划，都以国家法律为准绳。目前文物保护已经明确纳入与之相关的各类规划中，在执行中责任到人。然而，非遗却还是他们尚不明了的，甚至还没有意识到非遗保护已有法可依，因此也谈不上制定规划时会考虑非遗。这是一个值得我们深思和研究的问题。

这也表明，基于中国现行条块垂直分割的行政管理体制，跨部门共事非常不易，所以在此次新型城镇化进程中保护非遗的构想若要转变为能够执行的规划，需突破部门分类管理的局限，首要且迫切的事就是建立非遗主管部门与城市规划部门的合作机制，让政府管理者、来自不同专业的研究者、非遗传承群体、非遗相关利益者等参与进来，发展出能自我改良和适应并协调各方的工作机制，处理非遗传承与城市建设的关系，也使新型城镇化进程中的非遗保护成为当地民众主动释放才华、创造力贡献于城市发展的过程。

总之，非遗传承和保护工作因城镇化更具挑战性，新型城镇化因非遗保护而更复杂。然而，人们终将意识到，因非遗带来的城市社区的和谐安全、独特文化氛围、新兴产业，既丰富了城市的文化内涵，对城镇经济也将产生持续的积极影响。

参考文献

[1] 国务院. 国家新型城镇化规划［Z］. 北京：人民出版社，2014.
[2] 钱永平. UNESCO《保护非物质文化遗产公约》述论［M］. 广州：中山大学出版社，2013.
[3] ［英］查尔斯·兰德利. 创意城市：如何打造都市创意生活圈［M］. 杨幼兰译. 北京：清华大学出版社，2009.

文化多样性保护理念下的少数民族服饰文化研究
——以中央民族大学民族博物馆展品为例

郑喜淑　　中央民族大学

文化多样性（Cultural diversity）是人类历史上普遍恒久的特征。任何一种文化、只有在它能够与其他文化相区别时才能被辨识，也才能有现实的存在。一方面，不同的自然环境和历史条件，导致文化的起源和演化不可能是同一的；另一方面，人类需要结构的差异性和欲望理想的丰富性，也只能由文化的多样性来表达和满足。我们有无数的视角和理由论证文化的多样性，以至于经济学家斯蒂芬·玛格林断言："文化多样性可能是人类这一物种继续生存下去的关键。"[①] 然而，在以文化产业为特征之一的全球化时代，这个似乎自明的问题变得隐晦起来。新生还是消逝，多样性面临抉择。

服饰作为认识和了解民族文化的重要手段，是民族在特定时代背景和地域环境中所形成的独一无二、具有鲜明特征的文化符号。服饰代表了该民族对美的追求和创造，而少数民族服饰作为一种文化表现形式，也肩负着对民族文化传承、普及和解读的重要历史任务，但现今社会缺乏对于少数民族服饰审美价值和经济价值的实际了解，这与展示本身对服饰的呈现角度和深度有很大的关系。伴随着时代多元化的发展趋势，传统静态平面的橱窗式展陈形式，在形式和内容上都面临展品与观众交流困难的问题。所以，我们不仅需要通过符合时代需求的展示精神、充实的文化内容和多样化的艺术表现形式来消除不同文化形态之间的隔阂，还应以独特的视觉冲击力、丰富的艺术语言和协调的色彩来营造真实感人的氛围，激发展示对象与观者之间的心灵互动。少数民族服饰展示应秉承尊重宽容的展示文化精神，寻求时代特征与服饰文化个性之间的融合，使观者在以更加自然流畅的行为体验真实服饰情境的同时，也能够领会少数民族服饰的精神实质。

一、中央民族大学民族博物馆少数民族服饰展示概况

（一）少数民族服饰展示的介绍

中央民族大学民族博物馆始建于1951年，是一座民族学专业博物馆，也是全国高校中唯一收藏和展览56个民族文物的博物馆。现有馆藏文物近2万件，以服装、首饰、头饰为主。现有6个展厅。其中常设展览"中华民族传统文化展"有4个展厅，分别为"北

---

① 《世界文化报告2000：文化的多阳性、冲突与多元共存》，北京：北京大学出版社2002年版，第159页。

方民族服饰文化厅""南方民族服饰文化厅""中国少数民族头饰文化展"和"宗教文化厅",此外还有专题展览"台湾少数民族文物展""中央民族大学校史展"。本文主要以"北方民族服饰文化厅""南方民族服饰文化厅"为例。

"北方民族服饰文化厅"。北方民族主要分布在我国东北、华北、西北地区的满、朝鲜、赫哲、蒙古、达斡尔、鄂温克、鄂伦春、回、东乡、土、撒拉、保安、裕固、维吾尔、哈萨克、柯尔克孜、锡伯、塔吉克、乌孜别克、俄罗斯、塔塔尔以及汉族等22个民族。他们多生活在冬季寒冷、四季及早晚温差明显的高原或山区和草原,多数民族曾经长期从事畜牧业、渔猎业或农业生产。复杂的生态环境、多样的生活方式,形成了其传统服饰以长袍长裤及配套完备的鞋帽手套为主要款式、季节变化明显、防寒保暖功能突出、适应骑射生活等特点。展览共展出上述民族清代、民国及现代的服装、首饰、鞋帽、手套等90多件套。

再如"南方民族服饰文化厅"。南方民族是指主要分布于我国西南、中南和东南地区的藏、门巴、珞巴、羌、彝、白、哈尼、傣、傈僳、佤、拉祜、纳西、景颇、布朗、阿昌、普米、怒、德昂、独龙、基诺、苗、布依、侗、水、仡佬、壮、瑶、仫佬、毛南、京、土家、黎、畲、高山等34个民族。多雨湿热的生态环境,相对稳定的农耕生活,以及各民族独特的审美心理、价值观念、宗教信仰等自然与人文因素,共同构成了其传统服饰以衣裤或衣裙型短装为主要款式,衣料轻薄,透气性好,刺绣、蜡染等装饰工艺应用广泛,首饰佩物丰富多彩,文化底蕴深厚等特点。展览共展出上述民族清代、民国及现代的服装、首饰、鞋帽、背孩带、织锦、刺绣工艺品等100多件套。

(二) 民族服饰展示的形式

少数民族服饰展示是民族服饰文化与展示艺术结合的特殊艺术形式。无论从保存、延续文化遗产的角度还是从教育、普及文化知识的角度来说,都是观者在有限的空间里体验真实完整文化形态的重要手段。伴随着时代多元化的发展,少数民族服饰展示由于目的差异性而呈现出多种不同的状态,归纳起来主要有以下几种形式:

其一,专业学术性展示。由于更加侧重对服饰本源以及服饰文化深层意义的探索和挖掘,所以这种展示形态无论在内容上还是形式上都更加专业化。

其二,文化交流性展示。由于展示空间的有限性和非统一性,这类展示常常会整合各民族最具代表性的服饰进行集中展示,所以,它也可以被认为是各少数民族服饰的精品性展示。

其三,科普大众性展示。由于博物馆肩负着征集、保管、研究、陈列文化遗产的重要工作,所以在文化遗产的数量积累和信息积累上都具有绝对的权威,其所举办的少数民族服饰展示也大多数是以教育文化知识的普及为主。同时,由于群体的复杂性而导致这一展示形态具有广泛性、综合性的特点。

二、少数民族服饰分布的地理概况与文化多样性

中国 56 个民族的服饰大部分来自于少数民族地区。少数民族一般具有以下地理特征：一、地域广大，人口稀少。许多少数民族住在山区、高原、牧区和森林地区。二、物产资源丰富。在我国现代化建设中占有极为重要的地位。三、大都位于我国的边疆，属于国防要冲。由于历史上多次的民族迁徙屯田，移民戍边，朝代更迭等原因，而引起的人口变动，使我国的民族分布形成了各民族大杂居小聚居互相交错居住的状况。有些少数民族既有一块或几块聚居区，又散居在全国各地。大约有一千多万人口散居在全国各省、市的大小乡镇和乡村。各少数民族在经济、政治和文化生活方面，不仅相互影响，而且都和汉族有着密切的联系。我国少数民族多分布在边疆，担负着保卫边疆和建设边疆的双重任务。少数民族地区在政治上、国防上、经济上和对外关系上都占有非常重要的地位。

少数民族文化构成中华文化最斑斓的色彩，这一点显而易见。中国共有 38 项非遗项目入选联合国教科文组织非物质文化遗产名录，其中少数民族项目有 14 项。2013 年，1219 项国家级非遗保护项目中，少数民族项目有 433 项，占 34.9%；1986 名国家级非遗传承人中，少数民族传承人有 524 名。[①] 这表明，一方面少数民族文化构成了中华文化的斑斓色彩，另一方面少数民族文化保护、传承和发展的问题最为突出。"一带一路"[②] 的倡议，使边疆少数民族地区发生了前所未有的地位转换，同时也面对着区域经济、文化、社会发展，特别是各民族人民发展进步的艰巨任务。

三、少数民族服饰展示的文化内涵

（一）少数民族服饰展示与"和而不同"

民族服饰展示不同于其他文化表现形式，它既有文化传播的普遍性和广泛性，又因展示对象鲜明的个性特色而存在时空差异，同时因对展示对象文化内涵的挖掘和对观者心理感受的关注而体现出浓厚的人文精神。中国文化历来强调和谐统一，所以对其他文化形态也秉承兼容并包的宽容态度，"和而不同"的文化精神就是在承认各民族文化差异的前提下，通过有效的沟通和观念的共享，去寻求不同文化形态之间的共同点并建立一种全新的文化结构，这与少数民族服饰展示的主题精神和文化意义有着共同的目标。

首先，"和而不同"的文化精神强调建立文化共识的重要基础就是以尊重宽容的态度对各种民族文化形态进行符合实际的认识理解各种文化都有其存在的理由和价值，都是各

[①] http://www.ihchina.cn/中国非物质文化遗产网。
[②] "一带一路"是指"丝绸之路经济带"和"21世纪海上丝绸之路"的简称。它将充分依靠中国与有关国家既有的双多边机制，借助既有的、行之有效的区域合作平台。"一带一路"是习近平主席在访问哈萨克斯坦时首次提出的倡议。

族人民在社会历史发展过程中所积累的价值财富，理应受到理解和尊重。历史经验告诉我们，只有通过与异质文化形态的沟通与融合，才能不断汲取其优秀成果，增强本民族文化的生命力和创造力。民族服饰展示本身就肩负着对文化形态传承和表现的重要任务，所以必须秉承尊重严谨的态度对民族服饰进行真实、完整地呈现，通过恰如其分的展示语言来烘托其跨越时空的个性特色。

其次，在不同文化意识的交流过程中，必须考虑对少数民族服饰独特个性的解读。真正具有民族个性的服饰文化往往是独一无二、不可取代的。少数民族服饰展示要真实全面地保存并延续其所具有的历史信息和审美价值，力求呈现其"真""善""美"的一面。所以，对少数民族服饰个性的展现应该坚持实事求是的原则，不以丧失文化特征为前提，不加以主观的猜测臆断，更不采用商业化的运作模式。但是，我们也必须认识到，民族文化本身并非一成不变的。服饰作为文化的有形物质载体，更是会受到诸如自然地理环境、社会意识潮流和宗教信仰等因素的影响。所以，我们在还原少数民族服饰真实形态的过程中必须对其变化的影响因素和发展趋势有清晰的交代，就连少数民族内部不同分支的服饰差异也不能够忽视，只有对少数民族服饰个性特色的整体化、时代化诠释才能真正解读蕴含在其中的深厚文化底蕴，才能使少数民族服饰展示具有更加持久的生命力。

（二）少数民族服饰展示与"文化认同"

各少数民族都认同并强调本民族区别于其他民族的风俗习惯，并以有差别的民族服饰表达出来，民族服饰就生成为各民族自我认同与民族凝聚力的物化标识。民族服饰一般是在男女两性区别的基础上，按不同年龄段与婚姻状况构成相对统一的服制，其款式变化不大。男女成员在他们一生中，从逻辑上说只能穿几套款式略有不同的服装。服饰款式的相对趋同性延伸为款型制式的连续性，深刻地浸透着对本民族遗传血统、文化、习俗、尊严、信念的自我认同，维护着本民族伦理观的完整性。因此，各少数民族在服饰款型模式趋同化的过程中，除首先满足遮蔽性的要求外，还必须适合当地的气候、生存环境，有利于生产、生活的便利进行，在款式和色彩上遵循实用性的要求；其次必须在服饰上凝结本民族的传统、道德、性别差异等，使服饰几个层次的功能结合起来。例如，藏族的服饰就很适应高原气候的需要，在牧区，由于藏族牧民体格健壮，夜间不必盖被，便可和衣而眠，白天阳光充足，气温骤升，可随意脱出一只臂膀，以调节体温。习以为常后，脱下一袖的装束便成了藏族独有的豪放性格和风度的表现。云南丽江地区纳西族妇女"披星戴月"披饰，象征着她们"肩挑日月、背负繁星"、起早贪黑、辛勤劳作、任劳任怨的美德。麻布蜡染百褶裙是苗族的象征，在民族集会上，苗族妇女不穿麻布裙，就不被视为苗族，就不被信任并在感情上被疏离。朝鲜族有大型集会和喜庆活动时，不管男女老少都不穿朝鲜族服装。朝鲜族是从朝鲜半岛移居东北逐渐形成的一个少数民族，其文化与朝鲜半岛的文化有着深厚的渊源。因此，朝鲜族服装比较独特，呈出现素净、淡雅、轻盈的特点。改革开放后朝鲜族分布在全中国各地，但是只要在节假日和老人寿诞之时，他们就会穿上朝鲜族传统民族服装，载歌载舞，共同欢庆，这已成为朝鲜民族标志性的"风景线"。

（三）少数民族服饰展示与"宗教信仰"

服饰的文化内涵还体现为服饰与信仰有较为直接的联系。严格信奉伊斯兰教的穆斯林妇女必须戴面纱，这一标志演变为一种传统而被接受与追随。面纱的功能就不仅仅在于只是把她们的面孔遮盖起来，而在于对外部世界嘈杂、喧嚣的回避。因为面纱具有尊严、高贵、权威等意义。民族服饰中也渗透着祭祖、敬神的倾向，表达着祖先崇拜和英雄崇拜的伦理欲求。例如哈尼族妇女的服饰，在胸襟处醒目地镶嵌着光彩熠熠的太阳和月亮银饰，人们背的荷包上也绣着太阳和月亮的图案。据说，远古时候，太阳和月亮被妖怪吃掉，大地黑沉沉，哈尼人面临灭绝的危险。为了拯救哈尼人，奴玛和芭拉姐妹俩不惜牺牲自己年轻的生命，妹妹奴玛变成了太阳，姐姐芭拉变成了月亮，哈尼人又获得了新生。苗族赋予麻及麻制品一种神力，它是苗族死人与其祖先之间相互认同的标识。苗族老人死后，孝子孝女要披麻戴孝，以表其独特的孝道。同时，还要为死者准备一双麻布鞋及一个麻团，苗族《指路经》上说："你要去过虫山，毛虫大如羊；穿上麻布鞋，才能翻虫山……你要走石山，虎豹张血口，拿出麻团来，塞进虎豹口"，这样死者才能回到老祖宗居住的地方。死人穿麻布长衫或裙子，否则，老祖宗见了也不理会。

（四）少数民族服饰展示与"文化语言"

传统观念中艺术和科学技术是两种截然不同的学科门类。如果说艺术是人类感性思维的认知，那么科学技术就是理性逻辑的实际运用，两者看似格格不入的关系，却在现代社会多元化发展趋势下实现了颠覆性的结合：诸多新艺术形式的产生发展都离不开科技的参与和技术的运用，而科学技术也从诞生初期的专业领域向更加广泛的实用范围拓展，并在富有幻想性的艺术创意思维中不断得到突破。要实现对少数民族服饰文化的认知就必须对其进行完整而多角度的呈现，而以无形文化为依托的少数民族服饰情境，则是丰富其展示文化内涵的重要手段。观者与展示空间、服饰情境与展示空间的互为融合、互为渗透已成为当代少数民族服饰展示多元化发展的总趋向，其目的就是为了实现从静态的视觉观展到动态的情境体验，从平面展示到空间行为的转变。而在处理观者、服饰情境与展示空间三者关系时，需要在有限的空间环境中运用恰当的艺术表现形式和技术手段，有意识地规划、引导观者对服饰情境的体验与感受，如果说技术手段是增强服饰情境真实感和说服力必不可少的条件，那么艺术表现形式的选择不仅从根本上决定了其展示内容叙述的整体架构和层次顺序，同时也是营造展示氛围并实现观者行为体验和思维沉浸的重要因素。

一方面，艺术表现形式的选择不仅要将展示空间的时间性和流动性融入服饰情境中，也要将服饰以及服饰情境的精神内涵向外部环境空间予以渗透：不仅要实现对民族深厚历史文化底蕴的领会和解读，同时也要考虑观者空间体验的理解度和承受度。从实际的展示规划角度来说，少数民族服饰展示除了具有相对一致的社会历史责任和文化功能外，对展示元素的提取、设计、组织、表现，往往都是根据时代需求和客观需要来整合的。换句话说，在追求对事物的清晰认识过程中，我们需要运用不同形式、从不同角度加强对事物的整体性概括。所以，为了实现观者流畅自如的行为体验和精神领会，我们可以在总体展示主题引导下，结合诸如文学、音乐、电影等其他艺术形式更加灵活地处理展示中人、物、空间三者之间的关系，甚至包括时下民众更熟悉的视频、短片等形式，这些表达形式还可以通过自由地转换人物关系来缩短与观者以及服饰情境的距离，引导观者主动加入到与服饰以及服饰情境的互动中，以更加新颖、趣味的文化解读呈现少数民族服饰展示的时代适应性。

另一方面，艺术表现形式要通过与技术手段的共同运用才能真正实现少数民族服饰展示人、物、空间三者结合的动态体验新模式。在现代少数民族服饰展示中，要更注重通过声、光、电、色等元素实现对真实场景的模拟再现，这种模拟再现将原本现实世界并不完美的因素剔除，通过更加细腻逼真、更具艺术感染力的氛围营造实现观者的行为体验和心理冲击，而这些突破传统的新体验都需要各种先进技术对展示空间和服饰情境感官真实性的加强，数字虚拟技术便是其中的一种。所谓数字虚拟技术，就是利用计算机模拟生成虚拟空间，提供给使用者关于视觉、听觉、触觉等感官的仿真模拟，让使用者如同身临其境一般可以实时地观察空间内的对象并产生各种互交行为，其中最主要的是全景图像技术、三维显示技术、立体声效技术和交互技术等四种。这些技术不仅可以实现对任何事物的逼真再现，更重要的是改变了传统展示情境中对象与观者单薄固化的交流形态，观者可以在虚拟的服饰环境中自由活动，利用更自然流畅的行为实现对服饰情境的深入感受，以一种前所未有的全新互交体验拉近彼此的距离。如，中央民族大学民族博物馆的苗族绣花镶银女子盛装、族银饰涡旋纹盛装女服等。也就是说，以艺术表现形式和技术手段的多样化来少数民族服饰展示的文化语言。

四、少数民族服饰是文化交流和创作的源泉

《世界文化多样性宣言》包括特性、多样性和多元化、文化多样性与人权、文化多样性与创作、文化多样性与国际团结等五部分，共12条。该宣言强调指出[①]：文化在不同的时代和不同的地方具有的独特性和多元化。文化多样性是交流、革新和创作的源泉，对人类来讲就像生物多样性对维持生物平衡那样必不可少。从这个意义上讲，文化多样性是人类的共同遗产，应当从子孙后代的利益考虑予以承认和肯定。正如"一带一路"倡议所宣示的那样，增进沿线各国人民的人文交流与文明互鉴，让各国人民相逢相知、互信互敬，共享和谐、安宁、富裕的生活。坚持和谐包容。倡导文明宽容，尊重各国发展道路和模式的选择，加强不同文明之间的对话，求同存异、兼容并蓄、和平共处、共生共荣。多种文化形态并存是现代社会文化结构的重要特点，充分考虑受众群体的差异性并采用不同的表达形式以获得观念上的沟通与交流则是文化得以生存和延续不可或缺的途径。

在新的时代文化背景下，少数民族服饰展示不仅肩负着传承民族文化的历史责任，更应该通过对民族服饰文化内容的多样化、时代性诠释来挖掘其内在的精神实质。通过艺术

---

① 2011年11月联合国教科文组织通过《世界文化多样性宣言》。联合国大会随即在其所附的执行宣言的《行动计划》的要点，并宣布5月21日为世界文化多样性促进对话和发展日。

与技术的崭新结合来协调处理观者、展示对象以及展示空间三者的关系，并以细腻逼真的服饰情境来实现观者的心灵解读。只有对少数民族服饰个性特征的时代化理解，才能真正切合文化多样性的社会需求，才能真正实现对民族文化传统的延续并使其具有更加长久的艺术生命力。

参考文献

[1] 陈理主编. 中国少数民族文化遗产集粹［M］. 昆明：云南教育出版社，2006.

[2] 杨源主编. 民族服饰与文化遗产研究［M］. 北京：艺术与设计出版社，2009.

[3] 联合国贸发会议（UNCTAD）埃德娜. 多斯桑托斯主编. 2010创意经济报告［M］. 张晓明、周建刚等译. 北京：三辰影库音像出版社，2010.

[4] 单世联编选. 文化产业研究读本（西方卷）［M］. 上海：上海人民出版社，2011.

[5] 李康化编选. 文化产业研究读本（中国卷）［M］. 上海：上海人民出版社，2011.

非物质文化遗产保护与文化生态保护的思考

陈耕　　厦门市闽南文化研究会

在中国的文化生态保护区建设中，闽南文化生态保护实验区是第一个由国家宣布成立和授牌的文化生态保护实验区，其实验性和重要性毋庸置疑。我们重视文化生态保护一般性理论和原则的指导，但我们更珍惜我们从闽南文化生态保护实践中获得的认识和思考。理论既是后设的，也是前导的，重要的是理论必须和自己的对象圆融一致，从实践中来，再回到实践中去。本文对于非物质文化遗产保护与文化生态保护的一些思考，基本上来自闽南文化生态保护区的实践。希望这些并不成熟的思考，在作用于闽南文化生态保护区的同时，对我国刚刚起步的文化生态保护理论，亦能有所裨益。

一、概念：文化生态保护

文化生态保护的概念是什么？为什么有了非物质文化遗产保护，还要推动文化生态保护，设立文化生态保护区？两个保护的对象有何不同？这就牵扯到文化生态保护的概念究竟是什么。这里要提到文化、生态、文化生态系统、文化生态保护的概念。

从本质上说，文化是人在社会实践活动中的对象化。人正是在创造文化的同时，也为自己创造的文化所不断形塑和改造。因此，"文化即人，人即文化"这一命题，一方面是指人是文化的创造者，另一方面也表明，人同时也是文化的创造物，这是一个永不间断地互动的过程。正是在这个意义上，我们认为，人是文化的核心。这个认识对我们所将讨论的文化生态保护具有重要意义。

当然，我们这里所说的人和文化，都不是抽象地存在和发生的。人是具体的人，具体地生存在特定的地理、历史和社会环境中的人；文化也是具体的文化，是人在特定自然、历史和社会环境中创造的文化。联合国教科文组织在《世界文化多样性宣言》中为文化定义时，特别强调"某个社会或某个社会群体"这一前提性概念，便意味着强调文化创造者和文化的具体性以及文化发展的历时性。不同的社会群体（族群、民族），在不同时空环境（地理的、历史的、社会的）中创造适合各自生产的不同的文化，都有各自的合理性。唯有如此，文化多样性才得以存在，不同文化之间的彼此平等才应当受到尊重。也由于此，不同的社会和不同的社会群体的生存实践和文化创造，便烙下了文化的民族性印迹和时代性的特征。文化的民族性和时代性，从静态的结构性存在到动态的进程性发展，为我们深入认识和分析文化提供了重要的面向。

理论上，文化是一个总合性的概念。实际上，文化的呈现是个别的、具体的、一项一项地存在着的。这些个别的、具体的、一项一项存在的文化事象，并非毫无关联地孤立地存在着，而是互相联结、互相影响和互为环境，它们既互相干扰也互相促进，形成一个无形的文化网络，有学者将其称为"文化链"。其实，"链"是条状的、递进的，无法表达文化更为错综复杂的关系，称之为"文化网"或许更为恰切。这提供给我们另一个观察的视角：文化的总合性认识和文化的具体性表现，以及文化的互相关联的结构性存在和文化发展的历时性进程，是我们进入文化生态保护研究不可或缺的一个基本的观念。

文化生态的概念是由自然生态的概念引申而来的。1869年，德国生物学家恩斯特·海尔克最早借用"生态"一词来建立他的生态学理论。海尔克说："生态学是动物对于无机及有机环境所具有的关系。"因此，早期的生态学被认为是研究生物与生物、生物与所处环境之间相互适应的科学，在生物与生物、生物与环境的关系中，形成一个自然生态系统。显然，最初的生态学是属于自然科学范畴的。由是，生态学也被视为是一种自然生态学，是研究自然要素之间相互联系和相互作用的生态过程和生态规律的；面对自然生态的屡遭破坏和严重失衡的状况，提出保护、恢复或重建自然生态的措施和建议。

毫无疑问，自然生态学给予社会人文学者以巨大的启示。20世纪中期以后，在人文学者的积极参与下，生态学的研究重心逐渐由自然生态系统转向人类生态系统，出现了经济生态学、政治生态学、社会生态学、文化生态学等等新的概念和学科。1955年，斯图尔德最早提出文化生态学的概念，就是生态学研究专项的最重要标志和事件。既然文化生态的概念引申于自然生态，自然生态系统的构成要素，对我们认识文化生态系统应有所启发。

生物是自然生态系统中的第一要素。地球上生存着各种各样的动物、植物和微生物，人们将之称为"生物物种"。所谓"生态"，便是指所有生物物种在各自环境中的生存状态和它们彼此间的关系。这个生存环境包括阳光、水分、土壤、空气和海洋，是地球上各种生物不可须臾缺少的生存条件，它们构成了自然生态系统的另一要素：环境。各种生物在这一环境中彼此的关系，和各种生物与不断变化的环境的相互适应关系，形成了一个互相牵连纠结的庞大生态网络，这就是自然生态系统。在这一生态系统中，人是一个特殊的要素。人本来就是地球生物链顶端的高等动物，是生物的一种。但人不能简单地等同于其他生物。作为社会性的高等动物，人有意识，有主观创造的能动性，而不像其他生物那样被动地受制于自然环境，能够主动地改造自然环境，调适与其他生物以及与生存环境的关系。这种调适可能是正面的，也可能是负面的。人同样也可能破坏自然生态，恶化与其他生物及环境的关系。这是辩证的两面。在自然生态系统中，物种、环境和居于核心的人，三者形成掎角之势，既互为环境也互相依存，既相克也相生，既互相促进也互相抑制，构成一种互相牵连纠结的网络态势，这就是生态。

如同自然生态系统一样，文化物种和文化环境，是构成文化生态系统的两个主要因素。与自然生态系统不同的是，人不能简单地视为文化物种的一种。文化是人在漫长社会实践中所创造的，而人所创造的文化在漫长社会实践中也不断地形塑和改造了人。由此，在某种意义上我们也说：不仅是人创造了文化，文化也创造了人，或者说人也是文化的创造物。但这一说法要有两个前提：一是人创造了文化，这是第一性的，而后才有文化创造

（形塑、改造）人之说；更确切地说，人是在文化的创造中，同时也创造了自己，二是这里所说的文化，是一个总体性的概念，而不是作为文化物种之一的某个具体的、个别的、单项的文化。把人视为单项的文化物种之一种，显然是对人的贬低，这是必须区分清楚的。当然，在文化生态系统中，人是一个十分活跃、积极的因素。人不仅创造诸多的文化物种，同时还担负着这一文化物种传承与发展的使命；人对于文化生态环境，也负有积极保护、改造和优化的责任，使之更适合于文化的延续和发展。在文化生态系统中，人居于核心的、主导的地位，这是积极的一面。人同样也有消极的一面：人在某些特定状态下，也会对文化物种和文化环境进行破坏，造成文化生态的严重畸形的失衡。因此，在文化生态系统的构成中，不能忽视人的因素。

文化物种、文化生态环境和居于中心地位的人，是构成文化生态系统的三大要素。文物保护、文化遗产保护，保护的对象是物质的文化物种；非遗保护，保护的是非物质的文化物种；而文化生态保护，既保护物种，更重要的是保护文化物种的生态环境。

二、文化生态环境：大环境、中环境、小环境

文化不是孤立、封闭的存在，文化作为人的社会实践的产物，总是在一定的环境中发生、发展的。这个环境包括自然环境和社会环境；而社会环境则可更细地划分为经济环境、政治环境、语言环境、思想环境、历史环境、教育环境等等；而不同区域、不同民族和不同国家的文化，在互相交往的过程中，也存在着互相影响、碰撞和交融的现象，因此，它们之间也成为互为环境的关系。这一切共同构成了文化的生态环境。对于一个相对狭小的区域文化——例如闽南文化来说，它所面对的环境，大致可以分为大环境、中环境、小环境三个层级。

所谓大环境是指上一层级文化的经济、政治、社会、教育等诸方面因素，对下一层级的文化所构成的一种生存、发展环境。大环境，在很大程度上决定了区域文化的兴衰和发展走向。

区域文化的中环境，主要是指与该区域相邻或交流交往较多，因而相互影响较大的其他区域文化。中环境对于特定区域文化的影响多有变动，和大环境无时无刻、持续不断的强力影响，有很大的不同。中环境中不同区域之间，没有上下层级的关系，许多联系和影响是由民间的力量创造和维系的。当这种民间的联系由于各种原因被割裂或减少，彼此的影响就会极大地削弱；当这种民间的联系受到鼓励和支持，则彼此的影响就会逐渐加强。中环境相互关系的这种变动，在相当大程度上体现出文化环境变迁的人为因素。这正是文化生态保护工作中应当充分关注的问题，也是文化与环境过程性研究的一个重要议题。

中环境对区域文化的发展十分重要。单亲繁殖的弱势和杂交优势是生物学的规律，也是任何一种文化生命发展的规律。开放，不仅包括中华文化的对外开放，也应包含各区域文化之间的开放。我国疆域辽阔，各个民族、各种不同的地理环境培养出各区域的文化，在悠久的历史中又经历了多元重组。各区域文化性格鲜明、各具特色，其丰富多彩不亚于欧洲诸国的文化。如果彼此的交流和融汇能得到更多的鼓励和支持，并纳入国家文化发展

的战略规划之中,对中华文化的未来,将创造更广阔、更美好的文化空间。那种在地方主义的观念支配下,以邻为壑,拒绝交流的做法,只能造成文化的自我窒息。

小环境是指区域内部各种因素对于文化和发展所构成的环境关系。相对于上层文化和相邻文化所形成的大环境和中环境,区域文化内部的环境,虽以"小"称之,却是最重要、也最直接的环境。我们可以把区域文化内部的小环境,概括为以下十个方面:

1. 地理环境 2. 语言环境 3. 经济环境 4. 行政环境 5. 历史环境 6. 社会环境 7. 教育环境 8. 健康环境 9. 民俗环境 10. 艺术环境

区域文化处在这样一种多重复杂、变动不居的环境中,它的发展变化也自然充满了诸多不确定的因素。事实上,任何一种区域文化的发展和变迁,都是各种环境合力的结果。从更长一些的历史来看,每一种环境因素对文化的发展都有无法忽略的力量。它们互相交错,或者联手施压,或者彼此抵消力量,或者共同施以援手,推动该区域文化在一定时期内的发展速率。因此文化环境的优化、改善,需要深思熟虑的均衡推动。

不同文化之间最重要的就是相互尊重,最忌讳的就是互不兼容。对于文化的环境因素也同样如此。各个层级、各种环境因素,都是值得尊重、值得关注、值得努力去优化去改善,忽略任何一个环境因素,哪怕是似乎微不足道的因素,都可能引起整个环境的变化,甚至影响文化的健康发展。因此,必须要观照诸多环境因素的平衡协调,才可能为文化的生存与发展创造一个良好的环境。

当然,当我们说文化的发展是各种环境合力作用的结果时,我们并没有忘记所有的环境因素都只是外因,而外因必须通过内因来发生作用。由此,又归结到人的因素上来。人既是文化生存的环境,又是文化生存的内因。任何一种文化的根本内在因素就是创造与拥有这一文化的人。人是文化生态系统中最重要、最关键的因素,这是确定无疑的。

三、文化生命规律:新陈代谢和自我复制

世界上没有一种文化是可以静止地存在的,这正如没有一个人可以停止生长或衰亡。生命是一个过程,文化也是一个生成、发展、变迁的过程,我们找不到一种静止的、不变的文化,除非它已经死亡。另一方面,无论大环境、中环境、小环境,也都无时不刻在变化之中。文化的本质是变动不居的运动过程,只有过程中的文化才具有社会意义。如此复杂的关系,运动是不是茫无头绪、毫无规律可言呢?

生物学认为,生物有两个规律:其一,生物的个体都进行物质和能量代谢,即新陈代谢,使自己得以生长和发育;其二,生物都按照一定的遗传和变异规律进行繁殖,使种族得以繁衍和进化,即自我复制。新陈代谢和自我复制是生物最重要的特征,也是最基本的生命现象、生命规律。任何一个生命体的生命力,取决于它的新陈代谢能力。善于吸收外来营养,并善于转化为自己的组成物质,那么它一定蒸蒸日上。

新陈代谢的规律告诉我们,新陈代谢就是生命个体内部与外部能量的不断交换。任何

一个复杂的生命都是一个耗散结构，新陈代谢使它每时每刻都在进行生命运动，都在不断地消耗能量、分裂新细胞。但能量从何而来？它必须不断地汲取外界能量。这正如一个人每天要工作、学习，都在不断地消耗自身的能量，必须吃饭、喝水，不断从外界补充新的能量。直到有一天，补充的能量赶不上消耗的能量，人就开始消瘦、生病，甚至死亡。旧的能量消耗，产生不平衡，补充新能量，达到新的平衡，任何生命体的生命活动，都是如此周而复始地循环往复。文化同样也需要不断地补充能量，不断汲取外部的营养。

生命的另一个规律是自我复制。生命是有周期的，生命个体的生命周期虽然各有不同，但总是有生有死，绝不会万寿无疆。生命的延续，靠的是繁衍后代，才能生生不灭。文化也是如此。以中国戏曲为例，谁见过戏曲呢？戏曲是一个总的、抽象的概念，我们只见过京剧、越剧、歌仔戏……但是京剧诞生至今才二百多年，越剧、歌仔戏也不过百年，然而中国戏曲自唐宋至今已有一千多年历史。从宋金院本、南戏到元杂剧，到明传奇，再到清以后的地方戏曲，中国戏曲传延了好几代。元杂剧曾是多么辉煌，关汉卿被誉为与莎士比亚同样伟大的戏剧家，然而，今天谁还能看到元杂剧？除了案头的剧本，当时的唱腔再无人听过。从剧种来讲，元杂剧已经消亡，但是，它的生命基因还存留在后来的诸多剧种如京剧、越剧、歌仔戏等等当代戏曲中。

文化生命如同生物生命，从内部的细胞、个体的生命，到种群的延续，文化生命的过程无不遵循生命运动的规律——新陈代谢和自我复制，只有遵循这两条规律，文化才能生机勃勃、生生不灭。当然，任何一种文化要实现新陈代谢和自我复制绝非轻而易举。文化实现新陈代谢的前提之一是开放。任何一种文化在它发生发展的整个生命过程中，如同人一样，必须不断消耗旧的能量，吸收新的能量。因此它必须开放自己，使自己始终与外界保持能量的交换和补充，不断吸取他者文化、历史文化和大自然的营养。文化要保持新陈代谢的关键是自身的能力，包括吸收营养的能力、排泄渣滓的能力和用营养制造新细胞的能力。

文化要保持自我复制、实现生生不灭的前提同样是开放。生物的人通过异性交配实现自我复制，而且在人类发展的初期，就了解到近亲繁殖对人类健康发展的危害。在中国古代，很早就有五服之内不得通婚的族规。随着生物学研究的发展，人们更进一步了解到"杂交优势"。文化要实现良性的自我复制，关键还要有复制的能力。"不孝有三，无后为大"，"无后"就是断根绝种。从文化的角度来看这句话，实在是振聋发聩。文化是有生命的，有生命的东西必定有生也有死。死而无继，就是绝后，文化同样会断根绝种。所以，创造文化的生命能力，对于每一代人来说，都是不可忽视的。

但是，文化自身无法实现新陈代谢和自我复制，只有人才能能动地实现文化的新陈代谢和自我复制。人是文化的创造者，是文化新陈代谢、自我复制、生生不灭的原动力。文化生态系统的运行，取决于人。人可以推动自身文化的新陈代谢、自我复制、良性循环；人也可能造成自身文化新陈代谢能力的衰退、生育能力的退化，甚至完全"性无能"而断子绝孙。因此，人是文化生态保护最重要、最关键的环节。

总之，非物质文化遗产保护，它的对象是非物质文化的物种，而文化生态保护的主要工作对象，是所有文化物种的生态环境。因此，在文化生态保护中，必须把工作的重点放在文化环境的保护上；在文化环境的保护中必须以人为本，最大限度地动员广大的人民群众投入到文化生态保护工作中，其中，又以最大限度地普及文化自觉作为工作的重中之重。

非遗依赖型大学生旅游创业模型探究[①]

刘蒙蒙　谢芳　谭程　天津财经大学

我国非物质文化遗产是中华民族文化艺术瑰宝中的重要组成部分，从国家层面上，国务院颁布《关于加强我国非物质文化遗产保护工作的建议》等规约来保护；从学校来看，有许多学校设立非遗传承班，组织"非遗进校园"等活动来普及非遗知识；从个人来看，越来越多的人开始关注非遗，非遗传承人们将保护与传承非遗作为一生的事业。2014年9月在夏季达沃斯论坛上李克强总理提出"大众创业、万众创新"的号召，掀起大学生创业的浪潮，"创客""众创空间""创业大赛"等新兴词汇也随之而来。作为朝阳产业的旅游业与创业结合也是一个大趋势，近些年已经有许多大学生开始了自己的旅游创业之路，如：90后大学生马昕彤创立海南私人订制与骑行旅游公司，罗孟奇私人订制泰国深度游、开立泰国餐厅，陈泓舟创办"伴旅"创新旅游项目与综艺节目相结合等等。

根据麦可斯调查研究，大学生创业数量在逐年增高，但所占比例依然很小，2015届全国高校毕业生创业率2.86%，其创业成功率仅为0.3%，可谓凤毛麟角。与西方国家相对比发现，国外的大学生创业的成功率约占20%。面对如此创业的不足与悬殊的数据差距，根据成功的创业案例来研究大学生创业模型，回答了依靠非遗进行旅游创业的创业者如何利用与开发非遗旅游资源的问题。

一、理论背景

早在1985年，Gartner在一篇论文中提出了最早的创业模型，打开了创业模型的先河，它主要研究的是新企业在创业过程中的概念框架。随后，许多学者在Gartner模型的基础上，通过实际情况具体分析、演化出不同种类的创业模型。在已有的创业模型中，模型的产生发展没有任何的既定环境或者说是约束条件。而在研究大学生依赖非遗进行旅游创业的时候，我们不得不考虑到大学生创业的环境是受非遗资源的场域的限制的，并非在任何场域下都可以开展创业。因此，已有的创业模型不能完美的诠释大学生依赖非遗进行旅游创业模型。

Gartner（1985）对已有创业研究进行了整合，通过转变研究视角，构建了一个多维度的动态创业理论模型[1]。该模型包括创业者、组织、环境、创业过程四个要素，每个要素

[①] 本文系天津市2014年社科规划艺术类资助项目"非物质文化遗产的场所依赖和再生产"，项目编号：C14005。

又分别包含数个维度，四个不同的创业要素通过不同方式进行互动并相互影响。Gartner（1988）对创业者特质论的研究成果进行进一步的归纳总结，总结出特质论难以发展的原因是存在"对创业者定义不一、样本选择无统一标准"的问题[2]。Gartner（1985）模型不仅为分析创业现象提供了一个全新的框架，更重要的是，它把创业研究视角从单纯关注创业者特质转向了动态变化的整个创业过程。Wickham（1998）构建了以创业者为中心，其职能是调节机会、资源、组织等创业要素间关系，在创业者识别与确认创业机会之后，通过管理和整合资源、组织和带领创业团队来实现创业活动[3]。同时，这个模型突出了创业的过程是一个学习的过程，其成功与否与其是否不断学习紧密联系。Sahlman（1999）根据自己的亲身创业经历以及对数百家新创企业的研究，构建了一个以环境为中心的新型创业模型[4]。Sahlman创业模型由人和资源、机会、交易行为和环境这四个要素组成。Timmons（2003）在以上三位研究者的基础上提出了创业三要素模型[5]。创业机会、创业资源和创业团队成为该模型的三个核心要素，而创业则被看作是一个在三要素之间实现动态平衡的过程。

这几个具有深远影响的创业模型丰富了创业的理论研究并指导着创业的实践活动。笔者根据不同创业模型的构成要素与主要创新点，总结出各个创业模型的构成要素和主要创新点。（见表1）

表1 经典创业模型的构成要素与创新点

创业模型	构成要素	主要创新点
Gartner模型	括创业者、组织、环境、创业过程	创业模型先行者，创造出多维模型
Wickham模型	创业者、机会、资源、组织	以创业者为中心，学习对创业成败具有重要影响
Sahlman模型	人和资源、环境、机会、交易行为	以环境为中心，人和资源的重要地位
Timmons模型	创业机会、创业资源、创业团队	强调机会发现、资源利用和团队协作三者的适配，凸显了创业团队重要地位

二、研究方法

（一）方法选择

本文采用横向多案例研究的方法，选取了三位非遗依赖型大学生创业的案例进行分析。与单案例研究相比，多案例研究可以同时指向一个证据，能够更全面、更有说服力地对理论进行支持。本文旨在回答依赖非遗进行旅游创业的创业者如何利用与开发非遗旅游资源的问题，属于回答"如何"问题的范畴，因此适宜采用案例研究方法（Gummesson，2000）[6]。再者，由于本研究需要探究不同类型创业者的创业模式，因此本研究需要多案例研究方法。

（二）案例选择

本文通过互联网、朋友推荐、纸媒介、新闻的相关报道等，搜集大学生依赖非遗进行旅游创业的案例，选择三个案例进行研究，以这三位大学生为研究对象，分别是创办蓝续绿色文化发展中心的张翰敏，创立贵州苗王银庄潘世龙，创办贵州凯里仰优民族工艺品有限公司的靳秀丽。本文选择以上案例的特征和原因如下：第一，在我国，作为非物质文化遗产聚集地的西南部地区非遗资源丰富。因此，本研究遵循典型性原则，将样本的范围确定在我国的西南部地区，选取贵州省与云南省两大非遗丰富的省份；第二，这三位创业者中有非遗技艺拥有者与非拥有者，可以从不同方面探索他们的创业模型。

（三）数据收集与分析

1. 案例数据来源及收集方式

遵循 Glaser（1967）的建议，本研究采用多种来源收集数据[7]，主要包括：赴贵州省进行深度访谈及半结构式访谈；互联网、新闻相关报道；与创业者面对面访谈；借助聊天工具进行访谈；一些非正式的信息获取渠道：查阅创业者所开店铺网店、微店以及微信公众号等。其中，访谈数据是本研究的主要数据来源，并辅以观察数据和文件档案。具体来说，在设计案例研究草案的过程中，首先明确了数据搜集方法和策略，并设计了访谈提纲。访谈内容围绕创业者创业的动机、创业者是否具有非遗技艺、创业者的经历、创业者创业的大环境以及创业者自身的创业精神、创业能力等。

2. 半结构化访谈数据

本研究最重要的数据来源是半结构化深度访谈。半结构化访谈相对于结构化访谈，更具灵活性，在通过对访谈大体方向的掌握的同时，能够在访谈过程中发现新方向新亮点，从更具体各个方面对创业者的创业过程有更深入的了解。本文共进行了两个阶段的访谈：第一阶段是前往贵州省黔东南州凯里市进行实地调研，与靳秀丽、潘世龙两位创业者进行面对面访谈，获取一手资料；第二阶段是通过互联网的手段，借助聊天工具进行访谈，主要是根据第一阶段总结出的问题及访问漏洞进行弥补，与更深入的了解。笔者根据案件资料来源以及收集方式绘制表进行总结。

表2 案例资料来源及收集方式

资料类型	资料来源	资源获取方法及主题
一手资料	与创业者本人进行半结构式访谈；参与式观察	笔者与创业者进行访谈，并录音；第一阶段，根据已列提纲，从创业者在创业过程中的动机、资源、组织形式、所遇困难及解决办法几个主要方面进行访谈；第二阶段，通过异地借助聊天工具对创业者在创业中自身的创业精神以及创业能力进行访谈
	其他方式	参观创业者制作非遗产品
二手资料	公开资料，相关研究论文以及新闻报道，查阅创业者所开店铺网店、微店以及微信公众号	通过创业者的网站搜索信息，通过百度、CNKI 搜索报道、研究文献等

本研究的数据分析分为三部分进行：第一步就每个案例逐一梳理内容，用共同的陈述形成基本的类别；第二步将涌现的类别与理论构念反复匹配，并借助大量的图表挖掘潜在

的理论。第三步,形成结论。本文在第一步形成的数据结构如图 1 所示。

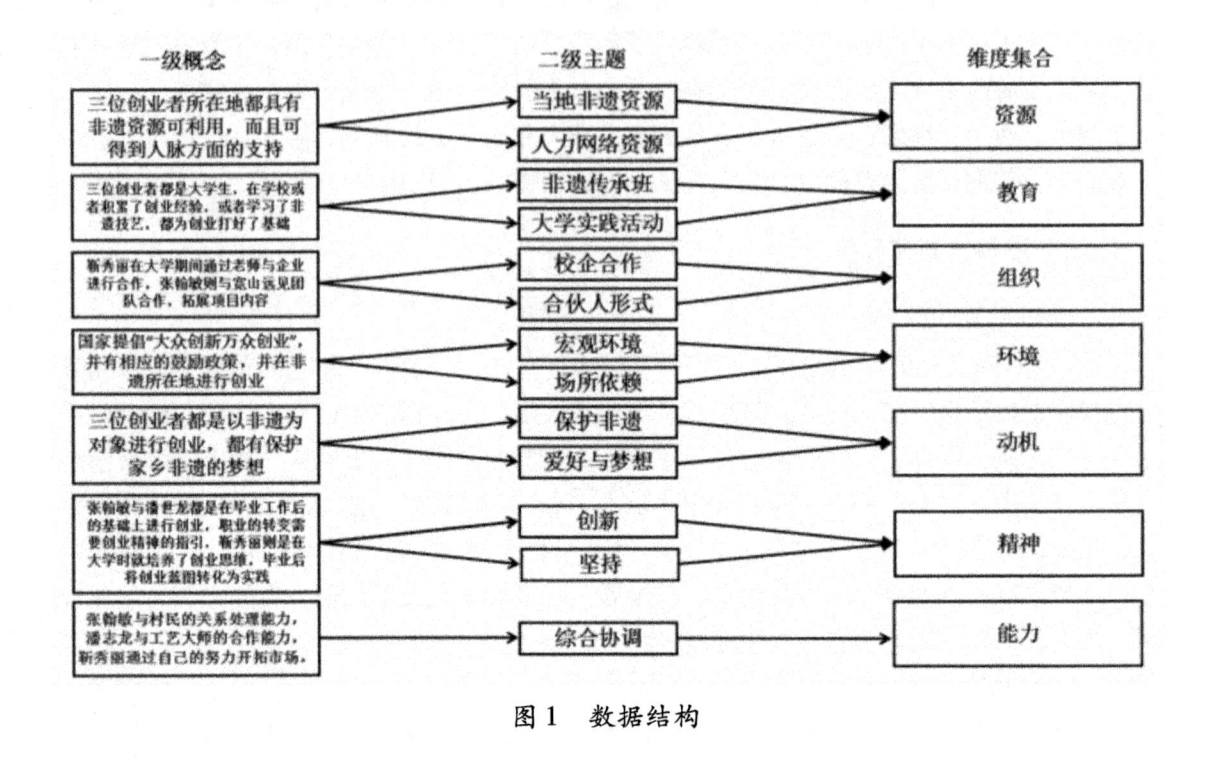

一级概念	二级主题	维度集合
三位创业者所在地都具有非遗资源可利用,而且可得到人脉方面的支持	当地非遗资源 / 人力网络资源	资源
三位创业者都是大学生,在学校或者积累了创业经验,或者学习了非遗技艺,都为创业打好了基础	非遗传承班 / 大学实践活动	教育
靳秀丽在大学期间通过老师与企业进行合作,张翰敏则与宽山远见团队合作,拓展项目内容	校企合作 / 合伙人形式	组织
国家提倡"大众创新万众创业",并有相应的鼓励政策,并在非遗所在地进行创业	宏观环境 / 场所依赖	环境
三位创业者都是以非遗为对象进行创业,都有保护家乡非遗的梦想	保护非遗 / 爱好与梦想	动机
张翰敏与潘世龙都是在毕业工作后的基础上进行创业,职业的转变需要创业精神的指引,靳秀丽是在大学时就培养了创业思维,毕业后将创业蓝图转化为实践	创新 / 坚持	精神
张翰敏与村民的关系处理能力,潘志龙与工艺大师的合作能力,靳秀丽通过自己的努力开拓市场	综合协调	能力

图 1　数据结构

三、案例描述

案例一:张翰敏通过扎染进行民宿旅游创业——蓝续。张翰敏的家乡在云南省大理周城,是有名的"扎染之乡",在这里的小孩子基本都拥有基础的扎染技术。张翰敏大学读的是历史专业,毕业后并没有直接回到家乡创业,而是在北京做社区发展的工作。她怀着对家乡的一种情怀,借助自己的工作经验,回到家乡通过非遗扎染进行民宿旅游创业。这里的民宿不仅仅是游客住宿的地方,在这里游客们还可以学到扎染技艺,体验手工制作。其员工都是当地居民,带动家乡经济发展的同时,传承了当地非物质文化遗产扎染,使更多的人能够接触非遗。在访谈中,张翰敏提到她想回乡创业的原因有三:其一,在离乡多年回到家乡时,她感受到,与小时候的印象相比,家乡发生了翻天覆地的变化,像扎染等非遗和绿色传统文化正在慢慢消失,她希望通过自己的努力为家乡尽绵薄之力;其二,不管是扎染等非遗,还是体验式课程,这些都是一种生活方式的体验,她希望做出一种适合的生活方式;其三,她有在北京做社区发展的经验,对这方面比较感兴趣。张翰敏从四年前开始创业,有过申请基金的经历,减轻了她在创业初期的压力。在创业过程中,张翰敏与宽山远见团队进行合作,经营组织手工坊、亲子屋等项目。

案例二:潘世龙景区内创立苗王银庄。潘世龙是贵州省黔东南州银匠村村民,祖辈世世代代都是打铜器、银器为生。自己虽然不精通打制银器,但是耳濡目染也懂了很多,可以为人讲解。在大学期间潘世龙就开始参加社会实践，毕业后也先后自己包工程、开餐馆，积累了丰富的工作经验。千户苗寨从 2006 年开始开发，他就发现游客来这里有对纪念品的需求，就萌生了在景区内开设银饰品商店的想法。他与妻子联系省级和国家级的银饰工艺师为他们提供货源，使他们银饰品品质与质量得到保障，就这样开始在西江千户苗寨内进行创业，开创苗王银庄，为游客提供具有民族特色且不乏时尚的旅游纪念品。他也联系一些有打制银器技艺的人，帮他们做推广，互赢互利。

案例三：学院派创业者靳秀丽建立仰优蜡染工作室。毕业于贵州凯里学院民族民间工艺设计专业的靳秀丽，从小受母亲的工作服装剪裁影响喜欢手工艺品的设计与制作，在大学时就选择了这个专业。凯里学院另设有非遗传承班，致力于从学校培养具备非遗技艺的接班人。在大学期间，老师会让学生们参加一些企业的项目，毕业后靳秀丽自然而然就选择了与同学共同创办仰优蜡染工作室。工作室经过几次辗转最终落定在旅游民俗创意园区，享受免租三年的优惠政策，通过参加各地展销会、博览会增加销路。政府也会通过一些优惠项目，帮助这些创业者增加销路，比如：在深圳的大卖场进行展销，只需创业者提供产品，政府会帮忙出租金。在产品创新方面，靳秀丽学习并创新植物染技术，将蜡染植物染等运用到更多领域，比如一些非遗主题的酒店。

四、案例讨论

（一）外部条件因素

1. 资源

资源是开发创业机会不可或缺的支撑要素，创业者必须制定和实施设计精巧、用资谨慎的创业计划，用尽量少的资源做成尽可能多的事，即动员一切可利用的资源并合理利用和控制资源。首先，非遗技艺成为大学生依赖非遗进行旅游创业的一个首要资源，不管是自己拥有还是自己的合伙人或者员工掌握非遗技艺，这都是创业的核心，也是重中之重。比较这三个案例，他们虽然都拥有非遗技术，但是他们所拥有的形式不一样：张翰敏是从小耳濡目染和家里人或者族人学习而拥有的扎染技艺；潘世龙虽然自己不拥有打银饰品的技艺但是自己的合伙人是贵州银饰的传承人，也等同于他拥有打造银饰的技艺；靳秀丽则是通过在大学的学习掌握了蜡染的技艺。其次，人脉责任创业过程中的另外一个重要资源，所谓众人拾柴火焰高，人脉广可以增加产品的销路，客户资源也是创业中不可获取的资源。

2. 教育

非物质文化遗产的传承与教育是密不可分的。作为保护民族文化多样性的一个切入点，教育起着举足轻重的作用。凯里学院设置非物质文化遗产传承班，不仅对学生了解和传承非物质文化遗产有启发作用，更对学生今后依赖非遗进行创业打下良好基础。

3. 组织

组织是指创业者的组织规模与结构以及成本领先、差异化等组织战略选择。例如：张翰敏在创业过程中就遇到了在组织方面的困难，由于她选用的员工都是当地居民，可能存在语言沟通不当，难于管理的问题，所以合适的组织规模，对创业具有积极的推动作用；潘世龙与妻子一同创业，并与非遗传承人进行合作，拥有完整的组织形式；靳秀丽与合伙人协作分明，靳秀丽负责产品的设计，一个人负责拓展市场。这足以看出完善的组织结构对于一个创业企业来说的重要性。

4. 环境

环境是指无法通过管理来直接控制的因素，如相关的政策法规、宏观经济形势等。"大众创业，万众创新"理念从2014年的提出到2015年的发展再到2016年的成熟，创新创业的宏观环境促进了全民创业的发展。而非遗依赖型创业所具有的特点则是场所依赖——即创业者依赖非遗所在地进行创业。

（二）创业者个人条件因素

1. 创业动机

创业动机是一个创业的起始点，对于大学生依赖非遗进行旅游创业来说同样需要创业动机以开始创业活动。但依赖非遗进行旅游创业的大学生的创业动机往往与其他创业者不同，他们多是对家乡的非遗有一种情怀，比如：张翰敏本已在北京工作，但是她发现了家乡翻天覆地的变化，像扎染等非遗和绿色传统文化正在慢慢消失。其次，这三位创业者都是在非遗环境中成长起来的：张翰敏生活在"扎染之乡"云南大理周城，潘志龙生活在贵州省黔东南州凯里市银匠村，靳秀丽则是从小跟母亲学习手工艺技艺，非遗的思想已经根深蒂固于他们的血液当中，这为他们以后的非遗创业打下了基础。最后，他们的共同动机是身负一种对非遗传承的责任：张翰敏看到家乡非遗传承的情况觉得自己有责任去传承自己家乡的文化，并且传递给更多的人，靳秀丽也发现当下的年轻人大多把工艺品、服装等选择的目光投放于国外的市场，而占很少一部分的人愿意去尝试中国传统的关于非遗的产品，她希望将中国的传统文化发扬光大。

2. 创业精神

创业精神是指以创新精神为指导，把创新观念转化为创新实践蓝图的思维操作意识[8]。也就是说，创业精神是创新主体在创新精神指引下，把创新观念化为创业形象蓝图，并把创业形象蓝图化为创新实践蓝图的精神力量。创业精神是创新精神向创新实践蓝图转化的中介，即创新精神—创业精神—创新实践。在案例中，张翰敏在产生回乡创业这个想法的时候，就明确了她要传承非遗的决心，选定了当地族人作为她的员工等一系列计划；潘世龙在经历了大学期间多次不同经历的创业，在经验的累积后，明确了他要回乡提通过银饰进行创业的目标；靳秀丽由于她在大学的专业就是蜡染的技艺，不管是以后就业还是创业，她都已经明确了今后的方向，那就是蜡染。所以，这些大学生在创业之前就已确定自己的创业活动，具有创业精神。

3. 创业能力

创业能力是创业者拥有的，促使创业成功的一系列知识、技能和态度的集合，具有动态性，创业能力是一个多维度的概念[9]。Man和Lau等人提出六个维度：机会能力、关系能力、概念能力、组织能力、战略能力、承诺能力[10]。如上案例描述所述，这三名大学生创业者在整个创业过程中的每个环节都体现着创业者的创业能力,如:张翰敏与村民的关系处理问题上,潘志龙与非遗传承人的合作能力,靳秀丽通过自己的努力开拓市场。

五、结论与讨论

(一)主要结论

本文旨在解决非遗依赖型大学生创业的创业者如何利用与开发非遗旅游资源的问题。通过三位大学生依赖非遗进行创业的案例,结合创业模型,本文提取了包括资源、教育、组织和环境的外部条件因素,以及包含创业动机、创业精神和创业能力的创业者个人条件因素。创业者本身以创业动机为基础,应具有创业精神,并在创业过程中提升创业能力,可形成创业者个人的创业条件因素,并且依赖非遗进行创业的创业者并非一定要拥有非遗的技艺。外部条件要素包括资源、教育、组织和环境,为创业者创业提供动力因素。

借鉴经典创业模型,分析大学生依赖非遗进行旅游创业的三个案例,本文得出在环境设定的条件下,大学生依赖非遗进行创业的创业模型图。(见图2)

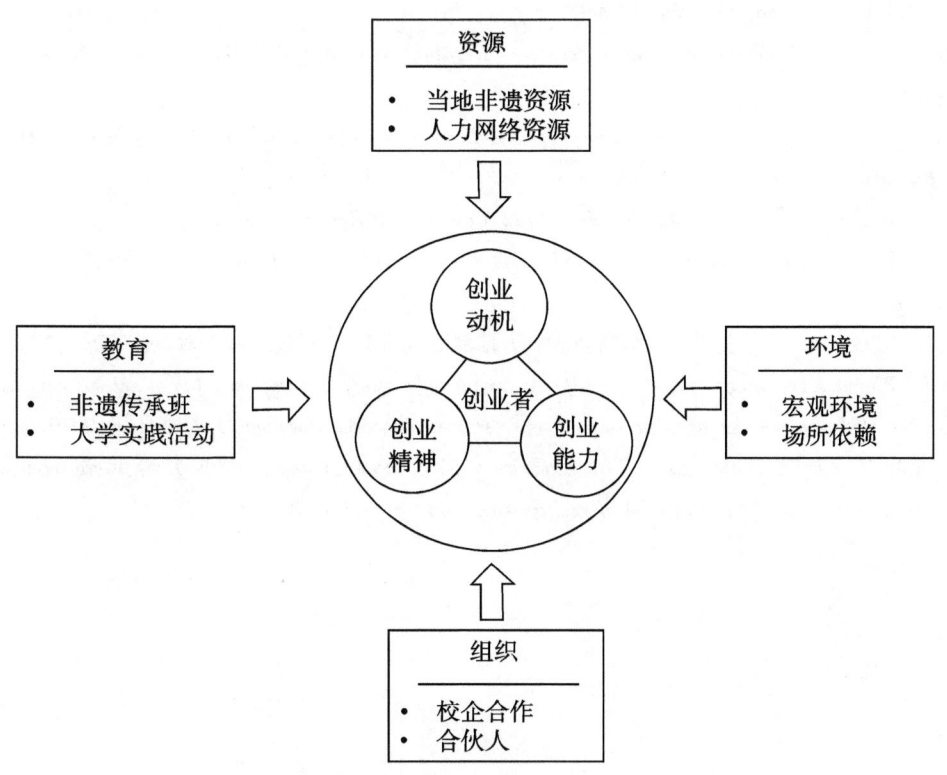

图 2 非遗依赖型大学生创业模型

（二）实践启示

运用案例研究得出的结论具有普适性与可复制性，本文得出非遗依赖型大学生创业模型，可为同类型创业者提供一个创业的构念和指导方向。

（三）局限与展望

本文对案例的选取局限于非遗聚集地，今后的研究可将视野放眼于全国甚至全球。也可聚焦于某一特定因素进行分析，将分析做深做细。希望未来能有涌现出很多依赖非遗进行旅游创业的实例，能够在促进旅游业发展的同时保护与传承非物质文化遗产。

参考文献

[1] Gartner W B. *A conceptual framework for describing the hpenomenon of new venture creation* [J]. Academy of Management Review, 1985, 10 (4).

[2] Gartner W B. *Who is an entrepreneur is the wrong question* [J]. American journal of small business, 1988, 12 (4).

[3] Wickham P A. *Strategic entrepreneurship: A decision making approach to new venture creation and management* [M]. London: Pitman publishing, 1998.

[4] Sahlman W A, et al. *The entrepreneurial venture: Readings selected* [M], Boston, MA: Harvard Business School Press, 1999.

[5] Timmons J A and Spinelli S, *New venture creation: Entrepreneurship for the 21st century with Power Web and New Business Mentor CD* [M]. Singapore: Irwin/McGraw – Hill. 2003.

[6] Gummesson, Evert, 2000, *Qualitative Methods in Management Research*, Sage.

[7] Glaser, Barney and Anselm Strauss, 1967, *The Discovery Ofgrounded Theory*, London: Weidenfeld and Nicholson.

[8] 钟玉泉，彭健伯. 大学生创业精神和创业能力培养研究 [J]. 科技进步与对策，2009（15）.

[9] Lans T, Biemans H, Mulder M, et al. *Self – awareness of mastery and improvability of entrepreneurial competence in small business in the agrifood sector* [J]. Human Resource Development Quarterly, 2010, 21 (2).

[10] Man T W Y, Lau T. *Entrepreneurial competencies of SME owner/managers in the Hong Kong services sector: a qualitative analysis* [J]. Journal of Enterprising Culture, 2000, 8 (3).

2015 年湖南湘西土家族苗族自治州龙山县舍巴日调查报告

李芳　清华大学

　　本调查报告是以湖南省湘西土家族苗族自治州酉水河流域的龙山县为田野调查点，重点考察龙山县洗车河镇三月堂举行的舍巴日活动。2015 年 4 月 30 日，笔者抵达龙山县进行舍巴日活动的调查，提前拜访了刘能朴、彭英子、彭南京、刘代娥等一些地方学者和土家族文化遗产传承人，并通过他们的介绍了解了龙山县的历史地理和文化风俗等概况，对土家族舍巴日的流布地域及活动特征做了初步了解。5 月 3 日笔者参与观察了龙山县土家族舍巴日活动的全过程。通过整理访谈录音、摄影录像、文本记录等大量的一手资料，力求真实、生动、深刻地描绘土家族舍巴日具体活动过程和文化内涵。本文在全面分析本次调查资料的基础上，通过文献研究、比较分析和归纳总结等方法，对龙山土家族舍巴日的节日特征、意义价值等问题进行初步的探讨。

一、龙山县概况

　　龙山县是湖南省最偏远的县城之一，距省会长沙 530 公里，地处武陵山脉腹地，位于湘西北边陲，地连湘鄂川三省，历史上被称为"湘鄂川之孔道"。县域呈手掌状，南北长 106 公里，东西宽 32.5 公里，总面积 3131 平方公里。地势北高南低、东陡西缓，山地面积占总面积的 80.2%，耕地面积占 8.5%，故有"八山半水一分田，半分道路加宅园"的说法。

　　龙山属亚热带大陆性湿润季风气候区，四季分明，雨水充沛，气候宜人。适宜的气温，充沛的雨水，为龙山大地上的动植物的生长繁衍，提供了良好的条件。境内群山耸立，峰峦叠起，自然洞穴星罗棋布，酉水、澧水及其支流纵横其间，风景秀丽，山幽水奇，物产丰富，素有"万宝山"之称。乌龙山大峡谷、洛塔石林、太平山森林公园等自然景观壮丽神奇；铁锰、煤炭、大理石、石英砂、紫砂陶、页岩气等矿产储量丰厚；森林、水利、中药材等资源充足。

　　全县辖 21 个乡镇（街道），总人口 59 万人，其中少数民族人口 35.97 万人，占总人口的 61%。在这片神秘美丽的土地上，生活着以土家族、汉族为主，与蒙古族、回族、藏族、苗族、壮族、彝族、满族、侗族、瑶族、白族、塔吉克族、黎族、土族等各民族大杂居小聚居的居住形态。

龙山历史悠久，文化厚重。远在新石器时代人类的祖先就在这里劳动，生活和繁衍。唐虞、夏、商、周时代龙山是荆州地域，春秋战国时是楚地，秦汉至唐代先后属黔中、武陵、沅陵等郡州，五代、宋、元、明至清初属土司统治时期。清雍正七年（1729年），因是"辰旗"之地，辰属龙，为吉祥的象征，加之境内峰峦起伏，故名"龙山县"，属永顺府管辖。民国时期先属第四行政督察区，后属第八行政督察区。中华人民共和国成立初期，属湘西行署永顺专员公署，后属湘西土家族苗族自治州。

龙山不仅是土家族聚居区和土家语留存区，也是土家文化的重要发祥地之一，境内的土家族摆手舞、土家族茅古斯、土家族咚咚喹、土家族梯玛歌、土家族织锦技艺和土家族打溜子等六个项目已列入国家级非物质文化遗产名录。酉水船歌、木偶戏、挖土锣鼓、湘西三棒鼓等10个非遗项目被列为省级非物质文化遗产项目。土家族高脚马、洗车河霉豆腐制作技艺、土家族油茶汤、湘西水磨制香技艺等50个项目被列为州级非遗项目，另有122个项目被列为县级非遗项目。

龙山县除现有坡脚乡田隆信，农车乡张明光，靛房镇严三秀、彭南京，内溪乡彭继龙，苗儿滩镇刘代娥等6名国家级非物质文化遗产项目代表性传承人外，还有5名省级非遗代表性传承人，35名州级非遗代表性传承人，153名县级代表性传承人。在这近200名各级传承人中，绝大部分人是来自全县各乡镇的普通农民，这深刻诠释了"艺术源于生活而高于生活"的道理，艺术是生活的浓缩与提炼，平凡质朴的土家人把日常生活中的东西做得纯粹简单，继承和延续了土家文化的精髓，使之与时俱进，熠熠生辉，奔流不息。

二、龙山县土家族舍巴日

土家族舍巴日活动历史悠久，内容丰富，流传广泛。就湘西地区而言，历代《永顺府志》《永顺县志》《龙山县志》《保靖县志》《古丈坪厅志》等对舍巴日摆手活动都有记载。据清乾隆二十八年（1763年）编修的《永顺府志》风俗篇载："各寨有摆手堂，又名鬼堂，谓是已故土官阴司衙署。每岁正月初三至十七日止，男女聚集跳舞唱歌，名曰摆手，此俗犹存。"

（一）龙山县土家族舍巴日历史变迁

舍巴日即土家族摆手活动，相传最早是源于祖先崇拜时巫师（梯玛）所跳的祭祀舞仪式，后逐渐形成规模。对其最早的文字记录可追溯到商周时期，是从土家族古代先民的军事舞蹈中演变出来的。好歌喜舞的古代賨人世居在古代巴国和楚国的交界地，由于连年战乱，每逢有战争，就会以歌舞振奋士气，迷惑敌人，屡战屡捷。公元前1066年，武王伐纣时賨人应召参与巴师，在商丘牧野的灭纣大战中，賨人前歌后舞，以凌殷人，故世称为"武王伐纣，前歌后舞也"。后来，历代多以跳摆手舞来提升战前士气。

唐代以后，土家族形成，摆手舞从军事舞蹈逐渐演变成厅堂里的御用歌舞，到了元明清土司时期，摆手舞因其舞蹈动作以摆手为主，才正式定名为"摆手"，世代相沿，在永顺宣慰司（辖今永顺、龙山、古丈等地）一带尤为盛行。永顺土司自元朝至元十二年

(1276年）建立到清雍正六年（1728年）"改土归流"的400多年间，土司衙署所在地福石城便是摆手活动的中心，所辖三州六峒之地都建有大大小小的摆手堂。

"改土归流"以后，摆手歌舞逐渐由供土官娱乐的庙宇厅堂歌舞转变为民间娱乐性质的歌舞。永顺、保靖、龙山、古丈和来凤等土家族聚居区的一些较大的村寨都建有大、小摆手堂，每到农历正月、三月和六月，土家族男女老幼齐聚摆手堂举行舍巴摆手歌舞活动。清嘉庆二十三年（1818年）刻本《龙山县志·卷七·风俗》："土民设摆手堂，谓是已故土司阴署，供以牌位。黄昏鸣钲击鼓，男女聚集，跳舞唱歌，名曰摆手。有以正月为期者，有以三月、六月为期者，唯董补、五寨二里最盛。"董补里就是现在的龙山县农车乡，五寨里即现在的龙山县洗车河镇。据调查，农车乡以前举办大摆手活动的时间一般是在正月初九举行，正月十二结束，要摆三天三夜；洗车河三月堂每年农历三月十五进堂，三月十七圆散，摆手风情浓郁，人物俊秀。

据调查了解，到了民国时期，舍巴摆手活动已经成为自资、自演、自娱、自乐的一种较为普遍流行的民间歌舞。中华人民共和国成立以后，舍巴摆手活动多次因故而被废止，至20世纪七八十年代才逐步恢复。1983年1月，中共龙山县委、县人民政府支持文化部门和农村人民公社，在马蹄寨修建了一座大摆手堂，2月21日至23日（农历正月初九至十一）在新建的大摆手堂中举行了一场有两万余人观看的舍巴摆手活动。之后，于1989年举行了万人摆手活动。1993年，龙山县举全县之力，筹办了第一届舍巴摆手节活动，规模空前盛大。2001年7月18日，坡脚乡举办了第一届"舍巴节"，周边乡镇有万余人参加盛会。2004年、2005年，靛房镇先后两次举行舍巴摆手活动。2007年，龙山县举办第二届土家族舍巴摆手节。此次调查报告则是对龙山县人民政府于2015年5月3日筹办的第一届"湘西·龙山土家族舍巴日"活动的考察。

（二）龙山县土家族舍巴日节日时空和人物组织

1. 节日时空

土家族摆手堂是舍巴日活动重要的空间场所，一般建在背山面水或背山面远山、平地的地方。大摆手堂是祭祀土家族远祖八部大王（又称"八部大神"）的庙堂，据调查关于八部大王的身份传说有三种不同的观点：一种说法是认为八部大王是八个兄弟，是各个姓氏的祖先；另一种说法是指为土王彭公爵主效力的八兄弟，随其平息土著首领吴著冲（也作禾著冲）有功，彭公爵主让百姓建庙祭祀，并在每年祭祀的时候表演他们英勇事迹过程；还有一种说法认为八部大王是一个人，是土家族某一远祖的称谓。

总之，从祭祀内容和规模分布来看，八部大王应为土家族远祖，作为土家族信仰体系的时间要早于土王。龙山县方志上曾记载，八部大王庙宇规模和神像大小均超过土王庙，至今县域内还保留有八部大王庙的遗迹。而在保靖县拔茅乡一处八部大王庙遗址，发现有一块残缺的碑文，上面记载："首八峒，历汉、晋、六朝、唐、五代……为楚南上游……古谓为八部者。盖以威镇八部峒，一峒为一部落……"这座庙堂遗址坐落于酉水北岸，清代时曾修缮过，现已毁坏。因此，八部可能是八个部落的名称，八部大王为各部落首领的总称。

洗车河三月堂是大摆手堂，楼高三层，一层面阔五间，二层三间，三层一间，挂有匾额，上书"大摆手堂"四字。一层正厅神台上供奉着八部大王画像，厅外建有"八仙台"，台前平地为摆手广场，广场四周插着红、黄、蓝、绿四色绸布制作的鸡冠镶边的龙凤彩旗，摆手广场西侧是紧邻洗车河的码头，东侧是一栋供人们住宿的楼台。

小摆手堂又叫"土王庙"，庙堂建筑形制比大摆手堂要小，庙中供奉着头包青丝帕、腰围八幅罗裙、双手捧朝简、白面长黑须的彭公爵主和手捧金印、白面短黑须的向老官人，以及头裹青布帕、身披青风衣、手握齐眉棍、红面短黑须的田好汉塑像，他们三尊并位，彭氏居中，向氏在右，田氏在左。小摆手以村寨姓氏为单位祭祀，规模较小。

2. 人物组织

梯玛

梯玛俗称"土老司"，是土家族民间的职业宗教者，也是土家族文化的重要传承者。作为人神之间沟通的特殊使者，土家族民间的巫祀活动大部分都是由梯玛主持，因而梯玛在土家人心目中具有很高的地位。由于土家族只有本民族语言没有文字，梯玛神歌就成为人神沟通的特殊媒介，如"送人歌""招魂歌""还愿歌""解邪歌"等。基于土家人生存繁衍而崇敬神灵、驱赶妖魔鬼怪的文化基础，梯玛神歌宣扬的"崇善惩恶"的是非观深入人心。

梯玛在进行仪式活动过程中头戴"凤冠帽"，身穿"八幅罗裙"法衣。"凤冠帽"一般分为五块，每块上面都绘有一尊神像，即太清、上清、玉清及"清清二帝"。也有"凤冠帽"是八块组成，象征着八峒、八蛮，即八部大王，以此来镇压鬼魅。"八幅罗裙"大致都是一件红布矮领长衫，对胸开叉，宽口短袖，裙子下摆有青、蓝、红、白、黄五种颜色，色彩艳丽鲜亮。由于法衣看上去相对女性化，因此有人猜测最早的梯玛活动可能是由女性来主持的。

梯玛的法器有很多种，以八宝铜铃最有特色。八宝铜铃是梯玛在进行仪式时拿在手中的器具，铜铃为黄铜质地，圆球状似鸭蛋大小。据神话传说描述，现在的八宝铜铃上只剩六颗铜铃的原因是因为其他两颗分别送给了傩愿老司和苗老司两人各一颗。六颗铜铃系在一根长约一尺的马头型木柄上，柄上系有五色布条。梯玛在进行仪式活动过程时，使用铜铃的时间最长，摇晃急骤时铜铃铛铛作响，犹如战马奔驰之声；挥动缓慢时音律平稳，似平川马蹄嗒嗒之声，富有节奏感。其气势与梯玛做仪式时的情绪配合默契，抑扬有节，张弛有度，摄人心魄。

司刀也是梯玛常用的法器之一，主要用来算命和驱邪。大体形制是一大铁圆环上串着九、十一或十三个大小可以相套的小铁圈，圆环上饰有五色条。司刀大径有30~40厘米，刀柄扁形，刻有北斗星。在梯玛做法时，司刀与铜铃合用，发出沙沙之音，更添神秘之感。

牛角号是古老的号角，多为水牛角做成，吹口是用杂木做成的口哨。据老梯玛讲，牛角号音调浑厚激昂，对鬼神有一定的震慑力。梯玛在做仪式前多吹牛角号来渲染气氛，常用于"起堂""发兵""赏兵"等法式场面。

鼓手

鼓手是祭祀八部大王和表演节目时，敲打牛皮大鼓的人，是舍巴日活动的重要角色。鼓手是每个节目指挥的核心，表演者要根据鼓手敲打的节奏变换动作的快慢，并根据音律调整队形，把握舞蹈的整体效果。土家族的摆手锣鼓中的鼓手多为强壮的男子，现在也有女子担任鼓手。

舞者

跳摆手舞的舞者是舍巴日活动的主角，土家摆手舞起源于土家人的生产生活劳作，男女老幼都可以跳。根据表演内容的不同可以分为：带有原始宗教色彩的"祭祀舞"、反映古代渔猎生活的"狩猎舞"，表现生产活动的"农事舞"、抒发民族风俗的"民俗舞"以及体现古代战争题材的"军前舞"等，其中军前舞和宴会舞已经失传。狩猎舞主要表现土家先祖狩猎活动场景或摹拟野兽的行为姿态，如"赶猴子""锦鸡拖尾""犀牛望月""磨鹰闪翅""跳蛤蟆"等。农事舞表现土家人忙活农事的场面，如"挖土""撒种""纺棉花""砍火渣""烧灰积肥""织布""挽麻坨""插秧""种包谷"等。民俗舞则为日常生活之态，如"扫地""打蚊子""打粑粑""抖虼蚤""比脚""擦背"等。

（三）2015年龙山县土家族舍巴日的活动详情

农历三月十五一大早，洗车河镇三月堂广场前聚集了前来参加舍巴日的人们和身穿节日盛装的表演人员。上午9：00舍巴日活动正式开始，两位主持人披着五彩棉线织就的西兰卡普盛装站在台上，分别用土家语和汉语向来参加节庆活动的来宾表示热情欢迎。接着，龙山县政府作为舍巴日的主办单位之一，由县长梁君上台致辞：

> 尊敬的各位专家、各位领导、各位来宾、各位朋友，同志们、父老乡亲们，大家上午好！今天我们在这儿隆重举行"2015年湘西·龙山土家族舍巴日"，共忆祖先创业之艰辛，共享文化传承之硕果。首先我代表中共龙山县委、县人大、县政府、县政协和全县60万父老乡亲向各位领导各位嘉宾的到来表示最热烈的欢迎和最衷心的感谢！龙山地处武陵山区腹地，历史悠久、文化厚重、民风淳朴，是土家文化的发祥地，是秦简文化的核心区，是红色文化富集县。多样文化和谐共生，是全国文化先进县。长期以来，我们以高度的文化自觉积极挖掘保护和传承具有独特魅力的龙山非物质文化遗产：龙山土家织锦技艺、土家摆手舞、土家茅古斯、土家族打溜子、土家族梯玛歌、土家族咚咚喹等六个项目已列入国家级非物质文化遗产名录。田隆信、刘代娥、张明光、严山秀、彭继龙、彭南京等六位被评为国家级非遗项目代表性传承人。我们一共拥有"全国重点级文物保护单位""中国文化艺术之乡""中国历史文化名镇"等四十四个国字号文化品牌。舍巴日是土家族传统祭祀节日，也是土家民族文化的精粹。本次活动由龙山县人民政府和湘西州文广新局策划举办。分"做客土家寨·激情惹巴拉""土家舍巴日·神秘三月堂""畅游洛塔界·石林远古人"三个部分，

旨在探寻土家文化继承与创新，保护与利用的深度融合，以文化结合旅游，以旅游演绎文化，以保护助推发展，以发展促进保护。不言而喻，本次舍巴日活动的举办对传承创新弘扬民族优秀文化，唤醒激发提升爱党爱国爱家乡的思想自信、行动自觉，无疑是一次空前的检验和动员。最后，预祝本次活动取得圆满成功，衷心祝愿各位领导、各位嘉宾和父老乡亲们，身体健康，工作顺利，万事顺意！谢谢！

然后，龙山县副县长王京海介绍了湘西龙山土家族舍巴日的历史渊源：

尊敬的各位领导、各位来宾、乡亲们、朋友们，大家上午好！湘西土家族是一个能歌善舞的民族，在生产劳作之余，自娱自乐，创造出了摆手舞、茅古斯、梯玛歌等民族文化。湘西土家族更是一个崇德敬族的民族，每到岁末年首，都要祭祀祖先，男女老幼齐跳摆手舞，有的地方还有茅古斯、打溜子、咚咚喹、唱山歌等，延续几天几夜，形成一种在固定时间和固定地点举办的民俗节庆活动，这就是土家族舍巴日的来源。土家族多按姓氏结族结拜而居，各寨舍巴日活动由舍巴族人主持，由摆手掌堂师梯玛主祭。

土家族舍巴日按祭祀内容和活动规模，分为大摆手、小摆手两种，大摆手祭祀土家族远祖八部大王，小摆手则祭祀西周土司始祖彭公爵主、传说中的民族首领向老官人和田好汉。他们有功于国，有德于民，所以世代享祭。土家族舍巴日虽是湘西土家族地区普遍举行的节庆活动，但在不同的地方，举办的时间和风格有所不同。龙山县农车乡马蹄寨的舍巴日是正月初九进堂，正月十一圆散。龙山县里耶镇长潭的是正月初二进堂，正月初三圆散。龙山县洗车河镇的舍巴日则是农历三月十五至三月十七举行，祭祀中有独特的水上迎八部大王，祭奠一开始，团队在三月堂前一字排开，一路顺水而下，到西洲八峒之一的洗车老峒迎接八部大王。迎接八部大王时由掌堂师梯玛唱吟八部大王歌，族人虔诚跪拜。将八部大王请上船后，各船桨橹齐向，一路吆喝喧江、锣鼓喧江、炮竹喧江，展示出逆水散珠的水乡风格。其祭品除獐、鹿、兔等猎物外，还以香鱼供案，充分展现部落时期土家人的渔猎生活场景。

土家族舍巴日不仅是一项珍贵的文化遗产，更是一笔宝贵的精神财富。今天龙山县人民政府和湘西州文广新局在龙山县洗车河古镇共同举办湘西2015龙山县舍巴日活动，其目的就是弘扬优秀民族文化，打造节庆文化品牌，传递民族文化正能量，介绍完毕，谢谢大家！

紧接着中共湘西州委常委、州宣传部部长周云发言："现在我宣布，2015湘西龙山土家族舍巴日活动，开始啦！"在一阵热烈的掌声后，舍巴日活动正式拉开了帷幕。整个活动共分为两个篇章：第一篇章"舍巴祭"，主要为祭八部大王仪式；第二篇章"舍巴乐"，主要表演土家族各种传统娱神、酬神节庆项目。

1. 舍巴祭

舍巴祭是由掌堂师梯玛带领土家族人祭祀远祖八部大王的过程，具体分为"迎八部大王""接八部大王""安八部大王"和"祭八部大王"四个部分。

（1）迎八部大王

三月堂前八位梯玛一字排开，接着掌堂师梯玛向前一步走出队列。他右手挥舞着司刀，左手摇晃着铜铃，将手中的法器随身体的转动以逆时针方向在空中画半圆，同时口中还吟诵着梯玛歌，其他七位梯玛也随之摇晃司刀和铜铃。

发兵

发兵是梯玛率各路兵马到八部大王处请神的过程。掌堂师梯玛吟唱道："阿喂带节，多西来呀，固叠摆衣，火急百纳，达布欧，哦！火炮连天地礼起林起啊，红宝连天得也衣，起嘛啊，不不不鸣……耶哦！"唱毕，乐手吹响了牛角号，奏起了锣鼓，掌堂师梯玛带领其他几位梯玛将手中的司刀铜铃高举过头，不停晃动，并排成一个纵队，朝三月堂前的码头走去。

下码头

下码头是梯玛们从台阶上走下码头，站于岸边吟诵梯玛歌的过程。梯玛们下到岸边，列成一横排，两边分别有一个跳摆手舞的方阵和吹号的队伍为其造势，另有数位祭司分立两侧，掌堂师梯玛唱诵到："啊呆夜塔拉，阿那依个图他买给黑，啊艾叶他那，耶土他买给来，特也他拉买，撒火也拉太古拉，尼果也，八部啦，撒胡太古拉刚同多不也太不拉火花，八部太多得别多……"大意为"千万雄兵猛将迎着连天的炮火出发，船已经下水，士兵们即将上船了，让我们把溜子打起来吧，船工们划起来吧，去迎接我们土家族的八部大王吧。"

上船

上船是洗车河舍巴日独有的迎神环节中的一个步骤，梯玛一行迎神人员在低沉古朴、肃穆神秘的牛角号声、野喇叭声和树皮号声的伴奏下，边唱边摆。唱罢梯玛歌后，八位梯玛各自登上一条小船，站于船头，手中的司刀和铜铃不停摇晃，乘船出发。船上还坐着四名锣鼓乐手、两名祭司、两名搬画像的人和三名船工，船尾立着招展的龙凤彩旗。船工手持船桨用力划拨河水，小船纷纷离岸。经过凉亭桥时，桥上吹号的乐手依次向天空扬起号子，号声深远响亮。从桥上向河面望去，波光粼粼的洗河车上两列整齐排列的八条小船稳步前行，锣鼓喧天，浩浩荡荡，迎接八部大王。八条小船行驶到上游1200米处的胡家桥，梯玛们站在船头，边摇动法器边高喊："一发哎……"，然后依次下船登岸，身后跟着祭司，祭盘中的祭品有猪头、羊头、鱼、五谷、米酒、粑粑和团撒等。

请神

请神是迎八部大王环节中独特的祭祀仪式，梯玛们面对八部大王画像站成两排，晃动司刀和铜铃，脚上走起了罡步，请神梯玛站在队前。八幅画像上分别画的是：右手拿着棍棒端坐石头上的敖朝河舍、用铁链栓困着雷鸟的西梯佬、脚踩老虎的西呵佬、两手托举两块巨石的里都、双手提着两只牛的苏都、擒获大鱼的那乌米、搬山移石的拢此也所也冲、倒拔大槐树的接也会也那飞列也等。画像前的红色案几上摆放着香炉、香烛、纸钱、酒壶、酒杯和祭品。请神梯玛把法器放在地上，向前走一步，朝八部大王像合掌鞠躬自下而上拜了三拜，其他几位梯玛在后面继续跳摆。

请神梯玛拿起酒壶,将酒分倒三回倒入香炉前的三个酒杯中,端起中间的那杯斟满放下。接着拿起案几上的黄色纸钱,在香烛上点燃,放于地面,然后回到原位拿着法器开始颂唱:"啊呵嘿啊,啊哈,啊呵三月堂啊……"梯玛们跟着请神梯玛摇摆唱诵,时而俯身,时而转面,然后将司刀和铜铃都放在右手中,高举过头,并逆时针方向画大圆,如此若干次后,回原位站成一排,请神仪式结束。

返程

搬画像的人把八部大王像分别搬上八条小船,随后炮竹阵阵,鼓乐齐鸣,船按原路返回三月堂。在经过凉亭桥时,除了低鸣的号声作为背景音乐烘托氛围外,桥上还放下了一块大红布,红布与桥身同长,与江面连接,看上去犹如神祇门帘,隆重庄严,增添了对远祖的尊崇之情,迎八部大王仪式结束。

(2) 接八部大王

接八部大王是舍巴祭的第二个环节,主要是将八部大王迎接到三月堂的过程。船抵达三月堂码头之后,炮竹齐鸣,梯玛们站在船头晃动法器,口中念诵道:"龙到马罗拉,龙马野马……"唱完后,牛角号、野喇叭和树皮号嗡嗡响起,土家锣鼓欢快地敲打起来,跳摆手舞的两队人也开始起舞,掌堂师梯玛在前开路,带领众人登上码头,身后紧跟着搬着八部大王画像的人、祭司、吹号打溜子的人等。

八幅画像被抬到三月堂前广场上,舍巴日活动主持人介绍道:"土家族是一个古老的民族,崇拜自然,崇拜祖先,土家族的舍巴日便是以缅怀祖先、庆丰祈福为愿景的一种风格独特的民族节庆活动。它涵盖了土家摆手舞、茅古斯、梯玛歌、摆手歌、神话传说、音乐舞蹈以及土家织锦、民间戏剧、民间游艺等一系列原生态的文化现象,是土家族非物质文化遗产赖以薪火相传的综合载体。"正如摆手堂前的对联所写的那样:"舍巴日薪火相传载歌载舞同庆佳节,三月堂八部施恩风调雨顺共祈丰年"。

(3) 安八部大王

安八部大王是将八部大王画像安放进三月堂的过程。掌堂师梯玛带领众人分左右两侧将八部大王像请进三月堂。堂外土家族人双手于胸前合十,以蹲跪姿势虔诚跪拜。堂前广场上吹号乐手和祭祀人员皆肃穆站立,注视堂中远祖画像。祭司依次进入堂内,将猪头、羊头、鱼、黄酒、团徽、粑粑等祭品摆放在案几上,点燃香烛纸钱,安八部大王环节结束。

(4) 祭八部大王

祭八部大王是在掌堂师梯玛的带领下祭祀八部大王的过程,此次舍巴日活动由梯玛歌国家级传承人彭继龙作为掌堂师梯玛主持祭八部大王仪式。在号子声和锣鼓声中,掌堂师梯玛从梯玛队伍中向前迈出一步,走到三月堂廊前,把手里的司刀和铜铃放在地上,双手拍掌交叉握于面前,反手将十根手指一一交叉再分开,如此重复多次,同时边祭拜边颂唱梯玛歌。然后走至案几前,拿起一捆已经点燃的香,对着八部大王像鞠躬、行礼、上香,在每个画像前的香炉中插三炷香。回原位拿起法器,摇摆几个来回后,率众人跪拜,开始唱诵梯玛歌"颂姆兔(敬祖先)",歌词大意为:"美好慈祥的祖先啊,掌握烟火的祖先,我们摆起桌子来敬奉你们,我们摆起椅子恭请你们,点起香灯烛火来敬你们,铺起土家织锦，五色地毯来拜你们。"祭祀完毕后，掌堂师梯玛拿着法器站起身，到三月堂外继续走着罡步边摇摆边唱诵，直至诵完，祭八部大王仪式完毕。

接着是拖磨子活动，这原是一种"招魂"的法事，是指梯玛在主人家中作法"拖魂"。梯玛作为原始宗教的孑遗，其核心就是崇拜祖先、崇拜自然，祖先崇拜中又包含了灵魂崇拜。招魂法事的具体过程是在主人堂屋铺一床垫，梯玛仰卧在晒垫上，肚皮上放一个簸箕，簸箕上放一扇磨子，磨子上放一口小木箱，木箱内放"失魂者"的衣帕，绳子穿在磨眼里，帮师梯玛绕着垫子不停地拖磨，口中念诵咒语，众人亦帮忙呐喊。拖毕，翻开磨子，打卦占卜问是否拖着了魂，这就是拖磨子法事。舍巴日拖磨子活动就是三月堂的造魂仪式，土家语是"喔做不次做"，它是抑恶扬善的规劝，目的是为了警示人们，罪恶的灵魂终将被打入十八层地狱，只有善良的灵魂才能得到永生。

三月堂广场中央摆着一个案几，上面放着香炉、酒壶、酒杯、蜡烛、碗、水等法事用品。案几前铺着一张席子，席子上放着一个垫子。帮师梯玛斟酒倒酒、上香祭祀，然后在空碗中倒入水，并击掌在碗口上方画圆。他端起瓷碗，用手指沾了一滴水，洒向空中，如此反复，同时口中诵念道："啊哎……龙台上念祭尼罗里……"接着，喝了一口碗里的水，向空中喷洒，并绕着席子和垫子逆时针走了一圈，边走边用手指沾水挥洒向空中。帮师梯玛走完一圈回到案几前，拿起地上的法器，继续不停诵念，并和其他几位梯玛一起围着垫子摇摆。接着，帮师梯玛躺在了垫子上，旁边两个梯玛先把簸箕放在他的肚子上，然后把石磨放在簸箕里，石磨上有金黄色的谷粒，两梯玛边推边磨，还有一个梯玛围着他们三人不停诵唱招魂曲。最后帮师梯玛移去石磨和簸箕，所有梯玛都围绕垫子逆时针方向走了一圈，招魂仪式结束。

舍巴祭部分的仪式蕴含了大量的原始宗教因子和丰富的古文化信息，展示土家族人对祖先崇拜信仰的追思和怀念，在亲缘意识中强化了对本族远祖的敬拜思想，增强了土家人族群的文化向心力和凝聚力，是土家族人核心的文化精粹。

2. 舍巴乐

舍巴日不仅是祭祀远祖的民间仪典，而且还是以歌、舞、乐、剧为表演形式的民族盛会。舍巴乐即"娱八部大王"，是以土家族传统的民间文艺项目为载体，表达祈福庆丰愿景的活动环节，具体内容包括土家族打溜子、咚咚喹、摆手舞和摆手锣鼓等传统项目，展示能歌善舞的土家族人的勤劳质朴、热情善良的品质和性格。

土号

土号是指牛角、野喇叭、树皮号等土家族民间吹奏乐器。这些乐器音色雄浑厚重，具有独特的山野色彩，是土家族舍巴日特有的旋律和音调。

穿着蓝色土布衣裤、手持乐器的乐手整齐地站在广场上，他们被分为三个不同的小组：牛角号组、野喇叭组和树皮号组。首先，牛角号组吹着牛角排成两队走向广场，然后在广场中央从左右两边分开站成两个纵队，拉开了"娱八部大王"的帷幕。在两声鼓点的提示下，野喇叭组的两队人马也边吹奏边走向广场中央，交汇而过，站在了牛角号组的后面。又有两声鼓点的变奏，树皮号组托举着长长的树皮号，朝天空吹奏并向广场中央靠拢。三种不同音色的土号声音在人们耳畔依次响起。然后是土号齐鸣，三种土号一起吹响，音律丰富，场面宏大，这是舍巴乐盛典开幕的鸣奏，吹毕，三组土号渐次退场。

土家族打溜子

土家族打溜子是传承在湘西北酉水流域的铜乐器打击乐，它以独特的艺术风格享誉中外。据刘能朴先生介绍，打溜子时所用的乐器常为头钹、二钹、马锣和大锣。其中钹碗略大，特点是平而薄、宽度大，钹边不像苏钹那样翘得很高。头钹击来呈中音，二钹音较头钹稍亮，操钹者技法娴熟，间或亮打、闷打、侧打、揉打，或挤钹、或磕边，两副钹交错敲击，配合默契。大锣又称填锣，直径约35厘米，锣面平坦而光华，音色浑厚而宏亮，时敲时逼，或边或中，轻重有致。马锣又称"绞子毕"，以指弹空于反面敲击，没有余音。有单锣、花锣等打法，音脆而亮，诙谐有趣，给人一种喜悦、欢快之感。四件乐器节奏紧密，相互配合，可模拟风、泉之声，仿效虫鸟兽禽之鸣，如此四部组成一律，可谓"拟万籁入乐而独成一家"。

由于打溜子的流传区域并不广泛，仅在洗车河流域的坡脚、靛房、他砂、农车及与之毗邻的塔泥乡和永顺、保靖、古丈三县的部分乡镇有这种民间器乐，所以更显得弥足珍贵。2006年5月，土家族打溜子被列入首批国家级非物质文化遗产项目。由于地域上的差异，各地打溜子有不同的风格特色，舍巴乐篇章的土家族打溜子环节是由农车乡、他砂乡和靛房镇三个地方的溜子队共同表演的节目。

农车乡溜子队演奏的打跳钹"闹年关"。四位头戴黑色人字包巾的土家乐手敲着手中的乐器走上台来，他们手中分别拿着大锣、头钹、二钹和马锣，铿锵齐鸣，时快时慢，奏出了土家人"赶年时"的忙碌热闹场景和节庆氛围。

靛房镇联星村女子队演奏的"锦鸡拖尾"。同样还是大锣、头钹、二钹和马锣这四种乐器，四位身穿红色土布上衣和宽腿裤的女乐手登上台来，她们个个神采奕奕，奏出曲调多变，律动感强的乐曲，生动再现了锦鸡轻盈袅娜奔走的画面。作为国家文化部授予的以土家打溜子为主要项目的全国民间艺术之乡的靛房镇打溜子技艺，意境深远，起落有韵，延滞有节，使人听罢有"耳闻其声，眼见其形"之感。

靛房镇靛房片区两支溜子队演奏的"大纺车"。八位乐手分别拿着两幅大锣、头钹、二钹和马锣站成一排，手中迅速或敲打或对碰着乐器，奏出铿锵多变的曲调，风格独特。采取拟人拟事的手法，把日常生活中一些事物绘声绘色地反映出来，让人听后意味悠长。"大纺车"描写了几个年轻的土家族妇女一边聊天一边纺棉花，口里还不断地拉着家常。那紧凑的节奏、不松不紧的旋律、优美和谐的音乐，巧妙地描绘出纺车的吱吱声和妇女们呢喃的情景。

他砂乡三支溜子队演奏的"双龙出洞"。十二位乐手操着三幅大锣、三幅头钹、三幅二钹和三幅马锣，只见他们气定神闲，手中的乐器飞舞自如，花招迭变，变化莫测，将两只飞龙腾飞冲天的气势演奏得淋漓尽致，节奏欢快的曲调仿佛使人看到了双龙出洞的宏大场面。打溜子的写意类曲牌，不仅塑造了形象逼真的听觉盛宴，而且调动了人们对神话故事的生动想象。

靛房镇联星村、万龙村和龙山老年大学五支溜子队合奏的"喜鹊闹梅"。不同的溜子队共二十人喜聚一堂，手中敲打着大锣、头钹、二钹和马锣，把喜鹊演得活灵活现，把人心暖得喜气洋洋，把天地搅得热气腾腾。各溜子队技巧奇妙、形象丰富、异彩纷呈，将叫声婉转的喜鹊在报春花枝头的欢快跳跃表现得惟妙惟肖，让人听后脑中浮现生动的意境，宛若身临其境。

咚咚喹

土家族咚咚喹是流传在湘西北流域的一种竹管乐器，这种单簧竖吹乐器粗不及一指，长不及五寸，但吹奏起来声音非常脆亮，"杜箫深沉不及其欢快，长笛悠扬不及其清脆悦耳"，主要流行于龙山、桑植、保靖、永顺和来凤等地，深受土家族妇女、儿童的喜爱。咚咚喹也叫"呆呆哩"，土家语是"早古得"，它可独奏、齐奏、重奏或合奏，常两支一起对奏，也可单人同吹两支。咚咚喹流传的传统曲牌有"咚咚喹""巴列咚""呆嘟哩""乃哟乃""拉帕克"等20多种，有词有曲，可吹可唱，吹唱结合，演唱不择场地、不加伴奏，唱词内容多以土家儿歌为主。

据了解咚咚喹的制作也比较简单，在细竹管上端留一竹节，节下切一斜口劈出薄片作为簧，管身正面削平，管壁开三到四个小孔，便可吹奏出两种不同音阶的体系，随制随用。2008年6月，龙山县土家族咚咚喹被公布为国家级非物质文化遗产。

舍巴日咚咚喹节目是由国家级代表性传承人严三秀、省级传承人田彩禾及其孙女、县级传承人彭继荣及其女儿共同演奏。六位演奏者身穿红绿色的土布衣，衣袖裙摆上绣着精美的土家织锦，在土家人的心中，红色有着热烈、鲜艳、醒目、祥和之感，因此十分受人青睐。只见她们依次拿起竹管吹奏，模拟鸟语虫鸣、风泉流水，音色明亮、曲调活泼，别具一格，让人沉醉其中，给人以惬意的艺术享受，营造出土家人勤快活跃的生活氛围。

据说湘西土家人以前生存艰苦，地瘠民贫，乡寨妇女背负着家庭生活的重担，于是她们便在山头、路边找一块石头或草地坐下，拿出心爱的咚咚喹，吹奏一两支欢快的曲子，以此来消解周身的疲劳和心中的郁闷，为生活增添一抹亮色。

乃呦乃及土家儿童游艺

舍巴日是土家人的文化盛会，也是孩子们快乐的节日，洗车河九年制学校带来了土家族儿歌童声大合唱《乃呦乃》，以及土家族儿童游艺——打草机、青蛙跳、高脚马、三棒舞、玩板凳龙等节目。

伴随悠扬欢快的音乐，稚嫩的童声歌唱起来："乃呦乃，乃呦嗬……"几十名身穿绣花肚兜，拼花裙子的土家族儿童在老师的指挥下唱着传统民族歌曲《乃呦乃》。"乃呦乃"是土家语汉字记音，意为"快快来"，乐曲为简短的一段体四乐句旋律，顺序、音高、节奏完全相同，旋律简单而不单调，构成了极富民族风格和地方色彩的音色，给人以清新独特的视听感受。

接着，广场中央走来一群脚踩高脚马的儿童，他们两脚分别踏在两个竹马的脚蹬上，脚蹬由绳索系成，一步一步地向前走着。高脚马是流行在酉水流域的一项传统民间体育活动，深受青少年们的喜爱。踩高脚马的孩子们在广场中央围成一个圆圈，紧跟着玩儿板凳、打草机和青蛙跳的孩子们也跑上台来，手拉手围踩高脚马的孩子们欢快地跳着，展现了一群无拘无束、幸福快乐的土家族小朋友欢乐嬉戏的场面和开朗热情的性格。

然后是打草机游戏，三五成群的小朋友们相互投掷一捆由稻草捆绑而成的玩具，天真烂漫，活泼有趣，勾起了在场的土家族人儿时的回忆。一群穿着绿色青蛙装的孩子们上场了，他们随着节奏韵律和鼓点兴高采烈地表演着青蛙跳，仿佛使人听到阵阵蛙声，看到绿油油的梯田。三棒舞的表演者紧接着入场，他们的抛刀绝技非常精彩，烘托出缤纷多彩的节日氛围。

最后上场的是玩板凳龙的孩子们，板凳龙是孩子们极为喜欢的娱乐活动。土家人崇龙崇凤，舍巴日也要张挂龙凤旗，土家族的板凳龙小巧灵活，别具风采，孩子们手中的黄色板凳的一头都有一个龙头，随着明快的音乐伴奏，孩子们动作一致、步调整齐地挥舞着板凳龙，显示出特有的气势和韵律感，具有独特的民族游艺趣味。

摆手舞

清代一首竹枝词中曾描述摆手舞为："千年铜柱壮边陲，旧姓相沿十八司，相约新年同摆手，春风先到土王祠。"土家族摆手舞历史悠久、源远流长，它是古老的民族传统舞蹈，也是土家族民族特征的重要表现。摆手舞土家语叫"Sevbax（舍巴）"或"Sevbaxbax（舍巴巴）"，分大摆手和小摆手两种：大摆手土家语称为 Yevtixhhex（叶梯黑），是祭祀土家族远祖八部大王时跳的舞蹈；小摆手是祭祀土家族土司始祖彭公爵主、民族首领向老官人和田好汉时所跳的舞，是宗族范围内举行的摆手活动。

摆手舞是简单而原始的舞，其动作特点为手脚协调配合，顺拐、屈膝、颤动、下沉等交替变化。其中"甩同边手"是摆手舞最主要的特征，即以身体的律动带动手的甩动，手的摆动幅度一般不超过双肩，摆动线条流畅自然，屈膝时膝盖向下稍弯曲，上身摆正，脚掌用力，动作敦实稳健，形象地反映了土家人的生产生活方式。

首先是农车乡原生态摆手队表演的摆手舞，由国家级传承人张明光领舞表演"扫堂祭祖"，表现土家族人崇善嫉恶的乡风民俗。三月堂广场中央张明光手持一根齐眉棍，身穿满襟衣，头包青布帕，庄严凝重地唱起来，歌声犹如心跳般律动。接着三十六位手持齐眉棍和朝简的四队表演者从他左右两边依次登场，将其围在方队中间。然后在他的带领下，四队人高举手中的齐眉棍和朝简，转身面向后方的锣鼓，不断变换队形。在朴拙厚重的鼓声和清脆响亮的铜锣声的指挥下，人们个个欢欢喜喜、浩浩荡荡地摆跳着。仿佛讲述土家人刀耕火种、渔猎采集、征战搏杀、纺花插秧等场面，一幅幅散发浓郁民族气息的淳朴生活画卷扑面而来。

接下来是由十六位身穿白色上衣黑色土布裤和十六位身穿紫色花布裙的男女表演者组成四个纵队，表演洗车河镇原生态土家摆手舞。表演者们按照广场中央地板上的土家织锦纹样编排队列，摆动摇晃着双臂，变幻自如地表现农事中"撒种""插秧""打谷子""纺棉花""种苞谷"等动作，朴实自然，豪迈大气，让人回味。

下面是靛房镇联星村、万龙村的三十二名土家族女子表演的原生态摆手舞，锣鼓乐手也是一位年轻的土家女子，她一人边敲锣边打鼓，气势潇洒。表演者们在节奏感十足的锣鼓声的鼓点伴奏下，站成四排八列，热闹欢腾地挥动着手臂，步调一致整齐，舞姿看上去原始古朴、风味十足。靛房镇的摆手舞可谓古香古色、土里土气、别具一格，展现着土家族妇女摆手舞特有的风采。接着是贾市乡兔吐坪村摆手队表演的原生态摆手舞，上身穿着红色土布上衣、下身穿黑色宽腿裤的女子与上身穿白色对胸土布衣、下身穿红色宽腿裤的男子交叉排列走上台前，土家族人服饰的美感映入眼帘。表演者们排着长长的队伍，挥舞着手臂，显得洒脱自然，他们通过不同的摆手动作表现着土家人生活劳作的场面，彰显了土家人的欢悦心情和对美好未来的向往，简朴雅卓的美学形态，叩击着人们的心扉。

最后一个上场的是洗车河镇土家摆手锣鼓队表演的摆手锣鼓舞，随着紧促的鼓点和高声地呐喊，两队背着锣鼓的乐手们相向跑到广场中央，只见红绸飘扬，粗犷奔放。奏乐的鼓手们站在三月堂前的高台上气势磅礴、激烈雄浑地敲打着，那威武强健的动律和狂欢不羁的风格，激动人心。据介绍洗车河摆手锣鼓队曾在 2006 年 7 月秦皇岛荷花艺术节上荣获"金荷花奖"，飞身中华乐坛。摆手锣鼓舞象征着土家族人热情开朗的生活态度，传递出土家儿女豪情万丈的民族精神，与时俱进的锣鼓艺术文化蕴含了新时代的生机与活力，像是当代土家人豪放激昂的"欢乐颂"！

大团摆

"河水在静静地流，山花在尽情地开。龙凤旗迎风招展，三月堂歌舞澎湃。让我们把锣鼓敲起来，把牛角土号吹起来，把溜子打起来，把摆手舞跳起来，让我们一起大团摆，舞出民族的风采！"随着主持人激昂的号召，全场土家族人一起涌入广场中央，围成一圈圈队形，随着音乐的律动一起摆手，场内万紫千红齐摆手，场外彩旗招展共欢腾，摆手舞是土家族人民的智慧结晶，是土家族人民在千百年来积淀的精神财富，土家族舍巴日作为天人合一、人神共享的文化传承平台，在千人大团摆中圆满结束。

结　　语

寄托着土家人缅怀祖先心愿以及祈福庆祥愿望的舍巴日活动在一上午的祭祀仪式和歌舞表演中落下帷幕，渐次离场的表演者和观看者都依依不舍地回味着节日活动的喜悦氛围，村民们的日常生产生活在节庆活动结束以后又重回轨道。作为民族传统文化的大汇集、大展示的土家族舍巴日，对其有关祖先崇拜文化以及村寨社会文化生活意义的探究才刚刚开始，它是武陵山区酉水河沿岸勤劳朴实的土家人在长期生产生活实践中逐渐积累和培育的认知自我、认知世界、认知自然的独特方式，代表着土家族人在面对人与人、人与社会以及人与自然等哲学问题时逐渐形成的乡土经验和民间智慧。

这些地方性知识蕴含着土家族的核心文化，是土家族文化的精粹，调查舍巴日对了解土家族的社会历史、风土民情、民族特征及其文化发展演变的过程有着十分重要的意义。尤其是在地方生态和社会秩序遭遇考验之际，如何从祖辈流传下来的文化遗产中获取经验，重振和延续土家族文化传统，成为我们必须深入探讨的问题。

参考文献

[1] 吴永章. 土家族简史 [M]. 北京：民族出版社，1983.
[2] 杨昌鑫. 土家族风俗志 [M]. 北京：中央民族学院出版社，1989.
[3] 彭荣德，王承尧. 梯玛歌 [M]. 长沙：岳麓书社，1989.
[4]《中国民族民间舞蹈集成》湖南省卷编辑部. 中国民族民间舞蹈集成（湖南卷）[M]. 北京：中国

舞蹈出版社，1991．

[5] 田荆贵．土家族纵横谈［M］．西安：未来出版社，1995．
[6] 彭继宽，彭勃选编．土家族摆手活动史料辑［M］．长沙：岳麓书社，2000．
[7] 段超．土家族文化史［M］．北京：民族出版社，2000．
[8] 周益顺．酉水流域摆手舞［M］．北京：国际文化出版公司，2000．
[9] 彭英明．土家族文化通志新编［M］．北京：民族出版社，2001．
[10] 薛艺兵．对仪式现象的人类学解释［J］．广西民族研究，2003．
[11] 周兴茂．土家学概论［M］．贵阳：贵州民族出版社，2004．
[12] 李伟．土家族摆手舞的文化生态与文化传承［J］．中南民族大学学报，2007．
[13] 彭英子．土家源［M］．北京：光明日报出版社，2007．
[14] 陈廷亮．土家族摆手舞的祭祀功能初探［J］．三峡大学学报（人文社会科学版），2009．
[15]《中国少数民族社会历史调查丛刊》修订编辑委员会．土家族社会历史调查［M］．北京：民族出版社，2009．

许昌北关村婚礼习俗调查报告

李芳　　清华大学

纵观中国历史，"得中原者得天下"，自秦汉历唐宋至明清，中原地区自古以来就是封建王朝的政治、文化中心，是华夏文明的摇篮，也是中华文化的重要源头和核心组成部分。中国北方游牧民族与中原农业王朝治乱相间、盛衰更迭，游牧文化与农耕文化相互交流、不断融合，外来文化与本土文化长期共存、彼此影响，塑造和改变着中原地区传统民俗文化的面貌，也使中原地区成为多元文化融合的枢纽。

本调查报告是基于笔者在 2016 年 10 月 28~30 日对豫中地区的北关村举行的一场婚礼仪式的全方位参与观察和深入访谈的基础上写成的。根据研究需要，提前向十几位受访村民了解了这一地域的自然生态、历史沿革、风俗习惯、民间信仰、人文活动等基本内容，并按照进度安排划定重点访谈对象、确定访谈内容，以及对婚俗仪式前、中、后期进行了详细的观察和记录。

以下文字的记述是基于综合分析本次调查所获取的相关材料的基础上，通过运用文献研究、比较分析、归纳总结的方法，对北关村婚礼习俗的具体内容、仪式细节、特点特征、文化内涵和价值意义进行的探讨，从而反思在时代变迁影响下，中原地区的婚俗文化在嫁娶艺术、文化惯习、社会心理等方面的变化与融合、扬弃与创新的嬗变。

一、调查地背景

（一）北关村的自然生态

1. 地理环境

许昌地处中原腹地，黄淮平原西部。东临鄢陵县、南界襄城县和临颍县、西接禹州市、北靠长葛市，距河南省省会郑州市 80 公里，土地总面积为 4996 平方公里。地势西北高、东南低。西部为低山丘陵，最高海拔 1150 米；东部为淮海平原西缘，最低海拔 50 米。境内颍河、清潩河、石梁河、小泥河、灵沟河、小洪河、老潩河等大小 20 多条河流沟汊在东部、南部冲积成一片平原和浅平洼地。平原面积占 75%，山岗面积占 25%，沃野千里的地势环境有利于农业发展和人口繁衍。

许昌属北暖温带季风气候区，雨量充沛，光照充足，无霜期长。因属大陆性季风气候，多旱、涝、风、雹等气象灾害。四季气候特征是：春季干旱多风沙，夏季炎热雨集中，秋季晴和气爽日照长，冬季寒冷少雨雪。年平均气温在15℃左右，年平均降水量700毫米左右，日照2280小时，无霜期210天以上。地表水主要来源于天然降水，多集中在6~9月。水资源总量年平均5.1亿立方米，水面总面积4.2千公顷，其中可养殖面积2.6千公顷。温和的气候是农作物生长的关键因素，不仅滋养出繁茂的植被和良好的生态环境，而且促进农业生产和社会稳定。

许昌盛产小麦、玉米、大豆、红薯、蔬菜类等多种农作物，是全国重要的烟草生产加工基地和中药材生产加工基地。装备制造、食品加工、纺织、能源电力等支柱产业基础深厚。发制品、人造金刚石、烟草等优势产业发展迅速。交通也十分便利，北距新郑国际机场50公里，311国道、地方铁路横穿东西，京广铁路、京港澳高速公路、107国道纵贯南北，具有集高速公路、高速铁路、航空为一体的发达的交通体系。

许昌老城自建成之初，东南西北四个关厢就自然形成了东关村、南关村、西关村和北关村，其中北关村所处地域耕地面积广、人口基数大。北关村位于许昌老城北关城门关厢一带，范围大致是东抵清异河，南临八一西路，西到文化路，北接天宝西路，还有少部分区域在城内北部及东北部地区。与北关村西边相邻的村子有前刘庄、丁庄、洪山庙；北边相邻的村子有南堰口村（菅庄六队）、李庄；东边相邻的村子有东关村、赵湾村、河湾村；南面正对老城北关城门（已毁）。北关大街是北关村的主干道，贯穿南北。村里还曾有一条老官道，是通往京畿省会的要道，绾毂南北。丰富的自然资源、优越的地理位置、四通八达的交通网络，都给北关村的民俗文化发展提供了充足的物质基础和保障。

2. 历史沿革

早在几万年前，许昌地区就有远古先民"许昌人"在这里逐水草而居。后隐士许由率领许姓部众来到泱泱颍水河畔，许地成了华夏部落最早生活和活动的地区。夏朝时的都城阳翟，便是现今的许昌禹州。到了战国时，许地设颍川郡。三国时，许昌成为魏五都之一，魏文帝曹丕以"汉亡于许，魏基昌于许"，改许县为许昌县，"许昌"的叫法沿用至今。隋朝时许昌仍为颍川郡，下辖14个县。唐朝武德四年（621年），改颍川郡为许州；天宝元年（742年），又改为颍川郡，属河南道；乾元元年（758年）复称许州。至北宋时，改许州忠武军为许州，后来又把许州升为颍昌府。元朝时，许昌仍为许州。明朝时，废长社县并入许州。清初，许州升为直隶州，后升为许州府。民国二年（1913年），改许州为许昌县，改禹州为禹县，它们与长葛县均属河南省豫东道。民国五年（1916年）废道改为区，许昌成为河南省第二行政区。1947年12月15日，许昌解放。1949年2月，豫西行署二专区与五专区合并，成立了许昌专区，辖15个县市。1970年，许昌专区改称为许昌地区。1986年2月，许昌地区撤销，许昌市升为省辖市。

现今许昌市辖2个区（魏都区、建安区）、2个县级市（禹州市、长葛市）、2个县（鄢陵县、襄城县）。总人口487.1万，常住人口431.5万。据2015年的统计数据显示，许昌境内除汉族外，还有满族、蒙古族、回族、藏族等41个少数民族生活在这个地区。

（二）北关村的文化生态

现今许昌老城始建于明洪武年间，有东南西北四个关口，城外护城河环绕四周。城池建成之初，就有村民生活在北关村一带。北关村受许昌地区的环境影响，曾有一段烟草种植的历史。明万历年间烟草传入我国以后，便在各地扩展种植。到了清乾隆初年，许州治地的许昌、襄城、长葛、禹县、郏县等地的烟草种植面积大、品种优良。清末民初，由于许昌位于京汉铁路线上交通便利，河南地区生产的烟叶大都在许昌集中，并通过烟行和作坊加工成烟丝后装入火车运销全国各地。民国五年（1916年），许昌地区美种烤烟的种植面积达150亩。20世纪40年代后期，烟叶的种植面积每年都在100万亩左右，当时北关村的农民几乎家家都种烟，许昌成了全国著名的"烟城""烟都"。

与其他三关的城郊村（东关村、西关村、南关村）不同，北关村北面有大片耕地，中华人民共和国成立后，北关村人口规模急剧增长，耕地面积继续扩大，逐渐形成了专给许昌老城居民供应果蔬粮食的农产品生产区。1958年丁庄建市公社（名为"火箭公社"），1965年改市郊公社，1981年改丁庄公社，1984年改丁庄乡，2005年撤乡改设街道，2006年区划调整划出塔湾、南关、潘窑等8个社区归入袁庄社区。北关村现归丁庄街道，街道辖区总面积5.4平方千米，目前可耕地面积仅剩1840余亩。下辖8个社区，其中北关、洞上、丁庄、后刘、洪山庙、袁庄、南堰口为涉农社区，天宝社区为城市社区，共有35个居民小组，3个居民小区，常住居民有22056人。

北关村村中现存北宋时兴建的道教庙宇玉皇阁一座，它原是天爷庙主建筑，是村民们祭祀玉皇大帝的神庙，据说清朝末年这里香火鼎盛，现为省级文物保护单位。北关村有道教、伊斯兰教、基督教三种宗教组织，其中道教的天爷庙玉皇阁和基督教的北关教堂都在北关大街北段。村子里的传统节日主要有春节、元宵节、清明节、三月三北关会、端午节、中元节、中秋节、重阳节等，这些节日是农耕文化的历史积淀，具有丰富多彩的表现形式和深厚的文化内涵。其中三月三北关会，是一年当中北关村人举行的最隆重的节日之一。相传北关会最早是天爷庙的庙会，后来逐渐成为农闲时具有商贸特色的村落集会，集游玩观光、休闲娱乐、购物餐饮为一体的地方节日。北关会是民间宗教集会转变而成的岁时风俗，具有鲜明的民族特色和地方性特征，村里人常讲"三月三、上北关"。北关会已经成为人们生活文化的有机组成部分和集体记忆的重要环节，它的产生、存在和演变都与村民的生活息息相关。

（三）北关村的基本概况

北关村人世代以务农为生，早期多种植粮食作物，如小麦、红薯、玉米等。20世纪八九十年代成立村民委员会后，村子逐渐成为市郊较为活跃的农业生产地区，以种植蔬菜作物为主，如萝卜、白菜、芹菜、韭菜、蒜、葱、黄瓜、西红柿、辣椒等。后来村民耕地减少，村里兴起办许多大队工厂，人们就到工厂做工，当时大队兴办的工厂有煤矿管件厂、打铁锻造厂、机械加工厂、柴油机配件厂、电瓶轮胎厂、柠檬酸厂、乳酸厂等。国有企业改革后，大部分工厂已被合并，如今只有管件厂还在继续经营。

北关村共辖管九个大队，大部分村民为汉族，只有七队和九队部分村民为回族。北关一队位于北关大街北部，主要为田姓村民，曾以生产尼龙窗纱为业；二队位于北关北部，主要为张姓、高姓村民，曾有村办工厂乳酸厂；三队也位于北关北部，主要为赵姓、王姓村民，曾以织手套为业；四队位于袁庄村，主要为袁姓村民，曾开办大队澡堂及电器修理部；五队位于八一路南健康路北、北关大街东侧区域，主要为史姓、王姓村民，曾有"史家班"国乐队（红白喜事吹响器的乐队），名噪一时；六队位于八一路南健康路北、北关大街西侧，主要为韩姓、张姓、卢姓村民，曾有村办工厂泡花碱厂；七队位于城内机房街，主要为虎姓（回族）、白姓（回族）、姚姓村民，曾开办百花剧院（露天电影院），每到周末村民们都回来看电影、看戏；八队位于城内北平定街，主要为赵姓、王姓村民，曾有村办工厂冰糕厂；九队位于城内北大街北头到城河沿一带，主要为丁姓（回族）、王姓、陈姓村民，曾以开私人旅店为业。

北关村的房屋建筑早期有土坯房（外涂白灰）、土垛房、土砖房（外砖内土）和一些瓦房，随着社会进步和人们居住条件的改善，现在的村落房屋建筑多为钢筋水泥砖房。伴随近几十年高速城市化发展，北关村从一个城郊村落变为城中村，北关大街东侧高楼林立，西侧未被城市化改造的原生态布局还保存完好，两边对比鲜明，凸显出时代缩影。

二、北关村婚礼前概述

北关村婚俗是中原地区汉族人民极富地方特色和仪式内涵的民间习俗之一，探讨北关村婚俗的意义不仅在于可以通过了解村落的婚礼仪式、嫁娶艺术解读人们的文化惯习、社会心理等内容，而且还能更深入地把握村落文化变迁和发展的脉搏，分析"小传统"与"大传统"的碰撞和交融，进而理解地方性的文化自觉和文化自信。笔者以2016年亲身参与观察的北关村婚礼活动为记录对象，以实地调查走访资料为基础，对北关村婚俗文化进行了全方位的描述，力求内容翔实、文化深描。

（一）提亲

提亲是婚礼前阶段的第一步，标志着婚俗仪式的正式启动，具有重大的标志性意义。具体过程是男方及其亲属、媒人等到女方家提出结婚意愿，女方招待宴客，双方交换男女八字庚帖（包括姓名、生辰八字、籍贯、祖宗三代姓名等），以备合婚之用。北关村人常言"一家女百家求"，提亲在村子里不仅是男女双方向亲朋好友告知结婚意愿，并由男方家主动向女方家上门提出缔结婚姻的行为，也是双方正式对外确立婚恋关系的开始。

提亲前，男方家亲友或媒人先到女方家询问女方家长对双方结婚的态度，若女方家没有明确反对则可提亲。同时，女方家会提前准备提亲宴会，招待男方及其亲友。在北关村，提亲当日通常在上午十点左右，男方家要带上男方的八字庚帖，并准备好特定的礼物（礼物中包含烟、酒和果子蜜食等物品），与亲友、媒人等到女方家中商议结婚事宜，女方家则早早准备好丰盛的午宴，招呼双方亲友共同赴宴商议。

宴会上，媒人首先介绍男女双方父母及长辈相互认识，然后双方开始交流各自的家庭情况、经济状况等。男方家要正式说明来女方家提亲的意愿，还要把男方的八字庚帖与女方的交换，以便接下来合婚问卜之用。如今，随着时代的发展和人们婚姻观念的转变，提亲时还遵循传统婚嫁礼仪互换庚帖的青年男女较以前越来越少，但对于大部分北关村上了年纪的老人而言,结婚被视为整个家族中十分重要的大事,影响着家族未来的兴衰发展,必须要经过问卜合婚,慎重考量。

北关村男女双方八字庚帖的形式:

"天作之合"
男(女)命庚帖
谨将小儿(女)三代年庚开列于后:
曾祖×××,祖父×××,父亲×××,儿(女)名×××,行×,×属相,×年×月×日生。
今凭大老月翁×××先生作伐,与×××阁下令爱(郎)结为婚姻,永偕伉俪之好。
姻眷弟×××顿首

冰人×××
同押
×年×月×日庚书大吉大利

提亲午宴结束后,女方家会主动送一些回礼的果子给男方家。北关村的回礼是有约定俗成的规矩,如果男方家来时送了六斤果子,女方家则需回二斤让男方带回,寓意好事成双,甜甜蜜蜜。男方家则按村俗欣然接受,并带上女方的八字庚帖返回,提亲结束。

(二)看好儿

"看好儿"("好儿"是好日子的俗称,指吉日)是男女双方交换庚帖后,请人占卜八字是否相配,并推算适宜婚嫁的良辰吉日的过程。它不仅综合考量了男女双方未来的婚姻关系,而且是化解矛盾、避凶就吉的参考指南,对婚嫁大事起着关键的指导作用,具有十分特殊的意义。

传统婚俗观念中,婚礼嫁娶作为终身大事历来被人们认为是人生中最隆重的礼仪之一,北关村人坚信男女双方的结合,须以"阴阳媾合、天地交泰、趋吉避凶"为原则。以前的北关村人在娶亲前,男方家长拿着提亲时从女方家求得的女方庚帖,连同男方庚帖一起交给卜卦术士(俗称"算命先生"),让其占卜男女双方生辰八字是否相合,并推算双方未来婚姻关系的发展状况,通过分析双方生肖命局、四柱神煞、八字用神等,判定双方命理中是否存在相冲、相克的情况,若有相克则要进一步找到避克趋生的化解方式。只有在男女双方的八字五行等都能匹配和谐的情况下,才适合结为夫妻。

经过人们世世代代的经验总结,"看好儿"的一些通用原则已经成为广泛流传的口头俗谣,北关村的老人都能流利地说出几段,如男女婚配中对属相相合的说法有:"蛇盘兔辈辈富""红马黄羊寿命长""青牛黑猪喜洋洋"等;男女双方属相相克的说法有:"猪猴不到头""龙兔泪交流""白马怕青牛"等,北关村人会按照这些民间俗谣进行简单的合婚预测。如果男女双方经占卜属相八字相合，则可以进一步发展；如果男女双方属相八字相冲相克，村民就会请卜卦术士再通过一定的化解方法来实现趋利辟邪，从而促进姻缘的发展。

"看好儿"时要进一步测算出双方适宜结婚的婚日吉时和生肖宜忌，从而确定适合举行婚嫁礼仪的好日子是何日何时、当日需要避开那些属相等，接下来还要把看的"好儿"写在"龙凤帖"上，择日携聘礼送到女方家，即"送好儿"。

（三）送好儿

"送好儿"是北关村婚俗仪式中非常隆重的环节，北关村人的婚时观格外讲究季节、月份、日子和时辰，他们将"吉日良辰"视为婚姻缔结的必备条件，认为只有这样才能确保男女双方结婚之后的生活能够和睦长久、吉祥平安，体现着人们对美好生活的期盼。

"看好儿"完成后，男方家把从占卜术士那儿求得婚日吉时的具体时间和宜忌写在"龙凤帖"上，在"送好儿"当日拿上"龙凤帖"、礼物和聘礼到女方家，进一步商讨结婚时间和具体事项。

姻眷兄×××顿首拜

大德望翁×××大人

启

右

一论新人娶送客人忌龙、鼠、猴三相避之　大吉

一论新人梳妆宜面向东南方迎福神　大吉

一论新人下车宜面向东北方迎财神　大吉

一论新人上车宜面向东北方迎喜神　大吉

於二〇一六农历九月二十九日嫁娶　大吉

龍鳳啟

龙凤帖

北关村"送好儿"的日子是固定的，即只有在每年农历二月初二或六月初六这两日，男方家才能到女方家送。通常如果是上半年结婚，要在当年农历二月初二送；如果是下半年结婚，要在当年农历六月初六送。假如错过了这两个"送好儿"的日期，女方家一般都不接受男方家在其他日子来送，这样就要等到第二年农历二月初二或六月初六方可登门

"送好儿"。据说这种约定俗成的"送好儿"方式是过去人们为了给女方家留有充足的时间准备嫁妆而规定的，这一乡约民俗虽历经时代变迁却从未改变，是北关村人谨守的重要的婚嫁原则之一。而且"送好儿"必须由男方家长辈来完成，如男方的伯父、叔父等长辈到女方家送，目的是表示隆重正式。由此可见，北关村婚俗仪式中的"送好儿"是非常重要的步骤。

男方家选定"送好儿"日期后会通知媒人，并托媒人转告女方家"送好儿"的时间和人员，以便女方家做好招待的准备。男方家则需在"送好儿"前准备好龙凤帖、礼物和聘礼。北关村"送好儿"时礼物内容和种类不仅体现着豫中地区传统的特色，而且兼具与时俱进的时代特点。具体来说，"送好儿"的礼物通常包括以下几项内容：

香烟一条、酒一箱

香烟和酒是送给女方的父亲及其家中的男性长辈。男方家在准备礼物时会托媒人事先问清楚女方家人的饮食习惯，如若女方家长辈没有吸烟喝酒的习惯，礼物中就不必送烟酒，可用茶叶代替，这一点不是一成不变的，而是随着人们的送礼观念不断变化的。

八斤果子

男方家在"送好儿"时必须提着八斤果子作为礼物，这是北关村长期以来的传统。村民们习惯称各类蜜食为"果子"，即各式各样的糕点、点心等（如糖角、枣泥饼、芝麻球、豆沙酥、三刀、蜜块）。八斤果子是送礼时级别较高的一级，通常两斤一盒，分成四盒装。送好儿之后，女方家要回礼给男方家一盒果子，让男方带回，寓意日子过得甜蜜。

北关村南边的八一路和文化路上有很多买果子的店铺，每到农历二月初二和六月初六，这些店铺的生意就格外好，大部分去买果子的人都是"送好儿"用的。红色的果子纸盒包装上系着十字交叉的带子，看上去非常喜庆。北关村人有时会把生了女孩儿称为生了一个"果子篮"，这是因为女孩儿长大出嫁后，每次逢年过节回家看父母时，必带果子作为礼物，所以生女孩儿的父母日后每年都能收到一大堆果子，故有此说法。

四种带根绿叶青菜

"送好儿"时男方要买四种带根绿叶青菜送给女方家，这四种带根的绿叶青菜可以是大葱、芹菜、菠菜、芫荽等，每种一棵，意味着有根扎根、四季常青之意，这是北关村人婚俗嫁娶时独有的一种地方习俗。

饮料一箱

饮料通常是送给女方家女性长辈和孩子们的。随着时代发展，饮料的品种可以是普通的牛奶、果汁和酸奶等，也可以是保健饮品和功能饮料。

聘礼

"送好儿"时男方家还要带上聘礼礼金，但礼金的数额没有固定的要求，通常是根据各个家庭不同的经济状况而定。普通家庭聘礼礼金可以是几千到几万块不等，富裕家庭聘礼可以是十几万到几十万块。礼金数额为图吉利常为有吉祥寓意的数字，即含1、6、8或9的数字，如6666、8888、9999、10001（"万里挑一"之意）等，礼金数额要避免出现含4和7的数字。

男方家准备礼物和聘礼的同时，女方家也在准备送好儿午宴的招待事宜。北关村人认为,"送好儿"这样的大喜事参与的亲友越多越好,这样可以增加喜庆热闹的氛围。所以午宴除了宴请男方及其家长、亲友和媒人外,女方家也会请许多亲友前来参与陪客。"送好儿"午宴的规模小则一桌饭菜,大则三桌五席不等,视各家具体实际情况而定。"送好儿"当日,男女双方亲友入席坐定,男方家长辈将"龙凤帖"交于女方家长,礼物、聘礼同时悉数奉上,双方一起商议婚期和结婚事宜,"送好儿"仪式结束。

(四) 定亲

定亲是确定男女双方将要结为夫妻的仪式过程,北关村的定亲宴是男女双方家中的直系亲属及关系紧密的亲友共同参与的一场为筹备子女婚嫁而举行的宴会,亦是为了宴请关系较近的亲友,加强双方家长、亲友间的熟悉程度,从而促进婚礼仪式顺利举行的聚会,北关村人常把这一过程称为"认认亲"。

定亲宴需要男女双方及其父母,以及主要的亲友共同参与的情况下进行。双方直系亲属、长辈会将礼金提前准备好,在宴会上交给新人并送上祝福。男女双方分别介绍各自的长辈、亲友给对方认识,同时一一敬酒以示感谢。最后,双方家长会同诸位亲友商讨结婚仪式的具体内容和婚宴筹办工作。定亲宴后,男女双方便是公开的未婚夫妻关系,所以过节时还要相互登门拜访对方家人;遇到农忙时节,男方还要到女方家帮忙干些农活,以示勤快能干,讨女方家人欢心。

(五) 物品、人员筹备安排

物品、人员筹备是男女双方准备结婚时所用物件和特殊人员的筹措过程。它是保证婚礼嫁娶顺利进行的物质基础,也是推进婚礼仪式过程的核心步骤。在北关村的婚俗文化中,男女双方需各自筹办不同的结婚物品。

男方家需准备的物品

1. 门头"囍"、窗花"囍"、"囍"对联

"囍"是婚俗仪式中必不可少的文化标志,双喜不同于一般的喜庆,寓意新人出双入对、喜事连连。结婚当日在门头、窗户、大门等处都要张贴上大红色的"囍"字,不仅起到给前来迎亲的人以提示的作用,而且还能烘托喜庆红火的热闹氛围。

2. 喜糖、喜酒、喜烟和"早生贵子"(红枣、花生、桂圆、莲子)

喜糖要分给所有祝贺婚礼的宾客亲友,这不仅是表达谢意的基本形式,而且有分享甜蜜之意。在北关人的传统观念中,"无烟无酒不成席",喜烟和喜酒常用来在婚宴上款待宾客。结婚当日,天地桌上要摆放红枣、花生、桂圆、莲子各一盘,洞房婚床上也要用它们来摆置"早生贵子"的字样,希望新人早日添丁。

3. 六斤果子、六样青菜

果子和青菜同"送好儿"时准备的礼物寓意相同。

4. 套被子的新花(新棉花)、新被表、新被里

在北关村,每家每户嫁娶时都要做新被子,而且新被子的数量必须是双数。这不仅是家人送给两位新人的结婚礼物,也寓意他们组成的新家庭能够幸福美满一辈子。套被子的

人在北关村必须是"全活人",也就是这个人必须由符合两个条件:一是没有经历过离婚、丧偶;二是要儿女双全,有时候更讲究些的话还会要求这个人的父母也都健在。套被子也要挑选吉时,还要用一根完整的线缝被里、被面,中途不能出现断线、接线或结疙瘩的情况,只有这样才能代表千里姻缘一线牵,新人白头到老的意思。套被子的针脚不能过密,讲究寸针寸线,寓意新人生活和睦、相敬如宾,不可得寸进尺。

5. 福垫、福帖、吉利帖

福垫是迎亲时放在婚车上供新娘垫座的红色棉垫;福帖是专门用来贴在新郎父母脸上的红贴纸,结婚当日脸被贴得越花越好;吉利帖是迎亲路上的指路标识,多贴在路口、拐弯处、树上、石头上等地方。

6. 金耳环、金项链、金戒指

男方家要提前给女方买金耳环、金项链、金戒指,俗称"三金",女方在结婚当天佩戴金饰。现如今随着人们对黄金等贵重金属认识的改变,"三金"有时不仅仅是指黄金,也可是白金或钻石等。

7. 新人婚礼服饰

新郎新娘的礼服、婚纱各一套,领带、腰带、婚鞋和红盖头等,同时要准备伴郎、伴娘服饰。另外还需再准备一套新衣服和鞋帽,结婚典礼及婚宴结束后以便替换新人礼服。

8. 鲜花装饰

鲜花是装点婚礼的重要元素,新郎迎娶新娘时婚车上通常要装饰鲜花;新郎接新娘时手中要拿一束手捧花;婚宴时男女双方父母胸前要佩戴胸花。

9. 六挂大鞭炮(2000~10000响任选)、50~100挂小鞭炮、20余支礼花筒

大鞭炮是结婚当日新郎从家里出发去迎亲前、迎亲车队到新娘家时、接到新娘并出发回家时、拜天地时、到酒店时和婚宴开始时用来鸣放的。迎亲路上要不断燃放小鞭炮,驱除邪气和晦气。礼花筒则是在新娘出家门前、接亲时、拜天地时以及婚礼仪式时要用,以此增加喜庆的氛围。

10. 婚车车队

男方家准备迎亲车队和接新娘的婚车,车的数量须是双数,通常为六辆到十几辆不等。头车和尾车一般多用白颜色的车,寓意新人白头到老。

11. 一张桌子、两把椅子

桌子是结婚当天的天地桌,椅子是拜堂时为男方父母准备的坐具。

12. 大小红包若干个

新郎接新娘敲闺房门时使用小红包几十个;接亲人给新娘封上车礼时使用红包1个;新娘到新郎家后"喜婆婆"给媳妇封下车礼时使用红包1个;公婆给新娘封改口礼时使用红包2个,改口礼一般从数百元到几千元不等,数额基本都凑成吉利数,如666、888等。

13. 各类人员若干

男方家要安排司仪、主婚人、证婚人、压轿孩儿、换绿鞋的人,端洗脸水的人、梳头的人和煮素饺子的人等若干人员。

女方家需准备的物品有：

1. 门头"囍"、窗花"囍"、"囍"对联
2. 喜糖、喜酒、喜烟和"早生贵子"（红枣、花生、桂圆、莲子）
3. 红包裹、柏树枝若干捆

红包裹是嫁娶时随新娘走的嫁妆，包裹内通常有新娘礼服、脸盆、梳子、镜子，核桃、红枣、麸子、麦仁、面条、素饺子和两根葱等物品；村民把柏树枝叫做柏枝，谐音"百子"，是结婚当日放在婚车和包裹上的吉祥物件，寓意百子多福。

4. 套被子的新花（新棉花）、新被表、新被里
5. 绿鞋

在北关村的婚俗文化中，女子出嫁时娘家人会给新娘子穿上绿鞋，寓意"穿绿不受屈"，希望女子嫁到婆家后生活中不受委屈。

6. 大小红包若干个

新娘给来接亲的压轿孩红包1个；给端洗脸水的女孩儿红包1个；给换绿鞋的姑娘红包2个；娶亲途中发放小红包几十个；岳父母为新郎封改口礼使用红包2个。

7. 硬币

在北关村婚俗仪式中，婚车需要过桥和拐弯时，新娘手中要抛撒几把硬币，以避邪气。硬币事先被放在伴娘随身带的钱包中，等坐上花轿后才交给新娘。硬币的面值多为一分、五分、一角、五角等面额。

8. 陪嫁物品

婚礼中，新娘的陪嫁物品是必不可少的，或多或少代表着娘家对新人的祝福，因各家经济情况而定，同时也与男方的聘礼和为新家庭的物质准备有关。虽然是嫁女儿，但女方也不愿与男方的物质准备差距太大，毕竟这些物质准备都是双方老人为了这个新组建的家庭打下一个良好的物质基础。从几十年前的洗脸盆、手电筒、暖水瓶、电扇、自行车到近几十年的家具、家电、大件生活用品等，随着生活水平的不断提高，曾经被人们视为昂贵的东西也都进入寻常人家的陪嫁清单中，如金银首饰、高档轿车等。自新婚姻法司法解释三出台后，房产、商铺等不动产作为女方陪嫁物品的情况越来越多，这种支出每个家庭都会控制在可承受范围内，很少有为争面子作出"赔本赚吆喝"的事，用北关村人的俗语形容，这就是"随年吃饭随年添衣"的事儿。但陪嫁物品中的新被子、红包裹等物件儿，却是一成不变的老规矩。

9. 各类人员若干

女方家要安排上车前穿绿鞋的人、包素饺子的人等若干人员。

（六）下帖

下帖是男女双方将结婚喜帖分发寄送给长辈、领导以及亲友们的过程，这是双方正式向所有亲朋好友宣布婚讯的通告，也是梳理亲友关系的重要一环，还是确定酒席规模，进而确保婚礼宴会顺利进行的主要依据。

喜帖上通常要写明婚礼举行的日期（农历日期和公历日期）、宴会时间、地点，以及

男女双方及其家长的姓名等内容。在北关村，若邀请的宾客是单独一人，则写宾客的全名；若邀请的宾客是夫妻两人，要写双福；若邀请的是一家人老小，就写全福；如果邀请的是亲戚长辈，还应在全名后面加上称谓。具体格式如下：

送呈×××先生（女士）
台启
谨定于公历××××年×月×日（农历××××年×月×日），为×××先生，×××女士（名字并列）举行结婚典礼，敬备喜筵。
恭请×××合家（或×××先生携家人）光临

新郎×××，新娘×××
敬邀

（注释：必要时应写明双方父母的姓名。）
席设：××××××酒店
时间：××××年×月×日（星期×）上午××点××分

下帖遵循交往礼俗，给不同对象的下帖方式、方法和时间也略有不同。通常只给关系较近的亲友发帖，关系一般的可发可不发，没太多交往的一般不发帖。

若送喜帖给长辈、领导或老师等，最好尽早亲自登门送帖，目的是表示礼貌和尊重，并加强感情交流。当面送出的喜帖通常不用封口，以便他人打开阅览。若下帖给自己的普通亲友、平辈人或同学，可以不发纸质喜帖，直接打电话、发信息说明婚礼的具体时间和地点即可。尤其是近些年伴随互联网技术的发展，很多村民都选择用手机软件发送电子请柬，这样不仅方便快捷，又便于及时沟通联系，深受年轻人的青睐。

若联系外地或远方的亲友时，需提前几周沟通，询问宾客是否有时间出席婚礼以及出席的人数，确认邀请的宾客能够出席婚宴后再寄送喜帖。寄送时间往往是在婚礼举行前的一个半月前，以快递的形式发出，并告知对方及时查收。发出一段时间，一般是在婚礼举行的前一周，要打电话或发短信再次确认宾客是否能来参加婚礼，列明将要出席婚礼的具体人数，这样方便统筹安排婚宴座位，避免出现空座或座位不够的情况。

（七）管事儿人安排

"管事儿人"是北关村婚俗仪式中安排各项活动顺利进行的负责人员，包括一位总管事儿人和几位分管事儿人。总管事儿人是婚礼仪式安排的核心人员，筹备婚礼举行当天的各种仪式以及中午的婚宴事宜，主要工作内容是总体指挥婚礼仪式和婚宴现场的各项事务，联络沟通各方面人员进度以及协调各个环节的衔接，并解决突发问题，确保婚礼仪式和婚宴的顺利进行，通常是家族中有威望的中年长辈担任；分管事儿人协助总管事儿人安排婚礼各项仪式和婚宴现场事务，负责各类具体事务的进行，如行程路线、车队礼炮、婚宴接待、物资酒水、礼金记账、舞台效果、摄影录像、音响音乐等，这一角色多为精明强干的亲友担当,受总管事儿人领导。

各类分管事儿人的主要工作内容为:行程分管人负责规划迎亲往返路线、婚礼仪式路线以及新郎新娘在宴会上的敬酒线路等;车队分管人不仅负责婚车及司机的调度,还包括迎亲头车的鲜花布置、车队装饰、物资运送、新娘家属以及宾客接送等;鞭炮分管人负责放礼炮、分发礼花筒,以及协调燃放时间等工作。

婚宴分管人负责酒店婚宴安排,包括同酒店经理接洽酒席事宜,布置桌位的摆放,协助物资分管人摆放烟、酒、喜糖和干果等工作;接待分管人须是认识男女双方家中亲友最多的人,主要负责宾客的接待及入席,并指挥全部的迎宾接待工作;物资分管人负责各工作人员的早餐、酒店喜字和婚纱海报的张贴、烟酒喜糖的摆放、婚宴物品的补充发放以及收拾婚宴后剩余物资等工作;记账分管人负责分门别类记录宾客的姓名以及礼金数额,若宾客给的是现金需要当面点清再转交礼金分管人,若宾客送的是红包则要在红包上标好宾客姓名,然后转交礼金分管人点清入账,若宾客送的是贵重物品,则需详细写明物品的名称、材质、样式等。礼金分管人只负责清点记录记账分管人交来的礼金数额,并反馈给记账分管人核对。

舞台效果分管人负责酒店门前海报喷绘、迎宾标志、布置婚礼仪式的舞台视觉效果和宴会桌上的铭牌设计等;摄影录像分管人负责婚礼仪式全程拍摄、录像、后期制作以及影碟灌录等工作;音响音乐分管人负责和酒店管理人员一同调试音响,保证婚礼乐曲及背景音乐的正常播放等。各分管事儿人和总管事儿人协同合作,确保婚礼仪式的顺利进行。

(八)布置洞房、闺房

布置洞房、闺房是在新婚前一天进行的,男女双方要分别把洞房和闺房进行有序的布置,一方面为了映衬婚礼之日的喜庆,另一方面寄予了对婚后美好生活的期望。在北关村,男方家洞房婚床的摆放和铺法有许多具体的讲究。首先,婚床摆放的方位要与新娘命理五行所喜相符,须靠墙安置,不可四边不靠;其次,婚床上方不应有横梁压顶,否则会对新人的运势造成压抑之势,不利于和睦相处;最后,婚床要远离居室中的卫生间,且不能正对电视,更不应有镜子反射或将相框悬于床头,这些细节都会从居住习惯上影响新人的心态和情感。村里人将这些规律总结成了一句俗语:"床门向窗衣柜顺堂,门不对柜镜不向床"。

铺婚床在北关村非常讲究,铺床人需要是男方家中的女性长辈,且此必须是父母双全、配偶健在、儿女双全的"全活人"。目的是希望将她的好运气带给新人,让新人也能够多子多福,阖家幸福。铺床的时日通常是在结婚前一天的早上或上午,铺床人一边扫床、摆鸳鸯枕、叠龙凤被,一边口念吉祥话"铺床铺床,儿孙满堂,先生贵子,后生女郎,福贵双全,永远吉祥!"铺完床后,要将红枣、花生、桂圆、莲子等干果撒在床上,代表了长辈对新人的关爱和祝福,希望新人能早生贵子,传宗接代。

新婚前夜男方家还要找一位小男孩(童男)来睡一晚婚床,俗称"压新床"。一般压床孩儿是家中比新郎年纪小且尚未结婚的男孩,常为新郎的弟弟或叔伯、姨表弟弟等。新郎和压床孩儿在婚床上就寝,待到结婚当天新娘没有进入洞房之前,压床孩儿还要从床头滚到床脚,再从床脚滚到床头,来回打三四个滚,寓意早日生子,以图吉利。

女方的闺房是结婚当日迎亲时的重要场所,所以也需要悉心布置,映衬喜庆。结婚前一天,闺房床头墙面上要贴上红色的"囍"字,近些年来一些新人还会选用婚庆专用的文字气球贴于墙面代替"囍"字。闺房床上铺一套红色喜被,新娘结婚当天穿白色婚纱或红色秀禾礼服坐在喜被上,等待新郎接亲。而且在北关村,结婚当天新郎及其亲友需在闺房内找到新娘的鞋子后才能接走新娘,所以闺房中还会提前布置一两处藏婚鞋的地方,这一习俗大大地增加了婚礼的趣味性。

三、北关村婚礼活动过程

(一)迎亲

迎亲是正式拉开婚礼仪式大幕的开端,指男方在婚礼之日率亲友组成的迎亲队伍,到女方家迎娶新娘的过程。俗话说"一年之计在于春,一日之计在于晨",北关村迎亲十分讲究吉时良辰,迎亲时间是根据男女双方的生辰八字推算出的吉时。吉时一到,男方家要鸣炮奏乐,发轿迎亲。

男女双方家要给一早前来参加迎亲、送亲的亲友准备早餐,在北关村是不允许饿着肚子娶媳妇或嫁闺女的,所以男方家迎亲的人要提前吃饱早饭。早饭通常为豆浆一杯、鸡蛋一个、包子油条若干个,吃完后待吉时而行。吉时一到迎亲队伍浩浩荡荡地开始出发,喜乐高奏、礼炮鸣响,配上漫天抛撒的大红吉祥帖,场面甚是热闹喜庆。

结婚当日,新娘家中都贴上了门头"囍"、窗花"囍"和"囍"对联,指示娶亲队伍该去往何处。新娘家亲友提前一天就聚在一起,收拾妥当嫁妆包裹,并于结婚当日早上给新娘梳洗打扮好,等候新郎迎娶。

新郎家迎亲队伍的总人数去时应该是单数,接到新娘后人数凑成双数,俗称"去单回双",寓意好事成双。近几十年来,北关村人迎亲的乘具发生了很大变化,早年间有用花轿或马车的,也有用卡车、摩托车的;如今随着人们物质生活水平不断提高,迎亲队伍多是用亲友家的轿车组成一个迎亲车队到女方家迎娶新娘。

迎亲车队到了女方家门口后,女方家奏乐鸣炮、燃放爆竹相迎。迎亲花轿里的"压轿孩儿"坐在新娘的位置上,女方家人要想办法哄他下车,以便返回时给新娘让座,"压轿孩儿"往往会等女方家给够了红包才从花轿上下来。同时,女方家作为礼节性的招待会备好酒席,请迎亲的男方家长辈入席等候。

新郎到女方家后,直奔新娘闺房,但往往会被伴娘们堵在闺房门外,并隔门向新郎"讨喜"(索要红包),只有新郎多说吉利话,完成她们提出的各种要求,给足红包才肯开门。闺房门打开后,新郎及其亲友要在房内翻找出新娘的鞋子,按北关村的婚嫁习俗,女子在出嫁时不能沾了娘家的土地,否则娘家就会变得贫穷,所以新郎要找到鞋子并给新娘穿上,这样新娘才能下床。

找到鞋子穿上后,新郎新娘要一起到客厅叩拜女方父母和家中长辈,行礼拜别。新郎改口称女方父母"爸妈",新娘父母封新郎改口礼金。然后新娘在自家女性长辈的护送下坐上花轿,伴娘挽着新娘一同上车,新娘坐在车上有福垫的座位上。

新娘坐上轿车后,家中一名未婚年轻女孩子要给她换上绿鞋,待到了婆家下车时,再由婆家人把绿鞋换成婚鞋。在北关村,人们认为结婚当日不可穿红鞋,因为红色代表"水深火热",是跳进火坑的意思,穿红鞋意味着新娘婚后日子不好过。这里寄予着北关村人对女儿出嫁后和睦生活的期望,希望她在新的家庭中不受委屈,过上幸福的生活。

迎亲路线是男方家提前规划好的,去时和回来的路不能重复,村民们称为"不走回头路"。新娘入轿后,迎亲队伍燃放鞭炮礼花,撒喜糖打发围观人群散开,接着按制定好的路线返回。回程路上,新娘手中抓着几把硬币,但凡迎亲车队需要拐弯或要过桥时,新娘都要抛撒硬币,目的是为了避免路上遇到邪气,所以这些硬币又被称为"买路钱"。

迎亲队伍走到半路时,通常要停车"搜"嫁妆,从新娘包袱里"搜"出油馍、火烧、鸡蛋以及小红包等,这是新娘家特意提前准备的,为的是避免迎亲的人半路上挨饿,并增加热闹喜庆的气氛。大伙"搜"完嫁妆后,迎亲队伍继续前行,到达新郎家后,迎亲仪式才算结束。

(二) 接亲

接亲是婚礼活动中最具仪式感的过程。新郎和迎亲队伍出发后,家中喜婆婆(即新郎的母亲)就要和家里的亲友一起安排布置天地桌。天地桌的摆放位置要坐北朝南,北面要有大红布铺底,上面挂上烫金的天地"囍"。桌上靠北有三层枣花糕,寓意步步高升;中间摆放四个盘子,分别放红枣、花生、桂圆、莲子,寓意早生贵子。

待迎亲车队到达后,男方父母携亲友到家门口鸣炮迎接。接着喜婆婆要给新娘封下车礼,并让男方家一名未婚女子为新娘换上婚鞋后下车,新娘随新郎一同到天地桌前拜堂。拜堂是传统婚嫁仪式的重要礼仪,在北关村人的婚俗观念中,男女双方只有拜堂之后才算正式结为夫妻。北关村拜堂礼仪是在司仪的主持下完成的,基本流程是:首先,鸣炮奏乐,新郎、新娘就位,男方父母就位;然后,新郎新娘行"三拜礼"(一拜天地;二拜高堂;夫妻对拜);接着,新娘改口对新郎父母及长辈的称谓,新郎父母封改口礼;最后,新郎新娘共入洞房,接亲仪式结束。

(三) 闹洞房

闹洞房是传统婚俗文化的典型体现,这一习俗最早是基于古代婚姻多为父母包办,男女双方在结婚前彼此不了解,没有任何的接触,甚至从来没有见过。突然新婚之日成了夫妻,难免会感觉陌生和尴尬。有了闹洞房的过程,就在一定程度上缓解了冷漠的气氛,减少新人之间的生疏感。虽然现今男女恋爱自由、婚姻自由,双方早已在婚前熟悉,但闹洞房的传统习俗还是被保留了下来,北关村人认为洞房越闹越喜,并有"新婚三日无大小"的说法。

新郎携新娘进入洞房后,新郎家的一名女性长辈会拿着梳子给新娘梳头,并且边梳边说"一梳梳到头,富贵不用愁;二梳梳到头,无病又无忧;三梳梳到头,多子又多寿。"

梳子梳完后由梳头的人保留。接着，新郎家会有一名女孩儿给新娘端洗脸水，让新娘洗脸洗手，口中还会问道"洗不洗呀？"（取谐音"喜不喜"）新娘会边洗边答："洗！（'喜'的谐音）"并封一个红包给她。

然后，新郎家长辈会把新娘带的素饺子煮好，配上两根葱放在喜盘上端给新娘吃。饺子的数量是由新娘的周岁年龄而定，如新娘25周岁就煮25个饺子，寓意多子多福；两根葱被当作筷子夹饺子吃，寓意出生的孩子聪明。素饺子有白菜馅，寓意百财；韭菜馅，寓意长长久久；芹菜馅，寓意勤劳致富。而且素饺子通常不会煮熟，夹生而食，并在新娘吃的时候问："生不生？"新娘答："生！"意思是早日生出聪明的孩子。最后，新郎家亲友会和新郎、新娘相互游戏喧闹，至中午婚礼仪式开始前，闹洞房结束。

（四）婚礼仪式

婚礼仪式在北关村婚俗活动中是最盛大和精彩的环节，它是男女双方身份角色变化的转折点，是在一定范围内取得社会对新人关系认可并获得亲友祝福的过程。婚礼仪式各环节的安排都包含着人们对美好生活的希冀，具有深刻的寓意，所以仪式既十分热闹喜庆，又格外隆重正式。

以2016年北关村的中式婚礼为例。村里的婚礼仪式和婚宴安排在中午12时，在此之前宾客们就会从四面八方赶来赴宴。酒店门口有写着新人姓名的红色条幅或LED屏，新人的结婚合影被做成海报挂在室外以便宾客识别。新郎、新娘和男方父母站在酒店门口迎宾，他们一边招呼宾客一边收下礼金，并将宾客转交接待人员引入宴会大厅，入席就座，等待婚礼仪式开始。宴席十分丰盛，宴会大厅桌子上摆满了菜肴、烟酒、喜糖、干果和饮料，凉菜、热菜各8~10道，菜肴总数必须是双数。待亲友们大部分到齐就座，接着就是婚礼仪式开始的时间。

伴随着欢快的音乐，司仪开始讲话："尊敬的各位来宾、各位亲友，婚礼的钟声即将敲响，温馨提示您，请抓紧时间入席就座，为保证婚礼的有序进行，请您尽量不要在现场随意走动或大声喧哗，带孩子的朋友注意看好孩子。在婚礼进行过程中，请配合我将您最热情的掌声送给幸福的新人，把目光集中到两位主角的身上，把我们的祝福与期待化作热情的掌声，有请新人入场！新人到堂前，宾客站两边，才子配佳人，鼓乐响云天。男左女右，新人入喜堂啰！"接着是证婚人和主婚人发言。

证婚人发言。证婚人通常是由双方尊重的、具有一定的社会威望的亲友担任，作用是证明婚姻自愿合法，现在大多是邀请新人单位领导做证婚人。证婚人发言时，除介绍新人的基本情况，肯定双方的感情是合乎逻辑和礼法的，还会给新人送上祝福和希望。

> 证婚人致辞："各位来宾、各位朋友们：今天是×××先生与×××女士喜结良缘的大好日子。首先，我代表各位来宾，祝他们新婚快乐！万事如意！
>
> 受新郎新娘之托，担任他们的证婚人，我感到十分荣幸！新郎×××现在×××单位，从事×××工作，担任×××职务。新郎不仅工作上认真负责、兢兢业业，而且在业务上刻苦钻研、成绩显著，是一位才华出众、能力突出的好青年。新娘×××

女士，现在×××单位，从事×××工作，担任×××职务。新娘不仅长得端庄大方、温柔漂亮，而且勤奋好学、心灵手巧，是一位可爱纯洁、贤惠能干的好姑娘。

希望你们在今后的日子中，互敬、互爱、互谅、互助，无论是顺畅或是坎坷，都能相濡以沫，过上更灿烂的生活！现在，我宣布：×××先生与×××女士的感情是真挚的，婚姻是合法的！在座的亲朋好友们为你们作证！让我们举起手中的酒杯，共同祝愿这对新人新婚愉快！白头偕老！阖家幸福！"

主婚人发言。主婚人通常是由家中德高望重的长辈（年龄较大、辈分较高）担任，一般为新郎伯父或其他男性尊长，作用是嘱咐新人结婚后的要求，同时还代表男方父母感谢来宾的到来。主婚人的发言一般被称为"新婚训词"。

主婚人致辞："各位来宾、各位亲友、女士们先生们：笙箫引凤，鼓乐迎宾。今天，我受新郎新娘的重托，担任×××先生与×××女士结婚的主婚人感到十分荣幸！在这神圣而又庄严的婚礼仪式上，能为这对珠联璧合、佳偶天成的新人作证婚词，我感到非常高兴！在这欢快喜庆的美好时刻，新郎新娘喜成连理。我首先向两位新人和他们的全家表示衷心的祝贺：祝愿他们鸾凤和鸣、枝茎永茂、椿萱康泰、福寿并臻。

成家立业是人生旅途的重要里程。新郎×××和新娘×××相知相爱、情深意笃，终成眷属，乃天作之合。祝愿他们从今互敬互爱，互让互勉，家庭美满，前途锦绣！愿这对佳偶发扬中华民族尊老敬贤和传统美德，尊敬双亲，善待高堂，让双方的父母和老人衣食丰足，精神愉快，笑口常开，颐养天年！

最后，希望大家在今天的婚宴上畅怀尽兴，度过一段愉快的时光，谢谢！"

射三箭、过火盆、跨马鞍。证婚人和主婚人发言结束后，欢快的喜乐响起，新郎新娘登入喜堂。司仪道："首先，有请新郎官儿三箭定乾坤：一箭射天，天赐良缘合家欢！二箭射地，地久天长永如意！三箭射远，前程似锦好姻缘！"新郎射出三箭，意为除去邪晦，同时用绣球锦缎牵着新娘走上红毯步道。接下来是过火盆仪式，司仪道："红红火盆熊熊烧，跨过火盆烦恼消。新娘跨火盆啰！婚后的日子红红火火！"新娘抬脚从火盆上跨过去。接着是跨马鞍仪式，司仪道："玉马鞍前迎新娘，富贵安康又吉祥！新娘跨马鞍啰！一生相伴，平平安安！"新郎牵着新娘的手跨过马鞍，俗语云："烈马不侍二主，烈女不嫁二夫"，跨马鞍寓意新娘对新郎忠贞不二、感情专一。

挑盖头、合卺酒、点烛台。新郎携新娘走上舞台中央后，司仪道："下面我们马上就要一睹新娘的风采了，有请新郎接过我手中这只秤杆，用秤杆挑开新娘的红盖头。秤杆金秤杆亮，秤杆一抬挑吉祥！"新郎接过秤杆，左边挑一下，右边挑一下，司仪道："左一挑吉祥富贵，右一挑称心如意，中间一挑金玉满堂！"新郎从中间缓缓挑开新娘头上的红盖头，司仪问新郎新娘长得是不是称心如意，新郎连答满意。接着是喝合卺酒，司仪道："一个葫芦分中间，一根红线两人牵，一朝同饮合卺酒，一生一世永缠绵。"伴娘用托盘将酒端上台，新郎新娘分别拿起酒杯，交叉挽着手臂共饮美酒。在现代婚礼上，人们早已不再用卺来盛酒，但用以红线相连两只杯脚的形式饮"交杯酒"。然后是点龙凤烛台，司仪道："有请喜婆婆上台，把香火传递给新人。祝新人香火越烧越旺，一代更比一代强！龙凤喜烛耀华堂，喜满眉梢笑盈房！"新郎新娘从喜婆婆手中接过点火枪，共同点燃龙凤烛台。

敬喜茶、新人父母发言、敬宾客。完成了上面六项仪式后，新郎新娘要给双方父母敬喜茶。司仪道："父母双亲恩似海，梅花香自苦寒来，现将香茗双双请，福寿安康万事兴！新郎新娘给双方父母敬茶。"新郎新娘端起茶盏递予双方父母，四位老人喝完茶后代表两个家庭分别发言。

> 男方父（母）："各位来宾、各位领导、各位亲友们：今天是我儿子×××与×××禧结良缘的大喜日子，承蒙各位来宾远道而来参加他们的婚礼，在此我代表全家表示热烈地欢迎和衷心地感谢！他们两人通过相识、相知、相爱走到今天，结为夫妻十分不易。从今以后，你们建立了新的家庭，要互敬互爱、互谅互助，以事业为重，用自己的聪明才智和勤劳双手去创造美好的未来！最后，祝福你们新婚愉快，早生贵子！祝大家身体健康、万事如意！"
>
> 女方父（母）："今天是×××和×××喜结良缘的大喜日子，我和我的亲家增添了一个好儿子和一个好女儿，我们感到非常高兴！承蒙在座各位亲朋好友在百忙之中的到来，在此向大家表示衷心的感谢和良好的祝愿！祝×××和×××在今后的日子里互敬互爱，生活幸福！这是我们做父母的对你们最大的希望，谢谢！"

双方父母发言完毕以后，同新郎新娘一起举杯敬酒，答谢宾客。司仪道："伴随着喜庆的音乐，×××先生与×××女士结婚典礼到此圆满礼成！新婚喜筵现在开始！请大家高举金杯，斟满美酒，开怀畅饮，一醉方休！"婚礼仪式结束。

（五）敬酒

敬酒是婚礼喜宴开始后的重要礼仪活动，它是新人及其父母对来宾、亲友表示感谢的交际过程，也是沟通情感，加深情谊的联络方式，还是新人父母为他们建立社会关系网络的主要手段。

北关村婚礼喜宴上的敬酒往往是从主桌开始，主桌吃完冷盘和头道菜后，新人逐一由主到次向各桌敬酒，这时新娘已经换上了敬酒礼服（旗袍或中式裙褂）。如果宴席时间充足，敬酒时要对所有宾客一一礼敬；如果时间紧张，则在每桌推选一个代表来敬。新郎新娘是在父母的带领下，到宴席前先认亲友，再端酒敬人。北关村婚礼喜宴上常喝白酒，有时也喝红酒。敬酒的顺序应以年龄大小、职位高低等为参考，通常是先敬家中长辈，再敬父母领导、朋友、同事，最后敬新人的朋友、同事和同学等。

作为婚宴上的重头戏，敬酒时，要注意仪态，右手端起酒杯，左手托扶杯底，面带微笑，目视祝酒宾客，以示尊重，同时口中还要说着感谢的话。每次敬酒都要连端三杯，等宾客饮完酒放下酒杯后，新人要再次道谢，并为宾客斟满酒杯，方可再给下一位宾客敬酒，新郎的弟弟或家中晚辈负责在新人身旁端盘倒酒。

（六）送宾客

送宾客是喜宴结束后送别来宾的过程，也是婚礼仪式的尾声。婚礼当日由于人多事杂，难免会有照顾不周的地方，所以宾客吃罢宴席要告辞时，新人及其双方父母要在酒店门前送宾客，同时要说些客套话，如照顾不周，请多包涵，改日再聚等。近些年，尤其是人们对酒后驾驶危害的认识加深，主人家都会提醒饮酒宾客不能开车。若有宾客贪杯醉酒，还需要找专人送其回家。毕竟办婚礼是大喜事，不希望有不好的事故出现。大约14点左右，所有宾客都已送完，宴席结束。

（七）收尾工作

收尾工作是整个婚礼仪式的最后一项活动，主要目的是清点剩余物资，安排后期事宜。内容包括梳理礼金，查点物资，给酒店结账，联系婚礼影像制作等。在北关村，办婚礼时收到的礼金除了拿出一部分给酒店付宴席费用之外，通常双方父母都会把"建"的钱给新人当做新家庭的建设资金。所以婚宴结束后，双方父母会算清礼金账目，把钱交给新人。同时，也要盘点喜宴所用物资的剩余情况，包括喜酒、喜烟、喜糖和干果等物品。最后，还要与摄影摄像人员联系好后期制作婚礼视频的周期，约定时间取回婚礼仪式的影像。

四、北关村婚礼后习俗

（一）回门宴

回门宴又称"归宁大典"，是结婚后回门答谢的宴席，目的是为了显示女方在出嫁后不忘父母养育之恩、新女婿感谢岳父母，以及展现新婚夫妇恩爱幸福的意思。在北关村，新郎新娘成婚后的第三日，新女婿要在上午10点前，带着礼物（六斤果子、烟、酒等）随妻子返回娘家，拜谒岳父母及亲友。路上若遇到村里女方家的邻里朋友，大伙还会上前向新女婿索要烟酒，一些小辈儿人还胡乱称呼新女婿为"姑父"，并索要红包和零钱。

早些年北关村人嫁女儿办回门宴与男方家办婚礼喜宴是一定要分开举办的两场宴席，而且北关村没有送客（读音"song kai"，即女方的兄长在婚礼当日作为娘家人陪着新娘在男方家吃酒席）的风俗。近些年，为使婚礼仪式氛围更热闹，男方家和女方家会在结婚当日一起举办喜宴，宴请各自亲友，而到了"三朝回门"时女方家就不再举办。现今办回门宴则是考虑各家的具体情况而定的，如男方家离得很近，大部分女方家亲友都已在结婚当日赴宴，则回门宴时只请女方家的少数近亲；如果男方家离得较远，女方家一些亲友在结婚当日没能赴宴，回门宴时则请没到的亲友；如果男方家在外地，大部分女方亲友没有在结婚当日参加宴席，回门宴时则要邀请女方家所有亲友。

女方家设回门宴款待男方时，新女婿要入席上座，并由女方家的长辈陪饮。宴席开始后,新女婿要给岳父母、亲友和邻里一一敬酒,感谢大家对自己新婚的祝福。宴席结束后,新女婿要陪岳父母聊天说话、听他们的教诲,然后须在天黑之前带着新娘辞别返回,走时还应主动邀请岳父母和女方的兄弟姐妹有空到自己家做客。北关村人认为,回门那天新人必须当日返回,不准新女婿在岳父母家过夜,因为新婚夫妇一个月内不准空房。而且必须在太阳落山之前回家,如果太晚回家,就会对男方父母的身体情况带来不好的影响,即北关村人说的会有"凶事儿"发生。

(二) 腊月二十六送大礼

腊月二十六送大礼是北关村人十分重视的往来仪礼,因为这一天临近春节,各家各户都在忙着置办年货,准备过年,这时两位新人送大礼含有"成家不忘娘",以及表示新女婿"感恩戴德"之意,借以增厚姻亲之谊。

北关村忙年歌中唱道:"腊月二十六,杀猪割年肉"。在新人结婚的前三年,每年腊月二十六的时候,男方都要携女方到女方家送大礼,过了前三年以后,才可以在其他任何时间送礼。送大礼这一天,男方不仅要送六斤果子、烟酒、四种带根青菜等日常礼品,还要送半扇猪肉(女方家通常回礼一个猪后腿),而且要扛一根完好无损的莲藕到女方家,寓意佳偶天成、六六大顺。送大礼时带的礼物必须都是双数,要成双成对。当天中午,新人在女方家吃完饭后,要赶在太阳落山前拿着回礼返回家中。

(三) 初二回娘家

初二回娘家是女方结婚后在男方的陪同下于大年初二返回娘家与娘家人一起辞旧迎新、团员喜庆庆贺新年的习俗,北关村人称之为"走娘家"或"串亲戚"。这一天也是中国传统岁时节日"迎婿日",一大早男方就要带着女方回娘家。新人需带六斤果子、烟酒和若干个红包,以便分给娘家的小孩儿当压岁钱。午宴上男方第一年要上座,吃完饭后,必须在太阳落山前赶回家,不可留宿。走时女方家要回礼给两位新人一个大枣山,寓意早生贵子,步步高升。新人结婚后的前三年,每年初二回娘家时都会收到一个大枣山作为回礼,枣山的大小逐年递减,过了前三年之后,初二回礼时女方家便不再送枣山。

(四) 六月六送扇

六月六送扇是北关村特有的习俗,女子出嫁第一年的农历六月初六,其父母会让"娘家哥"(女子的哥哥)给女儿送扇子,如果没有娘家哥,通常是出嫁闺女子的至亲去送,如女方的父母、叔伯、婶子伯母等长辈,或兄长嫂子、堂哥姊妹等平辈。据说这是因为六月六正值伏天,天气炎热,娘家人心疼女儿酷暑难耐,会准备几把扇子以及一些礼物去女儿家看望,有时还会送些凉席、凉枕、蚊帐等夏令用品。

在北关村的婚俗文化中,送扇除了具有"送清凉"的表层文化含义之外,其实还有另一层意思,即父母担忧女儿初为人妻的日子是否好过,家中公婆妯娌关系相处得如何,是否受气或遇到了难处,所以要去男方家看看女儿过得如何。同时,女方家人也借送扇儿的机会去男方家串门走动,与男方父母联络姻亲之谊,并表达对出嫁女儿的挂念之情。

送扇人携礼物到男方家后，寒暄一番便入席就座，把酒畅饮。男方家往往还会请家族中善于交际且酒量颇大的人做男桌的陪客（如果来客中有男有女，则需分桌而食）。

席间女方家人出于自谦通常会说："自家女子年少无知，有做得不对的地方一定要多多包涵"之类的客套话；而男方家人则恰恰相反，会一一举例新媳妇的优点，"两好合一好"，宾主双方聊得十分愉快。吃完午宴后，女方家人遵守"客走主家安"的道理，以"家中事务繁多"为由起身告辞，男方家人出于礼貌挽留一番，直至把客人送出门外，送扇儿仪式结束。

北关村六月六送扇的习俗在近几十年间发生了巨大的变化，20世纪七八十年代人们送扇始多送芭蕉扇、蒲扇和纸扇；九十年代改为送吊扇、落地扇、台扇；后来随着物质生活水平不断提高，到21世纪初基本上都送空调、冰箱等大型家电；现如今，新人结婚时早已买好了冰箱空调等全套家电，娘家人想送新人却不需要了，所以现在六月六的时候，村里人会直接给刚出嫁的女儿送些现金，让他们自己去买需要的东西，同时表达娘家人送扇儿的心意。

结　　语

热闹喜庆的婚俗仪式承载着北关村人对美好生活的向往，在我国从传统农业社会向现代非农产业（工业和服务业等）社会急剧转化的大背景下，婚俗仪式作为重要的人生仪礼也在不断变化。"新时期现代化的快速发展打破了原有民俗的传承背景和自然演进的节拍，同时不断改造着传承主体，并以新思想、新知识、新信息、新眼界使他们成为文化新人。这样，主体与客体的各自变化及其关系的调整，必然会引发民俗生活的变迁。"

通过调查婚俗文化发现，北关村人的文化自觉和文化自信是建立在对自身传统婚俗文化的坚守和继承上的，而且在这一基础上不断演变发展，这需要有广大的胸怀和对新文化的包容。无疑，北关村婚俗文化是自我觉察、自我反省、自我创建的过程。费孝通先生曾说："文化自觉是一个艰巨的过程，只有在认识自己的文化，理解并接触到多种文化的基建上，才有条件在这个正在形成的多元文化的世界里确立自己的位置，然后经过自主的适应，和其他文化一起，取长补短，共同建立一个有共同认可的基本秩序和一套多种文化都能和平共处、各抒所长、联手发展的共处原则。"

北关村的婚俗文化是典型的中原传统婚俗文化的独特体现，既彰显着中原婚俗文化的格局架构，又显示着地域范围中独有的民俗特色，同时在时代发展和文化演进的影响下，北关村的婚俗文化不断适应社会、适应生活、适应人们的自主需求。它是在继承中变革、在坚守中突破、在更新中前行、在固化中重组，凸显着北关村人最质朴的文化智慧和自觉意识。

参考文献

[1] 张树栋，李秀领. 中国婚姻家庭的嬗变［M］. 杭州：浙江人民出版社，1990.
[2] 高丙中. 民俗文化与民俗生活［M］. 北京：中国社会科学出版社，1994.

[3] 纳日碧力戈,马静.中原地区婚俗变迁初探——以河南开封尉氏县L村为例[J].民俗研究,2016(5).

[4] 周皓,李丁.我国不同省份通婚圈概况及其历史变化——将人口学引入通婚圈的研究[J].开放时代,2009(7).

[5] 刁统菊,赵丙祥,刘晓琳.宗族村落中姻亲关系的建立、维护与重组———以鲁东小姚格庄为例[J].民俗研究,2008(3).

[6] 王秀文,张庭馥(民国).河南省許昌縣志[M].台北:成文出版社,1968.

[7] 李萍,田坤明.新型城镇化——文化资本理论视域下的一种诠释[J].学术月刊,2014(3).

[8] 费孝通.反思·对话·文化自觉[J].北京大学学报(哲学社会科学版),1997.

[9] 曲彦斌.中国婚礼仪式史略[J].民俗研究,2002(2).

[10] Barth, Fredrik. *Ethnic Groups and Boundaries: The Social Organization of Culture Difference* [M]. Boston: Little Brown, 1969.

[11] 潘乃谷,王铭铭.田野工作与文化自觉[M].北京:群言出版社,1998.

[12] 鲍宗豪.婚俗与中国传统文化[M].桂林:广西师范大学出版社,2006.

[13] 邵先崇.近代中国的新式婚丧[M].北京:人民文学出版社,2006.

[14] 马林诺夫斯基.文化论[M].费孝通译,北京:华夏出版社,2002.

[15] 吴存浩.中国婚俗[M].济南:山东人民出版社,1986.

[16] 李耕五.英美烟草公司和许昌烟区史[J].烟草史话,1994.

· 文化专题论坛 ·

论坛讲座之一

青海德都蒙古的民族关系

（蒙古国）宝木奥其尔　　蒙古国立大学

国内许多研究者通常研究汉民族和其他民族的关系，我今天不讲这些，而是要研究少数民族之间的关系，比如青海的德都蒙古和当地的藏族、土族之间的关系。所以，今天我主要讲的是青海德都蒙古族的民族关系。

对我来说，青海是特别好的田野点，那里不仅存在着蒙古族和汉族之间的民族关系，还存在着蒙古族和哈萨克族、蒙古族和回族、蒙古族和土族之间的交往和联系。在结尾我会结合宝力格老师的理论阐述和引申研究。我在英国研究有关德都蒙古的问题，打算用英文出版一本书，今天我所讲的就是书当中的一部分内容。

2002年的冬天是我第一次去青海，2003年到2004年在剑桥读博士时，作为自己的田野点，我已经在青海待了一年。最后一次去青海是在2014年6月份，拍到了一会儿要给大家播放的民族志纪录片。蒙古国电视台制作的一系列节目不仅收集了德都蒙古的民族志纪录片，这个已经做了十多集了，下一个计划是在吉尔吉斯斯坦的卡尔梅克族有关的一系列的民族志节目。今年2月份在吉尔吉斯斯坦做了民族志电影。所做的十多集关于德都蒙古的纪录片中，前几集中的内容正好符合今天所要讲的内容，谁是德都蒙古？他们与什么人来往，和什么民族生活在一起？每一集是五十分钟，这一次会放畜牧业，后来还会有教育、饮食、服饰、习俗等等。

为了简单介绍一些这个地区，我把这些纪录片当中的一个小短片呈现给大家。蒙古族几百年来甚至是几千年来都过着游牧生活，但在经济迅速发展的当下，这些有着游牧文化的蒙古族将何去何从？这一期主要做的内容和今天主要讲的内容是比较符合的。（纪录片播放的是冬季和夏季牧场，住在这位片中人的家里一年。）我在2002年第一次去的青海，那时候在蒙古国根本听不到也没有叫"德都蒙古"这样的说法。那时候我是不知道的。"德都"是蒙古语中是"上"或"高"的意思。2014年7月12日，在蒙古国了举行一次全国性的那达慕活动，在那达慕中有两名穿着德都蒙古袍的老人参加了，然后现场直播的主持人介绍他们说，来自全世界各地的蒙古族都参加那达慕，也有来自德都蒙古的蒙古人。这就是从2002年到2014年的变化。"德都蒙古"这样的词也开始出现在了蒙古国。

那"德都蒙古"这个词是什么时候出现的？什么人在用？有什么来历？关于这些问题我今天简单的解释。不只是蒙古国，在世界上的其他蒙古族来说"德都蒙古"是一个新词。居住青海的德都蒙古，追溯历史渊源的话，1623年四大卫拉特部落的和硕特部落，在五世达赖喇嘛的邀请下来到青海，在海西等地驻扎了下来。到现在为止和硕特这个名字还在沿袭着。除了和硕特这个名称以外，"德都蒙古"这个字逐渐出现，并且大家也逐渐地习惯于使用。根据史料记载和老人们的口述资料来定的话，"德都蒙古"这个词是在20世纪初开始引用。在我的调查中一位八十多岁高龄的老人认为他们在年轻时候没听说过这个词。我访问的这位的老人已经是89岁高龄，他的父亲也是这么说的。在我找过的史料中，最早出现"德都蒙古"这个词是在1934年出现的，在《蒙古简史》中，作者是蒙古的总理阿木尔。美国学者拉铁摩尔1940年出版的《中国的亚洲内陆边疆》一书中也出现了"德都蒙古"这个词。访问的那个89高龄的老人说，在1949年解放战争时期，从内蒙古过来了一个共产党，从他的口中听到德都蒙古这个词。"德都蒙古"这个词在藏语和青海蒙古语当中使用的比较多。在藏语中把"德都蒙古"称之为为"dod（德都）hoor（蒙古）"，在1835年的文章中出现过。很多当地学者和研究德都蒙古的学者认为，德都蒙古这个词是出自于藏语的高地蒙古的意思，在书中出现的。在藏语中处于"dod hoor"以外还有"dod svvg"德都蒙古的意思。"maasvvg"是与德都蒙古相对应的是下面的蒙古的意思。一位90岁高龄的老人说，当他还十多岁的时候，一位从蒙古来的喇嘛说："你们是高地的蒙古人"。青海的藏族把蒙古族分为高地的蒙古人和低地的蒙古，所以按照藏族人的说法为德都蒙古人，这是青海民院的一位老师说的。有关这点我也跟中央民族大学蒙文系的萨仁格日勒老师咨询了。我从2002年调查研究以来，所有的这些人是以固始汗为主的。以后有各种说法，有一个叫呼和西里（可可西里）的诗人在《柴达木期刊》上写的一篇文章中提出，德都蒙古是指所有居住在青藏高原，这个高地上居住的所有蒙古人，不只是固始汗为主的蒙古人。后来在我调查中接触的年轻人普遍认为德都蒙古是所有青藏高原的所有蒙古人，然后我继续问那些人，蒙古尔（霍尔人、白蒙古）算不算是德都蒙古？那些人说所有居住在甘肃、青海等高地的蒙古人全部是属于德都蒙古人，所以他们也包括在德都蒙古里。把土族包含在德都蒙古的情况还是个新奇的说法。在所有的研究德都蒙古的文献史料当中把土族称之为德都蒙古的资料是没有的。"德都蒙古"这个词主要出现在出版书中。比如：布仁巴雅尔老师在20世纪80年代出版的民俗、口述文学等书中经常出现。萨仁格日勒老师的书中也出现过。以前汉语中没有"德都蒙古族"这个词，一般统称为青海蒙古族。但是后来直接用汉语说德都蒙古。这个词的逐渐广泛使用，在德都蒙古这个范围内的很多以部落为称呼，比如：和硕特、厄鲁特、以旗县清朝以后的蒙旗制度沿袭下来的"台吉"这样的名字逐渐的淡化，融进了德都蒙古的整体认同里。年轻的人们认为"柴达木蒙古""肃北蒙古""查斯图蒙古"这样小的部分区分蒙古族，不如用一个大的"德都蒙古"。高地居住的蒙古族被甘肃和青海分成两个省，"德都蒙古"这个词可以让分处两个地方的蒙古族有更好的民族认同感，可以让他们团结起来。所以，他们的想法是想把土族也涵盖进大的"德都蒙古"的范围呢。那为什么要这么做？他们认为这样会蒙古族的人数就多了，要是从固始汗以来统计人数的话才8万人，如果加上白蒙古、甘肃蒙古人的话人数就会很多。"德都蒙古"的出现在一定程度上标志着新的族群认同的产生。

下面是青海德都蒙古族与当地其他民族之间的关系。首先，我从"德都蒙古"与土族之间的关系来开始谈起。这个内容我会借鉴英国剑桥大学宝力格老师的"朋友和敌人"这个理论来审视各民族之间的关系。首先是德国的政治哲学家在政治学中提到的"friend and enemy"。宝力格老师在运用这个理论的基础上延伸了自己的理论，我将运用宝力格老师的观点。这里的蒙古人虽然行动上不明显，但是孤立的，没有亲密朋友的群体。所以他们在政治关系和利益层面需要一个盟友。他们可以选择任何一个民族，比如撒拉族、回族、土族、藏族，在这种取向性的时候，他们的选择是土族。因为土族又自称为"白蒙古"，你们是白蒙古，我们也是蒙古，所以可以成为盟友，但不是所有人这样想。在我的观察中蒙古和土族之间没有冲突，但是也没有很亲密的关系。2007年，我在青海省民和回族土族自治县待了一个月，那里的蒙古人认为土族是蒙古人，那么土族人是怎么认为德都蒙古和自己的呢？土族主要分布在互助、民和以及甘肃天祝等地，我只去了民和。有的学者说在历史上明末时期去青海保卫边疆的将军是现在青海土族的祖先。有关土族的祖先的研究是非常复杂的。有的人说是藏族的一支，有的人说是与蒙古人有关、有的人说是古代鲜卑人的后代，各有其说。老人们会说："我们是蒙古尔，是白蒙古"。但是有些人对土族这个称呼出现是很愿意接受的。这个跟毛主席带给的美好生活有关，如果没有毛主席哪里还有白蒙古，哪里还有土族。一般年轻人不好意思说自己是土族，尤其是女性。他们更加愿意接受"中华民族"这个概念。有的外国人写的书中写过：在56个民族里汉人是最好的，汉人的生活水平是最高的。所以有的年轻的女性愿意与汉人通婚，对此男性土族会有反感。汉族和土族通婚的家庭很多。在土族的民族认同意识是可以随意改变的。遇到汉人的时候说我们是一家人，遇到藏族人时也会说我们是一家人，但是他们与德都蒙古是没有多大的关系的。土族也在找自己在政治上的盟友。他们选的盟友不是藏族也不是蒙古人，而是汉人。所以刚才所说的德都蒙古中包含土族的时候会有很多土族会反对的，因为他们宁可认为自己是汉人也不会认为自己是德都蒙古。一方面德都蒙古希望土族是自己的同胞盟友，另一方面土族寻找自己的盟友，是找藏族或者是汉族。

关于德都蒙古和当地的哈萨克族和回族之间的关系。他们都是信仰伊斯兰教的穆斯林。蒙古人当中也有一些人信仰伊斯兰教，对蒙古人来说是异教徒，绝对不会成为盟友或者相互通婚的。撒拉族和回族主要是经商的，所以当地的蒙古语中有一句俗语："吃他们的饭，但不要听他们的话"。他们之间不能成为盟友。这不只是因为宗教的问题也不是经商的原因，而是因为历史上的一些问题导致的。

关于蒙古族和藏族之间的关系，不管在哪儿都说蒙藏是一家，在青海的蒙古族也是这么认为的。可是也有不同的想法。青海省的贺兰县的德都蒙古，除了几位老人以外其他的德都蒙古只讲汉语或者藏语。那里的德都蒙古人担心我们被藏族同化了，这个同化的原因主要是藏传佛教的影响。由于藏传佛教的影响而蒙古文化被同化，所以有些年轻人认为那我们就放弃藏传佛教。在青海的蒙藏关系比起别的地方的蒙藏关系比较微妙。由于牧民之间草场的关系，相互打架的都有。当地的蒙古人现在认为汉族让我们的生活安居乐业，所以对于青海德都蒙古，汉人是盟友的关系。

青海的德都蒙古因为人口较少，他们的民族文化传承与保护是比较困难的，这个时候不管是藏族还是汉族都会对他们的文化产生一定的影响。很多国内外学者在研究中多多少少表示汉族和蒙古是对立的关系。但是我的调查中发现这两个民族的关系是和谐的。人们现在越来越认同国家的民族政策，走这条道路是正确的。这是跟我刚刚提到的宝力格老师的结论正好相反的。我经过调查研究发现，对于德都蒙古来说跟汉人敌对的方面是没有的，他们之间的关系和合作共生与和谐互利。

论坛讲座之二

欧亚大陆多样一体概念：西伯利亚人的想法

（俄罗斯）波波科夫（Popkovlurii）　　俄罗斯西伯利亚科学院

朋友们：

我首先想感谢祁老师邀请我参加这个论坛，我希望论坛能圆满成功，而且我特别期待这样的交流，因为一般来说交流比讲座更加重要。我是第一次来中国，特别希望能够再次来中国。昨天刚到的时候，我发现民族大学跟我们的研究所有很多共同点。我带来了我的作品作为礼物：《欧亚世界的价值观》《蒙古世界：西方和东方之间》《新传统》。我最近五年做的田野都是在蒙古国。我认为这几本书跟我们的论坛有着非常大的关系。我们现在的研究不算是过去的东西，它是新传统。我在俄罗斯组织着民族学、社会学年轻学生的学院，希望以后能与民族大学有更多的合作。

民族比较复杂，俄罗斯民族具有多样性。新传统说的是俄罗斯政策的西伯利亚方面。今天我讲的理论知识是欧亚大陆多样一体概念，主要介绍一下我的田野经验。目前在俄罗斯，在其他地方，对欧亚大陆的兴趣越来越大。我们也可以说，对欧亚大陆主义的兴趣是在复兴的。越来越多的人对欧亚大陆主义和欧亚大陆价值观感兴趣，而且相关的研究会也越来越多，在美国、俄罗斯，几乎每个大学都有这样的研究机构，不仅是科学方面，还有很多运动。最近我们听过比较多的一带一路，不是一个国家的项目，而是跨国的，很多专家说欧亚大陆就是我们地球最中心的地区，我们应该重视它，而且对全球的发展，欧亚大陆的概念产生了越来越大的影响。

我们必须了解欧亚大陆、欧亚人的是什么样的。举个例子，最近参加了一个阿塞拜疆的论坛，这个论坛是我认为我参加过的最重要的论坛，讨论的就是欧亚大陆在全球社会发展中的问题，参会的专家和总统都认可地球发展的基础就是多样性，但是在一体化的进程中，多样化是处于危险状态的，所以我们的世界多样性是不稳定的，特别是在经济方面。我们讨论的是现在的经济全球化进入了死胡同，当前的经济发展是没有前途的，结论是现在的社会需要的不是经济，而是人文经济，我们要限制经济发展，因为现在的经济发展是残暴的唯物主义，我们不应该这样发展。现在我们回到欧亚大陆的话题，看看欧亚大陆对这样的改变会产生什么影响。欧亚大陆是世界上最大的大陆，占地球30%的面积，有93个国家，人口占地球的75%。从科学家角度来看，欧亚大陆是一个完整的大陆，但从社会科学角度来看，欧亚是欧洲和亚洲之间的一个地区，在这些方面欧亚不仅是地理学的，也是文化的和社会的，最重要的是欧亚价值，它跟其他地方是不一样的。政治方面，欧亚就是以前的俄罗斯帝国，苏联，但有的专家也提出其实应该包括蒙古国。从文化生态学角度来讲，欧亚就是草原地区，欧洲的东部，也可以说是游牧人的地区，是一个走廊。这些地方也有文化和社会的特点，是一个文化共同体，所以我们可以说有欧亚文化，现在我们要讨论欧亚文化的特点，最重要的特点是他们的创造性特别强，他们不喜欢冲突而热爱和平。俄罗斯的政治制度重要的是国而不是家。欧亚民族团结就是多元一体，各自不同的文化形成一个新的一体。

欧亚，可以说一个超文明，是几个文明在一起的文明，可以说包括内欧亚和外欧亚。内欧亚就是草原的地方，从大兴安岭到东欧，中心地带是阿尔泰地区。世界不少民族认为他们的母国是阿尔泰，可以说欧亚文化兴盛的地方就是内欧亚，外欧亚的一些文化的基础都是内欧亚文化，可能说汉文化也是外欧亚文化。比如，印度人也觉得他们的文化之根是从内欧亚来的，但也有各种各样的欧亚文化样式。有些俄罗斯研究欧亚文化的专家认为，内欧亚文化的祖先就是古希腊，因为他们也觉得文化也会有迁移，不能说欧亚文化是在一个地区的，它一直在迁移。为什么欧亚文化如此重要，因为它对世界文化也会产生重要的影响。我认为欧亚文化最大的特点是精神文化比经济文化更为重要，和平比冲突更为重要，人类和自然比金融和科技重要，合作比进化重要，也可以说是自然和人类共同发展。现在有很多欧亚合作项目，最重要的是习近平主席的新丝绸之路、一路一带的想法。在俄罗斯，也有相同的一个项目，是以铁路为中心的，从莫斯科到太平洋的一个项目。有的项目也包括韩国，韩国可以作为欧亚大陆的东门。也有项目从北到南，从西伯利亚、图瓦、蒙古国，到巴基斯坦。还有管道从西伯利亚到英国。

我特别想强调的是，不论是什么项目，中国都占据着重要的地位。我特别喜欢习近平主席关于欧亚大陆的想法，春天习近平主席来到白俄罗斯、哈萨克斯坦和俄罗斯，这对欧亚大陆的合作是一个突破。因为时间关系，我们今天不能讨论欧亚人的价值观，但是我们了解到这里的人不接受西方人的观念，特别是关于经济发展的观念，对他们来说传统价值还是很重要的，这就是我田野调查的结论。

主持人：波波科夫的观点很重要。事实上，西方经济发展的思维模式在很多地方遭到了质疑，他从欧亚的发展，从当地人的视角来说明这种发展是不可取的，他所探讨的正是发展和可持续之间的一个关系，是当地人的价值观。他提出的几个概念很重要，比如说欧亚铁路。他的观念有助于我们认识习近平主席提出"一带一路"之后世界上的其他国家是如何看待"一带一路"的。他还提出内亚是欧亚的核心地带，这方面的探讨近年来国内也非常多，我觉得这个是很重要的。

论坛讲座之三

乡村品牌建设中的民族文化研究

李稚田　　北京师范大学

我目前在从事蒙古族的文学和蒙古族题材的影视研究。今天我们的主题是文化遗产和文化产业，我将自己的学术成果围绕我们东北亚会议的主题向大家作一个报告。今年在深圳文博会上，我提出了乡村品牌的理念，这个理念建立的缘由是什么，为什么要建立。我认为出自两个方面的原因。

一个原因呢，这些年我一直致力于全国范围内的文化遗产保护工作，非物质文化遗产的保护工作，做过很多调研，发现了比较多的问题。再有一个机遇是，今年国资委下属的职业经历研究中心和中央党校的再学习网，也就是中央党校对全国县委书记做出培训，要提出对基层干部的培训课题。这样，我就提出了乡村品牌的课题，当前现在还是一个新的理念，我们还在分析探讨它的成立和价值，但是现在已经正式立项，由国务院新闻办支持，在全国范围内开展乡村品牌人才的培育工作。这个概念的内容，就是在乡村的平台上建立品牌，其实每个乡村都有它的自然资源、生态资源、历史资源、文化资源，这些资源是以文化遗产、非物质文化遗产形态保留下来的，但是现在我们的保护工作遇到很多矛盾，比如政府的支持力度问题，各级官员的认知问题，发展和保护中间总有一些交叉的问题、难度，等等。

我们按照乡村品牌的现代概念，把乡村资源整合起来建立一个品牌，这应该是地方政府的一个职能。当然，政府的职能是保护，但如果仅限于保护上，很多问题就遇到了一些阻力。我们提出，作为政府官员，乡长、镇长、县长，有一个重要的职能，就是保护国有资产，而存活于乡镇中的自然、历史、文化资源都是国有资源。当然，很多地方官员也有保护的积极性，但他们没有上升到国有资产的高度，有的地方不作为，有的地方开发出了一种畸形的状态，这是我们遇到的现实问题。所以我们希望，能够从国有资源的看守者、保护者、发展者的角度，对政府官员提出一个要求，就是在现有的乡镇资源的基础上，如何用乡村品牌的形式，对它保护和发展，推动生态文明、政治文明、社会文明、文化建设、社会建设的有机结合。建立这个概念的工作重点是对人的培养，是人的认知的提升。因为建立这个品牌，要寻找、发现、比较、定位，要创意、策划、决策、行动，要经营、推广、服务、担当，要巩固、发展、维护和再创新。既需要有大量的创客，需要品牌的经营者，比如说如何打开市场。比如日本有很多料理、温泉、旅馆，都很有特色，都是乡村化的，成为旅游事业的一个重要的品牌内容。还有台湾，很多风景名胜点，很多小吃，很多餐饮，都是来自乡村。韩国泡菜的几百种，也都是和乡村紧密相连的。所以说，经济生活、社会生活中的很多品牌，都是从乡村生长出来的。我们的政府官员怎么处理这个问题，能不能建立乡村品牌的概念，把我们的文化资源有效整合起来，构成我们的新兴经济。

当然，科研工作者如何把对非遗的研究和现代社会的发展紧密结合起来，也就是接地气的问题，很多地方官员都很热爱他们工作的地方，也非常想做事，但是不知道怎么做，需要我们文化遗产的研究者帮助他们。这样，我想乡村品牌的概念，是一个连通历史、现在和未来的一个概念。

·会议简讯·

第六届"东北亚民族文化论坛"国际学术研讨会成功举办

以"非物质文化遗产、民族文化变迁与跨文化交流"为主题的第六届东北亚民族文化国际论坛于2015年6月27至28日在中央民族大学（北京）举办。这次论坛由中央民族大学民族学与社会学学院、中国民族学学会东北亚民族文化研究会、延边大学朝鲜族文化研究基地主办，东方毅拓展文化协会协办。日本国立民族学博物馆馆长须藤健一教授，俄罗斯西伯利亚科学院哲法研究所科学处处长、民族社会学科主任波波科夫教授，蒙古国立大学宝木奥其尔教授分别作了主旨演讲。来自中国各地29所高校及研究中心的86位代表也应邀出席会议并发言讨论。

6月27日上午，在中央民族大学东北亚民族文化研究所所长祁进玉教授的主持下，中央民族大学民族学与社会学学院院长丁宏教授首先致辞，并宣布中国民族学学会东亚民族文化研究会成立。当选中国民族学学会东北亚民族文化研究会会长的北京师范大学教授李稚田表示，东北亚民族文化研究会应发挥"国家智库"的作用，为国家和人民作出贡献。须藤健一教授在演讲中介绍和探讨了经历自然灾害之后社区社会文化重建工作的重要性以及博物馆在社区文化重建中的作用。波波科夫教授介绍了俄罗斯民族文化的多样性，提出"创造性"是欧亚大陆文化最重要的特点之一，而"爱好和平"也是其重要的特点。他认为，欧亚大陆可分为"内欧亚"和"外欧亚"，其中"内欧亚"是其核心地区。欧亚文化并不是一个国家的文明，而是超越了一国文明的文化概念，其重要性体现在对世界的意义。波波科夫教授提出了欧亚文化的发展精神：精神发展大于经济发展、人文自然发展大于科技发展、合作大于竞争，并提出了传统价值的重要性。蒙古国国立大学宝木奥其尔教授从蒙古国游牧业的发展现状，深入论述了游牧民族的生态移民问题与文化传统的可持续性问题。李稚田教授则对乡村品牌建设中的民族文化研究作了精彩演讲，并希望能通过乡村品牌建设的方式达到传承、保护民族文化的目的。

本届论坛围绕"东北亚民族文化"主题展开了"东北亚地域社会与民族文化变迁""非物质文化与跨文化交流、传播""文化产业与文化变迁"三个分议题的发言和讨论。北京大学历史系宋成有教授以及日本国立民族学博物馆佐佐木史郎教授分别阐述了东亚文化共同体的特点。与会代表围绕"非遗与文化生态——保护还是破坏"进行了激烈的讨论。中国社会科学院民族学与人类学研究所刘正爱教授认为，"非遗"对文化生态起到了相反的作用，并提出文化应回归生活，达到"自在与自然"。中央民族大学民族学与社会学学院王建民教授作为评议人，认为"非遗"对民间文化的重构作用也展示了文化主体的缺失。在"非物质文化与跨文化交流、传播"议题中，国内外学者以各具体的非物质文化（如民间传统工艺、餐饮文化、佛教等）为线索，对非物质文化的传承与保护、"非遗"对文化遗产保护的意义、非物质文化保护的策略等进行了交流，这些交流与探讨对非物质文化的保护以及不同地区的文化交流和传播有重要的研究及实践意义。对于文化产业与文化的变迁，参会学者及专家主要从工商业文化、种植文化、旅游文化、传统服饰文化、民间美术等领域进行了具有现实意义的发言和讨论，认为各个领域的文化有利于促进文化认同、民族认同，充分了解文化产业及文化的变迁，能够帮助我们增强文化保护意识，积极参与保护行动。

在28日的论坛闭幕式上，中央民族大学民族学与社会学学院杨圣敏教授作总结发言，他谈到了中国社会科学研究应该更加重视应用性研究和以问题为导向的研究，在当前"一带一路"背景下如何致力于从事中国及其周边研究和东北亚民族文化研究的重要性。他认为，中国民族学人类学界对于西方的相关理论不可一概接收，西方理论无法全面揭示我国或东亚的文化、历史现象，因此，民族学、人类学及社会学应积极建立以问题为导向的中国研究学派，建立东方学派，建立适合我们社会的理论框架和研究学派。

这次国际论坛由中央民族大学民族学与社会学学院、中国民族学学会东北亚民族文化研究会、延边大学朝鲜族文化研究基地主办，东方毅拓展文化协会协办。

第六届东北亚民族文化国际论坛合影留念

稿　　约

从 2010 年以来，由中央民族大学、延边大学、韩国学中央研究院、韩国仁荷大学等高校和研究机构联合举办"东北亚民族文化系列论坛"，截至 2016 年初，本论坛已经在中韩等地成功地举办了六届国际学术研讨会。中韩相关学术研究机构联合举办"东北亚民族文化论坛"有着重要的现实意义，也符合本次论坛的主旨与长远发展目标：加强与东北亚地区各国的睦邻友好关系，发展平等互利的经济合作，维护地区的和平与稳定，促进地区的经济发展与繁荣，为实现东北亚共同体的发展战略创造良好的地缘政治环境和人文社会环境。

东北亚民族文化论坛之后编辑出版会议论文集，该会议论文集名称为《东北亚民族文化评论（第 1、2、3、4 辑）》"*Northeast Asia National CultureReview*"，由（北京）学苑出版社出版刊行，为长效出版物，致力于打造有关东北亚研究领域的一流出版物。

本丛书编辑委员

本丛书由中国、韩国、日本学术界、研究基金会从事东北亚相关问题研究的中坚力量组成编辑委员会。遴选中韩日三国学术界巨擘 2 至 4 名为丛书编委会国际顾问；丛书编委会常设丛书总主编 1 名和专职执行主编 2 至 3 名，负责组稿、通稿、校对文稿以及出版等具体事宜。

丛书栏目

《东北亚民族文化评论》主打栏目为东北亚共同体研究；公民社会与族群关系研究；全球化、地方性与跨文化交流；中韩日文化比较研究；东北亚区域关系研究；东北亚与跨国移民；东北亚宗教文化研究；历史与现实中的东北亚民族文化交往与发展；基于个案的深度研究与延伸研究。

丛书的突出特色

本丛书的突出特色体现如下：

1. 全球化与地方性视野中的东北亚民族文化研究。丛书编选相关研究论文，针对东北亚民族文化交流与传统文化与非物质文化遗产保护等议题进行强力推介，并举办相关议题的国际研讨会。

2. 地缘政治与区域国际关系应该是本丛书重点关注的议题，东北亚地区的民族文化交流与文化认同、和谐共生等思想应该是丛书推介和宣传的核心理念。

3. 对东北亚地区各国政府的决策提供重要的政策信息和智库支撑。

长期发展策略

本丛书编委会将会充分酝酿和商讨《东北亚民族文化评论》的长远发展目标，在基金会的经费资助和召开高级别的国际学术研讨会作为丛书发展的重要举措，集中编选一批高质量的国际学术研讨会的会议论文和专业投稿，认真办好丛书，使之成为国际学术界东北亚研究领域的核心出版物。

投稿电子邮箱：secretariat@neasiaculture.org

详情请访问中国民族学学会东北亚民族文化研究会、中央民族大学东北亚民族文化研究所主页：http://neasiaculture.org

欢迎赐稿和学术交流！

编　者
2017/4/17